SHISO SHIKA GA YOMU RONGO: "MANABI" NO HUKKEN
by Nobukuni Koyasu
© 2010 by Nobukuni Koyasu
Originally published in 2010 by Iwanami Shoten, Publishers, Tokyo.
by arrangement with Iwanami Shoten, Publishers, Tokyo.

-본 역서는 재단법인 플라톤 아카데미의 "일본사 새로보기 출간 지원사업"의 연구 결과로 수행되었음.
-This work was supported by the "A Rethinking on the Japanese History" Funding Program of Foundation Academia Platonica.

일본의 논어 읽기 — '배움'을 구하다

1판 1쇄 발행 2024년 7월 1일
고야스 노부쿠니 지음 김선희 옮김
편집 정철 표지 디자인 김상만
발행 정철 출판사 빈서재
이메일 pinkcrimson@gmail.com
ISBN 979-11-987652-0-8 (94910)

빈서재는 근현대사 고전 전문 출판사를 지향합니다. 출간하고 싶은 고전·연구서·저서가 있다면 연락주세요. 수업 교재용, 지도 교수님 저서의 소개, 동료 연구자들과의 스터디 용도 등 책을 번역·출간하는 동기는 다양한 것 같습니다. 기왕 출간하는 책이니 전문 출판사를 통해 좀 더 보람있는 결과물로 만들어보시길 권해드립니다. 제타위키에서 '빈서재 출판사'를 검색하시면 다양한 정보를 더 얻을 수 있습니다.

https://zetawiki.com/wiki/beanshelf

이 책의 본문 편집은 LaTeX로 작업되었습니다. 많은 도움을 주신 KTUG 회원 여러분께 감사드립니다.

http://ktug.org

일본의 논어 읽기
'배움'을 구하다

思想史家が読む論語 「学び」の復権

고야스 노부쿠니 지음, 2010년
김선희 옮김, 2024년

빈서재

지은이 고야스 노부쿠니(子安宣邦). 1933년 생. 도쿄대학대학원 인문과학연구과 박사과정 수료. 오사카대학 명예교수. 사상사·윤리학 전공. 한국어로 번역된 도서는 다음과 같다.『한자론』,『일본 내셔널리즘 해부』,『후쿠자와 유키치의 '문명론의 개략'을 정밀하게 읽는다』,『일본근대사상비판』,『귀신론』,『야스쿠니의 일본, 일본의 야스쿠니』,『동아 대동아 동아시아』 등.

옮긴이 김선희. 일본 히로시마대학에서『조선과 일본 지식인의 자타인식 연구』로 박사학위를 취득했다. 일본 사상사 전공. 현재 건국대학교 아시아콘텐츠연구소 연구원으로 재직하고 있다.『대한제국·식민지 조선의 철도 여행 안내』,『에도시대를 생각한다』,『일본 정치사상사』,『에도 유교와 근대의 知』 등을 번역하고, 공저로『일본사 시민강좌』,『일본 근세 유학과 지식의 활용』 등이 있다.

□ 일러두기

1. 외래어의 우리말 표기는 기본적으로 국립국어원의 외래어표기법에 따른다.

2. 일본어 표기는 한국인에게 비교적 익숙한 표기가 있거나 이해가 가능할 경우 우리말이나 한자음을 사용했고, 그 외의 인명과 지명 및 일본 역사용어는 일본어 그대로 표기한다. 서명의 경우는 기본적으로 같은 기준을 따르되, 필요시 독자의 이해를 위해 우리말 번역을 덧붙인다.

3. 각주는 별도의 표시가 없는 한 모두 역자주이다.

4. 본서의 『논어』편과 분장은 저자가 밝히듯이 가나야 오사무의 『논어』를 기본으로 하고 있다. 한국어로 출간된 여타 『논어』장 번호와 다른 부분이 있으나, 여기서는 일본어판에 맞추었으며 필요시 각주에서 설명하였다.

차 례

『논어』와 배움의 권리회복   9

제 I 부   35

제1강 배움에 대하여   37
1.1 학이 제1장 38
1.2 위정 제15장 . . . 43
1.3 위정 제4장 46

제2강 어짊에 대하여   53
2.1 학이 제2장 55
2.2 학이 제3장 62
2.3 자로 제27장 . . . 65
2.4 옹야 제22장 . . . 67
2.5 자한 제1장 70

제3강 도에 대하여   75
3.1 이인 제8장 76
3.2 이인 제15장 . . . 82
3.3 옹야 제17장 . . . 87
3.4 공야장 제21장 . . 88

제4강 믿음에 대하여   91
4.1 위정 제22장 . . . 94
4.2 안연 제7장 98
4.3 태백 제16장 . . . 104
4.4 양화 제8장 106

제5강 하늘에 대하여   109
5.1 안연 제5장 112
5.2 위정 제4장 116
5.3 선진 제9장 122
5.4 선진 제10장 . . . 124
5.5 헌문 제37장 . . . 126
5.6 팔일 제13장 . . . 130

제6강 덕에 대하여   135
6.1 위정 제1장 138
6.2 위정 제3장 145
6.3 술이 제22장 . . . 148

제 II 부   153

제7강 인을 묻다   155
7.1 안연 제1장 157
7.2 안연 제1장 (계속) 163
7.3 술이 제29장 . . . 168

  7.4 안연 제3장 170
  7.5 술이 제6장 172

제8강 정치를 묻다   175
  8.1 안연 제11장 . . . 176
  8.2 안연 제17장 . . . 180
  8.3 안연 제19장 . . . 183
  8.4 안연 제7장 185
  8.5 자로 제3장 187
  8.6 자로 제15장 . . . 191

제9강 효를 묻다   195
  9.1 위정 제5장 198
  9.2 위정 제6장 202
  9.3 위정 제7장 205
  9.4 학이 제2장 207

제10강 덕을 생각하다   211
  10.1 이인 제11장 . . . 212
  10.2 이인 제25장 . . . 216
  10.3 옹야 제29장 . . . 218
  10.4 헌문 제6장 221
  10.5 위령공 제4장 . . . 225
  10.6 헌문 제5장 226
  10.7 위령공 제8장 . . . 229

제11강 충신과 충서   233
  11.1 학이 제4장 235
  11.2 학이 제8장 239
  11.3 이인 제15장 . . . 243
  11.4 공야장 제28장 . . 245

제12강 사생·귀신   249
  12.1 선진 제9장 251
  12.2 선진 제10장 . . . 253
  12.3 선진 제11장 . . . 254
  12.4 옹야 제10장 . . . 256
  12.5 선진 제12장 . . . 259

제13강 군자   267
  13.1 위정 제12장 . . . 270
  13.2 위정 제14장 . . . 274
  13.3 자로 제23장 . . . 276
  13.4 학이 제14장 . . . 278
  13.5 옹야 제13장 . . . 279

제III부   281

제14강 문을 배우다   283
  14.1 옹야 제18장 . . . 284
  14.2 학이 제6장 287
  14.3 술이 제24장 . . . 290

14.4옹야 제27장 . . . 294

제 15 강 온고지신 297
  15.1술이 제1장 299
  15.2술이 제19장 . . . 303
  15.3위정 제11장 . . . 305
  15.4위정 제17장 . . . 308
  15.5자한 제8장 310
  15.6계씨 제9장 315
  15.7양화 제2장·제3장 318

제 16 강 시에 대하여 321
  16.1위정 제2장 323
  16.2팔일 제8장 329
  16.3양화 제9장 334
  16.4태백 제8장 338

제 17 강 악에 대하여 341
  17.1술이 제13장 . . . 343
  17.2팔일 제23장 . . . 345

제 18 강 예에 대하여 357
  18.1팔일 제15장 . . . 360
  18.2팔일 제3장 362
  18.3팔일 제4장 364
  18.4안연 제1장 365

18.5선진 제1장 369
18.6요왈 최종장 . . . 371

제 IV 부 제자들의 『논어』 373

제 19 강 증자·자하·자공 375
  19.1태백 제5장 377
  19.2태백 제7장 379
  19.3선진 제16장 . . . 382
  19.4자장 제6장 384
  19.5자장 제5장 387
  19.6학이 제10장 . . . 389
  19.7자한 제13장 . . . 392
  19.8양화 제5장 394
  19.9공야장 제13장 . . 396

제 20 강 번지·자유 401
  20.1옹야 제22장 . . . 401
  20.2안연 제21장 . . . 406
  20.3옹야 제14장 . . . 410
  20.4양화 제4장 412

제 21 강 안회·자장 415
  21.1옹야 제7장 417
  21.2옹야 제11장 . . . 420

21.3 옹야 제3장 422
21.4 위령공 제6장 . . . 426
21.5 위정 제18장 . . . 429

제22강 자로　433
22.1 공야장 제7장 . . . 435
22.2 술이 제10장 . . . 438
22.3 공야장 제26장 . . 441
22.4 술이 제18장 . . . 445
22.5 술이 제34장 . . . 447

제23강 증석·염유　451
23.1 선진 제26장 . . . 452
23.2 팔일 제6장 468
23.3 자로 제14장 . . . 472
23.4 선진 제22장 . . . 474
23.5 술이 제14장 . . . 478
23.6 옹야 제12장 . . . 480

후기와 논어 색인　483

《도쿠가와 시대사》를 내며

우리 한국 시민만큼 일본에 '관심'이 많은 경우도 달리 찾기 힘들 것이다. 거의 모든 분야에서 일본에 경쟁심을 불태우고, 그 동향에 신경을 쓰며 자주 비교한다. 일본여행, 일본음식, 일본문화가 우리의 일상이 된지는 이미 오래다. 그러나 그 지대한 '관심'에 비해 일본을, 특히 일본사를 얼마나 알고 있는가 자문해보면 자신 있는 대답이 나오기는 아마도 어려울 것이다. '관심'은 과도한데 정확한 지식과 정보에 기초한 체계적인 이해는 너무도 부족한, 그래서 무지와 오해가 난무하는 상황이 지금껏 계속되고 있다. 오늘날 어려움을 겪고 있는 한일 관계를 슬기롭게 풀어나가는 데에도, 이런 상황은 결코 도움이 되지 않을 것이다.

어느 사회나 국가를 제대로 이해하기 위해 그 역사를 알아야 하는 것은 긴 말을 필요로 하지 않는다. 이런 관점에서 우리의 현실을 볼 때 우려를 금할 수 없다. 그 중에서도 특히 일본사를 다룬 양서가 많이 부족한 것은 큰 문제라 할 수 있다. 그간 국내 일본사 연구가 크게 성장했음에도 불구하고 개별 논문만이 양산될 뿐 종합적·체계적으로 일본사를 분석, 소개하는 저작·번역서는 매우 적은 실정이다. 특히 주로 한일 관계사에 연구·출판이 집중된 탓에 현대 일본사회의 원점이라 할 도쿠가와 시대와 메이지시대는 상황이 더 심각하다.

2019년 여름, 한국과 일본 관계는 해방 후 최악으로 치달았다. 여름방학 내내 하릴없이 막말기幕末期 정치사를 다룬 영어책을 투닥투닥 번역하며 일본연구자로서의 무력감을 삭이고 있을 때, 재단법인 플라톤 아카데미에서 반가운 제안을 해왔다. 일본사 연구 프로젝트를 지원하고 싶다는 것이었다. 나는 번역팀을 꾸려 도쿠가와 시대를 다룬 명저들을 번역하고 싶다고 답했다. 출판사도 찾기 힘든 무모한 제안이었지만 다행히도 재단측은 받아들여 줬다. 본서는 그 성과의 하나다. 이 자리를 빌어 재단 측에 감사드린다. 아울러 출판을 흔쾌히 맡아준 빈서재 출판사에도 감사의 말씀을 전하고 싶다.

저작권 문제로 도쿠가와 시대 이외의 책이 시리즈에 들어오기도 했지만 이 «도쿠가와 시대사»는 기본적으로 한국독자들에게 낯설기 짝이 없는 도쿠가와 시대를 체계적이고 명료하게 소개하고 있는 명저들을 골라 번역했다. 이 시도가 한국독자들이 도쿠가와 시대를 이해하는 데에 자그마한 디딤돌이라도 되었으면 하는 바람이다.

2022년 10월 22일
번역팀을 대표하여 박훈 적음

한국어판 서문

『일본의 논어 읽기 — '배움'을 구하다』(원서명 『사상사가가 읽은 논어 — '배움'의 복권』)는 두 가지 특징이 있습니다. 첫째, 책 제목대로 '사상사가'가 읽은 『논어』론입니다. 덧붙이자면 중국 고전의 문헌학적 연구자나 유학연구자가 아닌, 일본사상사가인 제가 읽은 '논어론'입니다. 둘째, 저의 『논어』 읽기 작업은 시민강좌에서 시민과 함께 이루어왔습니다.

우선 첫 번째의 '사상사가'에 대해 말씀드리겠습니다. 일본사상사가로서 저의 발언이나 글은 근래, 메이지^{明治} 이후 쇼와^{昭和}의 전쟁부터 전후까지 걸쳐 있습니다. 그 가운데 몇몇은 이미 한국에서도 번역되어 소개되었습니다. 최근의 저서는 『「유신」적 근대의 환상』(사쿠힌샤, 2020)입니다. 그렇지만 사상사가로서 제 전공은 일본 근세의 유학·국학 사상입니다. 특히 이토 진사이^{伊藤仁齋}(1627~1705)의 고학사상에 몰입하여

한국어판 서문

오랫동안 가까이했습니다. 진사이의 주저는 『논어고의論語古義』입니다. 『논어고의』를 읽음으로써 저는 『논어』를 알게 되었고, 또 『논어』를 읽는 방법도 알게 되었습니다. 진사이는 『논어』의 전문적 독해자가 아닌 저에게 『논어』 읽기를 가르쳐 주었습니다. 더욱이 진사이의 『논어고의』를 읽기 위해서는 당연히 주자의 『논어집주論語集註』를 읽어야 하고, 또 진사이를 비판적으로 계승한 유학자인 오규 소라이荻生徂徠(1666~1728)의 『논어징論語徵』도 읽지 않으면 안 됩니다. 사상사가로서 당연한 이러한 강독 체험이 저에게 『논어』와 공자의 발어가 본래 어떠한 것이었는지를 생각하게 하였습니다. 『논어』를 둘러싼 저의 사상체험을 자각적으로 해보고자 한 것이 이 책 『일본의 논어 읽기』입니다.

이 책의 또 다른 특징인 '시민의 입장' 역시 이토 진사이에서 유래합니다. 진사이는 17세기 교토京都의 시정 학자였습니다. 그는 조닌町人의 신분을 벗어나는 일 없이, 조닌이란 사회적 지위에서 당대 최고의 학문적 성과를 냈습니다. 진사이는 무엇보다 '배우는 사람'이었습니다. 그런 진사이가 '배움'의 대선배인 공자를 발견한 것입니다. 진사이는 교토에 고의당古義堂이라는 학사를 열었는데, 그곳은 신분에 상관없이 함께 '배우는 사람들'이 모이는 장이었습니다. 그들은 거기서 '배움'의 대선배인 공자의 말과 행동을 배웠습니다. 저는 이런 고의당을 따라 『논어』 읽기 작업을 시민과 함께 하였습니다. 『일본사상사가의 『논어』 읽기』는 제가 도처의 시민강좌에서 했던 '『논어』를 함께 배우는 것'의 성과를 정리한 것입니다. 이 시민강좌는 『논어』를 주어진 것이 아니라 시민 자신의 것으로 만들어 가는 중요한 장이었습니다.

한자를 공통의 언어유산으로 지닌 '아시아'의 시민이 『논어』를 공통의 중요한 정신적 유산으로서 재발견하는 것은 '아시아'의 시민적 재흥을 위하는 일도 되는 중요한 작업이라고 생각합니다. 『논어』를 둘러싼 제 저서가 『논어』를 훨씬 더 숭상하여 수용한 역사가 오래된 한국에서 번역, 소개되어 영예롭습니다. 그러면서도 또 긴장감을 갖게 됩니다. 이 책의 의의를 발견하여 '번역'이라는 어려운 일을 맡아주신 김선희 씨에게 마음 깊이 감사 인사를 드립니다.

2022년 2월 1일
고야스 노부쿠니

『논어』와 배움의 권리회복

공자와『논어』

『논어』는 공자의 언행, 제자들과의 문답, 나아가 문인들의 말을 모아놓은 어록이다. 공자는 기원전 552년에 태어나 기원전 479년에 사망한, 지금으로부터 2500년 전 중국 주 왕조 말기 인물이다. 춘추시대에서 전국시대로 이어지는, 제후들의 패권 다툼이 거센 난세로 옮아가던 때이다. 공자는 주 왕조 성립기의 문왕文王·무왕武王과 주공周公의 뛰어난 치세와 문화를 이상적인 것으로 생각하였다. "심하다. 나의 쇠함이여! 오래되었다. 내가 다시 꿈에서 주공을 뵙지 못한 것이 甚矣吾衰也. 久矣吾不復夢見周"(술이 제5장)라는 공자의 말은 주공의 도를 실현하고자 했던 예전의 자신을 이야기하는 것이다. 공자는 주공의 도를 이상으로 삼아 오래도록 노나라를 비롯한 여러 나라의 정치 세계에 관여하였다. 그러나 그것은 현실의 정치 세계와 권력자와의 항쟁과 좌절, 간쟁諫爭과 이탈의 과정이었다.

공자 쉰아홉 살 때(노 애공 원년), 송宋을 떠나 정鄭으로 향했다. 제자를 놓친 공자는 홀로 성곽 동문에 우두커니 서 있었다. 정나라 사람은 완전히 지친 듯한 공자의 모습이 흡사 "상갓집 개와 같았다"라고 자공子貢에게 전했다고 한다(『사기史記』「공자세가孔子世家」·『공자가어孔子家語』). 이 이야기는 현실 정치 세계와 불운한 관계를 이어갔던 공자의 모습을 전하고 있다. 그러나 공자는 항상 제자들과 함께 하였다. 배움에 대한 물음을 멈추지 않았다. 이윽고 공자는 주 왕조 성립기 뛰어난 치세와 문물을 탐구하여 사적事績과 유훈을 후세에 올바르게 전하는 일을 자신의 사명으로 삼기에 이르렀다.

오규 소라이荻生徂徠는 "오십에 천명을 안다五十而知天"(위정 제4장)라는 말은 공자가 그러한 사명을 자각한 것이라고 풀이한다. 그럴지도 모른다. 그러나 실제로 공자가 여러 나라를 주유하기를 그만두고 노나라로 돌아가서, 정치 세계와 단절하고 선왕·선인의 유훈을 깎고 다듬는 자기 사명의 실현에 노력하게 된 것은 예순아홉 살 때였다고 알려졌다. 만년의 공자는 더욱 불운하였다. 일흔한 살 때는 제자 안회顏回가 죽자 "아, 하늘이 나를 망하게 하는구나!噫, 天喪予, 天喪"(선진 제8장)라며 탄식을 그치지 않았다. 그로부터 3년 뒤 공자는 세상을 떠났다.

공자는 불운한 인생의 과정에 제자들과 함께 있었다. 배우는 사람이었던 공자의 주변에는 학습자 집단이 존재하였다. 즉 공자의 학원學園이 성립하였다. 학원이란 학교 시설을 가리키는 것이 아니다. 배우는 사제집단을 말한다. 자하子夏는 공자의 학문을 일러 "널리 배우고 독실하게 뜻을 두고, 절실하게 묻고 가깝게 생각한다.博學而篤志, 切問而近"(자장 제6장)라고 하였다. 현실 정치 세계와의 관련 속에서 이러한 학문이 성립했다는 사실을 생각해야 한다. 배움에 대한 절실한 물음은 그래서 생겨난 것이리라. '도'란 무엇인가? '덕'이란 무엇인가? '믿음'이란 무엇인가? '군자'란 어떤 존재인가? 현실과의 연관 속에서 절실하게 물었던 것이다. 이때 비로소 '배움'으로서 '물음'이 시작된 것이다. 이것은 인류사상 최초로 성립한 학원이라고 할 만하다.

다시 말하면 공자는 최초로 '배움'을 자각적으로 시작한 인물이며, '배움이란 무엇인가'를 최초로 물은 인물임을 의미한다. 우리가 『논어』를 읽는다는 것은, 바로 공자가 이룬 최초의 물음, '배움이란 무엇인가?' '도란 무엇인가?' '믿음이란 무엇인가?' 이 같은 물음을 다시금 읽는 것이다. 자기 자신에게 들이밀며 물으면서 다시 읽는 것이다. 최초의 물음이란 이런 일에 대한 본질적인 물음인 것이다.

『논어』를 읽는 것

현행의 『논어』는 20편(학이편 제1장~요왈 제20장)으로 구성된다. 다만 『논어』는 처음부터 이런 형태를 띠지는 않았다. 공자 사후 유력한 제자들이 부자夫子의 어록을 제각기 전했을 것이다. 그것이 정리된 것은 한나라 초(기원전 200년) 무렵이라고 한다. 『논어』 20편의 형태로 성립한 것은 전한 말 장우張禹(?~B.C.5)라는 인물에 의한다고 알려졌다. 공자가 세상을 떠난 지 약 400년이 지나서 『논어』는 비로소 20편으로 구성된 텍스트로 성립하였다.

한 대는 유교가 국교가 된 시대이자 공자 역시 성인으로 숭앙되던 때이다. 공자의 말이 성인의 말이라고 해석되고 그러한 공자관이 텍스트에도 반영되었다. 물론 400년 동안 공자의 말 자체가 그것을 전하는 사람들의 입장에 따라 각기 다르게 해석되고 그 해석에 따라 변용되기도 했을 것이다. 그래서 전한 말에 성립한 『논어』는 결코 공자의 언행을 그대로 전하는 오리지널 텍스트가 아니다. 『논어』만의 문제가 아니다. 원초의 경전이라고 불리는 텍스트는 많든 적든 이렇게 성립하였음을 알아야 한다.

이것은 『논어』를 읽는 데 중요한 문제를 시사한다. 『논어』는 텍스트가 성립하기까지 몇 번이나 다시 이야기되었다는 것이다. 게다가 『논어』라는 텍스트가 성립한 이후, 무려 2천 년에 걸친 오랜 세월 동안 그야말로 헤아릴 수 없이 다시 읽혀왔다는 뜻이다. 고전이란 몇 번이나 다시 읽히면서 그 시대 시대에 중요한 메시지를 읽는 대상에게 부여하는 것이다. 그런 고전 가운데 인류적인 고전이라 할 만한 것이 경전이다. 그런 의미에서 『논어』는 동아시아 최대의 고전이자 경전이다. 동아시아에서 이토록 오랜 기간 광범위하게 되풀이하여 읽혔던 경전은 없다. 오랜 세월 반복해서 읽혔던 경전에는 거듭거듭 선인들의 읽기가 축적되어 있다. 우리는 이러한 선인들의 읽기를 통해서 『논어』를 읽어 온 것이다. 따라서 『논어』를 읽는다는 것은, 선인들의 읽기를 다시 읽는 것이기도 하다.

『논어』의 텍스트를 한없이 먼 후세 사람이 곧바로 그리고 독자적으로, 바꿔 말하면 자기 눈으로만 읽을 수는 없다. 일본이어서 읽을 수 없다는 뜻이 아니다. 중국에서도 마찬가지이다. 『논어』란 이천 년 전에 성립한 텍스트이다. 이 시간은 『논어』와 후세 사람 사이에 커다란 언어적, 사상적 거리를 가져왔다. 이 간극을 메워 우리가 『논어』에 접근하도록 하는 것이 주석이다. 『논어』라는 텍스트 성립 후 얼마 지나지 않아 후한 시대(1, 2세기)에 『논어』 주석 작업이 시작되었다. 이를 『논어』의 고주古注라고 한다. 이것이 삼국시대 위나라의 하안何晏(193경~249)의 『논어집해論語集解』로 집대성된다. 일본에서도 가마쿠라鎌倉 시대까지 귀족이나 승려들은 이 고주에 따라 『논어』를 읽었다.

이러한 읽기를 일변시킨 것이 남송의 학자 주자朱子(1130~1200)이다. 주자는 우주론에서 윤리학에 이르는 주자학(성리학·이학)이란 철학 체계를 굳건히 세운 철학자이다. 주자는 자신의 철학 체계에서 『논어』를 읽었다. 게다가 유학 전체를 학문 체계로서 재구성하였다. 주자의 경전해석을 신주新注라고 하는데, 『논어집주論語集註』가 바로 『논어』의 주석이다. 주자의 해석은 중국뿐 아니라 조선, 일본까지 『논어』 해석의 기본 방향을 결정하였다. 일본에서는 에도江戶 시대에 주자학이 성행하여 당시

『논어』와 배움의 권리회복

사람들은 주자의 해석에 따라 『논어』를 읽었다. 주자는 최초로 『논어』를 근본적으로 다시 읽었다고 할 수 있다. 『논어집주』 없이 우리의 『논어』 해석은 없다고 할 정도이다.

에도 시대에 주자학은 널리 행해지게 되었지만, 에도 중기에 이토 진사이伊藤仁齋(1627~1705)는 주자학을 비판하는 고의학古義學을 제창하였다. 게다가 진사이까지도 주자와 묶어 비판한 오규 소라이荻生徂徠(1666~1728)가 고문사학古文辭學이란 새로운 고학을 전개하였다. 진사이는 『논어』의 주자학적 해석을 비판하여 본래의 의의古義로 이해하려고 하였다. 소라이는 더 나아가 고언·고어를 이해한 다음, 선왕의 고대 예악적 세계와의 관계 속에서 『논어』를 읽으려고 했다. 이러한 다시 읽기의 성과가 진사이의 『논어고의論語古義』이며 소라이의 『논어징論語徵』이다. 이 두 책은 일본의 『논어』 읽기 작업의 자랑할 만한 성과이다. 『논어』 다시 읽기 작업이 근본적일수록 『논어』는 되살아나서 우리에게 새로운 의의를 전하고 새로운 메시지를 발신하게 된다. 이렇게 『논어』는 끊임없이 다시 읽히면서 시대에 따라 새로운 의미를 던져왔다.

이 책은 나의 『논어』 다시 읽기이다. 나는 사상사가로서 선인의 읽기를 중시한다. 선인의 읽기를 따라가면서 공자의, 저 원초의 물음을 나름대로 다시 묻고 싶다. '배움'이란, '도'란, '믿음'이란 무엇인가라고. 우리는 '배움'이 무엇인지 묻기를 잊고 있다. 나의 작업은 이 물음을 되돌리는 것이기도 하다.

내가 선인의 『논어』 읽기로서 가장 중시하는 것은 이토 진사이의 『논어고의』이다. 이유는 지금부터 나의 읽기에서 밝힐 것이다. 진사이를 중심에 두고 주자와 소라이도 보면서, 나아가 현대 학자들의 『논어』 이해까지 포함하여 『논어』를 읽어 나가겠다. 또 학자는 아니지만 시부사와 에이이치澁澤榮一(1840~1931)의 『논어강의』를 현대인의 『논어』 수용의 한 전형으로 보고, 참조하여 언급할 생각이다.

『논어』와 '교육'

우선 『논어』에 '교육'이라는 문제를 생각해 보자. 『논어』는 동아시아 최초로 인간의 반성적인 언어를 기록한 것이라 생각한다. 반성적이라는 것은 인간적 사상事象을 둘러싸고 자각적인 물음이 행해졌다는 뜻이다. 공자가 행한 이 최초의 물음을 후세의 우리는 반복하는 형태로 『논어』를 향해 묻는 것이다. 그러면 왜 『논어』에 '교육'을 묻는 것인가? 공자는 '교육'을 『논어』에서 되묻고 있지는 않다. 그래서 『논어』에 '교육'을 묻는 것은 반어적이다. 『논어』에서는 '배움'을 묻고 그 중요성을 논하고 있지만, '교육'을 묻지는 않았음을 우리는 알고 있다.

> 공자께서 말씀하시길, 십 호의 읍에는 반드시 충신이 나 같은 자가 있을 것이다. 내가 배움을 좋아함만은 못할 것이다.(공야장 제28장)

공자는 자신을 배움을 좋아하는 사람이라고 하였다. 확실히 그는 열다섯 살에 배움에 뜻을 두었다. "나는 열다섯에 학문에

『논어』와 배움의 권리회복

뜻을 두었다吾十有五而志於"(위정 제4장)라는 공자의 말은, 소년들의 입지·지학志學의 범형範型이다. 배움이란 고대를 배우는 것이며, 선인·선사先師가 남긴 문장을 배우는 것이다. 이렇게 『논어』는 배움의 즐거움과 기쁨을 서술하는 데서 시작한다. "배워서 때때로 이를 익히면 또한 기쁘지 않겠는가學而時習之, 不亦說"(학이 제1장)라고. 그에 반해 『논어』에는 '가르침'이나 '교육'에 대한 말은 거의 나오지 않는다. '가르침'에 대해서는 고작 이렇게 나온다. "공자께서 말씀하시길, 가르침이 있으면 종류가 없다.子曰, 有敎無類"(위령공 제39장)

공자가 여기서 말하는 '가르침'이란 무엇인가? '교육'인가? 현대 학자들은 이 '가르침'을 곧바로 '교육'이라고 의심 없이 해석한다. 우선 가나야 오사무金谷治(1920~2006)의 『논어』(이와나미문고)를 보자.

> 선생께서 말씀하셨다. 교육(에 의한 차이)는 있지만, (태생의) 유별은 없다. (누구나 교육에 의해 훌륭하게 된다.)

가나야는 이렇게 현대어로 번역하고, "공자께서 말씀하셨다. 성은 서로 가깝다. 익힘은 서로 멀다性相近也, 習相遠也"(양화 제2장)라고 한 부분을 참고로 들고 있다. 이를 현대어로 "천성은 비슷하지만 훈육(습관이나 교양)으로 달라진다"라고 하였다. 내가 주의하고 싶은 것은 '가르침'을 너무 쉽게 '교육'이라고 번역하여 '누구라도 보편적인 교육에 의해서 태생적인 인간적 차별을 극복할 수 있다'라고 공자의 말을 해석하는 것이다.

여기에는 인간 평등관을 가진 교육자 공자가 있다. 요시카와 고지로吉川幸次郎(1904~1980)는 그런 측면을 더욱 강조하였다.

> 교육이 있을 뿐이지 인간에게 종류라는 것은 없다. 요컨대 인간은 모두 평등하며, 누구나 문화를 향한 가능성을 가진다. 누구라도 교육을 받으면 훌륭해질 수 있다. 공자에게 인간 평등사상이 있었음을 보여주는 조목으로서 중시된다. 일본의 유학자 중에서 이 조목을 가장 강조한 사람은 진사이였다. 진사이는 이렇게 말했다. '이것이 공자가 만세의 후대를 위해 학문을 연 소이이다. 지극하도다! 위대하도다!'(『논어』)

요시카와도 '가르침'을 곧바로 '교육'이라 하고 공자를 평등주의적인 교육자로서 의심 없이 해석한다. 그리고 이토 진사이까지 끌어와서 진사이를 평등주의적 교육자 공자를 상찬한 학자라고 한다. 『논어』의 이 구절에 대한 현대 학자들의 이해는 일치하는 것 같다. 미야자키 이치사다宮崎市定(1901~1995)도 "인간의 차이는 교육의 차이지 인종의 차이가 아니다"라고 번역한다(『논어의 신연구』). 다만 미야자키는 인간이 후천적으로 받을 수 있는 '교육'을 선천적인 차별인 '종별'에 대치시키고 있다. 그런데 공자가 말하는 '가르침'이 '교육'일까? 저들이 현대어로 번역하면서 공통으로 사용하는 '교육'이란 말은, 교화·교도하여 인격·인재를 육성하는 것을 의미할 것이다. 그런 의미에서 '교육'이란 Education, Erziehung의 번역어로서 근대 일본에서 성립한 개념이다. '교육'이란 말 자체는 『맹자』

진심상편盡心上篇에 있다. 헵번[1])의 『화영어림집성和英語林集成』 (초판, 1867)을 보면 Education의 번역은 "교수, 교훈, 마련함(준비, 양성), 교육"이라 되어있다. 이노우에 데쓰지로井上哲次郞(1856~1944)의 『철학자휘哲學字彙』(개정증보판, 1884)는 Education을 "교육"이라 번역하고 "교육이란 글자는 맹자 진심상편에 처음 나온다"라고 주를 달았다. 현대 학자들은 대부분 의심 없이 근대의 번역 한어 '교육'을 인간의 선천적 차이를 뛰어넘는 후천적 교도의 이념으로 "인간의 차이는 교육의 차이지 인종의 차이가 아니다"라고 『논어』를 번역하였다.

그러나 생각해 보면 이 '가르침'을 곧바로 '교육'이라 이해하는 것은 기묘하지 않은가? 이에 따르면 공자는 그런 교육 이념을 가진 교육자가 될 것이다. 하지만 공자는 열심히 '배움'을 논하지만 '가르침'에 대해서는 거의 말하지 않았다. 요시카와가 인용하는 이토 진사이 역시 『논어』에 나오는 '가르침'을 '교육'이라고 이해하지 않았다.

"가르침이 있으면 종류가 없다"라는 뜻

교토京都 호리카와堀川의 사숙 고의당古義堂에서 고의학을 확립하고 많은 문인을 가르친 이토 진사이는 『논어고의』에서 앞서

---

[1]) James Curtis Hepburn(1815~1911). 미국의 선교사이자 의사. 1859년 도일, 요코하마에 진료소를 열었다. 목사로서 일하며 성경의 일본어역에 관여하였으며, 최초의 일영사전을 편찬하고 일본어의 로마자표기 방식인 헵번식 표기를 보급하였다. 영어교육에 힘써 도쿄에 메이지학원을 창설하고 초대 총장을 역임하였다.

나온 공자의 말 "가르침에는 차별이 없다"를 이렇게 해석하였다.

> 이 장의 내용은 천하에 오직 가르침을 귀히 여겨야 할 뿐, 출신 가문類이 좋고 나쁨을 말할 필요가 없다는 것이다. 교법教法의 공功이 심대하니 태어나면서 정해진 가문이 좋고 나쁨을 논할 필요가 없다. 생각건대 사람의 심성은 원래 선하니, 출신이 좋지 않아도 배움으로 타고난 심성을 길러가면 모두 교화되어 선으로 나아갈 수 있다. 이것이 공자가 만세의 후대를 위해 학문을 연 소이이다. 지극하도다! 위대하도다!

'가르침'이란 공자의 가르침이며 교법을 뜻한다. 즉 "사람의 심성은 원래 선하니, 출신이 좋지 않아도 배움으로 타고난 심성을 길러가면 모두 교화되어 선으로 나아갈 수 있다"라는 가르침이다. '유類'란 세속에서 좋고 나쁨으로 구별되는 것이다. 공자는 세속적으로 좋고 나쁘다는 구별을 뛰어넘어 각기 인간의 선함을 가능하게 만드는 것이 학문이라고 가르치는 것이다. 학문이란 자기 자신이 가진 가능성을 확충하고 인간의 선함을 실현하는 것이다. 사람이라면 누구라도 그런 가능성을 갖기 때문에 사람의 성이 원래 선하다고 진사이는 이해하는 것이다. 그리고 학문의 이러한 의미를 사람들에게 처음으로 가르쳤기 때문에 공자를 "만세의 후대를 위해 학문을 연" 스승이라고 상찬하는 것이다. 요시카와가 말하는 것처럼 진사이가 평등주의적인 교육 이념을 가진 교사로서 공자를 위대하다고 상찬하는 것이 아니다. 공차가 '인류의 교사'인 것은 인류를 위해 학문의 의미, 배움의 중요성을 가르쳤기 때문이다. 여기에는 '가르침'을 곧바로 '교육'이라고 생각해서 공자를 단순히 '교육자'로만 여겨버리는 현대 학자들이 놓쳐버린 평생 배우는 사람인 공자가 있다.

진사이의 『논어고의』에 따라 『논어』를 읽는 것은 이렇게 현대 학자들의 해석에 보이는 근대주의적 오류를 드러내 보이는 것이기도 하다. 보편적인 '교육'이란 근대국가의 국민교육과 함께 성립한 이념이다. 그 '교육' 이념을 현대 학자들은 의심 없이 이천오백 년 전의 공자에게 적용하는 것이다. 그 결과로 잃어버린 것은 '배움'의 의미와 중요성이다. 그것은 보편적인 '교육' 이념에 따른 학교 교육이 소년에게 배움에 대한 뜻을 잃어버리게 만든 것과 상관이 있다.

또 하나 오사카大坂 회덕당懷德堂의 유학자 나카이 리켄中井履軒(1732~1817)의 『논어봉원論語逢原』을 보자. 리켄은 종종 공자의 말을 사람들의 일상에서 이해하려고 했는데, 독자적이고 흥미롭다.

> 이 두 가지는 일상적인 말이다. 말하는 바는 사람이란 오직 후천적인 가르침에 의해서 나뉜다는 뜻이다. 유별類別이 선천적이지 않다는 것이다. 세상은 종종 부형·자제·종족宗族을 좋고 나쁨으로 구별한다. 그러므로 세상 사람들은 모두 좋고 나쁜 유별은 선천적이라 바꿀 수 없다고 생각한다. 그래서 이런 말이 나온 것이다. 즉 좋고 나쁜 유별이란 없다는 것이다. 이는 정말로 구별이 없다고 말하는 것이지, 구별은 있지만 논하지 않는다는

뜻이 아니다. 소인들은 무리를 지어 항상 사악한 일을 부추긴다. 그래서 그 자식들이 나쁜 쪽으로 물드는 일이 많다. 즉 사악함은 소인들 집안의 가르침이다. 일찍이 엄마 뱃속에서부터 사악하게 태어난 사람은 없다.

나카이 리켄에게 '가르침'이란 분명 '교육'의 의미에서 해석된다. 즉 세속적인 존재에 대해 선악이라는 구별은 결코 선천적으로 결정된 것이 아니라 후천적인 교육으로 생기는 것이다. 교육이 구별을 만들어내고 또 교육이 구별을 없애는 것이다. 그렇지만 여기서 교육이란 인간 평등의 이념에 이끌린 것은 아니다. 소인들은 집단 내부에서 나쁜 교육을 하고 나쁜 후계자를 만들어내기도 한다. 여기서 교육은 인간과 그 집단의 성격을 후천적으로 규정하고, 편향까지 상정하는 상호적 교사敎唆·교도의 기능을 한다. 리켄은 이런 의미에서 교육이 사회적 우열을 구별짓게 함을 주의하라는 것이 공자의 뜻이라고 이해하였다.

이때 공자는 사람이 교육을 받아 인재로 성장하는 데 차별이 없다는 평등주의적 교육자가 아니다. 오히려 사회적 존재의 우열을 재생산하는 것은 사회집단 내부의 교육에 있음에 주의를 당부하는, 인간사회의 뛰어난 관찰자이다. 조닌町人에 의해 조닌 스스로 배우는 장으로 만들어진 오사카의 학문소인 회덕당에서 교육을 이렇게 이해했다는 점에 주목하고 싶다. 리켄은 조닌 스스로 조닌이라는 사회적 구별을 뛰어넘는 배움의 중요성이야말로 저 공자의 가르침이라고 주장하는 것이다.

'교敎'란 글자를 한자 사전에서 찾으면 윗사람이 베풀어 아랫사람에게 배우게 함을 의미한다고 나온다. '교육'이란 애당초 정치성이 강한 어휘이다. 하층민의 순치馴致·순화와 관련되는 지배행위라고 할 수 있다. 교육에는 미셸 푸코[2]가 말한 대로 교조적調敎的 훈련이란 의미가 들어있다. 때문에 『논어』에도 "가르치지 않은 백성을 써서 전쟁을 한다면 이것을 일러 백성을 버린다고 한다以不敎民戰, 是謂棄"(자로 제30장)라는 말이 나온 것이다. 미야자키 이치사다를 따라 번역하면, "훈련되지 않은 인민을 전쟁으로 내모는 것은 죽으러 나가게 하는 것이다"라는 말이다. 인민을 교육한다는 것은 예를 들면 그들에게 군사훈련을 시키는 것이다. '가르치는' 일, '교육하는' 일이란 원래 이런 의미가 있다. 그것은 위로부터 시행된 훈련이며 위로부터 나오는 타율적 습득이다. 그렇다면 자율적인 학습자 집단이었던 공자의 학원에서 이러한 교육 개념은 무관하였을 것이다. 위로부터 행해진 민중 교육이 적극적인 의미를 갖게 된 것은 근대국가의 국민교육, 평등한 국민을 만드는 교육에서 나왔다.

"가르침이 있으면 종류가 없다"라는 구절을 이용하여 적극적으로 평등주의적 교육 이념을 주장한 이는 시부사와 에이이치이다. 근대 일본을 대표하는 실업가인 그의 『논어』독법, 이른바 '시부사와 논어'에서 공자의 이 말을 "가르침은 있어도 차별은 없다"라고 훈독하고 에도 말기 유학자인 야스이 솟켄

---

[2] Paul Michel Foucault(1926~1984). 프랑스의 철학자이자 문예평론가. 권력과 지식의 관계와 사회내 작동 방식을 날카롭게 분석하였으며, 사회학, 정치학, 교육학 등 다양한 분야의 연구에 큰 영향을 끼쳤다.

安井息軒(1799~1876)에 따라 해석하면서 마지막에 다음과 같은 감상을 덧붙였다.

> 오늘날 우리 일본의 교육 방식은 완전하게 가르침은 있어도 차별은 없다. 즉 빈부·현우賢愚·귀천·습속의 구별이나 도시와 시골의 구별도 없이, 일절 차별을 없애고 평등하게 모든 남녀아동에게 널리 국민교육을 실시하고 있다. 원래 오진應神천황 16년에 논어 열 권이 조선에서 전래되어 문교가 널리 열렸지만, 도쿠가와德川 막부 말기까지 교육은 귀족이나 상류 인사들이 독점하고 농공상 삼민은 교육을 받지 못했다. 계급정치의 악폐가 두렵지 아니한가.(『논어강의』)

시부사와의 감상으로 분명해진 것은 교육의 평등이라는 이념이 국민국가 형성과 함께 성립했다는 것이다. 그야말로 국민교육으로서 교육의 평등이 성립한 것이다. 교육의 평등이 제도적으로도 성립한 근대 일본에서 학자들은 공자의 "가르침이 있으면 종류가 없다"라는 말을 평등주의적인 교육 이념을 전하는 메시지로 해석하였다. 현대 학자들이 그렇게 해석했을 때 무엇보다 공자가 배우는 사람이었다는 사실이나, '계급사회의 악폐'로 일컬어지는 도쿠가와 사회가 '배우는 것' '배우려는 것'에 대해서 열린 사회였다는 사실도 놓치고 만다.

오사카 학사學舍 회덕당에서는 조닌이 무사와 함께 배웠고, 대도시의 데라코야寺子屋에서는 다수의 여성 사장師匠이 아이들의 요구에 응하여 습자習字를 가르쳤다. 위로부터의 '교육'이란 이름의 제도적인 국민 형성의 시책은 존재하지 않았다.

『논어』와 배움의 권리회복

에도 시대의 학교는 자발적으로 뜻을 가지고 '배우는' 장소이긴 했어도 위로부터의 '교육' 시설은 아니었다.

동지적인 배움의 장·고의당

이토 진사이가 교토 호리카와의 생가에서 사숙을 열어 강학을 시작한 것은 1662년, 서른여섯 살 때였다고 한다. 진사이는 사숙 개설과 함께 '동지회'라는 학습조직을 만들었다. 동지회는 성인聖人의 도에 뜻을 같이하는 이들이 모여 서로 격려하고 학문에 힘쓰는 조직이었다. 진사이의 『고학선생문집古學先生文集』에는 '동지회식同志會式', '동지회적신약同志會籍申約' 등의 글이 수록되어 있는데 이를 통해 조직운영방식과 강령 등을 알 수 있다.

동지회의 운영방식을 간단히 서술하면, 모임 당일 회원들 가운데서 회장을 선출하여 당일 모임을 주재하게 한다. 옛 성인과 스승의 위패 앞에서 예배를 하고 난 다음 회칙을 읽는다. 그리고 그날의 강사가 강의하고 강의 후에는 질의응답이 이어진다. 그다음에 다른 강사가 강의한다. 몇 차례의 강의와 질의응답이 끝나면 회장이 책문策問이나 논제를 제시한다. 회원들이 각자 논책을 정리하면 회장이 그에 대해 간단히 비평한다. 모임의 강의, 논책과 중요한 문답은 필기하여 각각 책으로 엮는다. 『고학선생문집』에 수록된 강의, 책문, 필기류는 동지회의 모습을 여실히 보여준다. 회장으로서 모임을 주재한 이는 진사이겠지만, 회칙을 보면 진사이도 동지회의 회원 중의 하나였다. 동지회 규칙 마지막에는 다음과 같은 금지사항이 있다.

> 논의 중에 비웃거나 쓸데없는 말을 하는 것, 다른 사람이 귀 기울여 듣는 것을 방해하거나, 부채를 크게 부치는 것, 좌중과 시끄럽게 떠드는 것을 가장 금한다. 또한 세속적인 이해利害나 타인의 출신, 부귀와 영달, 음식과 복장에 대한 말 일체를 가장 경계해야 한다.

나아가 동지회 안에서 상하우열의 서열을 규정하는 '동지회 품제식品題式'은 아래와 같다.

> 1. 말에 법이 있고 학식이 정확한 자를 상과上科에 둔다.
> 1. 말을 삼가고 행동이 충실한 자를 중과中科에 둔다.
> 1. 재기가 뛰어나나 말이 경박한 자를 하과下科에 둔다.

일본 근세 사회의 학습조직 가운데 운영규칙도 같이 기록에 남은 것은 동지회가 처음일 것이다. 동지회의 특색은 지도자를 전제로 한 교육조직이 아니라, 어디까지나 학습자들에 의한 학습조직이었다는 점이다. 진사이 역시 성인의 도를 지향하는 학문 동지의 한 사람이었다. 그는 배움에서는 앞섰지만 교사는 아니었다. 진사이는 어디까지나 선진적인 학습자로서 동지회를 이끌고 고의당을 주재한 것이다. 정반대로 지금의 대학은 이미 자의든 타의든 학문에 대한 의욕을 잃어버린 교수들이 학습 의욕이 없는 학생들을 그저 지도하는 교육시스템이다.

'교육'의 제도적 성립으로 무엇을 잃었는지를 다시금 생각해야 한다.

교토 호리카와에는 '배우는 사람들'의 조직이 있었다. 그리고 '배우고자 하는 이'라면 누구라도 공가公家에서 농민까지 자리를 함께 할 수 있었다. 기록에는 진사이의 고의당에 "이름을 올린" 사람은 "3천여 명"이라고 한다.

조닌의 학문소·회덕당

회덕당은 18세기 오사카에서 오동지五同志라고 불린 유력한 상인들, 도미나가 호슌富永芳春(1684~1740)[3]을 비롯한 상류 조닌들이 미야케 세키안三宅石庵(1665~1730)·고이 란슈五井蘭洲(1697~1762)·나카이 지쿠잔中井竹山(1730~1804) 같은 학자와 손을 잡고 창건하여 경영한 학문소이다. 회덕당의 역사가 보여주는 사실, 즉 조닌들이 세우고 유지한 '조닌의 학문소 회덕당'이 그저 학문소의 유력한 스폰서가 호상豪商이었다는 것만 의미하지 않는다. 중요한 점은 그들 자신이 학문소를 필요로 하였다는 것이다. 스스로 필요로 한 학교를 학자들과 손을 잡은 조닌이 창건한 것이다. 이 사실은 상인들의 학교경영 이상을 의미한다.

회덕당은 조닌의 자생적인 배움을 향한 의지로 경제적으로도 정신적으로도 지탱된 학교이다. 에도 시대가 되어서야

---

3) [원주] 통칭은 도묘지야키치자에몬(道明寺屋吉左衛門).

조닌이나 농민도 배움에 뜻을 가질 수 있었다. 뜻으로 끝나지 않고 그런 의지를 실현시킬 수 있었던 것이다.

앞에서 서술한 이토 진사이는 교토의 조닌 출신이다. 그는 일찌감치 배움에 뜻을 두어 열한 살 때 스승을 따라 구두句讀를 배우고, 『대학』의 '치국평천하' 장구를 읽고는 "지금 세상에도 이런 큰일을 생각하는 사람이 있구나!"라고 혼잣말을 했다고 한다. 나는 진사이 전기에서 이 대목을 읽고, 소년 진사이의 영특함보다는 이러한 배움의 조건이 이미 근세 초기 교토에 존재했다는 사실이 놀라웠다.

이시다 바이간石田梅岩(1685~1744)은 단바丹波의 농가에서 태어나 교토의 상인 집안에 고용되어 일하는 한편 공부를 해서 마흔네 살 때 교토에 심학강사心學講舍를 열었다. 이 사례는 진사이 이상으로 놀랍다. 보통 그의 평전은 고생을 마다하지 않고 부지런한 바이간의 모습을 전할 뿐, 근세 사회에서 어떻게 배움의 뜻을 이룰 수 있었는지는 서술하지 않는다. 근세 일본은 학문에 관해서만은 개방성과 선진성을 갖춘 대단한 사회였다. 시부사와는 교육이 상류 인사에게 독점된 암흑을 말하지만, 그는 근세 일본에서 자생적인 배움의 뜻이 많았던 것 그리고 그 뜻이 달성된 사실을 보지 못하고 있다. 오히려 에도 시대에 관제 교육시스템이 존재하지 않았기 때문에 조닌들의 자생적인 배움의 뜻은 지배층의 교육체계에 흡수되는 일 없이, 조닌들은 자신의 학문을 달성할 수 있었다.

18세기 오사카에서는 조닌들이 자신들의 뜻으로 학교를

창건한 것이다. 그렇다고 해서 회덕당 강의가 조닌의 실용적인 요구에 응답하는 것은 아니었다. 당시 지식인의 정통학문인 유학이 중심이었다. 그러나 오해하면 안 된다. 유학이라고 하지만 그저 도덕적인 교설 체계가 아니라 자연·인간·사회 인식을 포괄하는 지식체계였다. 그래서 회덕당 창건은 조닌들 스스로 그런 지식을 획득하고자 했다는 것을 의미한다.

그러한 조닌·지식인을 대표하는 인물로 야마카타 반토山片蟠桃(1748~1821)를 들 수 있다. 반토는 오사카 환전상 마스야升屋의 지배인인 마스야고에몬升屋小右衛門이다. 당시 오사카의 환전상 실력이 어느 정도였는지는 예를 들면 반토에게 센다이번仙台藩의 재정을 도맡아 처리하여 재건하는 임무가 주어졌던 사실로도 알 수 있다. 그랬던 그가 회덕당에서 나카이 지쿠잔·리켄의 가르침을 받고 후세에 『유메노시로夢の代』라는 저서를 남겼다. 이 책은 「천문」에서 「지리」·「신대」·「역대」로 이어지며, 「제도」·「경제」를 논하고 학문론인 「경론」과 종교비판인 「이단·무귀無鬼」에 이르는, 18세기 지식을 비판적으로 집대성한 책이다.

그렇다면 반토가 어떻게 이런 책을 지을 수 있었을까? 그의 탁월한 지성은 답이 되지 않는다. 18세기 오사카에서 어떻게 이런 탁월한 지성이 가능했는지를 다시 물어야 한다. 그의 위업은 확실히 회덕당이 존재했기에 가능했다. 회덕당은 조닌의 자생적인 배움의 요구에 기초하여 세워진 학교였다. 폐쇄적인 교육 시설이 아니라 누구에게나 열린 배움의 장이었다. 동시에 회덕당은 18세기 일본의 지적 네트워크의 중요한 부분이었다. 각지를 주유하는 지식인들이 회덕당 주변에 머물면서 지적 교류를 했다. 근세 오사카는 상업 물류의 중심지였을 뿐 아니라, 지의 흐름의 중심이기도 했다. 반토 즉 마스야고에몬에게 어떻게 『유메노시로』의 저술이 가능했을까? 그 답은 근세 오사카와 회덕당에 있다.

'교육'의 제도적, 시설적 충실은 오히려 소년들에게 '배움'에 대한 의지를 상실시킨다. '배움'이 복권復權되어야만 한다. 그러므로 우리는 『논어』를, 그 물음의 원초성을 배우도록 하자. 공자는 처음으로 배움이 무엇인지, 도가 무엇인지, 또 믿음이 무엇인지를 반성적으로 물은 사람이다. 『논어』는 그런 원초적 물음의 기록이다. 원초적인 물음이란 근본적인 물음이다.

나의 『논어』 읽기

나의 『논어』 독서법은 이토 진사이의 방법을 따른다. 진사이는 『논어』를 다시 읽고자했다. 다시 읽기란 기존의 읽기 방식을 다시 한번 되돌아보며 읽는 것이다. 『논어』는 이미 주자에게 읽혔고 주자의 해석에 의해 가려졌다. 진사이는 주자의 읽기를 다시 읽음으로써 공자 본래의 가르침을 알아내고자 한 것이다. 진사이의 『논어』 다시 읽기를 '논어 고의학'이라 한다. 나는 진사이의 고의학 방법을 따랐다.

『논어』 텍스트에는 선인들의 읽기가 겹겹이 쌓여 있다. 우리는 선인들의 읽기를 통해서만 『논어』를 읽을 수 있다. 선인들의 읽기의 흔적이 없는 완전히 새로운 고전 텍스트를 완전히 새로운 시각으로 읽기란 불가능하다. 우리가 고전을 읽는 것은 항상 선인들의 읽기에 따라 다시 읽는 것이다. 나는 진사이를 따라 이 다시 읽기를 자각하게 되었다. 현대까지 오래도록 우리들의 『논어』 읽기를 규정해 온 주자의 읽기를 자각하여 비판적으로 다시 읽은 최초의 독자가 이토 진사이였다. 진사이에게 촉발되면서도 그를 비판하여 새롭게 읽은 이가 오규 소라이다. 두 사람에 의한 『논어』 다시 읽기 성과는 우리에게 매우 큰 유산이다. 이러한 성과 위에 현대까지 『논어』를 읽어 온 것이다. 나는 이런 과정을 되짚어 보면서 사상사가로서 『논어』를 마주하고자 했다.

나는 몇몇 시민강좌에서 시민들과 함께 『논어』를 다시 읽어 왔다. 이를 통해서 나는 『논어』에 담긴 공자의 물음에 직면하였다. 언제부터인지 나는 공자 자신이 '배움이란 무엇인가?' '도란 무엇인가?' '정치란 무엇인가?' '예란 무엇인가?' 등의 물음을 다시금 던지고 있다는 사실을 깨달았다. 『논어』가 공자 자신의 다시 묻기라는 것을 알고 나서 『논어』와 그 해석자의 학설에 대한 나의 독서 방식도 달라졌다. 본서의 23강은 이러한 변화 과정을 보여주는 것이다. 이 강의가 나의 『논어』 해석 전부를 보여주는 것은 아니지만, 『논어』에 담긴 공자의 물음을 마주하여 나 역시 다시금 그렇게 되물은 과정을 정리하였다. 이 책으로 독자 여러분도 공자의 물음을 각자 되묻기를 바라마지 않는다.

범례

1. 이 책은 우선 『논어』에서 공자의 물음을 주제로 장을 구성하고, 『논어』각 편에서 주제별로 어울리는 장을 선택하여, 그 부분을 다시 읽었다. 주로 주자·이토 진사이·오규 소라이의 『논어』 읽기를 근거에 두고, 현대 여러 가지 해석도 참고하였다. 이 책에서 참고하고 인용한 문헌은 다음과 같다.

朱子^{주희}　『論語集註』『四書集註』藝文印書館印行.
　　　　『朱熹集註·論語』新刻改正版. 훈독법: 고토점(後藤点)
　　　　『朱熹集註·論語』秋梧散史譯注, 立川文明堂, 1919.

中村惕齋^{나카무라 데키사이} 『論語示蒙句解』漢籍國字解全書一, 早稻田大學出版部, 1925.

伊藤仁齋^{이토 진사이} 『論語古義』, 關儀一郎編『日本名家四書註釋全書』論語部一.
　　　　『論語古義』(林本·진사이 최종 교본·天理圖書館藏).
　　　　『論語古義傳』原重治評釋, 尙友社, 1958.
　　　　『論語古義』현대어역, 貝塚茂樹責任編集『伊藤仁齋』日本の名著 13, 中央公論社, 1972.

荻生徂徠^{오규 소라이} 『論語徵』1·2, 小川環樹譯注, 東洋文庫, 平凡社, 1994.

中井履軒^{나카이 리켄} 『論語逢原』, 關儀一郎編『日本名家四書註釋全書』論語部四.

澁澤榮一^{시부사와 에이이치} 『論語講義』二松學舍大學出版部, 明德出版社, 1975.

簡野道明^{간노 도메이} 『論語解義』明治書院, 1916.

諸橋轍次^{모로하시 데쓰지} 『論語の講義』大修館書店, 1957.

吉川幸次郎^{요시카와 고지로} 『論語』上·中·下, 中國古典選, 朝日文庫, 1974;『世界古典文學全集四』筑摩書房, 1971.

宮崎市定^{미야자키 이치사다} 『論語の新研究』岩波書店, 1974.

『現代語譯・論語』岩波現代文庫, 2000.
金容治^{가나야 오사무} 譯注『論語』岩波書店, 1999(改譯版).
吉田賢抗^{요시다 겐코} 『論語』新釋漢文大系一, 明治書院, 1960.
倉石武四郎^{구라이시 다케시로}『論語』(朱子『論語集注』에 의한 현대어역),『筑摩世界文學大系5』筑摩書房, 1972.
貝塚茂樹^{가이즈카 시게키} 編譯『論語』,『孔子・孟子』世界の名著 3, 中央公論社, 1966.
錢穆^{첸무} 『論語新解』東大圖書公司, 1988 再版.
李澤厚^{리쩌허우}『論語今讀』三聯書店, 2004.

2. 본문에서 주자의『주자집주』・진사이의『논어고의』・소라이의『논어징』이나, 다른 현대어역본의 평석 등을 인용・참조 시에는〖주자〗〖진사이〗〖소라이〗〖시부사와〗〖모로하시〗〖요시카와〗 등으로 약기한다.

3. 주자・진사이・소라이를 인용할 때는 되도록 원문을 풀어서 썼으며, 기본적으로 표기는 당시 사용된 한자와 현대 가나^{假名} 표기법을 따랐다.『논어』의 본문과 훈독도 마찬가지이다.

4.『논어』본문은 기본적으로『논어집주』에 의하며, 후대의 여러 연구로 보정^{補訂}하였다. 또 처음으로 든 훈독은 메이지기까지 가장 일반적이었던 고토 시잔^{後藤芝山}(1721~1782)의 이른바 고토훈을 기본으로 하여, 간노・요시카와・가나야 씨 등의 훈독도 참고하였다. 또『논어』의 편과 장수에 대해서는 참조의 편의를 위해 이와나미 문고의『논어』에 따랐다.

5. 현대어역은 나와 선행연구가들의 해석을 [번역] 으로 표시하였다. 모두 나의 다시 읽기 흐름에서 나온 것이라 전체를

통일하려는 하지 않았다. 이 책은 4년여에 걸친 논어 강의의 결과이니만큼, 그동안 나의 읽기 방식 역시 자연스레 깊어지고 달라지기도 하였다. 이 책의 편집 시 형식 통일에 힘썼지만, 아무래도 이러한 변화에서 생기는 형식적 불통일은 피하기 어려웠던 점, 독자 여러분의 너그러운 이해를 구할 뿐이다.

6. 주자와 진사이·소라이의 읽기에 의한『논어』각 장을 다시 읽는 과정에서 나의 비평을 붙였지만, 장의 말미에 다시 으로 정리한 경우도 있다.

7. 나의『논어』읽기는 진사이 등 일본 고학파의 고전학을 배우는 가운데 형성된 것이다. 에도의 고학파에 대해서는 다음의 저서를 참조하기 바란다. 나는 노리나가의 고전학도 고학파 특히 소라이학의 계보로 본다.

子安宣邦『江戶思想史講義』岩波書店, 1998, 岩波現代文庫, 2010.
  『伊藤仁齋の世界』ぺりかん社, 2004.
  『「事件」としての徂徠學』青土社, 1990. ちくま學藝文庫, 2000.
  『徂徠學講義 —『辨名』を読む』岩波書店, 2008.
  『本居宣長』岩波現代文庫, 2001.
  『宣長學講義』岩波書店, 2006.

제 I 부

제 1 강

배움에 대하여

『논어』에 담긴 배움의 중요성은 첫 장이 배움의 기쁨을 논하는 공자의 말로 시작하는 데서도 알 수 있다. 『논어』에 보이는 공자와 제자들의 집단은 처음으로 자각적인 배움을 시작한 집단이다. 공자는 배움이 무엇인가를 처음으로 물은 인물이다. 사람에게 배움이 무엇인지 성찰하는 말을 기록한 것은 『논어』 이전에 없었기 때문이다. 물음이 원초적이라는 것은 그것이 본질적이라는 뜻이다. 공자가 던진 이 물음을 스스로 다시 한번 물음으로써 우리가 잃어버린 배움의 의의를 되찾고 싶다.

제1강 배움에 대하여

1.1 학이 제1장[1]

子曰, 學而時習之, 不亦說乎. 有朋自遠方來, 不亦樂乎. 人不知而不慍, 不亦君子乎.

子曰く、學びて時にこれを習う、また說(よろこ)ばしからずや。朋有り遠方より来たる、また楽しからずや。人知らずして慍(いきどお)らず、また君子ならずや。

공자께서 말씀하시길, 배워서 때때로 이를 익히니 또한 기쁘지 않겠는가. 벗이 있어 멀리서 찾아오니 또한 즐겁지 않겠는가. 남이 알아주지 않아도 성내지 않으니 또한 군자가 아니겠는가.[2]

* * *

공자가 말하는 배움의 의미를 가장 높게 평가했던 이토 진사이의 『논어고의』 주석에 따라 이 장을 읽어보자.

〖진사이〗 진사이는 어구를 해석하면서 각 절의 내용을 정리하고 있다.

---

[1] 본서의 『논어』편과 분장은 저자가 밝히듯이 가나야 오사무의 『논어』를 기본으로 하고 있다. 한국에서 출간된 여타 『논어』 장수(章數)와 다른 부분이 있으나, 여기서는 본서대로 하였으며 필요시 각주에서 설명하였다.

[2] 본서 원저의 본문은 『논어』 각 장의 원문과 훈독문, 이하 각 주석 및 저자의 평석으로 구성된다. 일본에서 『논어』는 다양한 훈독본이 있는데, 본문의 훈독문은 고토점(後藤点)을 기본으로 저자가 다듬은 것이다. 일본어 훈독문을 기준으로 한국어 번역문을 추가하였다. 한문을 그대로 읽은 한국식 읽기와는 다른 일본식 읽기가 느껴질 것이다. 다만, 한문 '읽기'의 차이를 드러내기 위해 훈독문은 직역에 가깝게 번역한 탓에 문장이 부자연스러운 부분이 있으니 미리 양해를 구한다.

1.1 학이 제1장

학學이란 본받는 것이며 깨닫는 것이다. 옛 가르침에 따라 생각하고, 견문을 통해 검증하고, 모범을 본받아서 깨닫는 것이 배움이다. 습習은 온습溫習 즉 복습을 뜻한다. 열說은 열悅과 같으며 기쁘다는 뜻이다.

첫 절의 의미는, 이미 배운 것을 때때로 복습하면 지식이 열리고 구하려는 도道 역시 분명해져서, 그 기쁨이 마치 깊은 잠에서 갑자기 깨어났을 때와 같다는 뜻이다. 제2절의 벗이란 동류同類이자 동료이다. 학문이 충실하여 멀리까지 미치면 배움에 뜻을 같이하는 동료를 찾아 자신이 고립되지 않았음을 알 수 있다. 그 이상의 즐거움이 있을까? 제3절의 온慍은 성내는 것이다. 군자란 덕을 이룬 자를 말한다. 이미 덕이 갖춰지면 부귀富貴와 작록爵祿·훼방과 칭송·득실 같은 것이 그 마음을 흔들지 못한다. 그래서 세상 사람들이 나를 몰라주고 업신여기더라도 조금도 화낼 일이 없다. 이야말로 배움이 지극한 것이다.

진사이는 나아가 대주大注에서 이 문구가 『논어』의 첫 장인 까닭을 이렇게 말한다.

배워서 때때로 복습하면 터득한 것이 나날이 숙달된다. 이를 진정한 기쁨으로 삼는다. 멀리서 동지가 찾아오면 다른 사람과 같이 배울 수 있다. 이를 진정한 즐거움으로 삼는다. 벗이 찾아오는 즐거움이나, 남들이 알아주지 않아도 성내지 않는 군자나 모두 배움으로 얻어지는 것이자 배움으로 도달한 것이니, 배움의 공이란 위대하지 않은가? 우리 스승인 공자가 인의의 도를 세워 사람들을 위해 그것을 표준으로 정하여 만세에 태평을 연 것 역시

제1강 배움에 대하여

학문의 공이다. 그러므로 논어는 학學이란 글자로 시작한 것이며, 문인들도 이 장을 책의 첫머리에 둔 것이다. 그래서 이 장을 소논어小論語라고 한다.

진사이는 공자의 위대함은 배우는 사람이라는 점에 있다고 보면서, 바로 그러기 때문에 배움의 기쁨과 즐거움을 말하는 이 장이 『논어』의 첫 장이 되었다고 설명하는 것이다.

진사이가 "학이란 본받는 것이다"라고 한 것은 옛 가르침에 따라 배우고 익히는 것을 말한다. 배움은 원래 선인이 남긴 가르침을 배우는 것, 앞 세대의 선배·선진들에게 배워 익히는 것이다. 따라서 공자도 자신을 "옛것을 좋아"하고 구하는 사람이라 하였듯이(술이 제1장), 이 배움의 자각과 함께 옛날은 배워야 할 대상으로 파악되는 것이다. 새로운 것을 배운다고는 하지 않는다. 그것은 안다고 일컫는다. 배움이란 앞서간 시대, 과거를 향해 있다. 그렇다고 해서 배움을 상고주의尙古主義라고 해서는 안 된다. 뒤에서 서술하듯이 사람은 선인들을 배움으로써 진정으로 자립하는 것이다.

〖주자〗 주자 역시 "배움이란 본받는 것"이라고 한다. 그러나 이어서 다음과 같이 말한다.

> 사람의 성性은 모두 선하지만 깨달음에 앞서고 뒤서는 바가 있다. 늦게 깨달은 사람은 반드시 먼저 깨달은 사람이 행한 바를 본받아야 자신의 성이 선함을 분명히 할 수 있으며, 자기 본래로 돌아갈 수 있다.

주자에게 배움이란 선각자에게 배우는 것이며 본심의 각성에 이르는 배움인 것이다. 주자는 이미 옛것에서 배운다는 배움의 의의를 잃어버린 것 같다. 주자의 주석이 '신주'로 일컬어지는 까닭일 것이다. 선각자를 따라 깨달음에 이끌리는 배움이란, 선禪이 행하는 배움이며, 마음의 내성적인 배움이다. 이는 주자학파의 시대, 즉 송대에 행해진 유학으로의 전환을 의미한다. 유학은 이미 불가의 사상과 도가의 사상을 통합한 것이다.

〖소라이〗 오규 소라이는 배움이란 선왕의 도를 배우는 것이라 하였다. 그것은 선왕의 가르침으로서 시서예악詩書禮樂을 배우는 것이다. 때때로 이를 익힌다는 것은 시서예악을 익혀야 할 각각의 시절時節에 익히는 것이다. 소라이는 게다가 '습習'이란 그 업業을 익히는 일이라고 하였다. 업이란 '와자'[3]이다. 소라이의 해석은 학업이나 수업 같은 말의 의미를 다시 생각하게 만든다. 배움이란 업을 닦고 업을 쌓는 것과 별개가 아니다. 그래서 소라이는 익힌다는 것은 "몸소 선왕의 가르침을 실천하는 것"이라고 하면서 학습에서 신체적인 습득을 강조하였다(『논어징』). 소라이는 주자학적인 내면적 학문관에 대결하여 심신일체적인 학습론을 전개하였다.

---

[3] '와자(わざ)'는 업의 일본어 훈독이다. 소라이가 민을 편안하게 하는 방법으로서 말하는 물(物)이란 성인이 제정한 제도를 가리키며 주자학에서 말하는 '격물'의 물과는 다르다. 소라이의 해석을 따라 물을 '성인의 사업'으로 번역할 수 있으나, 여기서는 본서의 읽기를 그대로 두어 '와자'라고 하였다.

제1강 배움에 대하여

『논어』개권開卷 제1장이 '배움'의 기쁨이라는 공자의 말로 시작하는 까닭은 진사이가 말하는 대로 공자에게 '배움'이 얼마나 중요했는지를 알리기 위해서일 것이다. 공자에게 '배움'의 중요성은 그가 제자들과 함께 '배움'을 처음으로 자각적으로 시작했다는 데 담겨있다. 처음이란 말을 굳이 세계에서 처음이라고 고칠 필요는 없다.『논어』는 인간의 원초적=본질적인 물음과 반성이 담긴 텍스트이며, 우리가『논어』를 되풀이하여 읽는 의미 역시 여기에 있다. 배움을 최초로 자각적으로 시작하였다는 말은 배움의 의미를 비로소 반성적으로 언급하였다는 뜻이다.

'배움學'과 '익힘習'은 '학습'이란 숙어가 있듯이 별개가 아니다. 진사이가 "배움이란 본받는 것이다"라고 했듯이, 고훈古訓에 따라 배우고 선인들을 본받는 것이다. 옛것에서 배운다는 것이 고학파만의 특권은 아니다. '고학'이란 옛것을 배운다는 배움의 양태를 의식한 것이다. '온고溫故'란 단지 회구적懷舊的인 지향을 가리키지 않는다. '지신知新'이란 발명은 '온고'로부터만 가능하다고 공자는 말하였다(위정 제11장). 진보 사관이 옛날을 그저 몽매한 고대로 여기기 전까지 옛날은 배워야 할 대상으로 존재하였다. 배우는 공자란 옛것을 좋아하고 옛것을 믿는 사람이었다. 옛날은 지금을 비추며 반성을 재촉하는 거울이다. 복고란 시대를 일신하기 위해 필요한 옛날을 거울로 삼아 미래로 한 걸음 더 나아가는 것이다. 진사이에게도 '고학'은 배움의 혁신을 의미하였다.

1.2 위정 제15장

子曰, 學而不思則罔. 思而不學則殆.

子曰く、学びて思わざれば則ち罔し。思いて学ばざれば則すなわち殆うし。

공자께서 말씀하시길, 배우되 생각하지 않으면 즉 어둡다. 생각하되 배우지 않으면 즉 위태롭다.

* * *

배움이란 선인·선사^{先師}에게 배우는 것이다. 생각은 내 마음에 묻는 것이다. 공자는 배우기만 하고 스스로 생각하지 않으면 어두워 분명하지 않으며, 스스로 생각만 하고 배우지 않으면 위태롭다고 말한 것이다. 우리가 생각해야 할 중요한 메시지가 여기에 있다.

〖진사이〗 진사이는 "고훈을 헤아리는 것을 학^學이라고 한다. 내 마음에서 구하는 것을 사^思라고 한다"라고 학과 사의 자의를 풀이하고 다음과 같이 해석하였다.

> 천하의 여러 선^善을 모아 하나의 선으로 돌아가게 하는 것은 학^學의 공이다. 깊이 파고들어 세세한 것까지 철저히 하여 눈에 보이지 않는 귀신과 그 작용을 같게 하는 것은 지극한 사^思의 공이다. 배움의 공은 눈에 보이는 결실이며 생각의 공은 눈에 보이지 않는 신묘^{神妙}함에 있다. 배우기만 하고 생각하지 않으면 배움의 성과를 실제로 얻지 못한다. 그 때문에 어두운 것이다. 생각만 하고 배우지 않으면 그것은 그저 자신의 마음을 스승으

로 삼아 독선적이 되므로 위태롭다.

진사이는 우리가 아니라 공자에게 배움과 생각이 어떠한 의미를 갖는지 파고든다. "천하의 여러 선을 모아 하나의 선으로 돌아가게 하는 것은…"의 뜻은 성인 공자가 생각하는 '학^{學}'과 '사^{思}'이다. 공자가 학문과 사색의 공을 상찬하면서 풀이하는 설명은 너무 추상적이다.

주자도 "마음에서 구하지 않으므로 어두워서 얻음이 없다. 그 일을 익히지 않으므로 위태로워 편안하지 못한 것이다"(『논어집주』)라고 하여, 자의^{字義}의 해석을 벗어나지 않는다.

고훈을 곰곰이 생각하여 선현을 따르는 '배움'과 자신의 마음에 묻고 구하는 '생각'을 대치시켜, 전자에만 의하면 어두워지고 후자에만 의하면 위태로워지는 폐혜가 있다고 공자는 말한다. 이 '배움'과 '생각'의 배치에 의한 발언이 갖는 중요성을 다시 생각해 보자. 나는 여기에는 인간의 정신적 활동에서 수동적 학습과 능동적 사색이란 두 측면에서 중요한 시사가 있다고 본다. 인간은 학습적 존재라 일컬어진다. 사람은 우선 부모에게 그리고 주변 어른들에게 배우지 않으면 자립할 수 없다. 배움이란 수동적 학습은 사람의 자립적인 활동의 기초이다. 인간이 자립하기 위해서는 우선 자신이 생존하는 세계를 학습에 의해 수용해야 한다. 세계를 수용하는 것이 자립하는 인간의 기반이다. 인간의 수동적 학습 기반에 의해 인간의 정신이 능동적이고 자립적으로 작용한다고 할 수 있다. 학습에 의한 세계의 수용과정 없이 사람이 진정으로 자립할 수 있을까? 그것은 자립처럼 보여도 사실 그저 제멋대로인 것에 지나지 않을 것이다. 수동적인 기반이 없는 자립은 위태롭다. 그러나 오로지 수용만 하고 스스로 생각하는 정신의 능동성을 갖지 못한 인간은 세계를 자기의 눈으로 볼 수 없다. 그런 사람에게는 세상을 내다보는 힘이 없다. 그런 사람에게 세상은 어둡고 어렴풋하기만 하다.

1.3 위정 제4장

子曰, 吾十有五而志于學. 三十而立. 四十而不惑. 五十而知天命. 六十而耳順. 七十而從心所欲, 不踰矩.

子曰く、吾れ十有五にして学に志す。三十にして立つ。四十にして惑わず。五十にして天命を知る。六十にして耳順がう。七十にして心の欲する所に従いて、矩を踰えず。

공자께서 말씀하시길, 나는 열다섯에 학문에 뜻을 두었다. 삼십에 섰다. 사십에 혹하지 않았다. 오십에 천명을 알았다. 육십에 귀가 순하다. 칠십에 마음이 바라는 바를 따라도 법도를 넘지 않았다.

* * *

〚주자〛 주자학자들은 이 장을 공자 스스로 도를 구하고 수학하는 과정의 단계를 회고하는 것으로 해석하지 않는다. '생지生知'라는 성인관을 가졌기 때문이다. 그래서 정자程子는 "공자는 나면서부터 아는 분이다. 그런데도 배움으로 말미암아 이르렀다고 한 것은 후대 사람을 권면하여 나아가게 하신 것이다"라고 하였다. 여기서 말하는 것은 공자 자신이 배우는 과정이 아니라 후학을 위한 진학의 단계이자 도달목표이다.

〚진사이〛 진사이는 공자를 태어나면서부터 아는 성인의 자격이 있다고 하면서도, 그 생애에서 나이에 따라 여러 단계를 뛰어넘은 과정이 있었다고 한다. 진사이는 이 장의 대의를 다음과

1.3 위정 제4장

같이 말하였다.

> 이것은 선생께서 평생의 학문 이력을 다른 사람에게 말한 것이다. 우선 배움에 뜻을 둔다는 것은, 성인의 자질을 가지고 있어도 반드시 학문을 통해서만 비로소 지극한 경지에 이를 수 있다고 함으로써 학문의 공을 분명히 하는 것이다. 서른에 섰다는 말부터 법도를 넘지 않았다는 말에 이르기까지 모두 학문의 공적이다. 성인이란 나면서부터 알고 편안하게 행하는^{生知安行} 자질을 가지고 있는데도 그 이력에 여러 단계가 있다고 하는 것은 어째서인가? 추구하는 도는 끝이 없다. 그러므로 배움도 끝이 없다. 다만 성인은 진실하여 흐트러지는 일이 없고 나날이 새로워 그침이 없어, 어려서부터 노인이 되기까지 스스로 절도를 벗어나지 않았다. 그래서 해마다 자신이 나아가 도달한 경지를 자각하였고 그러한 진전을 믿어 의심치 않았다.
>
> 그러나 사람의 일생에서 소년, 장년, 노년은 자연스레 구별된다. 성인의 자질을 가졌다 해도 공자 역시 노소의 차이가 없을 수 없다. 즉 노소의 구별은 당연하다. 그것은 하늘에 사계절이 있어 봄에서 여름, 가을에서 겨울 그리고 춥고 덥고 따뜻하고 서늘함은 저절로 그 시절에 응하는 것과 같다. 이런 변화야말로 성인이 나면서부터 알고 편안하게 행하는 오묘함으로 성인이 천지와 그 덕을 맞추고, 일월과 그 밝음을 맞추고, 사시사철과 그 차례를 맞추는 근거이다. 이것을 단지 배우는 사람을 위하여 기준을 세웠다고 한 것은 틀린 말이다.

진사이의 관점에서 이 장을 해석하면 다음과 같다.

제1강 배움에 대하여

선생께서 말씀하셨다. 나는 열다섯 살에 성인의 도를 배우는 데 뜻을 두었다. 서른 살에 배움의 길에 서서 세상의 이록利祿에 따라 움직이지 않았다. 마흔 살에 나는 이것일까, 저것일까, 하면서 길을 헤매는 일이 없었다. 쉰 살에 나는 천명에 따른다는 것을 알게 되었다. 예순 살에 나는 헐뜯거나 칭찬하는 말을 흘려들을 수 있게 되었다. 일흔 살에 나는 마음대로 하여도 규범을 밟고 넘는 잘못을 저지르는 일이 없게 되었다.

진사이는 나아가 공자가 도달한 경지를 선정禪定의 세계처럼 풀이해서는 안 된다고 하면서 유학이 송학에 이르러 일변하였다고 한다. 진사이는 논주論注에서 다음과 같이 말한다.

맹자가 죽고 나서 천하에 성인의 도가 분명하지 않게 되었다. 세상의 유학자가 추구하는 것은, 문자의 훈고 주석에 지나지 않은 모양새가 되었다. 송대에 이르러 위대한 유학자들이 출현하여 정통을 숭상하고 이단을 물리쳐 한당漢唐 유학자들의 누습을 모두 씻어 냈다. 그 공적은 참으로 위대하다. 그러나 당시는 선학禪學이 활발한 때라 그 설로 성인의 가르침을 풀이하려는 자가 실로 적지 않았다. 이런 데서 오로지 일심一心만을 귀하게 여기고 명경지수明鏡止水의 심경을 수신修身의 극치로 삼게 되었다. 그래서 주자가 『논어집주』에서 인용한 호씨胡氏의 말처럼, "한 가지 흠도 없이 모든 이치를 빠짐없이 밝히게 된 후에 자신의 마음이 바라는 대로 행해도 지극한 이치가 아닌 것이 없었다"라고 하여 부자夫子 일흔 살의 경지를 파악하게 된 것이다.

그렇지만 사람의 마음이란 "단단히 잡고 있으면 여기에

있지만 내버려 두면 없어지고 만다. 그 드나듦에 정해진 때가 없고 어디로 향하는 지도 알 수 없다"(『맹자』 고자 상)라고 부자께서도 말씀하셨듯이, 생각대로 되지 않는 것이 마음이다. 그러므로 부자가 성인이시면서도 일흔이 되어 비로소 "마음이 바라는 바를 따라도 법도를 벗어나지 않는다"라고 하신 것이다.

공자가 일흔이 되어서야 이렇게 말할 수 있었던 점에서 위대함을 발견한 것은 진사이가 최초일 것이다.

이 장은 지천명이 무엇인지에 대해 큰 물음을 던지고 있는데 그 얘기는 나중으로 돌리자. 그보다는 먼저 배움에 뜻을 두는 것을 생각해 보자. 자신의 이력을 말하면서 열다섯 살에 배움에 뜻을 두었다고 말하는 소년 공자가 있다. 배움이란 옛것을 배우는 것이다. 이러한 학문에 뜻을 둔 소년이 등장한 것이다. 이로부터 학문이 후세 소년들의 뜻이 되었다.

주자는 "옛날에 열다섯이면 대학에 들어갔다"라고 하여 학문에 뜻을 두는 것은 "대학의 도道"를 지향하는 것이라고 하였다(『논어집주』). 여기서 배움(대학)이란 천자부터 공경公卿·사대부의 자제, 서민의 우수한 자제, 즉 나라에 쓸모 있는 선비가 되기 위한 사람들이 배우는 국가유위國家有爲의 학문이다. 주자는 이를 이학, 도덕학, 정치학이라 하였다. 여기에는 어떤 사람이 배움에 뜻을 두는지, 그리고 그런 사람들이 뜻하는 배움이 무엇인지가 확실히 제시되고 있다.

아무나 배움에 뜻을 두는 것이 아니다. 국가유위의 직책에

제1강 배움에 대하여

있는 사람들의 자제이며, 국가유위의 선비가 되려는 청년들이다. 그리고 그들이 지향하는 배움이란 '대학', 즉 국가에 추요樞要한 유학이며, 주자는 이러한 학문을 "이치를 지극히 하고窮理 마음을 바로하여正心 자기를 닦아修身 다른 사람을 다스리는治人 길"이라 한다. 주자는 유학을 정통학문으로 삼는 중국에서 배움의 뜻을 이렇게 규정하고, 공자로 소급시키는 것이다. 진사이 역시 공자가 배움에 뜻을 둔 것을 이렇게 규정하였다.

> 요·순·우·탕·문·무·주공이 천하를 다스리는 위대한 원리와 법칙大經大法을 도라 한다. 배움에 뜻을 둔다는 것은 이런 도리에 따라 수신하고 다른 사람들을 다스려 천하를 위해 태평성대를 열려고 하는 것이다.

그렇지만 17세기 일본의 교토 상인의 자제였던 이토 진사이는 어땠을까? 1627년에 교토 호리카와 가게유코지아가루勘解由小路上ル[4]에서 쓰루야 이토시치에몬鶴屋伊藤七右衛門의 자식으로 태어난 진사이가 품었던 배움은 어떠했을까? 진사이의 생애를 기록한 『고학선생행장古學先生行狀』을 보면 진사이는 열한 살 때부터 스승에게 구두법과 사서를 배웠다고 한다. 『대학』의 치국평천하 장을 읽은 소년 진사이는 "지금 세상에도 이런 큰일을 생각하는 사람이 있구나!"라고 술회하였다고 한다. 『행장』

---

[4] 교토의 지명으로, 율령제 하 지방행정 감사직이었던 가게유시(勘解由使)의 숙소가 있던 데서 유래하였다. 교토 시가지 지명에 보이는 아가루(上ル), 사가루(下ル), 니시이루(西入ル), 히가시이루(東入ル)는 천황의 어소(御所)를 진북(眞北)으로 두고 각각의 방향을 가리킨 데서 유래한다.

대로라면 17세기 중반이란 시대, 이미 교토 상인의 자식은 사서의 구두를 학습할 기회가 있었고, 『대학』 장구에 크게 감명을 받을 정도로 지력을 갖추었다. 교토 상인 집안의 소년 진사이는 성인의 학문에 뜻을 품을 수 있었던 것이다. 이것은 우리에게 일본의 근세라는 시대의 학문의 양태를 다시금 가르쳐준다.

메이지^{明治} 시대 소년들의 지학^{志學}은 무엇이었을까? 청운의 뜻을 품고, 책보를 둘러메고 새로운 배움의 장으로 향하던 소년들의 모습을 메이지 청춘 문학에서 읽을 수 있다. 그 시대 소년들이 지향했던 학문의 뜻은 국가유위의 존재가 되는 것이었으리라. 그러나 이윽고 근대는 모든 배움을 학교 교육으로 흡수해갔다. 학교 교육 안에서 소년들의 배움에 방향을 정해준 동기는 무엇이었을까? 소년들은 지금 배움에 뜻을 둘 수 있는가? 근대의 제도로서의 학교 교육은, 지식의 교수와 습득의 단계적 진학 과정이 되어버려 정작 소년들에게서 배움의 동기를 빼앗고 있지는 않은가?

제2강

어짊에 대하여

공자는 확실히 도덕적 이념 혹은 목표로서 제자들에게 항상 '인(仁)'을 제시하였다. 어진 사람일 것, 그런 마음가짐을 항상 타일렀다. 그렇지만 공자는 제자들에게 인이 어떠해야 하는지를 말하였을 뿐, 인이 무엇인지 설명하거나 정의하지 않았다. 그것은 오히려 공자의 가르침을 받은 제자들과 그 가르침을 계승하려는 후세의 학자들의 과제였다. 그러나 그들이 인을 정의하자 이번에는 그에 따라 공자의 인에 대한 언설이 해석되기 시작했다. 『논어』해석에서 이런 주객전도가 발생했다는 사실에 주목하면서 인에 대한 공자의 말을 살펴보자. 중요한 것은 공자는 제자들에게 그저 군자가 되라, 자각적 행위자가 되라고 말한다는 사실이다. 그 목표나 이념을 공자는 인이라고 하였다.

한편 주자는 "인이란 사랑의 이치이며 마음의 덕이다"(『논

제2강 어짊에 대하여

어집주』학이)라고 정의하고, "천지는 만물을 낳는 것을 마음으로 삼는다. 인간과 만물이 태어남에 또한 각각 천지의 마음을 얻어 자기의 마음으로 삼는다. 그러므로 마음의 덕을 말하자면, 모든 것을 안으로 수렴하여 꿰뚫어總攝貫通 갖추어지지 않은 바가 없지만 한마디로 하면 바로 인이라 할 뿐이다"(『주자문집』인설)라고 하였다. 천지가 만물을 낳는 마음을 사람으로 말하면 마음의 덕인 인이라는 것이다. 이것이 후세에 재구성된 가장 대표적인 인의 개념이다. 이러한 인 개념의 재구성 자체가 주자에게는 유가 교설의 철학적=성리학적 재구성을 의미하였다.

우선 학이 제2장 유자有子의 말부터 보자. 학이편은 "배워서 때때로 이를 익힌다"라는 공자의 말에 이어 지금부터 읽을 유자의 말이 이어진다. 그리고 제4장에서 유명한 증자의 '삼성三省'이란 말이 나온다. 공자에 이어 유자·증자라는 유력한 제자들의 말로 구성된 학이편은, 공자학파의 학문 계승의 양태를 보여줌과 동시에 『논어』라는 텍스트의 형성을 보여준다.

2.1 학이 제2장

有子曰, 其爲人也, 孝弟而好犯上者鮮矣. 不好犯上而好作亂者, 未之有也. 君者務本. 本立而道生. 孝弟也者, 其爲仁之本與.

有子曰く、その人と為りや、孝弟にして上(かみ)を犯すことを好む者は鮮(すくな)し。上を犯すことを好まずして乱を作(な)すことを好む者は、未だこれ有らざるなり。君子は本を務む。本立ちて道生ず。孝弟は、それ仁の本為(た)るか。

유자가 말하길, 그 사람됨이 효제하면서 윗사람 범하기를 좋아하는 사람은 적다. 윗사람 범하는 것을 좋아하지 않으면서 난을 일으키기를 좋아하는 사람은 아직 있지 않았다. 군자는 근본을 힘쓴다. 근본이 서야 도가 생겨난다. 효제는 인의 근본이 아니겠는가?[1]

* * *

유자는 공자의 제자로 성은 유(有)이고 이름은 약(若)이다. 공자보다 43세 아래이다. 『논어』에서 증자와 함께 유자라 언급될 정도로 공자의 유력한 후계자 후보였다. 이 장은 우선 공자학파의 유력 계승자의 발언으로 구성된 것임을 생각해야 한다. 즉 계승자의 입장에서 공자의 가르침을 정리한 것이다. 여기서 '효제'(효심과 공손함)라는 연장자에 대한 도덕을 사회·정치체

---

[1] 여기서는 'それ仁の本為るか'라고 훈독하였는데, 훈점에 따라 'それ仁を為(な)すの本か'(인을 행하는 근본이 아니겠는가)로 훈독하기도 한다.

제2강 어짊에 대하여

계 속에서 자리매김하려는 것이나, '효제'와 '인'의 관계를 묻거나 하는 것은, 공자의 가르침을 제자나 후계자들이 재구성하는 양상, 다시 말해 유가교설 형성의 양상을 원초적으로 보여준다. 따라서 이 장은 기본적으로 포스트 공자적 언설이다.

공자의 중심적 도덕개념인 '인'은 여기서 '효제'와의 관계로 재구성된다. 주자와 진사이도 이 장의 해석을 통해 각기 '인' 개념을 재구성한다.

〖진사이〗 진사이는 "효제야자孝弟也者 기위인지본여其爲仁之本與"를 "효제는 인의 근본이 아니겠는가"라고 읽었다. 나 역시 진사이를 따라 훈독하였다. 이 읽기는 '효제'라는 일상적 인륜에서 사람들의 도덕 행위를 '인'이 성립하는 근본으로 삼는 것이다. 진사이는 인도仁道가 충실해야 인간세계의 도덕이 성립한다고 보는데, 그 충실함은 일상의 비근한 효제충신의 실천에서 나온다고 설명한다.

> '범상犯上'은 윗자리에 있는 사람들 사이에 끼어들고 방해한다干犯는 뜻이다. 앞단의 의미는 효제하는 사람은 학문을 하지 않고도 스스로 불선不善을 저지르지 않으며, 효제가 인간 본연의 선함임을 밝힌 것이다. '본本'이란 근본이다. 뒷단의 의미는 이러하다. 군자는 매사 오로지 근본에 힘을 쓴다. 근본이 확실하게 서게 되면 도는 끊임없이 생겨나 멈추는 일이 없다. 그러므로 효제를 인에 이르는 근본으로 삼으면 인도仁道가 널리 퍼져 충실한 양상이 진실로 사해를 보전하는 데 충분할 것이다.

진사이는 나아가 이 장의 대의大意를 다음과 같이 파악하였다.

> 이 장은 효행이 최상의 덕임을 상찬하는 것이다. 대개 성격이 효를 행하여 부모를 사랑하고 존경하는 자는 사회에 나와서도 연장자에게 반항하고 권력을 휘두르는 일이 없으며, 모든 사람을 사랑하고 존경한다. 이는 곧 덕으로 나아가 성인이 되는 근본이다. 인은 인도人道의 지극함, 즉 세계평화와 인류애이며 효행은 그 근본이다. 만약 그 근본을 채우면 도는 생겨나고 생겨나 그침이 없으니, 근원이 있는 물을 이끌면 마침내 바다로 들어가고 뿌리가 있는 나무를 기르면 하늘까지 다다르게 된다. 그래서 효행은 인의 근본이라고 하는 것이다.[2]

이 부분은 진사이의 뜻을 잘 파악한 하라 시게하루原重治(1888~1959)의 현대어 번역을 인용하였다.[3] 하라는 진사이가 "인이란 도이다. 효제란 그 근본이다"라고 한 것에 "인은 인도의 지극함, 즉 세계평화와 인류애이며 효행은 그 근본이다"라고 부연하였다. 이것은 아마도 하라의 전쟁 체험에서 비롯한 것이겠지만 인을 인간사회에서 자애의 충실함이라고 여기는 진사이의 사상에 결코 반하지 않는다.

---

[2] 본문에서 주자, 진사이, 소라이 등의 인용문은 한문이나 훈독문이거나 경우에 따라 저자가 현대어로 번역하기도 했다. 모든 인용문은 원전과 대조하면서 훈독문은 훈독문대로, 현대어 번역은 현대어 번역대로 옮겼다. 본문의 인용문에 사용된 '사회'·'세계평화'·'인류애' 등은 진사이의 뜻을 풀이하면서 저자가 해석하여 추가한 어휘이다.

[3] 原重治『論語古義傳』尙友社, 1958.

제2강 어짊에 대하여

진사이는 『논어고의』 대주^{大注}[4] 말미에 다음과 같이 덧붙였다.

> 알아야 할 것이다. 본문에서 도라는 것은 인을 가리켜 말한 것이고, 효제는 그 인도^{仁道}의 근본이라는 것을. 『논어』의 편자가 이 장을 학문의 즐거움을 이야기한 첫 장의 다음에 둔 까닭은 효제야말로 인도를 추구하는 학문의 근본임을 밝히기 위한 것이다.

"효제는 인의 근본이 아니겠는가"라는 진사이의 훈독은 "효제는 인을 행하는 근본이 아니겠는가"라는 주자의 읽기에 비판적으로 대결한다. 그렇다면 주자의 읽기는 무엇을 의미할까?

【주자】 주자는 우선 '인'을 "사랑의 이치이며 마음의 덕^{愛之理, 心之德}"이라고 정의하고, '위인^{爲仁}'을 "인을 행한다는 말과 같다"라고 설명한다. 주자의 입장에서는 공자의 "효제야자^{孝弟也者} 기위인지본여^{其爲仁之本與}"라는 말은 인을 행하는데 효제를 근본으로 하라는 것으로 풀이된다. 그런데 "사랑의 이치이며 마음의 덕"이라는 인의 정의는, 인이 사람의 마음에 갖추어진 도덕성(도리)이라는 것이다. "사랑의 이치"란 외부에 사랑으로서 발현되는 마음의 도리(도덕적 본성), 그것이 인이라고 하

---

[4] 『논어고의』의 구성은 다음과 같다. 우선 『논어』 각 장의 원문을 적고 훈점을 붙인 다음, 본문에 할주(割注)를 달아 장의 어구를 풀이한다. 그다음 본문 끝에 한 글자를 내려서 해당 장의 대의(大意)와 『논어』 속 의미를 서술하고, 나아가 중요한 장에는 두 글자를 내려서 '논왈(論曰)'로 시작하는 문장으로, 사상적 문제나 주자의 해석에 반하는 경우에 그것을 비판하며 고의학적 입장의 정당성을 주장한다. 본서는 전자를 대주(大注)로, 후자를 논주(論注)로 표기하여 구별하고 있다.

는 것이다. 그래서 부모나 연장자를 대함에 친근하고 경애하는 효제는, 인이라는 도덕성을 실현하는 데 중요한 첫걸음이라는 뜻에서 "효제는 인을 행하는 근본"이라 하는 것이라고 주자는 파악하였다. 주자가 『논어집주』에서 인용하는 정자의 말을 살펴보자. 그들의 성리학적 입장에서 인과 효제가 어떻게 풀이되는지 잘 알 수 있다.

> 효제란 부모나 연장자를 따르는 덕順德이다. 그래서 윗사람 범하는 것을 좋아하지 않는다. 어찌 도리를 거스르고 상도를 어지럽히는 일이 있겠는가? 덕에는 근본이 있으니 근본이 서면 그 도가 충만하고 커진다. 집안에서 효제가 행해진 뒤에 인애가 만물에 미치는 것이니, 이른바 친한 이를 친히 대하고 난 뒤에 백성을 사랑하게 된다. 그러므로 인을 행하는 것은 효제를 근본으로 삼는 것이고, 성性을 논할 때는 인을 효제의 근본으로 삼는 것이다.
>
> 어떤 이가 물었다. "효제가 인을 행하는 근본이라 함은 효제로 말미암아 인에 이를 수 있다는 것인가?" 대답하여 말하였다. "아니다. 인을 행하는 것은 효제로부터 시작한다는 뜻이다. 효제는 인의 한 가지 일이다. 따라서 효제를 인을 행하는 근본이라 하는 것은 옳으나 인의 근본이라고 말하는 것은 틀렸다. 왜냐하면 인이란 성性이고 효제는 용用이다. 성에는 인의예지 네 가지가 있을 뿐이다. 어찌 효제가 성이겠는가? 그렇지만 인은 사랑을 주로 하고 사랑은 부모를 사랑하는 것보다 더 큰 것이 없다. 그러므로 [유자는] "효제는 인을 행하는 근본이 아니겠는가?"라고 한 것이다.

제 2 강 어짊에 대하여

주자학자들의 철학=성리학이 얼마나 번잡하고 성가시게 에둘러 『논어』를 해석하고 논의를 전개하는지를 잘 보여준다.

효제는 가족 중에 부모나 연장자에 대해 올바르게 자란 자녀가 지닐 마땅한 마음가짐과 관련되는 덕이다. 가족적 질서를 기초로 사회적 질서의 안정을 꾀하려는 것이 유가의 사회적 교설이 갖는 첫 번째 특질이다. 유자의 말은 이런 유가적 교설이 일찍부터 공자의 제자들 사이에 형성되고 있었음을 보여준다. 후세의 유가적 교설을 앞서 대표하는 이 장이 『논어』학이 제2장에 놓인 이유도 납득이 될 것이다.

유자는 지금 인간사회를 지탱하는 '인'이란 도덕을 일상의 비근한 '효제'라는 도덕과의 관계에서 설명하고자 한다. 즉 "효제야자孝弟也者, 기위인지본여其爲仁之本與"라고. 이것을 주자는 "효제는 인을 행하는 근본이 아니겠는가"라고 읽었고, 진사이는 "효제는 인의 근본이 아니겠는가"라고 읽은 것이다. 그렇게 읽어야 하는 이유를 각각 설명하였다. 정자·주자는 그들의 성리학이라는 철학적 입장과 체용론體用論적 사유에서 읽은 것이다.

'인'은 인간에게 본래 갖추어진 도덕성이며 심성적 개념이다. '효제'는 그 마음의 작용인 행위적 개념이다. 그래서 '인'이라는 자기 안에 갖추어진 도덕성의 발현으로서 도덕 행위는 '효제'를 중요한 첫걸음으로 삼아야 한다, 그것이 '인을 행함에 효제를 근본으로 하라'라는 뜻이다. 진사이는 그에 반해 일상적 인륜을 중시하여, 반성리학적 입장에서 '효제'를 근본으로 한

'인仁'도적 세계의 성립을 설명한다. 유자의 말에 대한 각각의 해석이 각자의 철학·윤리학적 입장의 확인이자, 형성이기도 하다는 것을 보여주고 있다. 그야말로 포스트 공자로서의 유자의 발언 자체가 이미 공자 해석의 언설인 것이다.

〚시부사와〛 마지막으로 시부사와 논어를 보자. 시부사와는 정말 솔직하게 이 장을 읽고 있다. 그는 이렇게 감상을 말한다.

> 따라서 나는 사람을 부리는 데도 지혜가 많은 사람보다 인정이 두터운 이를 선택하여 채용하고 있습니다. 효제의 도리가 두텁고 부모 형제에게 친절한 마음이 있는 사람을 선호하여 뽑습니다. 그런 사람 중에서도 천에 하나는 나쁜 짓을 하는 이가 없지는 않겠습니다만, 우선은 안심하여 쓸 수 있습니다.

2.2 학이 제3장

子曰, 巧言令色, 鮮矣仁.
子曰く、巧言令色、鮮^{すくな}し仁。

공자께서 말씀하시길, 교언영색은 드물구나, 인이.

* * *

공자는 이 장에 보이듯이 인자^{仁者}라 할 만한 사람의 구체적인 성질과 마음가짐을 말할 뿐, 일반적인 인을 말하는 것이 아닙니다.

〖진사이〗 진사이는 이 장을 "말을 잘하고 색을 좋게 하는 것에는 드물구나, 인이"[5]라고 훈독하였다. 진사이의 입장에서 해석하면 다음과 같다.

> 공자께서 말씀하셨다. 말을 호감이 가게하고, 그 안색을 좋게 내보여 겉으로 자신을 꾸미는 것은 그저 거짓이지, 인일 수 없다.

진사이는 이 말을 다음과 같이 해설하였다.

> 공문^{孔門}의 가르침은 인이란 이상^{理想}을 학문의 목표로 삼고 있기에 일상의 일거일동 전부 여기에 의거한다. 그러므로 이를 도라거나 덕이라고 하지 않고 인이라 한 것인데, 이 장은 그야말로 인을 이야기하고 있다. 생각건대 덕은 인을 주로 하고 인은 성^誠을 근본으로 한다. 강직

---
5) 言を巧^よくし色を令^よくするは、鮮^{すくな}し仁。

하고 의연하고 질박하고 어눌한 사람剛毅木訥은 겉모습이 질박하면서도 내면이 성실하다. 그러므로 "강의목눌, 인에 가깝다剛毅木訥, 近仁"(자로 제27장)라고 한 것이다. 교언영색巧言令色은 겉으로는 그럴듯해 보여도 속으로는 속이는 것이다. 그래서 드물다고 하는 것이다.

〖주자〗

말을 잘하고 안색을 좋게 하여 겉모습 꾸미기를 지극히 해서 남을 기쁘게 하기에 힘쓰는 것은 인욕人欲이 제멋대로 제멋대로인 양태로, 본심의 덕은 이미 없어진 것이다.

도덕적인 언어가 "교언영색巧言令色 선의인鮮矣仁"에서 파악하는 것은 내적으로 성실한 사람이라는 인격적 표상, 즉 '강의목눌'이다. 진사이의 경우가 대표적이다.

〖시부사와〗 시부사와 역시 이 인격적 표상을 가지고 청년들에게 호소한다.

청년 제군이여, 더욱더 노력하여 굳건한 기상을 기르고, 진취적인 기개를 키워야 한다. 교언영색하여 조금도 성의가 없다면 진정한 문명국의 국민이라고 할 수 없다. 유신삼걸 중에 으뜸이라는 사이고 다카모리西鄉隆盛 공 같은 이는 실로 인애가 깊고 동정심이 많은 사람이었다.

〖소라이〗 도덕적 언어가 이『논어』의 말로써 내적 성실자를 말하는 것이라면, 정치적 언어는 무엇을 말할까? 오규 소라이는『논어징』에서 다음과 같이 말한다.

제 2 강 어짊에 대하여

시를 배워 언사를 잘하고, 예를 배워 위엄을 잘 갖추는 것은 모두 덕을 기르는 방법이다. 진실로 내가 덕을 이루는 데 힘쓰지 않고 그저 말과 안색을 아름답게 하는 것만 추구하면 한갓 남이 기뻐하는 데로 귀결된다. 하늘이 나에게 명하여 천자가 되고 제후가 되는 것은 말하자면 천하와 국가를 맡기는 것이다. 대부가 되고 관리가 되는 것 또한 하늘의 직책을 함께 하는 것이다. "배워서 덕을 이룬 이를 군자라 한다"(『예기』「문왕세자文王世子」)라는 것은 백성을 편안하게 하고 국가를 이끄는 덕을 이룬 것을 말한다.

그러므로 군자는 하늘을 두려워함이 지극히 엄하고, "인을 나의 임무로 삼는다"(태백 제7장)라는 마음이 지극히 중하며, 국가를 편안하게 하려는 마음이 지극히 크다. 인에 뜻을 둔 사람이 어찌 말과 안색의 하찮은 일에 조급해하겠는가? 그 뜻하는 바가 크기 때문이다. 하늘을 두려워하지 않고 임무를 중시하지 않으며 그 뜻이 백성을 편안하게 하는 데 있지 않으면, 힘쓰는 바가 말과 안색의 사이를 벗어나지 않을 것이고, 성취하는 것은 남을 기쁘게 하고 스스로 사사롭게 하는 데 불과할 것이다. 심하면 국가를 어지럽히는 데에 이른다.

소라이는 인이란 국가와 백성을 편안하게 하는 것을 천직으로 하는 군주와 그 천직을 함께하여 스스로 중한 과제를 맡은 제후·사대부의 덕이라고 말한다. 이러한 인을 지향하는 사람의 마음은 오로지 국가와 백성을 편안하게 하는 것이리라. 어찌 말과 안색 같은 시시한 것을 추구할 겨를이 있겠는가. "그 뜻이 백성을 편안하게 하는 데 있지 않으면, 힘쓰는 바가 말과 안색

사이를 벗어나지 않는다"라고 소라이는 공자의 말을 정치적 언어로 탁월하게 해석하였다.

2.3 자로 제27장

子曰, 剛毅木訥, 近仁.
子曰く、剛毅木訥(ごうきぼくとつ)は、仁に近し。

공자께서 말씀하시길, 강의목눌은 인에 가깝다.

* * *

〖진사이〗 목木은 질박한 것이다. 눌訥은 더디고 둔한 것이다(정자).

인을 행하는 것은 성실해야 한다. 성실한 사람은 남을 속이지 않는다.[6] 그러므로 강의목눌한 사람은 아직 인자仁者라고는 하지 못하더라도, 겉으로 인자인 듯이 하여 남을 속이는 사람과는 다르니, 오히려 인자에 가깝다고 해야 한다. 교언영색이란 겉으로는 어진 것처럼 하면서 사실 속으로는 속이는 것이다. 강의목눌은 겉은 거칠어도 속은 실로 취할 만한 것이 있다. 공자가 인과 불인을 어떻게 구별하는지 여기서 볼 수 있다.

〖소라이〗 소라이는 "강의는 목눌, 인에 가깝다"라고 훈독하

---

6) 『논어고의』 원문은 '爲仁在乎立誠, 誠立則不敢欺人'이다. 이를 해석하면 '인을 행함은 성을 확립하는 데 있다. 성을 확립하면 감히 남을 속이지 않는다'라고 할 수 있다. 저자의 '진사이 읽기'라는 의미에서 본문은 저자의 해석에 따라 번역하였다.

였다.

> 강직하고 의연한 사람은 대체로 질박하면서 말이 서툴다. … 생각건대 인은 힘써 행함에 달려 있으니, 강직하고 의연하여 질박하고 어눌한 사람은 반드시 힘써 행한다. 그러므로 그렇게 말한 것이다.

나는 소라이의 해석을 따르겠다.

2.4 옹야 제22장

樊遲問知. 子曰, 務民之義, 敬鬼神而遠之. 可謂知矣. 問仁. 曰, 仁者先難而後獲. 可謂仁矣.

樊遲(はんち)知を問う。子曰く、民の義を務め、鬼神を敬してこれを遠ざく。知と謂うべし。仁を問う。曰く、仁者は難きを先にして獲(う)るを後にす。仁と謂うべし。

번지가 지를 물었다. 공자께서 말씀하시길, 백성들의 의로움을 힘쓰고, 귀신을 공경하되 이를 멀리한다. 지혜롭다 할 만하다. 인을 물었다. 말씀하시길, 인자는 어려움을 먼저 하고 얻기를 나중으로 한다. 인이라 할 만하다.

* * *

번지는 공자의 제자로 공자보다 36세 아래다. 『논어』속 번지는 특색있는 질문자이다. 이 장에 드러나듯이 번지는 공자에게 '지知'나 '인'이라는 근간이 되는 큰 개념에 대해 묻는다. 인 같은 것을 묻는 질문에 공자가 어떻게 답하였을까? 그 대답에서 공자의 가르침의 특질을 볼 수 있다.

〖주자〗 주자는 이렇게 해석한다.

> 오로지 인도人道의 마땅한 바에 힘을 쓰고, 귀신과 같은 알 수 없는 것에 혹하지 않는 것은 지자知者의 일이다. 일의 어려운 것을 먼저 하고 그 효과를 얻음을 나중으로 하는 것은 인자의 마음이다.

제2강 어짊에 대하여

그러면서 주자는 번지의 결점을 생각해서 공자가 이렇게 가르쳤다고 덧붙였다. 번지의 결점이란 귀신을 너무 가까이하고 결과로 얻어지는 이익에 지나치게 신경 쓰면서 일하는 것이다.

〚진사이〛

> 만약 일상에서 그야말로 힘써야 할 일을 내버려 두고 까마득하여 알 수 없는 데에 힘을 쏟는다면 어찌 지^{知}라 하겠는가?

진사이는 공자가 불가지한 대상, 예를 들면 귀신이나 사후 세계 같은 영역에 힘쓰는 사람을 지자^{知者}라고 할 수 없음을 가르쳤다고 한다. 여기에는 공자와 마찬가지로 앎을 이른바 합리적인 지로 자기한정하여 말하는 진사이가 보인다. 후단에 대해서는 다음과 같이 말하였다.

> 어려운 일을 우선하고 이득을 나중으로 한다는 것은 다른 사람을 위하는 진실한 마음이 있는 것이니 그 덕을 헤아릴 수 없다. 만약 보답을 구하는 마음으로 그 일을 했다면 천하의 크나큰 훈공을 세웠다 할지라도 역시 덕이 아니다. 어찌 인이라 하겠는가?

진사이는 자기의 이익과 보수를 생각하지 않고 남을 위해 어려운 일을 감행하는 사람이야말로 덕이 있는 사람, 즉 인자^{仁者}라고 불러야 한다고 이 장을 해석하였다. 그러면서 다음과 같이 덧붙였다.

> 공자가 인의 덕을 일반적으로 논하지 않고 꼭 인자에
> 대해서 말한 것은, 인덕과 같은 공허한 말로 깨우치기
> 어렵기에 인자의 마음을 들어서 답한 것이다.

이 장에는 인을 둘러싼 공자의 가르침에 대해 생각해야 할 중요한 점이 있다. 공자는 번지의 "인을 묻는다"라는 질문에 절대 인이란 무엇무엇이라고 인을 정의하는 대답을 하지 않는다. "어려운 일을 먼저하고 얻기를 나중으로 한다"라는 답은 질문자에 꼭 맞게 구체적이다. 크고 개념적인 번지의 질문과 구체적인 공자의 대답 사이에는 낙차가 있다. 주자가 번지의 결점을 생각해서 가르쳤다고 한 것은 이런 낙차를 메우는 상황설명이다. 일반적으로 해석하는 사람이 인의 개념을 구성함으로써 낙차를 메워간다. 예를 들어 정자는 "어려운 일을 먼저 함은 나를 이기는 것이다. 어려운 일을 먼저하고 얻음을 헤아리지 않는 것은 인이다"(『논어집주』)라고 한 것처럼, 안연편에 나오는 "자기를 이겨 예로 돌아가는 것이 인을 행하는 것이다 克己復禮爲人"(안연 제1장)까지 동원하여 인 개념을 구성하면서 해석하였다.

그러나 이것은 공자의 가르침에 반하는 것이다. 공자는 인을 묻는 질문에 인을 정의하는 형태로는 답하지 않았다. 공자의 가르침은 어디까지나 구체적이다. 우리는 이 점을 잊어서는 안 된다. 이 질문과 대답의 낙차를 직시하여 생각해야 한다. 공자의 가르침이 무엇이고 인의 가르침이 무엇인가를. 그것은 결코 개념적인 교설체계가 아니다. 그것은 개별의 사람에게

제 2 강 어짊에 대하여

알맞은 구체적인 행위에 대한 시사이다. 군자를 향한 자기개조는 거기서부터라고 공자는 말하는 것이다. 그 자기개조의 텔로스$^{telos7)}$가 필경 인이다.

2.5 자한 제1장

子罕言利與命與仁.
子、罕(まれ)に利と命と仁とを言う。
공자께서는 드물게 이와 명과 인을 말씀하셨다.

* * *

자한편의 편명을 이루는 장이다. 『논어』에는 간결한 문구로 구성된 몇 장이 있는데 그중 하나이다. 한罕은 드문 것이다. 이 장을 위의 훈독에 따라 해석하면 "공자께서는 이와 명과 인은 드물게만 말씀하셨다"가 된다. 여기에 다소 덧붙여도 의미는 분명하지 않다. 가나야金谷는 이렇게 번역하였다.

〖가나야〗

> 선생께서는 이익과 운명과 인의 일은 거의 말씀하시지 않으셨다.

'이익'과 '운명'이라고 번역한 만큼 이해되는 느낌이 들지만

---

7) 사물의 목적이라는 뜻의 그리스어이다. 아리스토텔레스가 말하는 상인(形像因), 자료인(資料因), 시동인(始動因), 목적인(目的因)의 네 가지 원인에서 목적인을 가리킨다. 그는 만물이 고유의 목적을 지향하면서 운동한다고 생각하였는데, 그 목적이 되는 일을 텔로스라 하였다.

여전히 이 문장의 의미가 와닿지 않는다. 공자가 이·명·인을 거의 말하지 않았다는 것은 무슨 뜻일까? 그렇다면 이유가 무엇일까?

공자가 번지에게 이익을 생각하는 것은 나중에 하라고 충고하는 것을 보면 이로움에 대해 드물게 말하였다는 것은 알 수 있다. 그러나 명이나 인을 드물게만 말했다는 것은 무슨 의미일까? 공자는 쉰 살이 되어 천명을 안다고 하였다. 성인 공자로서 오십에 "명을 안다"(위정 제4장)라고 한 것이다. 따라서 명이란 쉽게 입에 올릴 수 없는 것이 분명하다. 그러나 인은 어떠한가? 공자는 항상 인을 가르치지 않았던가? 그러나 공자는 인이란 무엇이라고 정의하지는 않았다. 공자는 항상 인자라 할 만한 사람의 마음가짐과 행동을 말하였지, 가장 중요한 덕으로서 인을 간단하게 말하는 일은 없었다.

'그렇다면 왜일까?'라는 의문을 따르다 보니 여기까지 해석하게 되었다. 저 간결한 문구는 이렇게 많은 해석을 덧붙여야만 비로소 이해가 된다. 그래도 '이'와 '명'과 '인' 사이에 차이가 있지 않을까? '이'란 역시 부정적인 개념이며, '명'과 '인'과 같은 줄에 놓을 수는 없지 않을까? 그래서 이 장의 읽기에 이론異論이 나오게 되었다. 소라이는 이렇게 읽는다.

〚소라이〛

> 공자는 드물게 이를 말하였다. 명과 함께 하고 인과 함께 하였다.

제2강 어짊에 대하여

공자가 가끔 이에 대하여 말씀하실 때는 명과 함께, 인과 함께 말씀하셨다는 의미이다.

명을 알면 군자라고 불리며 인이란 군자가 지향하는 안민의 덕이다. 그래서 소라이는 공자가 이익을 말할 때는 군자의 입장에서만 말한 것이라고 하였다. 이 역시 이 장이 발신하는 '왜'라는 질문에 대한 소라이의 답이다. 또 다른 해석이 있다. 『논어신해』에 보이는 현대 유학자 첸무錢穆(1895~1990)의 해석이다.

〖첸무〗

> 공자는 드물게 이를 말하였다. 명에 찬동하고 인에 찬동하였다.[8]

공자가 이에 대해 말하는 일은 적었다. 공자가 찬동하는 것은 다만 명과 인이라는 의미이다. 이 역시 '이'와 어울리지 않는 '명'과 '인'이라는 개념이 나란히 늘어선 '이유'에 대한 답이다.

주자와 진사이는 "공자는 드물게 이와 명과 인을 말씀하셨다"라고 읽었다.

"자한언리여명여인子罕言利與命與仁"을 어떻게 읽든 간에, 이

---

[8] 『논어신해』 원문에는 '與, 贊與義. 孔子所贊與者, 命與仁'라고 나온다. 공자가 칭송한 것은 명과 인이라는 뜻이다. 저자는 첸무의 읽기를 "子、罕に利を言う。命に與くみし、仁に與くみす。"라고 훈독하였고, 소라이의 읽기를 "子、罕に利を言う。命と與ともにし、仁と與ともにす。"라고 달리 훈독하였다.

는 기본적으로 포스트 공자의 언설이다. 발신자는 공자의 가르침을 사후적으로 회상하면서, '부자는 드물게만 이에 대해 말씀하셨다. 그러나 이로움만이 아니라 명 역시 드물게 말씀하셨다. 더 나아가면 저 인에 대해서조차 부자는 드물게 말씀하셨다' 이렇게 말하는 것이다.

그러나 역시 이 장은 "공자, 드물게 이와 명과 인을 말씀하셨다"라고 읽고 싶다. 이렇게 읽는 것이 절대적으로 옳다고 하는 것은 아니다. 나의 읽기 역시 후세의 해석이다. 그 점에서는 다른 읽기와 마찬가지이다. 다만 나는 이 "자한언리여명여인"이란 문장 자체를 포스트 공자적인 해석의 언설이라고 생각한다.

제3강

도에 대하여

'도란 무엇인가?'란 물음에 많은 학자가 '도란 길이다'라는 예부터 사용된 정의로 답한다. 이것은 도에 대한 물음에 길이란 메타포로 답하는 것이다. 누구나 도로를 따라 걸어갈 수 있다. 거기에서 도는 공공적인 혹은 보편적인 성격을 가진 이치이자 도리를 의미하며, 누구라도 근거로 삼아야 할 규범을 의미하기도 한다. 또한 따르기만 하면 목적지에 도달하는 방법이라는 의미이기도 하다. 더욱이 사람이 따라야 할 올바른 이치로서 도는 정의이며 의리이다. 그것을 추구하는 측에서 말하자면 진리이다. 이 진리가 노자에게는 우주의 궁극적인 근거로서 타오^道이다. 이렇게 사람이 따라야 하는 중요한 무엇인가를 '도'라고 해 왔다. 그렇다면 『논어』에서 공자는 도를 어떻게 말했을까?

제3강 도에 대하여

3.1 이인 제8장

子曰, 朝聞道, 夕死可矣.
子曰く、朝に道を聞かば、夕に死すとも可なり。
공자께서 말씀하시길, 아침에 도를 들으면, 저녁에 죽어도 좋다.

* * *

도에 관한 공자의 말이라고 하면 곧바로 인용되는 장이다. 그러나 이 문구는 도를 추구하는 강한 충동이 중대하다고 하면서도 도가 무엇인지는 말하지 않는다. 이 정도로 절박하게 그것도 내 생명과 같은 비중으로 추구해야 하는 도란 무엇일까? 그런 도가 무엇인지 해석자가 답해야 한다.

『논어』의 오래된 주석은 "아침에 도를 듣는다"라는 것을 도를 추구하는 일의 긴박한 충동으로 읽지 않고, "아침에 세상에서 도가 실현되고 있음을 들을 수 있다면, 저녁에 죽어도 좋다고까지 생각한다"라고 해석하고 있다. 미야자키 이치사다宮崎市定는 『논어의 신연구』에서 이 옛 주소註疏의 읽기가 원문과 간격이 있다고 하여 오히려 주자의 새로운 주를 취해야 한다면서 다음과 같이 해석하였다.

〖미야자키〗

> 공자가 말씀하셨다. 아침에 진리를 듣고 만족했다면 저녁에 죽어도 미련이 없다.

우선 미야자키도 참고했던 주자 주석부터 살펴보자.

3.1 이인 제8장

〚주자〛

도란 사물의 당연한 이치이다. 진실로 그것을 들을 수 있다면 살아서는 그에 순順하고 죽어서도 편안하니 여한이 없게 된다.

〚구라이시〛 주자의 해석에 따라 구라이시 다케시로倉石武四郎(1897~1975)는 다음과 같이 현대어로 번역하였다.

아침에 도(사물의 마땅한 도리)를 들었다면, (살아도 마음이 온화하거나 죽어도 마음이 편안하기 때문에) 그날 밤에 죽어도 좋을 정도이다.

〚진사이〛 진사이는 각자가 사람으로서 도리를 추구하는 일이 긴급하다고 파악하였다.

사람이 도를 듣지 않으면 안 되니 그 시급함이 이와 같다는 말이다.

이것은 노쇠를 구실로 삼거나 작은 병을 근심하여 굳이 배우려고 하지 않는 사람들을 위해 말한 것이다. 무릇 도란 사람이 사람일 수 있는 근본 도리이다. 사람으로서 도를 듣지 못하면 그저 허무하게 살고 있을 뿐이다. 그런 사람은 닭이나 개와 같은 무리가 아니라면, 초목과 같이 썩어버릴 것이니 슬프지 않은가! 만약 한 번이라도 도를 들을 수 있다면 그 사람은 사람답게 되는 근본을 얻고서 그 생을 마치게 된다. 그래서 군자의 죽음을 마친다終라고 한다. 사라져 없어지는 것이 아니라는 뜻이다.

어떤 이가 물었다. 아침에 듣고서 저녁에 죽는다는 것은 너무나 성급하지 않은가? 대답하여 말하였다. 그렇지

제3강 도에 대하여

않다. 사람으로서 도를 듣지 못한다면 설령 살아 있어도 아무 보탬이 없다. 그러므로 부자가 아침에 도를 들으면 비록 저녁에 죽어도 좋다고 한 것은, 도를 듣지 않으면 안 된다는 사실이 시급함을 나타낸 말이다. 어찌 성급하다고 하겠는가?

〚소라이〛

공자 스스로 그 선왕의 도를 추구하는 마음이 이렇듯 간절하였음을 말하는 것이다.

『논어』의 이 문구는 도 혹은 진리의 중대성과 함께 그 추구가 얼마나 절박하고 긴급한가를 보여준다고 해석되어 왔다. 이 문구에 보이는 목숨을 걸어도라는 사명감 내지 절박함에 메이지 유신 전후 나랏일에 분주한 지사들은 공감하였다.

〚시부사와〛 시부사와는 이렇게 비평을 하였다.

우리 일본에서 존왕양이에 분주했던 사람들이나, 유신시대 나랏일에 몸 바친 지사라고 하는 분들은, 무릇 자기가 품은 뜻을 공자가 이 장에서 말하는 사도士道라 믿어 이 뜻을 실천하기 위해서는 비록 내 한목숨을 버려도 개의치 않았다. 모두 이 장의 '조문도석사가의朝聞道夕死可矣'를 금과옥조로 받들어 이로 말미암아 활동하였던 것이다. … 다이로大老 이이 나오스케井伊直弼[1]를 사쿠라다

---

1) 이이 나오스케(1815~1860)는 막부 말기의 다이로이자 히코네(彦根) 번주였다. 도쿠가와 이에모치(德川家茂)를 쇼군의 후계자로 옹립하였으며, 칙허 없이 서양과 조약을 맺고 반대파를 탄압하였다. 미토·사쓰마 낭사에게 살해되었다.

> 문櫻田門 밖에서 찌른 미토水戶 낭사浪士나 아리무라 지자
> 에몬有村次左衛門2)같은 사쓰마薩摩 낭사도 … 목숨을 던져
> 죽는 것이 도이자 의라고 믿었을 것이다.

도를 추구하는 공자의 절박감을 메이지 유신지사나 국사國士들은 제멋대로 무슨 주의主義에 목숨을 바치는 정신이라고 해석한 것이다. 시부사와는 다음과 같이 문장을 맺었다.

> 공자는 그런 것을 종용하기 위하여 이 장을 말씀하신 것
> 이 아니다. 다만 목숨과 바꿔서라도 도를 중히 여겨야
> 한다고 가르치신 것임을 읽어야 한다.

지사들의 심정에서 수용하는 양상은 여하튼, 공자의 이 말은 생명과 같은 무게를 가진 것으로서 '도'를 서술한다. 이 '도'를 진사이처럼 "사람이 사람답게 되는 근본 도리"라고 하든, 소라이처럼 "선왕의 도"라 하든, 그것을 추구하는 일에 '조문도석사가의'라는 문구가 가진 무거운 긴박감이 있었을까? 우리에게는 목숨과 바꾸어서라도 구하고자 하는 '도'의 개념이 있을까?

〖리쩌허우〗 현대 중국의 사상사가인 리쩌허우李澤厚는 이 장의 '도'에 대해 『논어금독』에서 이렇게 말했다.

---

2) 아리무라 지자에몬(1839~1860)는 막부 말기 사쓰마번 출신의 존양파 지사였다. 자신의 형과 미토 낭인들과 함께 이이 나오스케 암살을 계획하고 실행하였다. 이이의 수급을 들고 돌아가던 중에 이이 가문 무사들의 습격을 받았으며 결국 자결하였다.

제3강 도에 대하여

도는 쉽게 들을 수 없다. 일생을 바쳐 추구하지 않으면 안 된다고 말하는 것이다. 나는 도를 진리라고 해석하지만, 꼭 서양철학적인 진리를 말하는 것이 아니다. 중국에서 도는 서양에서 말하는 순수하고 객관적인 진리를 가리키지 않는다. 도를 듣는다는 것은 진리를 지적으로 이해하는 것이 아니라, 인생의 의미나 우주의 가치를 체험적으로 납득한다는 의미로 말하는 것이다. 중국의 '문도聞道'는 서양에서 말하는 '진리의 인식'과 다르다. 후자는 인식론을 발전시킨 것이고 전자는 오로지 본체론을 형성한 것이다.

여기서 리쩌허우가 말하는 도=진리란 주자가 '천리'라고 하듯이 우주의 궁극적인 본체이며 만물을 만물로서 존재하게 하는 도이다. 노자老子가 말하는 '타오道'이다. 그것은 중국의 '도'에는 존재하나 일본의 '도'에서는 잃어버린 개념이다. 참고로 『노자』 제1장과 후쿠나가 미쓰지福永光司(1918~2001)의 해설을 덧붙여 둔다.

〚노자〛

도를 도라고 할 수 있는 것은 불변의 도가 아니다. 명名을 명이라 할 수 있는 것은 불변의 명이 아니다. 천지의 시작은 이름이 없고, 만물의 어머니는 이름이 있다.

〚후쿠나가〛

천지의 시작 즉 천지의 시원으로 이 세계의 개벽 이전부터 실재하는 형이상학적 근원의 진리—도에는 이름이 없다. 그것은 인간의 말로는 이름을 붙일 수도 없는 혼돈스러운 어떤 것^{etwas}이다. 그러나 천지가 개벽하여 만물이 생성되고 형이하적인 세계가 성립하면 만물을 낳는 어머니라고 할 수 있는 천지는 하늘이라고 불리기도 하고 땅이라고 불리기도 해서 이름이 존재하게 된다. (후쿠나가 미쓰지『노자』아사히 신문사, 1978)

제3강 도에 대하여

3.2 이인 제15장

子曰, 參乎, 吾道一以貫之. 曾子曰, 唯. 子出. 門人問曰, 何謂也. 曾子曰, 夫子之道, 忠恕而已矣.

子曰く、参や、吾が道一以てこれを貫く。曾子曰く、唯。子出ず。門人問うて曰く、何の謂いぞや。曾子曰く、夫子の道は、忠恕のみ。

공자께서 말씀하시길, 삼아, 나의 도는 하나로써 이를 꿰뚫는다. 증자가 말하기를, 예. 공자께서 나가셨다. 문인들이 물어 말하기를, 무슨 말입니까? 증자가 말하기를, 부자의 도는 충서일 뿐이다.

* * *

사제가 도를 전수하는 相承 장면이 떠오른다. 증자가 공자 문하에서 가장 유력한 계승자였음을 생각하면, 이 장은 그런 의미일지도 모른다. 공자의 도를 어디서 파악할지는 궁극적으로 도의 계승자에게 물어야 하기 때문이다. 증자는 공자의 도를 충서로 보고 계승한 것이다.

〚진사이〛 진사이도 증자를 통해 공자의 도를 충서로 파악하였다. 그렇다면 충서란 무엇인가?

> 나의 모든 것을 다하는 것을 충이라 한다. 다른 사람의 처지를 헤아리는 것을 서라 한다. 스스로 자신의 마음을 다하고 다한다면 다른 사람에 대해 타인과 나의 간극이 없어진다. 다른 사람의 마음을 능히 미루어 헤아리게

되면 그 고통과 괴로움도 모두 자신에게 절절하게 느껴진다. 증자 생각에 충서가 공자의 도를 남김없이 나타낼 수 있다고 보았다. 그리하여 문인들을 위하여 공자께서 한가지로 꿰뚫었다고 말씀하신 뜻을 이렇게 설명하였다.

충이란 상대에게 자신의 마음을 다하는 것이다. 서란 상대방에 대해 심사숙고하는 것이다. 충서란 다른 사람을 대할 때 철저하게 그 사람의 처지에서 생각하여 마음을 다하는 것이다. "자신의 마음을 다하고 다한다"라든가 "다른 사람의 마음을 능히 미루어 헤아린다"라고 한 진사이의 말은, 타인에게 철저하게 다하는 태도를 뜻한다. 진사이는 충서와 더불어 충신忠信을 중시하여 이를 인간 도덕의 근저에 두고자 하였다. 진사이는 증자와 마찬가지로 공자의 인의 도는 충신·충서를 바탕으로 해서 이루어진다고 보았다.

〖진사이〗

> 성인의 도는 일상생활의 인륜 안에 있을 뿐이며, 다른 사람을 돕는 것을 중요하게 여긴다. 그래서 증자는 충서를 가지고 선생께서 '일이관지一以貫之'라고 말씀하신 주지主旨를 분명히 한 것이다.

그러나 이 장은 종래 진사이처럼 이해되지는 않았다. 공자의 도를 천도·천리라는 우주의 궁극적 원리라고 간주했던 주자학파는 "공자의 도는 충서일 뿐"이란 증자의 말을 어려운 철리哲理로서의 도를 이해하기 쉬운 충서로 설명하였다고 간주한다.

제3강 도에 대하여

〖주자〗 주자가 『논어』를 해석하는 철학적 언어가 어떠한 것인지 보기 위해 현대어 번역이 아닌 훈독문을 인용한다.[3]

> 공자의 일리一理가 혼연渾然하여 널리 응하고 곡진히 마땅함泛用曲當은 예를 들면 천지가 지성무식至誠無息하여 만물이 각각 자리를 얻는 것이다. 이밖에는 진실로 남은 방법이 없고 또 미룸을 기다릴 것이 없다. 증자가 이것을 본 것이 있었으나 말씀하기 어려웠다. 그래서 학자들이 자기 마음을 다하고 자기 마음을 미루는盡己推己 조목을 빌려 이를 밝혔으니, 사람들이 깨닫기 쉽게 하기 위해서였다. 생각건대 지성무식이란 도의 체體이니 만수일본萬殊一本이고 만물이 각기 제자리를 얻음은 도의 용用이니 하나의 근본이 만수가 되는 까닭이다. 이로써 본다면 하나로 이것을 꿰뚫은 것一以貫之의 실제를 볼 수 있을 것이다.

주자의 해석에 따르면 "나의 도는 하나로 꿰뚫는다"라는 것은 도체道體라고 하는 도의 본체(일리一理 혹은 인仁)로 관통하는 것을 의미한다. 다양한 덕행도 이 일리의 현현顯現이며, 본격적인 덕·인의 실현이다. 동시에 각각의 덕행도 일리(인)로 관통된다. 이 도의 진리를 공자는 증자가 깨닫도록 하였다는 것이다. 증자는 깨달음을 얻었다. 그렇지만 이 철리는 말로 설명하기는 어렵다. 그래서 증자는 충서라는 덕행을 들어 문인들에게 가르쳤다는 것이다. 확실히 "충서는 도에서 멀지

---

[3] 여기서는 훈독문은 따로 싣지 않고 본문에서 훈독한 대로 직역하였다.

않다忠恕違道不遠"(『중용』)라고 하였듯이, 주자는 충서로 보면 공자의 도는 하나라는 진리에 도달할 수 있다고 말하는 것이다.

이 장에 대한 진사이의 이해는 그의 『논어』 이해를 대표한다. 진사이는 다음과 같이 단호하게 공자의 도가 충서로 일관한다고 말하였다.

〖진사이〗

> 충서 두 가지는 바로 인을 구하는 지극히 중요한 수단으로, 성학聖學의 시작이자 끝이 되는 것임을 알 수 있다. 생각건대 충서는 도를 하나로 꿰는 근거이지, 충서를 가지고 일관을 풀이한 것이 아니다.

증자는 충서라는 비근한 개념을 빌려 말했을 뿐이라고 여기는 주자의 이해와는 결정적으로 대립한다. 이 대립은 단지 이 장만에서만이 아니라 공자의 도와 가르침을 둘러싼 근본적 대립이라고 할 만하다. 증자와 더불어 진사이는 타인을 진실하게 대하는 충과 상대의 처지에서 생각하는 서가 공자의 도와 가르침을 일관한다고 생각하는 것이다. 나와 타인의 관계를 신실하게 하는 충서·충신이야말로 인도仁道라는 도덕적 세계 형성의 근본을 이룬다고 여기는 것이다.

〖시부사와〗 시부사와의 말을 들어보자.

> 세상 사람들이 모두 항상 충심衷心으로 충서의 정신, 즉 인을 끊임없이 이를 실행하면, 세상은 원활하게 진행되어 사람들이 평화롭게 생활할 수 있다. 인자에게 적이

없다는 말이 곧 이것이다. 그러니 분란과 다툼^{紛擾喧噪}이 끊이지 않는 이유는 세상 사람들에게 충서의 정신이 결핍되어 있기 때문이다.

그리고 시부사와가 이 강의를 한 다이쇼^{大正} 말년의 국제 정세를 언급하면서 이렇게 덧붙였다.

> 향후 일본이 미국과의 국교나 지나^{支那}와의 관계에서도 서로 충서의 정신을 가지기만 하면 영원히 평화로울 것이다.

3.3 옹야 제17장

子曰, 誰能出不由戶. 何莫由斯道也.

子曰く、誰れか能く出ずるに戶に由らざらん。何ぞ斯の道に由ること莫きや。

공자께서 말씀하시길, 누가 나가는데 문을 통하지 않을 수 있겠는가? 어째서 이 도를 통하지 않는가?

* * *

〖진사이〗 진사이는 '도'의 개념, 즉 일상적 인륜의 큰길大路인 도라는 개념을 분명히 제시하고 있다.

> 도는 큰길과 마찬가지다. 이를 따르면 편안하고 따르지 않으면 위험하다. 평탄한 대로를 따라가면 저절로 수고를 잊고, 험난한 가시밭길을 밟으면 고통을 견디지 못한다. 만일 도가 큰길과 같다는 것을 안다면 누가 일부러 그 편안함을 버리고 위험을 무릅쓰겠는가.

제3강 도에 대하여

3.4 공야장 제21장

子曰, 甯武子, 邦有道則知. 邦無道則愚. 其知可及也. 其愚不可及也.

子曰く、甯武子、邦道有れば則ち知なり。邦道無ければ則ち愚なり。其の知は及ぶべきなり。其愚は及ぶべからざるなり。
<small>ねいぶし　くに</small>

공자께서 말씀하시길, 영무자는 나라에 도가 있을 때는 지혜롭다. 나라에 도가 없을 때는 어리석다. 그 지혜로움에는 미칠 수 있다. 그 어리석음에는 미칠 수 없다.

* * *

영무자의 이름은 유兪이며 무는 시호이다. 공자보다 백 년 전 춘추시대 초기 사람으로 위나라의 가로였다.

〖진사이〗

> 이 장은 영무자의 처세술이 저절로 군자의 도에 합치함을 말하였다. 사람들은 그저 나라에 도가 있을 때 지혜롭기가 어렵다는 것을 알지만, 나라에 도가 없을 때 어리석게 지내는 것이 훨씬 어렵다는 것을 모른다. 나라에 도가 있으면 윗사람도 숨김없이 분명하고 아랫사람도 정직하여 옳은 것을 옳다 하고 그른 것을 그르다 하여 꺼리는 바가 없다. 이런 시대에는 지혜를 써서 일을 처리하기 쉽다. 그러나 나라에 도가 없으면 윗사람은 어둡고 아랫사람도 아첨만 하여 옳고 그름이 뒤얽혀 어지럽다. 이런 시대에는 굳이 도를 굽혀서까지 윗사람에게 맞추려고

하지 않고, 또 분노하여 윗사람을 바로잡으려 해서 화를 입지 않는다. 이것이 어려운 것이다. 이것이 "그 지혜로움에는 미칠 수 있으나, 그 어리석음에는 미칠 수 없다"라고 말한 이유이다.

〖주자〗 주자는 『춘추좌씨전』에 보이는 영무자 서술에 따라 이렇게 해석하였다.

> 무자가 위나라에서 벼슬을 한 것은 문공文公과 성공成公 대이다. 문공은 도가 있어서 무자도 벼슬하여 지혜롭게 움직였지만 그다지 볼 만한 일은 없었다. 그래서 누구라도 그 지혜로움에 미칠 수 있다. 그런데 성공은 무도하여 나라를 잃게 되었는데, 무자는 그때 마음을 다하고 온 힘을 쏟으면서 고난을 피하지 않았다. 무자는 지혜롭고 재주 있는 선비士가 모두 피하여 굳이 하지 않았던 일을 한 것이다. 무자는 마침내 몸을 보전하고 또 군주도 구할 수 있었다. 이야말로 그 어리석음에는 미칠 수 없다고 한 까닭이다.

〖시부사와〗 현대 학자들의 해석도 살펴보자. 시부사와는 다음과 같이 비평하였다.

> 우리 일본인의 기질은 자공이나 자로보다 더 자신을 숨기는 데 서툴고, 무도한 세상이라 해서 영무자같은 바보도 되지 못한다. 천하에 도가 없으면 없을수록 바야흐로 분기하여 반드시 인심을 깨워야 한다. 이것이 중국인과 일본인의 기질 차이가 아니겠는가? 중국은 과연 대륙이라 규모가 커서 외려 흐릿하다. 예부터 '대공무명大功無名'

이란 말이 있을 정도로 앞으로 나와서 화려하게 활동하는 것보다는 그늘에서 은은하게 움직여 큰 공을 세우려는 기풍이 있다.

〖리쩌허우〗 또 리쩌허우 李澤厚는 『논어금독』에서 이렇게 말하였다.

> 공자에게는 원래 "안 되는 줄 알면서도 해보려는 자"(헌문 제40장)라는, 어디까지나 일의 형편을 끊임없이 견지하는 일면을 가지고 있다. 동시에 몸을 깨끗이 하고 자신을 바르게 하여 자기를 지키면서 생을 다하고자 하는 일면도 있다. 예를 들면 "뗏목을 타고 바다로 뜰까나"(공야장 제7장)라고 말하거나, "버림받으면 감춘다"(술이 제10장), "나라에 도가 없으면 자신을 거두어 감춰야 한다"(위령공 제7장)라고 말하는 일면도 가지고 있다.
>
> 후자는 분명히 도가와 통한다. 유가와 도가의 결합에는 두 가지 방향이 있다. 하나는 유가와 노자나 도가·법가가 역사적으로 서로 이용하여 스미고 녹아들어 마침내 유학을 표방하면서 실제로는 법가를 따르는 陽儒陰法 정치적 통치술을 형성한 것이다. 다른 하나는 유가와 노장과 불교가 상호 보합하여 하나의 인격상을 사상적으로 완성시킨 것이다. 유가·도가 등이 상호 보합하는 양태는 중국 고대 문화사에서 사상적 인물의 정형을 만들기 위한 중요한 작용을 한다.

『논어』를 유가적 입장으로 순화하여 읽는 경향이 있는 일본인에게는 매우 귀중한 지적이다.

제 *4* 강

믿음에 대하여

공자는 "백성은 믿음이 없으면 설 수 없다"라고 한다. 인민은 믿음이 없으면 꾸려나가지 못한다는 뜻이다. 왜일까? 믿음이란 무엇인가? 또 공자는 "나를 아는 이는 하늘일 것이다"라고 한다. 공자는 궁극적으로 하늘에 자신의 믿음을 두고 있는 것처럼 생각된다. 믿음이란 신앙일까? 믿음은 어떻게 생각해야 하는가? 우선 믿음의 사전적 의미를 보자.

한자 사전에는 신信이란 글자의 성립부터 설명하는데, '사람'과 '말'로 이루어졌다는 것이다. 글자의 성립을 아는 것은 중요하다. 그 의미를 다시 생각하는 중요한 계기가 되기 때문이다. 그렇다면 신이란 사람과 말로 이루어졌다는 데에서 무엇을 떠올릴 수 있을까? 모로하시 데쓰지諸橋轍次(1883~1982)의 『대한화사전大漢和辞典』은 다음과 같이 설명한다.

제4강 믿음에 대하여

> 사람의 말ㅅ言은 사람의 심중을 겉으로 드러내는 것으로 거짓이 없는 것. 그래서 신信은 성실을 의미하며 믿는다는 뜻이 된다. 그러므로 설문說文은 성誠이라고 읽는다.

여기서는 우선 사람의 말은 거짓이 없고 진실하다고 서술한다. 그래서 믿을 수 있다. 거기에서 '신'자가 만들어졌다고 말한다. 그리고 사람의 말이 진실한 이유는 "사람의 심중을 겉으로 드러내는 것"이기 때문이라고 하였다. 그러나 이 설명은 후세에 만들어졌다고 생각한다. 즉 외면의 위식僞飾과 내면의 성실이라는 내외의 구별의식이 생기고 난 뒤의 설명이다. 원래 사람의 말은 신뢰할 수 있는 것, 믿을 수 있는 진실한 것이었다. 사람의 말이 진실함을 근거로 하여 사람이 타인에 대해 신뢰라는 태도가 생기고 '신'자와 함께 그 의미를 구성하였다고 생각한다.

그런데 사람의 말은 어째서 원래 진실했을까? 이를 묻는 데서부터 원초를 둘러싼 다양한 해석의 세계가 펼쳐졌다. 한자의 기원에 주술적인 원시 종교적 세계를 상정하는 시라카와 시즈카白川靜(1910~2006)의 어원학도 그 하나이다. '신'자에 대해 시라카와는 『자통字通』에서 이렇게 풀이하였다.

> 회의. 인人+언言. 말은 서언誓言 즉 신에게 맹세하는 말이다. 『설문』에는 성誠이라고 한다. 「곡량전, 희僖22년」에 "말에 믿음이 없으면 무엇을 가지고 말이라 하겠는가?"라고 하였으며 서약의 말이므로 신성信誠의 뜻이 있다.

시라카와는 말이란 신에게 맹세하거나 서로 맹세하는 서약, 서맹誓盟이라고 하였다. 이것은 인간에게 중요한 말의 발생을 신과의 언어적인 관계로 보는 입장이다. 일본에서도 히라타 아쓰타네平田篤胤(1776~1843)가 신 앞에서 기도하는 말인 축사祝詞에서 일본어의 중요한 초기 형태를 발견하였다. 나는 세상일의 시작을 종교적 관점에서 보는 것은 근대 민족학·종교학적 해석이라고 생각하기 때문에 '그럴지도 모르겠네요'라는 정도로 간주한다. 중요한 것은 '신'이란 글자에는 사람의 말이 진실하고 신뢰의 근거였다는 기억이 담겨있다는 점이다. 이 글자는 믿는다는 인간의 태도가 어디에서 기인하는지를 글자가 만들어진 이래 계속해서 우리에게 보여준다. 우선 이 점을 확인하고 『논어』에서 말하는 믿음을 보도록 하자.

제4강 믿음에 대하여

4.1 위정 제22장

子曰, 人而無信, 不知其可也. 大車無輗, 小車無軏, 其何以行之哉.

子曰く、人にして信無くんば、その可なることを知らず。大車輗無く、小車軏無くんば、それ何を以てかこれを行らんや。

공자께서 말씀하시길, 사람으로서 믿음이 없으면 그것이 괜찮을지 모르겠다. 큰 수레에 예가 없고 작은 수레에 월이 없으면, 그 무엇으로써 갈 수 있겠는가?[1]

* * *

다른 사람과의 관계를 굳게 성립시키는 것이 바로 믿음이다. '신'이란 글자의 원뜻은 그 믿음의 근거가 무엇보다 사람의 말에 있었음을 시사한다. 그러나 유가 사상이 전개되면서 이 신뢰의 근거가 성실이라는 심적 태도로 변용되었다. 이윽고 신은 성실함으로 읽혔다. 공자 이래 특히『중용』이후의 유가 사상에서 그러하였다. 정명도程明道(1032~1085)는 신을 정의하여, 다른 사람을 대할 때 성실하게 하는 것盡己之謂忠 以實之謂信이라고 하였다. 이 정의는 많은 유가에게 계승되었다. 진사이도 이 정의에 따라 해석하여 신(성실)을 인도人道의 근본이라고 하였다.

---

[1] 무거운 짐을 싣는 수레인 대거는 소가 끌고, 사람이 타는 수레인 소거는 말 네 필이 끈다. 예(輗)는 큰 수레의 끌채 끝에 멍에를 매는 가로막대이고, 월(軏)은 작은 수레의 끌채 끝에 멍에를 매는 갈고리를 가리킨다.

4.1 위정 제22장

〚진사이〛

> 신이란 인도의 근본이다. 인간으로서 믿음이 없으면 하루도 천지 사이에 설 수 없다. 그것은 마치 마구리輗가 없는 큰 수레나 갈고리軏가 없는 작은 수레가 앞으로 나아갈 수 없는 것과 마찬가지다. 군주가 군주답지 못하고, 신하가 신하답지 못하고, 아비가 아비답지 못하고 자식이 자식답지 못한 것은 모두 믿음이 없는 데서 비롯된다.

다른 사람을 대함에 실實로써 한다는 것은 다른 사람에게 성실하여 기만하지 않는다는 말이다. 진사이는 이 믿음을 인간 도덕의 근본이라고 하였다. 인간 세계는 이런 믿음에서 성립하며 믿음이 없으면 사람으로서 이 세상에 존재할 수 없다는 것이다. 더욱이 믿음이 없으면 "군주가 군주답지 않고, 신하가 신하답지 않고, 아비가 아비답지 않고, 자식이 자식답지 않다"라고 진사이는 말한다.

『중용』에서 "성실함이란 사물의 시작과 끝이니 성실하지 않으면 어떤 사물도 없다誠者物之終始, 不誠無物"라고 한 '성誠'을 진사이는 '신' 혹은 '충신忠信'을 가지고 말하는 것이다. 진사이는 『어맹자의語孟字義』「충신」장에서 다음과 같이 설명하였다.

> 충신은 학문의 근본으로 시작과 끝을 이룬다. 모든 것이 여기에 있다. 왜 그런가 하니 학문은 성실함을 근본으로 한다. 성실하지 않으면 사물이 없다. 만약에 충신이 없으면 즉 예의와 문장이 적절하다 할지라도 제도·법식이 훌륭하다 할지라도 모두 겉을 꾸밈이니, 그야말로 간사함을 더하고 사악함을 보태기에나 족하다.

제4강 믿음에 대하여

　여기서 우리는 다른 사람을 성실하게 대한다는 신(성실)이란 개념을 윤리학적으로 끝까지 밀어붙인 모습을 볼 수 있다. 인간세계를 진실한 것으로 성립시키는 것은 바로 신(성실)이라고 진사이는 말한다. 그러나 이때의 신에는 다른 사람과의 일체화를 향해 밀어붙일 '믿는다'라는 힘이 소실된다. 공자가 "사람으로서 믿음이 없으면 그것이 괜찮을지 모르겠다"라고 했을 때의 믿음은 성실함과 같은 뜻이었을까? 수레를 끌듯이 사람을 움직이고 살아가게 만드는 힘으로서의 믿음이 아니었을까? 공자는 주공周公을 믿었다. 주공을 항상 꿈에서 만났던 것이다. 진사이 역시 공자를 믿었다. 공자의 원뜻古義을 파악하도록 진사이를 밀어붙인 것은 공자에 대한 믿음이었을 것이다. 진사이가 말하는 믿음은 오히려 거기에 있지 않을까?

〖주자〗

> 수레에 이 두 가지가 없으면 나아갈 수 없으니 사람으로서 믿음이 없으면 또한 이와 마찬가지다.

　주자에게 믿음이란 마음속의 도덕성이며 그것 없이는 사람으로서 살아갈 수 없다는 것이다. 사람의 말에서 신뢰의 근거를 발견하는 '신'의 원래 의미로『논어』의 말을 해석하는 이는 소라이다.

〖소라이〗

> 예와 월은 수레와 마소를 서로 연결하는 사이에 있다. 믿음 역시 나와 다른 사람의 사이에 있다. 그래서 인용하여

비유하였다. 수레가 끄는 것은 말과 소의 힘이다. 도를 행하는 것은 사람의 힘이다. 그렇다면 어찌 절실하지 않겠는가? 내 말에 신실함이 없으면 다른 사람이 나를 믿지 않는다. 다른 사람이 나를 믿지 않으면 나의 말이 어찌 잘 쓰이겠는가? 일을 행하는 것도 그러하고 도를 행하는 것도 그러하다. 가르침의 도리 역시 그러하다. 칠십 제자가 공자를 깊게 믿었기 때문에 공자의 가르침이 칠십 제자에 의해 행해져서 많은 말이 필요 없었다. 그런데 맹자는 자기를 믿지 않는 사람들로 하여금 자신의 말로 자기를 믿게끔 하였다. 그래서 말을 상세하게 하여 사람들이 잘 깨우칠 수 있도록 하려고 했다. 이것은 시비를 다툴 때나 사용하는 방법으로 그저 떠들썩할 뿐이다.[2]

    공자의 말에 믿음을 갖지 않고서는 제자들이 가르침을 행할 수 없다. 공자를 믿는다는 것은 그 말의 신실함을 근거로 하여 전적으로 공자에게 의거한다는 뜻이리라. 소라이의 해석은 믿음에 대해 중요한 점을 우리에게 가르쳐 준다.

---

2) 맹자에 대한 이 같은 평가는 소라이의 다른 책 『변도(辨道)』에도 보인다. 자사, 맹자 이후 후대 학자들의 폐해를 비판하면서 다음과 같이 말하였다. "공자의 문인들은 공자를 믿는 사람들이었기에 공자의 가르침이 받아들여질 수 있었다. 맹자는 자신의 말로 자기를 믿지 않는 사람을 믿게끔 만들고자 했다. 이것은 전국시대 유세객들의 방법이지 사람을 가르치는 도가 아니다. 그래서 내가 자사·맹자학파는 다른 학파와 다투는 사람이라고 말한 것이다. 후세의 유학자는 곧잘 배우려는 사람들에게 자사·맹자학파가 다른 학파와 다투던 말을 사용하고자 했으니, 변별하여 적용해야 함을 모른다고 할 만하다."[孔子門人、信孔子者也。故其教得入焉。孟子則欲使不信我之人由我言而信我也。是戰國游說之事、非教人之道矣。予故曰、思孟者與外人爭者也。後儒輒欲以其與外人爭者言施諸學者。可謂不知類已。](『변도』15)

제4강 믿음에 대하여

4.2 안연 제7장

子貢問政. 子曰, 足食, 足兵, 民信之矣. 子貢曰, 必不得已而去, 於斯三者, 何先. 曰, 去兵. 子貢曰, 必不得已而去, 於斯二者, 何先. 曰, 去食. 自古皆有死. 民無信不立.

子貢、政を問う。子曰く、食を足し、兵を足し、民はこれを信にす。子貢曰く、必ず已むことを得ずして去らば、この三者に於いて何をか先にせん。曰く、兵を去らん。子貢曰く、必ず已むことを得ずして去らば、この二者に於いて何をか先にせん。曰く、食を去らん。古えより皆死有り。民信無くんば立たず。

자공이 정치를 물었다. 공자께서 말씀하시길, 먹을 것을 족히 하고, 병력을 족히 하고 백성들은 이를 믿음으로 한다. 자공이 말하길, 반드시 부득이해서 버린다면 이 세 가지 중에 무엇을 먼저 합니까? 말씀하시길, 병력을 버려야 한다. 자공이 말하길, 반드시 부득이해서 버린다면 이 두 가지 중에 무엇을 먼저 합니까? 말씀하시길, 먹을 것을 버려야 한다. 예로부터 누구나 다 죽음이 있다. 백성들은 믿음이 없으면 설 수 없다.

* * *

'민신지의民信之矣'에 대하여 주자를 따라 "백성들이 믿을 것이다"라고 읽기도 하고 "백성들이 위정자를 믿게 한다"라고도 읽는다. 여기서는 진사이를 따라 "백성들에게 신의를 가르쳐

이끄는 것이다"라고 읽었다.³⁾

〖진사이〗

> 백성들은 일정한 재산恒産이 있으면 나쁜 마음이 생기지 않는다. 군비가 잘 갖춰지면 민심이 흔들리지 않는다. 백성들에게 신의를 가르쳐 이끌면 나라의 근본이 굳건해진다.
>
> 군대는 나라를 지키는 요체이니 버려서는 안 된다. 그러나 먹을 것이 충분하고 신실하다면 군비가 없어도 나라를 지킬 수 있다. 그래서 군사는 버릴 수 있어도 양식과 신뢰는 버릴 수 없는 것이다.
>
> 양식은 사람에게 하늘과 같다. 먹을 것이 없으면 죽고 만다. 그러나 죽음은 사람이 피할 수 없는 것이다. 그렇지만 사람에게 신뢰가 없다면 인도人道가 성립하지 않는다. 그래서 양식을 버릴 수는 있어도 신뢰를 버릴 수는 없다.

『논어』의 말은 모두 수사성이 강하다. 우선 안정적으로 천하를 통치하는 데 불가결한 세 가지 요소를 들었다. 식량과

---

3) 민신지의(民信之矣)의 일본어 훈독은 몇 가지가 있는데, 일반적으로 '民これを信ず'로 읽어 '백성들이 (위정자를) 믿을 것이다'라고 풀이하거나, '民これを信ぜしむ'라고 읽어 '백성들이 (위정자를) 믿게 한다'라고 할 수 있다. 저자가 따랐다고 하는 진사이는 '民これを信にす'라 읽었는데, 이렇게 읽으면 '백성들에게 신의를 중시하는 마음을 갖게 한다, 백성들에게 신의를 가르쳐 이끈다'로 풀이된다. 한편 국내에서 출간된 『논어고의』번역본에는 "백성들이 믿도록 하는 것이다"라고 풀이하였다(최경렬 옮김 『논어고의』그린비, 2020, 416쪽). 한편, 성백효는 우계 성혼이 송익필에게 쓴 편지를 들어 "백성들이 윗사람에게 신의를 지키는 것으로 해석하기도 한다"라고 하였다(성백효 역주 『현토완역 논어집주』 개정증보판, 전통문화연구회, 2005, 339쪽).

제 4 강 믿음에 대하여

군비와 백성의 믿음이다. 이 중에서 억지로 버려도 좋은 것이 있는지를 물어 최종적으로 백성의 믿음을 남겼다. 따라서 이 문장은 "백성들은 믿음이 없으면 설 수 없다"라는 마지막 구절을 강조하는 수사로 이루어졌다고 봐야 한다. 이 점을 간과하고 본문을 구성하는 3단을 조리 있게 설명하려고 하면 시시한 해설로 끝난다. 진사이의 경우도 거기서 벗어나지 못했다. 먹을 것을 버리고 인도를 세워야 한다는 것을 사람들이 납득할 수 있을까? 주자도 마찬가지다.

〖주자〗

> 백성들은 양식이 없으면 반드시 죽는다. 그렇지만 죽음은 사람이 반드시 면할 수 없는 바이고, 믿음이 없으면 비록 살더라도 스스로 설 수 없으니, 죽어 편안해지는 것만 못하다. 그러므로 차라리 내가 죽을지라도 백성들에게 믿음을 잃지 않도록 해야 하며, 또한 백성들로 하여금 차라리 죽을지라도 나에게 믿음을 잃지 않게 해야 한다.

의미가 불분명한 이 문장 다음에 주자는 정자의 말을 인용하고 자신의 풀이를 이어가는데 이로써 뜻이 명확하게 된다.

> 백성들의 덕을 가지고 말하자면 믿음은 본래 사람의 고유한 바이니, 군비와 식량이 우선될 수 있는 것이 아니다. 따라서 위정자는 마땅히 몸소 백성들을 솔선하여 죽음으로써 이것을 지켜야 한다. 위급하다고 해서 버려서는 안 된다.

여기서 위정자가 죽어도 지켜야 하는 것은 백성들이 가진 인간 고유의 덕·믿음信[4]이다. 주자가 얼마나 인간 본성론적 도덕주의에 철저했는지가 느껴진다.

〖구라이시〗 주자의 입장에서 해석한 구라이시의 번역을 보자.

> 자공이 정치를 물었다.
>
> 선생: "식량을 충분히 하고 군비를 충분히 하고 인민에게는 믿음을 지니게 하는 것이지요."(교화가 행해져 인민이 정치가를 신뢰하게 된다)
>
> 자공: "만약 부득이하게 버려야 한다면 세 가지 중에 무엇을 우선해야 합니까?"
>
> 선생: "군비를 버립니다."(식량과 신뢰가 있으면 군비 없이도 지킬 수 있다)
>
> 자공: "만약 부득이하게 버려야 한다면 두 가지 중에 무엇을 우선해야 합니까?"
>
> 선생: "식량을 버립니다. 예부터 누구에게나 죽음은 있는 것이지만, 인민은 믿음이 없으면 생활을 꾸려가지 못합니다."

〖소라이〗 소라이는 '민무신불립民無信不立'을 "백성들은 믿음이 없으면 서지 못한다"라고 읽는다. 치자와 피치자의 정치적 관계 속에서 '믿음'을 파악하는 소라이는 위정자의 문제로서 읽어냈다.

---

[4] 저자는 여기서 신(信)을 '마코토'라고 훈독하였다. '마코토'라 읽을 때는 성(誠), 진(眞), 실(實)과 통한다. 저자가 주자의 도덕주의적 측면을 강조하기 위한 것으로 생각된다.

제4강 믿음에 대하여

"백성들은 믿음이 없으면 서지 못한다." 이 말은 윗사람에게 신뢰가 없으면 백성들이 서지 못한다는 말이다. 백성들의 부모가 되는 것은 인仁 때문이다. 군주가 어질기에 백성들이 그를 믿는 것이니, 그를 믿는 것은 백성들에게 달려 있다. 그래서 "백성들은 믿음이 없으면 서지 못한다"라고 한 것이니 사실 믿음이란 군주가 행하는 바이다. 공안국孔安國이 말하길, "나라를 다스림에 믿음을 잃어서는 안 된다"라고 하였다. 옳다. 서지 못한다는 것은 민심이 동요하여 그 몸을 둘 곳이 없다는 것이다.

이에 이어 소라이는 주자·진사이에게 비아냥이 섞인 비판을 덧붙였다.

주자가 말하길, "백성들의 덕을 가지고 말하자면 믿음은 본래 사람의 고유한 바"라고 하였다. 이는 제대로 된 해석을 하지 못하고 걸핏하면 오상五常의 설을 내놓는 것이다. 경학을 공부하는 서생經生답구나. 진사이가 말하기를 "백성들에게 신의를 가르쳐 이끈다"라고 하였다. 강사講師답구나.[5]

"백성들은 믿음이 없으면 설 수 없다"라는 말을 주자나 진사이처럼 도덕주의적으로 이해하면, 백성들은 먹을 것이 없어

---

5) 소라이는 31세에 막부의 고위 관리였던 야나기사와 요시야스(柳沢吉保)에 유학자로서 출사하였고 5대 쇼군 쓰나요시(綱吉)의 학문상대도 겸하였다. 이후 50대 전반에 자신의 학문에 중핵이 되는 『변도』·『변명』·『논어징』등을 완성하였다. 만년에는 8대 쇼군 요시무네(吉宗)의 정치자문에 응하여 『정담』·『태평책』과 같은 경세론을 저술하기도 했다. 이에 반해 진사이는 관직에 나가지 않고 평생 사숙 고의당에서 후학양성과 강의 및 저술에만 힘썼다. 소라이의 말에는 이런 사정에 대한 비아냥이 들어 있다.

도 백성의 신실을 굳게 지켜야 한다는 것처럼 전혀 설득력이 없는 풀이를 하게 된다. 그것은 항상 백성의 삶이 안정되기를 바랐던 공자에게 있을 수 없는 말이다. 백성의 믿음이란 군주의 말을 신뢰할 수 있는 것이다. 백성에게 믿음이 사라지면 백성은 더이상 그 나라에서 살아갈 수 없다. 신信이란 사람人의 말言을 진실로 믿는 것이다. 나는 이렇게 번역하겠다. "군주를 믿을 수 없게 되면 인민은 더는 그 나라에 있을 수 없다."

4.3 태백 제16장

子曰, 狂而不直, 侗而不愿, 悾悾而不信. 吾不知之矣.

子曰く、狂にして直ならず、侗^{とう}にして愿^{げん}ならず、悾悾^{こうこう}として信ならず。吾れこれを知らず。

공자께서 말씀하시길, 뜻이 크면서 곧지 않고, 미련하면서 삼가지 않고, 무능하면서 미덥지 않다. 나는 이를 알지 못하겠다.

* * *

〖진사이〗

> 광狂이란 뜻은 높으나 단속할 줄 모르는 것을 말한다. 동侗은 무지한 모습이다. 원愿은 삼가고 중후한 것이다. 공공悾悾을 무능한 모습이다. 오부지지吾不知之란 이 같은 것에 절망하였다는 말이다.
>
> 뜻이 높은 사람은 뽐내고 꾸미는 것을 일삼지 않으니 의당 정직해야 한다. 무지한 사람은 두려워하고 꺼리는 바가 있으니 의당 조심하고 진실해야 한다. 무능한 사람은 행동하고 일하는 것作爲에 꾀를 부리지 않으니 의당 신실해야 한다. 그렇지 않다면 저들은 최소한의 장점도 잃어버리게棄才 되어, 공자라도 가르칠 방도가 없다.[6]

---

[6] 이 부분은 『논어고의』 대의(大意)를 저자가 현대어로 풀어쓴 것인데 원문과 약간 차이가 보이나 저자의 해석을 그대로 따른다. 원문은 다음과 같다. 此言意高者, 不事矜飾, 宜直矣. 無知者有所畏憚, 宜謹愿矣. 無能者不解作爲, 宜信矣, 而今皆不然, 則是棄才也. 雖聖人不知所以敎之(밑줄 친 부분이 다름). 본서의각 인용문은 한문원문인 경우, 훈독문인 경우, 저자가 현대어로 해석한 경우 등 3가지가 있다. 현대어

공자는 '광', '동', '공공' 모두 제각각 소극적이긴 하지만 재능으로 간주한다. 그런데 그것이 재능으로서 갖는 장점을 잃어버리고 만다면 그저 버려지는 재능에 지나지 않는다고 말하려는 것이 아닐까? 그렇게 생각하면 주자를 따라 그저 '동'을 무지함, '공공'을 무능함이라고만 풀이해서는 의미가 통하지 않는다.

〚소라이〛 소라이는 이렇게 풀이한다.

> 광자狂者는 큰 뜻을 가지면서도 상식에 구애되지 않는다. 그런데 광자이면서 속이는 것이 많으면 그저 잘못된 남자妄男子에 지나지 않으니, 가르칠 방법이 없다. 어리고 무지하면서도 童蒙無知 성실하지 않은 사람, 촌스럽고 꾸밈이 없으면서도 野卑無文[7] 스승을 믿지 않는 사람은 모두 가르치려 해도 가르칠 방도가 없다.

〚요시카와〛

> 열광적인 정열가이면서 정직하지 않은 사람. 어린아이 같은 면이 있으면서도 착실하지 않은 사람. 지나치게 고지식하면서 믿을 수 없는 인간. 나는 그런 인간을 만난 적이 없다.

나는 이렇게 풀이하겠다. "광자의 큰 뜻을 가지면서도 정직하지 않은 사람, 아이처럼 세상 물정을 모르면서도 순순히

역인 경우 간혹 원문과 차이나는 경우가 있다.
[7] 『논어징』 원문은 '鄙野無文'이다. 뜻에는 차이가 없다.

노력하지 않은 사람, 우직하면서도 신심이 없는 사람. 그런 사람들은 나도 어찌할 도리가 없다."

4.4 양화 제8장

子曰, 由也, 女聞六言六蔽矣乎. 對曰, 未也. 居, 吾語女. 好仁不好學, 其蔽也愚. 好知不好學, 其蔽也蕩. 好信不好學, 其蔽也賊. 好直不好學, 其蔽也絞. 好勇不好學, 其蔽也亂. 好剛不好學, 其蔽也狂.

子曰く、由や、女(なんじ) 六言(りくげん)の六蔽(りくへい)を聞けるか。對えて曰く、未だし。居れ、吾れ女に語らん。仁を好みて学を好まざる、その蔽や愚。知を好みて学を好まざる、その蔽や蕩(とう)。信を好みて学を好まざる、その蔽や賊。直を好みて学を好まざる、その蔽や絞(こう)。勇を好みて学を好まざる、その蔽や乱。剛を好みて学を好まざる、その蔽や狂。

공자께서 말씀하시길, 유야, 너는 육언에 육폐를 들어보았느냐? 대답하여 말하길, 아직입니다. 앉아라. 내가 너에게 말해주겠다. 인을 좋아하되 배우기를 좋아하지 않으면 그 폐단은 어리석음이다. 지혜를 좋아하되 배우기를 좋아하지 않으면 그 폐단은 방탕함이다. 믿음을 좋아하고 배우기를 좋아하지 않으면 그 폐단은 해침이다. 정직을 좋아하되 배우기를 좋아하지 않으면 그 폐단은 급박함이다. 용맹을 좋아하되 배우기를 좋아하지 않으면 그 폐단은 어지럽힘이다. 강함을 좋아하되 배우기를 좋아하지 않으면 그 폐단은 경솔함이다.

* * *

여섯 가지 말六言이란, 인仁·지知·신信·직直·용勇·강剛의 여섯 가지 덕목을 말한다.

〖시부사와〗 시부사와의 빈틈없는 번역을 가지고 살펴보자.

> 인仁을 좋아하여 다른 사람을 사랑하여도 배움을 좋아하여 이를 판가름하지 않으면 그 폐단은 어리석게 되어 다른 사람에게 속아 일의 경중을 판단하지 못하게 된다.
>
> 지知를 좋아하여 박식하려고 애써도 배움을 좋아하여 이를 판가름하지 않으면 그 폐단은 방탕하게 되어 적절하게 지키지 못하고 쓸데없이 넓고 멀리만 치달아서 발밑의 실행을 잊어버리게 된다.
>
> 신信을 좋아하여 실천에 게으르지 않아도 배움을 좋아하여 이를 판가름하지 않으면 그 폐단은 해치게賊 되어 자기의 작은 믿음을 고집해서 타인의 이익을 해쳐도 돌아보지 않게 된다.
>
> 직直을 좋아하여 숨김없이 다 말해도 배움을 좋아하여 이를 판가름하지 않으면 그 폐단은 헐뜯게 되어 사정을 살피지 않고 다른 사람의 허물을 비방함으로써 자기의 곧음을 이루게 된다. 교絞란 급박함이다. 교죄絞罪의 교와 같다. 밧줄을 목에 둘러 갑자기 잡아당겨 사람을 죽이는 것을 교라 한다. 솔직한 사람이 다른 이를 비난하는 급박함 역시 이와 같다.

제4강 믿음에 대하여

> 용勇을 좋아하여 우직하게 앞으로 나아가 물불을 가리지 않아도 배움을 좋아하여 이를 판가름하지 않으면 그 폐단은 어지러워져 사리를 거스르고 군주를 범하게 된다.
>
> 강剛을 좋아하여 굳게 견디어 흔들리지 않아도 배움을 좋아하여 이를 판가름하지 않으면 그 폐단은 경솔해져서 미치광이처럼 망령스러워 다른 사람과 충돌하여 피하지 못하게 된다.

신信이란 본디 믿는 것이며 신뢰하는 것이었다. 사람을 믿는 것은 실實에 근거하기 때문이다. 그래서 신이란 사람의 성실함으로 여겨진 것이다. 진사이는 실한 사람과의 신뢰 관계로 세상이 제대로 이루어진다고 하였다. 공자 역시 사람이 믿음이 없으면 살아갈 수 없고 세상도 꾸려지지 않는다고 했다. 믿음이란 우리가 세상을 살아가는 힘인 것이다.

이 믿음이 무너졌을 때 우리는 살아가는 힘도 잃어버릴 것이다. 무시무시한 악몽이다. 믿음과 신뢰는 우리가 기댈 수 있는 것이다. 이 세상은 우리가 사람에게 의지할 수 있음을 전제로 성립하였다. 우리 자신의 자립도 어딘가에 의지하여 이루어진다. 우리의 존립을 지탱하고 있는 궁극적인 의지처信를 신앙이라 여겨도 좋다. 누구에게나 그 존립을 지탱해주는 궁극적인 의지처가 있다. 그것을 자각하는 사람이 신앙인이다. 나는 공자가 궁극적으로 의지한 곳은 하늘天이었다고 생각한다.

제5강

하늘에 대하여

다치바나 시라키橘樸(1881~1945)는 일생에 걸쳐 중국과 관계를 가진 인물이다. 다치바나는 쇼와昭和 전전戰前·전중기戰中期[1] 중국통으로 알려진 언론인이었다. 또 그는 중국 사상·중국 사회 연구자이기도 했다. 그는 독자적인 시점으로 중국 사상을 파악하였다. 중국 사상을 크게 공자와 노자의 사상적 대립·경쟁 관계로 파악하였으며 더욱이 중국 민중의 사고방식이 기본적으로 노자의 사고방식이라고 하였다. 그는 자신의 저서 『지나사상연구』(일본평론사, 1936)에서 "이천 수백 년이 지난 오늘날까지도 대다수 지나인은 여전히 노자와 같은 사고만 하

---

1) 쇼와시대는 1926년 12월 25일부터 1989년 1월 7일까지의 기간으로 다이쇼(大正) 이후, 헤이세이(平成) 이전의 시대이다. 일본사에서 20세기 대부분을 차지한다. 일반적으로 중일전쟁 이전까지를 전전, 중일전쟁부터 1945년 패전까지를 전중, 패전이후를 전후라 하며, 패전을 경계로 근대와 현대를 구분하기도 한다.

제 5 강 하늘에 대하여

고 있다"라고 하였다. 이런 관점은 중국 사회를 관료에 의한 정치와 민중의 생활이 완전히 괴리되었다고 보는 시각과 관련된다. "지나에서는 정치와 민중이 멀리 떨어져 있으며 양자 사이에는 털끝만큼의 유기적 관계도 존재할 수 없다. … 정치는 민중에게 완전히 무용한 것이다"(제1장 「지나사상에 관한 일반적 고찰」)라고 하였다. 다치바나는 정치와 민중의 관계를 유교와 도교의 대립으로 파악하였다. "한마디로 말하자면 유교는 치자의 이익에서 구성된 교의이며, 도교는 이와 정반대로 피치자의 사상 및 감정을 대표한다." 그리고 치자의 처지에서 유교는 천명설을 교의의 골자로 한다면서 이렇게 말했다.

> 하늘은 이른바 상제上帝이자 유일신이다. 하늘이 인류 안에서 선택한 어떤 사람에게 목민牧民을 명한다. 즉 천하에는 오직 한 사람의 천자만 존재할 수 있다. 그래서 천자의 권력은 천명을 근거로 한다. … 공자는 주나라가 어지러워진 후 태어난 사람인데도 불구하고 전통적 천명설의 형식을 고수하여 죽을 때까지 주 왕실의 부흥을 열망했다. 그러나 낡은 형태의 천명설을 신앙했던 이는 유가 중에서도 시조인 공자에서 그친 듯하다.

여기서 말하는 공자가 믿었던 낡은 형태의 천명설은 주대 말기 군웅할거의 난세를 거치면서 권위를 잃었으며 이를 대신한 『중용』의 새로운 천명관, 즉 "천명을 모든 인류에게 해방하여 그것을 도덕의 원천으로 삼는" 천명관이 설파되었다고 다치바나는 말했다. 이렇게 유가 사상의 중축을 이루는 천명관을 설명한 후에 "공자도 자사나 맹자도 스스로 의식해서

치자 계급을 옹호한 것은 아니었다. 다만 그들은 전통적으로 천자의 지위 및 그 사업인 정치를 존중하고 천명을 받들어 그 의지를 인류사회에 실현하는 방법이 이것밖에는 없다고 믿었던 데 지나지 않는다"라고 하였다. 어찌 되었든 천명관 혹은 하늘天의 사상이란 천자에 의한 천하 통치의 정당성을 규정하는 것으로서 위정자의 교설인 유가 사상의 근간을 이루는 것이다. 다치바나의 주장에서 특히 주의해야 하는 것은 천명관의 기저에 하늘에 대한 신앙이 있다면서, "하늘은 이른바 상제이자 유일신"이었다고 한 대목이다. 이것은 천하 지배와 유일신 신앙의 관계라든지, 민중 레벨의 다신교적 신앙 세계의 관계와 같은 종교상 여러 중요한 문제를 제기한다. 게다가 다치바나는 천명관을 취하는 공자에 노자를 대치시킨다.

노자는 이와 반대로 신이나 하늘, 상제 일체를 인정하지 않고 인류는 그 생긴 대로 방임하여 두기만 해도 그들에게 가장 행복하다고 보았다. 단순히 노자가 그렇게 믿는데 그치지 않고, 이천 수백 년이 지난 오늘날까지도 대다수 지나인은 역시 노자와 같은 생각만 하고 있다.

다치바나는 신이나 하늘을 부인하는 노자의 사상이 중국 민중의 사상이라는 것이다. 중국의 민중 세계는 도교적이며, 이것이 길고 긴 역사를 지나면서 중국 사회의 특질이 되었다고 한다. 공자와 노자 혹은 유교와 도교의 대립으로 중국 사상을 파악하는 다치바나의 방식을 배후에 두고, 지금부터는 공자에게 하늘이란 무엇인지 『논어』의 장구를 통해 생각해 보자.

제 5강 하늘에 대하여

나는 이미 지난번 강의에서 공자라는 인격의 가장 깊은 곳에 신앙적 대상으로서의 하늘이 있음을 언급하였다.

5.1 안연 제5장

司馬牛憂曰, 人皆有兄弟. 我獨亡. 子夏曰, 商聞之矣, 死生有命, 富貴在天. 君子敬而無失, 與人恭而有禮, 四海之內, 皆兄弟也. 君子何患乎無兄弟也.

司馬牛憂えて曰く、人皆兄弟有り。我独り亡し。子夏曰く、商これを聞く。死生命有り、富貴天に在りと。君子敬して失すること無く、人と恭しくして礼有らば、四海の内皆兄弟なり。君子何ぞ兄弟無きを患えんや。

사마우가 걱정하며 말하기를, 남들은 모두 형제가 있다. 나만 홀로 없다. 자하가 말하였다. 상이 듣기를, 생사에는 명이 있고 부귀는 하늘에 달려있다, 라고. 군자가 공경하여 잃는 일이 없고, 다른 사람에게 공손하게 하여 예가 있으면, 사해 안이 모두 형제이다. 군자가 어찌 형제가 없음을 근심하겠는가?

* * *

사마우는 공자의 제자로 여행 도중 공자를 죽이려고 했던 송나라 사람 환퇴桓魋의 아우라는 설이 전한다. 주자는 그에 따라 사마우의 "인개유형제人皆有兄弟 아독무我獨亡"를 "사마우는 형제가 있었는데도 이렇게 말한 것은 그가 난을 일으켜 장차 죽을 것을 걱정했기 때문이다"(『논어집주』)라고 풀이하였다.

〚진사이〛 진사이는 이 장을 근거로 사마우가 환퇴의 아우라는 설이 틀렸다고 하였다. 그리고 맹자의 천명관(『맹자』만장)에 의거하여 앞단을 해석하였다.

> 사람이 어떻게 하지 않아도 저절로 그렇게 되는 것이 천天이며, 불러들이지 않고도 저절로 어떤 결과에 이르는 것이 명命이다. 즉 사생死生·존망存亡·부귀富貴·이달利達은 모두 하늘이 하는 바이자 명이 이르는 것이니 사람의 힘으로 바꿀 수 있는 것이 아니다. 어찌 망령되이 걱정하느냐는 말이다.

뒷단에 대해서는 다음과 같이 파악하였다.

> 군자가 일을 하는데 신중하여 실수가 없도록 하고 남을 대함에 공손하여 예를 갖추면 사람들은 반드시 나와 친해진다. 천하 사람들이 모두 나의 형제가 된다. 어째서 형제가 없다고 걱정하는가?

또 '천명'에 대해서는 이렇게 설명하였다.

> 하늘이 부여한 명을 사람은 순순히 받아들이지 않으면 안 된다. 그러나 사람 사는 세상의 일에 대해서는 스스로 할 수 있는 만큼 다하지 않으면 안 된다. 그래서 천명을 아는 사람은 자기가 가진 힘을 다하면 과대한 기대를 품지도 않고 그 결과에 조금도 원망을 갖지 않는다.

제5강 하늘에 대하여

진사이에 따라 번역해 보겠다.

> 사마우가 다른 사람들은 모두 형제가 있는데 나는 형제가 없이 혼자라고 탄식하며 말하였다. 그 말을 들은 자하가, 나는 선생님께 "죽고 사는 데는 명이 있고, 부귀는 하늘에 있다"라는 말씀을 들었다. 군자는 일을 할 때 삼가고 다른 사람을 대할 때 공손하고 예의를 갖추면, 사람들은 틀림없이 나에게 친근하게 보답할 것이다. 어째서 형제가 없다고 걱정하느냐고 깨닫게 하였다.

〚모로하시〛모로하시는 사마우에게 형 환퇴가 있다는 설을 따라 이렇게 풀이하였다.

> 사마우는 형 환퇴 때문에 매우 마음 아파하였다. 그러던 어느 날 근심스러운 심중을 호소하면서, 세상 사람들은 모두 훌륭한 형제가 있는데 나 홀로 형제라고 부를 만한 사람이 없다, 형제는 있지만 실제로는 없는 것보다 더 외로운 생활을 해야 한다고 탄식하였다. 이를 들은 동문 선배인 자하는, 진정으로 사마우를 위로하면서 깨우치며 말하길, 내[상은 자하의 이름]가 선생님께 들었던 말씀 중에 죽고 사는 것에 명이 있고 부귀는 하늘에 있다—인간의 생사 혹은 부귀, 빈천은 모두 천명에 달린 것이다—는 말씀이 있었다.[이것은 자하가 사마우에게 비록 형 환퇴가 살해당하거나 환퇴의 재앙이 사마우의 신상에 미칠지라도 그 운명을 달게 받아 만족하지 않으면 안 된다고 암묵적으로 충고한 것이다.]

〖시부사와〗 시부사와의 천명관을 보자.

> 죽고 사는 것에 명이 있다고 해도 모든 일을 흘러가는 형편에 맡긴다는 의미는 아니다. 진력해야 하는 자기의 본분을 충분히 다하고 그 이상은 천명에 맡기라는 것이다. 즉 세상에서 진력하는 근로가 많으면 많을수록 세상 사람들의 존경은 늘어간다. 세상에 아무 일도 진력하는 바 없이 무위도식하고 사치하고 교만하면 세상 사람들의 신뢰도 사라진다. 전자처럼 충분히 다하였어도 여전히 일이 뜻한 바와 다르다면 천명이나 천운이라고 해야 할 것이다. 후자와 같은 것은 자업자득으로 천명은 아니다.

죽고 사는 것이나 부귀도 인간이기에 겪는 일이고 인간이 직면하는 사태지만, 보통 '사생'이 인위를 초월한 하늘의 지도(명령) 혹은 하늘이 가져오는 운명이란 성격을 가지는 데 대해 '부귀'는 여전히 인위의 결과라고 얘기된다. 공자는 그런 '부귀'까지도 '사생'과 마찬가지로 궁극적으로 하늘에 달린 것으로 보려한다. "죽고 사는 데는 명이 있고 부귀는 하늘에 있다"라는 말은 사람의 삶의 방식과 밀접하게 연관된다. 여기서 어떤 인생 태도를 끌고 갈지는 제각각 이 말을 어떻게 읽을지에 달려있다. 진사이는 "천명을 아는 사람은 자기가 가진 힘을 다하면 과대한 기대를 품지도 않고 그 결과에 조금도 원망을 갖지 않는다"라는 인생 태도를 이끄는 모양으로 읽은 것이다. 공자에게 '하늘'은 하늘을 대하는 방식에 따라 그 사람의 삶의 태도가 이끌리게 하는 초월자의 성격을 갖는다.

5.2 위정 제4장

子曰, 吾十有五而志于學. … 五十而知天命. …
子曰く、吾れ十有五にして学に志す。… 五十にして天命を知る。…

공자께서 말씀하시길, 나는 열다섯에 학문에 뜻을 두었다. … 오십에 천명을 알았다. …

* * *

나이 오십에 천명을 알았다는 공자의 말이『논어』해석자에게 다양한 천명관을 가져왔다. 어느 것이 맞고 어느 것이 틀렸다고 할 수 없다. 독자 개개인이 이런 해석을 참고하여 자신의 천명관을 끌어내면 된다.

〚진사이〛 먼저 진사이의 풀이를 보자.

> 천天은 행하지 않고도 저절로 이루어지고 명은 불러오지 않아도 저절로 이른다. 모두 사람의 힘으로 할 수 있는 바가 아니다. 오직 선善을 통해서만 하늘에게 인정받을 수 있고 오직 덕에 의해서만 명을 받을 수 있다. 이런 점을 알면 스스로 자기 수양에 힘쓰고 조금도 무언가를 바라는 마음을 품지 않는다. 지혜는 정밀해지고 배움은 지극한 경지에 이르게 된다.

이 설명과 관련하여「자한」제5장 "자외어광子畏於匡"에 붙인 진사이의「논주論注」를 추가한다.

> "천도天道는 선한 사람에게 복을 주고 악한 사람에게 재앙을 내린다."[2] 이것은 하늘에는 필연적인 이치가 있다는 말이다. "화복은 자기로부터 구하지 않는 것이 없다."[3] 이것은 사람이 스스로 취하는 길이 있다고 말이다. 지혜로운 자는 이를 믿지만 어리석은 자는 이를 의심한다.

진사이는 인사人事를 다하여도 인생에서 나오는 결과는 천명으로서 순순히 받아들여야 한다고 말한다. 그다음에 하늘에는 "선한 사람에게 복을 주고 악한 사람에게 재앙을 내린다"라는 필연의 이치가 있다고 한다. 하늘의 필연의 이치理에 사람이 스스로 취하는 길道이 대응한다. 그래서 "오직 선善을 통해서만 하늘에게 인정받을 수 있고, 오직 덕에 의해서만 명을 받을 수 있다"라는 말이 나오게 된다. 이러한 천명관은 도덕적 실천자가 요청하는 이념의 성격을 갖는다.

〖주자〗 주자는 이렇게 읽었다.

> 천명이란 천도가 유행하여 만물에 부여한 것이니 사물이 응당 그러해야 하는 바이다. 이를 알면 그 앎이 정치해져서 미혹되지 않음을 굳이 말할 필요가 없다.

주자는 천명을 우주론적으로 이해하였다. 세상에서 인간을 비롯한 사물과 사상事象이 각기 필연성을 가지고 존재하는 방식이자 하늘로부터 도리(본성)을 부여받아 존재하는 자기 본연의

---

2) 『서경』「탕고(湯誥)」편에 "天道福善禍淫"이라고 나온다.
3) 『맹자』「공손추상(公孫丑上)」제4장에 "禍福無不自己求之者"라고 나온다.

제5강 하늘에 대하여

자세를 천명으로서 이해한다. 천명을 안다는 것은 이 우주의 궁극적인 도리이자 자기 존재의 근저를 이루는 도리를 아는 것으로 간주된다. 그것을 알면 미혹되는 일이 없다는 것이다. '지명知命'이란 우주의 철리哲理에 도달하는 것이다.

〖소라이〗 소라이의 해석을 보자.

> 그러나 쉰 살은 쇠하기 시작한다.[4] 그래서 그 이후로는 다시 영위하는 바가 있으면 안 된다. 따라서 쉰 살이 되어도 벼슬에 이르지 못하면 그것으로 천명을 알게 된다. 공자가 또 말하기를 "나를 아는 이는 하늘일 것이다"(헌문 제37장)[5]라고 하였다. 하늘이 나에게 명하여 선왕의 도를 후대에 전하라는 것을 안 것이다.

소라이는 오십이라는 나이는 인생길에서 전환점이 되는 시기라고 하였다. 신체적으로도 노화를 자각하기 시작하는 때이며 세상에서 입신출세의 막다른 곳도 아는 때이다. 그때 사람은 다시금 자신에게 부여된 사명이 무엇인지 알아야 한다. 소라이는 공자가 오십이 되어서 하늘이 내린 사명이 선왕의 도를 후세에 전하는 것임을 알았다고 이해하였다. 천명을 아는 것은 하늘에서 주어진 자기의 사명을 아는 것이다. 이는 사명의 자각으로서의 천명관이다.

---

4) 『예기』 「왕제(王制)」편에 "五十始衰"라고 나온다.
5) 『논어』 「헌문」 제37장에 "知我者其天乎"라고 나온다.

〖시부사와〗 시부사와는 자신의 출처진퇴^{出處進退}를 관통하는 궁극적인 인생 태도를 취하는 방식을 '지명^{知命}'이라 여기고 있는 것 같다.

> 지천명의 일단에 이르니 나처럼 덕이 박한 자가 몇 살부터 하늘이 명한 바를 알았다고 큰소리치지는 못하지만 내 일신의 출처진퇴에 대해서는 메이지 원년(1876)부터 일관된 정신을 가지고 있다. … 대장대신^{大藏大臣}에 추천되거나 도쿄시장이 되라고 강요받았지만 모두 거절하여 초지일관하였다. 만약에 이것이라도 천명을 알았다고 말할 수 있다면 그럴지도 모르겠다.

〖리쩌허우〗 다소 길지만 리쩌허우의 해석도 덧붙인다.

> 지천명이란 오십이 되어 이 우연한 일생의 경과를 되돌아보고, 일면에서는 자신의 유한성을 다른 면에서는 자신의 가능성을 분명히 인식하는 것과 비슷하다. 이는 "홀로 높은 누각에 올라 하늘끝 닿은 길을 바라본다"[6]라는 것처럼 막연하여 끝없는 앞날을 바라보는 청소년 시대의 시각을 반복하는 것이 아니다. 또 "천하의 일을 내가 아니면 누가 하겠는가"[7]라며 자기역량을 막연하게 과대시하는 것과도 다르다.
>
> 공자와 맹자는 종종 '천명^{天命}'·'명^命'·'입명^{立命}'·'정명^{正命}'을 언급하지만 어떻게 이해할지는 간단하지 않다. 이

---

6) 송나라 문인 안수(晏殊, 991~1055)의 시 「접련화(蝶戀花)」에 "獨上高樓, 望盡天涯路"라고 나온다.

7) 『맹자』 「공손추하」 제13장에 "(하늘이) 만약 천하를 평치하고자 한다면 지금 세상에서 나를 버리고 그 누가 하겠는가?[如欲平治天下當今之世 舍我其誰也]"라는 부분을 인용한 것이다.

것은 "이르게 함이 없었는 데도 이르는 것은 명이다."[8] 즉 사람의 힘으로 움직일 수 없는 운명이란 뜻을 포함하고 있다. 다만 왕선산王船山[9]은 '명'에 대해 이렇게 말했다. "일반 세상에서 일음일식一飮一食과 같은 매일의 일은 미리 정해져 있다. 무릇 일상의 세세한 일은 모두 명이다. 그러나 아직 죽음이 정해지지 않은 삶이나 부귀를 얻지 못한 빈천을 운명이라 여겨 모조리 인위를 폐하여 사람이 끝까지 다해야 할 일을 하지 않고 운명이라 여겨버리는 것은 잘못이 아닌가?" 이것은 순자의 이해에 가깝다. 그러나 이는 또 공맹에 내재하는 유교의 공통정신에 포괄된다. 즉 인간은 헤아릴 수 없는 우연적인 삶이라도 자신이 그 삶의 주재자임을 결코 잊어서는 안 된다는 것이다. "천명을 안다"라는 것이나, "요절하거나 장수하는 것을 근심하지 않고 자신을 수양하여 천명을 기다리는 것이 명을 세우는 근거가 된다."[10] 또는 "명을 아는 자는 위태로운 담장 아래 서 있지 않는다. 자기의 도리를 다하고 죽는 것은 정명이다."[11]에 보이는 '입명' '지명' '정명'은 모두 사람이 자기 운명의 결정권과 주재자임을 가리킨다.

따라서 '지천명'의 '명'을 외재적 명령이라거나 지배라고 풀이해서는 안 되며 근신·경외하더라도 발생하는 일체

---

8) 『맹자』 「만장상」 제6장에 "莫之致而至者命也"라고 나온다.
9) 왕선산(1619~1692)은 명말 청초의 사상가로 『독통감론(讀通鑑論)』, 『독사서대전설(讀四書大全說)』, 『주역외전(周易外傳)』 등을 저술하였다.
10) 『맹자』 「진심상」 제1장에 "殀壽不貳, 修身以俟之, 所以立命也"라고 나온다.
11) 『맹자』 「진심상」 제2장에 "是故知命者, 不立乎巖牆之下. 盡其道而死者正命也"라고 나온다.

의 외재적 우연이라고 풀이해야 한다. "하늘을 원망하지 않고 남을 비난하지 않고"[12] 숱한 곤란과 험난한 생활을 이어가면서도 생활의 주재자로서 삶의 필연성을 지탱하는 사람만이 자기의 주체적 입장을 확립할 수 있다.

나는 그 당시 쉰 살(지금과 같은 고령사회에서는 예순일지도 모르겠다)이라는 성숙한 때에 자기 삶을 자각하는 올바른 자세라고 생각한다. 자기 생을 이 정도밖에 아니라거나 이렇게밖에는 안 되었다고 순순히 받아들이는 태도이다. 이런 의미에서 천명을 아는 것은 이전도 이후도 아닌 딱 오십(혹은 육십)이라는 시기일 것이다.

---

12) 『논어』 「헌문」 제37장의 "나를 아는 이는 하늘일 것이다." 앞에 "不怨天, 不尤人"이라 나온다. 이 문구는 다른 여러 전적에서도 보이는데, 『회남자(淮南子)』 「무칭훈(繆稱訓)」에 "知命者不怨天, 知己者不怨人"이라 나온다.

5.3 선진 제9장

顔淵死. 子曰, 噫天喪予. 天喪予.

顔淵死す。子曰く、噫、天予を喪ぼせり。天予を喪ぼせり。

안연이 죽었다. 공자께서 말씀하시길, 아, 하늘이 나를 망하게 하는구나! 하늘이 나를 망하게 하는구나!

* * *

안연의 이름은 회回이고 자는 자연子淵이다. 공자가 가장 신뢰하고 장래가 촉망되던 제자이다. 공자보다 30세 아래라고 한다 (『공자가어』, 『사기』). 『공자가어』에는 "서른둘에 일찍 죽다"라고 하였지만 확실치는 않다. 다만 『논어』는 안연의 죽음을 공자가 깊게 탄식한 일은 확실하고 중요한 사실로 전하고 있다. 이에 대한 각각의 설명을 보자.

〖요시카와〗

> 안연이야말로 공자가 가장 신뢰하는 제자였다. 그의 죽음이 단지 안연이란 사람의 육체와 정신을 상실한 것뿐 아니라 공자 자신의 상실이자 파멸이라고 탄식하고 있다.

〖진사이〗

> 이는 안연의 죽음을 애도하고 (그의 죽음으로) 학문이 장차 끊어지려는 것이 하늘이 자기를 버린 것과 같다고

탄식하는 것이다.

〖시부사와〗

공자는 60세에 정치를 단념하고 자신의 도가 자신의 대에 행해지지 않더라도 2대, 3대를 거치면서 이를 행함으로써 기대한 목적 달성을 바라여 스스로 죽을 때까지 교학을 맡고자 하였다. 그러던 즈음 문하에 안연이 나왔다. 지혜가 깊고 사리에 밝았으며睿哲, 해야할 일은 바로바로 하고文敏, 어질고 공경함仁敬함이 나날이 나아갔다. 그리하여 장년(32세)이 되었다. 부자께서 오로지 안연에게 사후를 맡기셨다. 그런데 지금 안연이 먼저 죽었으니 즉 공자의 일이 중지된 것이다. 그래서 하늘이 자기를 망친다고 한 것이다.

진사이도 시부사와도 공자가 탄식한 이유(학문의 단절)를 찾을 뿐, 하늘에 호소하고 한탄하는 공자를 보려하지 않는다. "하늘이 나를 망하게 하는구나!"라는 탄식은 공자가 하늘에 호소하는 궁극적인 좌절에서 나온 것이다. 그 탄식의 반대편에는 "나를 아는 이는 하늘일 것이다"(헌문 제37장)라는 말이 있다. 세상이 나를 알아주지 않더라도 오직 하늘만이 나를 올바르게 알고 있다는 것은 하늘에 대한 공자의 궁극적인 믿음을 말해준다. 믿음이란 신뢰이다. 믿음이란 그 사람의 내면 깊은 곳에 있는 궁극적인 신뢰의 근거이다. 공자가 하늘에 대한 믿음에 서 있기 때문에 공자의 탄식은 하늘이 자신을 버렸다는 좌절에서 나오는 것이다. "하늘이 나를 망하게 하는구나!"라고 한탄하는 공자는 안연의 죽음에 통곡한다.

제5강 하늘에 대하여

5.4 선진 제10장

顔淵死. 子哭之慟. 從者曰, 子慟矣. 曰, 有慟乎. 非夫人之爲慟, 而誰爲.

顔淵死す。子、これを哭して慟す。從者曰く、子慟せり。曰く、慟すること有るか。夫の人の為に慟するに非ずして、誰が為にせん。

안연이 죽었다. 공자께서 이를 곡하며 깊이 애통해하셨다. 종자가 말하기를, 선생님께서 지나치게 애통해하십니다. 말씀하시길, 지나치게 애통해함이 있었는가? 그 사람을 위해 애통해하지 않으면 누구를 위해 하겠는가?

* * *

〚진사이〛

> 그의 죽음은 가히 아까운 일이며 마땅히 통곡해야 하지 다른 사람의 죽음과 비교할 것이 아님을 말한 것이다.
>
> 슬퍼해야 할 때는 슬퍼하고 즐거워할 때는 즐거워하는 것은 모두 인정人情이 그만둘 수 없는 바로 성인이라 하더라도 보통 사람과 다를 바 없다. 그래서 인정은 성인도 없앨 수 없는 것이다. 만일 절도에 들어맞으면 천하의 달도達道가 된다. 절도에 맞지 않으면 개인의 사사로운 정이 되고 만다. 인정에서 구하여 편안하지 않은 일은 성인도 하지 않으셨다. 따라서 정을 망치는 것과 정을 제멋대로 하는 것은 모두 죄가 된다.『대학』에 이르기를 "마음이 있지 않으면 보아도 보이지 않고, 들어도 들리지

않으며 먹어도 그 맛을 모른다"[13]라고 하였다. 송나라 유학자들은 이로써 마침내 성인의 마음을 고요하고 빈 것靜虛으로 간주하고 무욕無欲이라 여기고 명경지수明鏡止水라 하였다. … 만약에 『대학』의 문장으로 이를 보면 공자께서 안자를 위해 울다가 자신이 통곡하는 줄도 알지 못했으니 '마음이 있지 않았음'을 피하지 못한다. 내가 일찍이 『대학』을 공자의 유서遺書가 아니라고 한 것은 이런 이유 때문이었다.

"슬퍼해야 할 때는 슬퍼하고 즐거워할 때는 즐거워하는 것은 모두 인정이 그만둘 수 없는 바"라는 진사이의 말은 근세에 성립한 인정관을 보여준다. 진사이는 성인의 도가 궁극적으로 인정에 합치하였다고 한다. '무욕'이나 '명경지수' 같은 인정에 반하는 언설은 공자의 관점에 바탕을 두지 않았다고 보는 것이다. 가나야金谷는 진사이가 인용한 『대학』의 말을 번역하여 "마음이 단단히 정상적으로 안정돼있지 않으면, 무엇을 보아도 확실히 보이지 않고, 무엇을 들어도 확실히 들리지 않고, 무엇을 먹어도 맛을 모른다"(『대학·중용』이와나미 문고)라고 하였다. 송대의 주자학자들은 이로써 성인의 마음 즉 마음의 본연의 올바른 상태를 외물에 따라 움직이지 않는 정허靜虛·무욕·명경지수라고 하였다. 진사이는 이런 송유의 관점에서 보면 공자가 안회의 죽음에 통곡하여 자신을 잊은 듯이 보이는 모습은 마음을 잃어버린 것이 된다고 말하는 것이다. 진사이는

---

[13] 『대학』제7장에 "心不在焉, 視而不見, 聽而不聞, 食而不知其味"라고 나온다.

제 5강 하늘에 대하여

이렇게 사람의 마음을 잘못 이해하게 된 원인으로서 『대학』을 공자의 유서(공자의 말을 올바르게 전한 책)가 아니라 후대의 위서僞書라고 비판하였다(『어맹자의』「대학은 공씨의 유서가 아니라는 변」).

5.5 헌문 제37장

子曰, 莫我知也夫. 子貢曰, 何爲其莫知子也. 子曰, 不怨天, 不尤人. 下學而上達. 知我者其天乎.

子曰く、我を知ること莫きかな。子貢曰く、何んすれぞ其れ子を知ること莫きや。子曰く、天を怨みず、人を尤めず、下学して上達す。我を知るものは其れ天か。

공자께서 말씀하시길, 나를 알아주는 이가 없구나. 자공이 말하길, 어째서 선생님을 알아주는 이가 없는 것입니까? 공자께서 말씀하시길, 하늘을 원망하지 않고 사람을 탓하지 않고 아래로부터 배워서 위로 통달한다. 나를 아는 것은 하늘일 것이다.

* * *

〖요시카와〗 요시카와 『논어』에 따라 풀어 본다.

> 공자가 말했다. 나를 이해하는 사람은 없다. 그 말을 들은 자공이 여쭈었다. 어째서입니까? 누구라도 선생님을 알고 있습니다. 공자가 말했다. 내가 이렇게 불우한

이유는 하늘의 뜻이기도 할 것이다. 그러나 하늘을 원망할 생각은 없다. 또 동시대 인간의 죄이기도 할 것이다. 그러나 인간을 책망할 생각도 없다. 다만 나는 낮은 데서부터 학문을 시작하여 더욱 고차원적인 곳에 도달하는 것을 추구할 뿐이다. 이런 나의 태도를 이해하는 것은 하늘이리라.

"나를 아는 이는 하늘일 것이다"라는 말에는 공자의 경지가 드러난다.

〖진사이〗 공자의 경지에 대해 진사이의 「논주」의 해설에 이어 소라이의 해석을 보자.

하늘이 안다는 것은 무슨 의미인가? 하늘에는 마음이 없지만 사람의 마음을 그 마음으로 삼는다. 사람의 마음이 정직하면 하늘은 기뻐하고 사람의 마음이 성실하면 하늘은 믿는다. 도리에 닿은 말은 누구든 승복하지 않을 수 없다. 이것은 천하가 모두 옳다고 인정하는 바이며 인심도 마찬가지로 그렇다고 여기는 바이다. 이 도리에 닿은 말로써 공자께서는 자신의 학문을 믿고 원망하는 일 없이 스스로 즐기는 것이다.[14] 그래서 "나를 아는 이는 하늘일 것이다"라고 하셨다. 이 도리는 갈아도 부서지지 않고 깨뜨려도 부서지지 않는다. 당시에 비록 공자의 학문과 도리의 말씀이 세상에서 화려하게 빛나서 알려지지 않더라도 천년 세월 뒤에는 반드시 이를 아는 이가 있을 것이다. 공자께서는 그것을 믿어 평생 흔연히

---

[14] 본문의 '공자께서는 자신의 학문을 믿고 원망하는 일 없이' 부분은 『논어고의』 원문의 "以此自樂"에 저자가 추가한 해설이다.

제5강 하늘에 대하여

자신의 학문을 즐기셨다.

〚소라이〛 소라이는 "나를 아는 이가 없다"라는 말은 세상에 공자를 알아주는 위정자가 없다는 뜻이라고 하였다. 그리고 다음과 같이 말하였다.

> "하늘을 원망하지 않고 사람을 탓하지 않으며 아래로부터 배워서 위로 통달하니." 이 말은 공자가 자신을 말한 것이다. 그의 사람 됨됨이가 이와 같았다. 그러므로 하늘이 공자에게 선왕의 도를 후세에 전할 것을 명하고, 당시 세상에서는 도가 행해지지 않게 하였으니, 이것이 하늘이 공자를 아는 것이다. "아래로부터 배워서 위로 통달하니." 여기에서 아래는 지금을 말하고 위는 옛날을 이르는 것이니, 이는 바로 선왕의 시·서·예·악을 배워 선왕의 마음에 통달한다는 말이다.

소라이는 "하늘을 원망하지 않고 사람을 탓하지 않으며"란 공자의 사람됨을 뜻하며, "아래로부터 배워서 위로 통달하니"란 지금 세상으로부터 선왕의 고대로 학문이 상달한 것으로 이해하였다. 그래서 하늘은 공자에게 선왕의 도를 후세에 전하는 사명을 부과하여 당시에는 도가 행해지지 않게 하신 것이다. 이것은 하늘이 공자를 알기 때문이라고 소라이는 설명하였다. 이 장의 해석은 앞서 소라이의 '지명知命'에 대한 이해, 즉 하늘이 나에게 부과한 사명을 아는 것이라는 이해에서 나온 것이다. 게다가 소라이는 이 장에 대한 진사이의 해석에 신랄한 비난을 퍼부었다.

5.5 헌문 제37장

　　소라이의 비난은 진사이가 『논어고의』「논주」에서 말한 "하늘에는 마음이 없지만 사람의 마음을 그 마음으로 삼는다. … 평생 흔연히 자신의 학문을 즐기셨다"를 향하였다.

> 제멋대로 '모두 옳다고 인정하는^{公是} 바'와 '도리에 닿은 말'을 가지고 공자의 마음을 논한 것이니 고루할 뿐이다. 또 그는 귀신을 귀하게 여기지 않았기 때문에 공자가 하늘을 일컫는 뜻에 어두운 것이다. 누가 진사이 선생을 이학^{理學}이 아니라고 하겠는가?

　　소라이는 진사이가 공시^{公是}나 '도리에 닿은 말'과 같이 이학(주자학)과 뒤섞인 모호한 방식으로 공자의 학문과 말을 파악하려고 하는데 이는 매우 얕은 것이며, 귀신같은 것은 알 필요가 없다면서 존중하지 않는 진사이라면 공자에게 하늘의 의미가 어떠한지 당연히 이해할 수 없다고 비판하는 것이다. 그러면서 도대체 누가 이런 진사이를 주자학 비판자라 하는가, 진사이학은 이학과 다를 바가 없다고 강한 비난을 쏟아내었다.

　　이런 데서 같은 고학이라 하면서도 진사이와 소라이의 학문을 나누는 무엇이 있다고 일컬어진다. 그 무엇이란 우선 초월적인 하늘의 문제이다. 진사이에게 하늘은 도덕적 이념으로서의 하늘이지 자신의 궁극적인 믿음을 둘만 한 대상은 아니다. 그래서 진사이는 공자의 『논어』에서 그러한 믿음이 향한 하늘을 읽어내지 않는다. 한편 소라이는 공자가 받드는 선왕의 도의 궁극에 있는 초월적인 하늘을 발견한다. 그는 "선왕은 하늘을 받들어 도를 행한다"라는 방식으로 말하는 것이다.

제5강 하늘에 대하여

5.6 팔일 제13장

王孫賈問曰, 與其媚於奧, 寧媚於竈, 何謂也. 子曰, 不然. 獲罪於天, 無所禱也.

おうそんか　　　　　　　　　　おう　　　　　　　　　　　そう
王孫賈問いて曰く、其の奥に媚びんよりは、寧ろ竈に媚びよとは何の謂いぞや。子曰く、然らず。罪を天に獲れば、禱るところ無し。

왕손가가 물어 말하기를, 안방 신에게 아첨하기보다는 차라리 부엌 신에게 아첨하라는 것은 무슨 말입니까? 공자께서 말씀하시길, 그렇지 않다. 죄를 하늘에 얻으면 빌 곳이 없다.

* * *

〚모로하시〛 모로하시의 번역을 보자.

> 위나라 대부 왕손가가 물었다. 세속의 속담에 집의 아랫목신奧에게 아부하기보다는 부뚜막신竈에게 아부하는 편이 낫다고 하는데 무슨 말인가? (이것은 군주에게 아첨하기보다 권세 있는 신하에게 아첨하라는 말이다.) 이에 대해 공자는 "그것은 틀렸다. 아첨하여 윗사람의 비위를 맞추려는, 도가 아닌 짓을 하면 천신에게 벌을 받을 것이므로 아무리 아랫목신이나 부뚜막신에게 빌어도 소용없는 일이다"라고 답하였다.

"하늘에 죄를 얻으면 빌 곳이 없다"라는 말은 하늘이 죄라고 해버리면, 더는 누구를 향해서도 무엇을 향해서도 빌 데가 없다는 뜻이다. 여기서는 "하늘이 나를 망하게 하는구나!",

5.6 팔일 제13장

"나를 아는 이는 하늘일 것이다"라는 문구에 보이듯이 공자의 믿음이 궁극적으로 향하고 있는 하늘이 있다. 해석자들은 이 하늘을 어떻게 파악하였을까?

〖주자〗

> 하늘은 곧 이理이니 그 존귀함이 비할 바가 없다. 아랫목신이나 부뚜막신이 비할 것이 아니다. 이치를 거스르면 하늘에 죄를 얻게 되니 어찌 아랫목신과 부뚜막신에게 아첨하여 빌어서 면할 수 있겠는가? 말하고자 하는 바는 다만 마땅히 이치를 따라야 하니, 부뚜막신에게 아첨하지 않아야 할 뿐만 아니라 또한 아랫목신에게도 아첨하지 않아야 한다는 것이다.

〖진사이〗

> 하늘의 도는 곧을直 뿐이다. 무릇 불은 위로 타오르고 물은 아래로 흐르며, 새는 날고 물고기는 밑으로 잠기며 초목은 뿌리내려 자라고 꽃이 열매를 맺는 것은 각기 때가 있다. 선한 것은 천하가 선으로 여기고 악한 것은 천하가 악으로 여긴다. 이를 일컬어 곧다고 한다. 하늘과 땅 사이는 마구 뒤엉켜 꽉 차 있지만渾渾淪淪 이러한 곧은 도 아닌 것이 없다. 사악하고 비뚤어진 도를 가지고 천지간에 서려고 하는 이는 얼음과 눈을 끓는 물과 뜨거운 불 속에 던져 넣는 것과 같으니, 더디고 빠른 차이는 있어도 하늘의 꾸짖음을 받게 된다. 귀신이라 하더라도 그런 사람에게는 복을 줄 수 없다. 그래서 하늘에 죄를 얻으면 빌 데가 없다고 한 것이다. 『시경』에 전하기를,

제 5 강 하늘에 대하여

"오래도록 천명에 어긋남이 없게 하여 스스로 많은 복을 구한다"[15]라고 하였다.

〖소라이〗

"하늘의 도는 선한 사람에게 복을 내리고 악한 사람에게 재앙을 내린다"[16]라고 하였다. 그래서 이르기를 "하늘에 죄를 얻으면 빌 데가 없다"라고 하였다. 주자는 "하늘은 곧 이理이다"라고 하였고, 진사이 선생은 "하늘의 도는 곧을 뿐이라"라고 말했다. 그 논의가 훌륭하지 않은 것은 아니나, 모두 자신의 마음을 가지고 말한 것이다. 그러면서도 하늘을 안다고 자부하였으니 어찌 거만한 것이 아니겠는가?

소라이는 주자와 진사이의 말에서 자기 생각으로 하늘을 규정하는 오만함을 보았다. 하늘은 그것을 무엇이라고 규정하는 사람의 지혜를 초월한 존재임을, 공자에게 하늘은 그런 초월적인 하늘임을 그들은 모른다고 소라이는 비판하는 것이다.

〖시부사와〗 마지막으로 이 장을 근거로 삼아 근대 일본에서 천견天譴을 말하는 시부사와의 설명을 보자.

아무리 천벌을 피하려고 해도 절대 피할 수 없다. 다이쇼 12년 9월 1일 간토關東 즉 도쿄와 요코하마 등지에서 발생한 대지진처럼, 도쿄에서만도 45만 호를 불태우고

---

15) 『시경』「대아·문왕」에 "永言配命, 自求多福"이라 나온다.
16) 『서경』「탕고(湯誥)」편에 "天道福善禍淫"이라 나온다. 앞의「위정」제4장 지천명에 대한 진사이의 「논주」에도 인용되었다.

130만 인구를 길거리로 내몰고 20만 명을 압사 혹은 불에 태워 죽였다. 실로 비참함의 끝이었다. 이것이 천견이 아니고 무엇이겠는가? 이렇게 말하는 까닭은 우리 일본은 메이지 유신 이래 날로 달로 끊임없이 진보하여, 청일전쟁도 러일전쟁도 모두 승리하였고, 가깝게는 유럽 대전 때에도 전화戰禍를 입지 않고 오히려 이익을 얻었다. 그래서 사람들이 의식이 교만해지고 자연스레 사치풍조를 조장하여 한 번 먹고 마시는 데 백금百金을 쓰게 되어 세계에 비할 데가 없이 물가가 올랐다. 이대로 가다 보면 국가는 쇠퇴하지 않을 수 없다. 천견을 언급할 수밖에 없다.[17]

---

[17] 천견은 천벌을 뜻한다. 시부사와 에이이치(1840~1931)는 에도 막부 마지막 쇼군이었던 도쿠가와 요시노부의 신하였다가 메이지 신정부의 경제관료가 되어 근대 일본을 일으키는 데 앞장선 인물이다. 공직 사퇴 후 제일국립은행 경영을 비롯하여 경영, 제지, 방적, 보험, 운수, 철도 등 수많은 기업 설립에 관여하여 일본 자본주의의 아버지로 불린다. 은퇴 후에는 사회사업과 교육에 진력하였다. 이른바 그의 '천견론'은 간토대지진 발생 8일 후 도쿄상업회의소에서 열린 기업인 회의에서 나왔다. 약 40명의 기업인이 모인 자리에서 좌장이던 시부사와는 민간융자에 의한 부흥조직을 제안하면서 미증유의 대참사인 간토대지진은 '천견'이며, 일본의 문화가 장족의 진보를 이루었지만 정치, 경제, 사교에 걸쳐 천의(天意)에 위반되는 일이 없었는지를 물었다(『도쿄상업회의소보(東京商業會議所報)』 6권 10호, 1923.11, 19쪽). 또 9월 10일자 석간 『호치(報知)신문』에서도 같은 취지의 주장을 하였다. 이후 근대 산업 문명에 대한 비판으로 '천견론'이 유행하기도 하였다.

제6강

덕에 대하여

덕이란 무엇인가? 이 물음은 『논어』와 공자에게 가장 먼저 물어야 하는 문제일 것이다. 그러나 나는 이 물음은 조금 늦추고자 한다. 왜냐하면 절실한 문제로서 덕을 생각해 보려는 요구가 내 안에 없기 때문이다. 현대에 덕의 문제는 확실히 뒷배경으로 물러나 있다. 우리가 속해 있는 사회에서는 유덕자라는 인격적 가치보다 지적 재량裁量이 뛰어나 매사를 통찰하여 추세를 규명하는 능력을 갖춘 지적 인재로서의 가치가 우위를 차지하기 때문이다. 그러나 통찰력이나 지적 재량이라고 하는 것은 전통적으로는 지智라는 덕목이었다. 그런데 근대 문명사회는 지와 덕을 구별하여 덕을 보다 내면적인 인격적 가치로 여기게 되었다.

지와 덕을 구별하고 근대 문명사회란 덕보다 지가 우위에 있는 사회라고 가르친 사람이 후쿠자와 유키치福澤諭吉(1834~1901)

였다. 후쿠자와는 『문명론의 개략 文明論之槪略』에서 덕과 지를 대비시켜 일본사회를 지 우위의 사회로 재구성해야 한다고 주장하였다. 다만 주의해야 할 점은 전통적으로 지란 인의예지신과 같이 덕의 개념, 사람이 소유하는 덕성이었다는 사실이다. 후쿠자와는 그러한 덕의 체계로부터 지를 분리시켜 덕에 대치시킨 것이다. 이런 대치를 통해서 덕은 내면적인 성격으로 규정되고 소극적 개념으로서 재구성되었다. 이렇게 해서 적극적으로 묻고 싶은 요구조차 생기지 않을 것 같은 덕 개념이 우리 안에 성립하게 되었다. 『문명론의 개략』 「지덕변 智德辨」에서 지와 덕을 대비한 일부를 보자.

> 덕이란 덕의 德義로 서양에서는 '모럴'이라 한다. 모럴이란 마음의 예의범절 行儀이다. 한 사람의 마음속으로 흡족하여 비가 새는 집을 부끄러워하지 않는 것이다. 지 智란 지혜로 서양에서는 '인텔릭트'라고 한다. 사물을 생각하고 이해하고 수긍하는 작용이다.
>
> 덕의란 한 사람의 마음속에 있는 것으로 남에게 보여주기 위한 작용이 아니다. 수신이나 신독 愼獨은 모두 외물 外物과 관계가 없다. … 외물 때문에 움직이는 것은 덕의라 부르면 안 된다.
>
> 지혜는 이와 다르다. 외물을 접하여 이해득실을 곰곰이 생각하고 이렇게 해서 불리하면 저렇게 하고, 나에게 편하다고 생각해도 다수가 불편해하면 바로 고치고 … 그 이해관계를 살펴서 하는 것은 지혜의 작용이다. 이처럼 외물을 접하여 임기응변으로 처리하므로 그 취지가 덕의와 완전히 상반된다. 이를 외부의 작용이라 하지 않을

수 없다.[1]

 덕을 외물에 대한 작용이 전혀 없는 개인의 마음속 일이라는 정의는 외물에 작용하는 지에 대비시킨 규정이다. 그러나 타자에 대한 우리의 심적 자세와 관련되는 충신의 덕이나 자애의 덕으로서 인仁을 완전히 몸속의 마음가짐으로 만들어 버릴 수는 없다. 그러함에도 지를 우위에 두기 위해 덕은 소극적인 개인의 심적 개념으로 재구성한 것이다. 후쿠자와의 이러한 재구성작업에 의해 덕은 현대인에게 적극적으로 구해야 할 것이 아니게 되었다. 그 대신 국민이 지켜야 할 덕의 체계는 국가로부터 부여된 것이 된다. '교육칙어'는 천황이 하사한 일본제국의 신민으로서 지켜야 할 덕의 체계이다.

 현대의 우리에게 덕을 둘러싼 상황을 먼저 봐야지만 덕의 문제가 비로소 언설로 구성되는 발어發語의 사태를 『논어』에서 다시금 읽어보자.

---

[1] 고야스 노부쿠니 『후쿠자와 유키치의 『문명론의 개략』 정독』 이와나미 현대문고, 2005. 한국어판 김석근 옮김 『후쿠자와 유키치의 『문명론의 개략』을 정밀하게 읽는다』 역사비평사, 2007.

제6강 덕에 대하여

6.1 위정 제1장

子曰, 爲政以德, 譬如北辰居其所, 而衆星共之.
子曰く、政を爲すに德を以てすれば、譬えば北辰の
その所に居て、衆星のこれに共うがごとし。

공자께서 말씀하시길, 정치를 행함에 덕을 가지고 하면, 비유하건대 북극성이 그 자리에 있고 뭇별이 이를 향하는 것과 같다.

* * *

정사政事가 위정자의 덕과 결합하는 덕치주의라는 유가적 정치원리를 끌어내는 원전原典적인 말이다. 대부분의 해석은 이로써 덕치주의라는 정치원리의 성립을 말한다. 유가적 정치원리가 성립한 후에는 정사와 덕의 연결은 필연적으로 간주된다. 과연 그럴까? 정사에 그 담당자인 위정자의 인격적 가치나 도덕적 형질에 관련되는 덕의 문제를 맞대는 것이 이상하지 않았을까? 공자가 정치에 대해 처음으로 했던 문제 제기가 아니었을까? 우선 주자를 통해 덕치주의라는 유가적 정치원리에서 해석한 대표적인 사례를 보자.

〚주자〛

> 정이란 정正을 뜻한다. 다른 사람의 올바르지 못함을 바로잡는 것이 정政이기 때문이다. 덕이란 득得을 뜻한다. 도를 행하여 마음에 얻게 되는 것을 덕이라고 한다. 북진은 북극성이며 하늘의 중심이다. 그 자리에 있다는 것은 그곳에서 움직이지 않는 것이다. 공共이란 향함이

다. 즉 뭇별이 사면을 돌고 돌아 북진으로 귀향歸向하는 것이다. 정사를 함에 덕으로 하면. 하지 않고도 천하는 이에 귀향한다.[2]

덕치주의는 여기서 정식定式이 된다. 그것은 적극적인 시책과는 대조적인 무위無爲의 통치를 이상화한다.

〚진사이〛 진사이도 이런 방향에서 해석하였다.

> 이 장의 의미는 정사를 덕으로 하면 아무 일을 하지 않아도 천하가 그에게 돌아간다는 뜻이다. 만약 정사를 덕으로 할 줄 모르고 공연히 지력智力으로 유지하려고 하면 힘만 들고 하찮은 것에 구애되어 다스리려고 하면 할수록 더욱더 다스려지지 않는다. 이것은 예나 지금이나 볼 수 있던 병폐이다. 후대에 경세제민經世濟民의 학문을 하려는 이들이 덕으로 하는 정치에 힘써야 하는 줄은 모르고 구구하게 의례나 제도에서나 찾고 있으니 참으로 비루한 생각이다.

〚시부사와〛 시부사와는 가메이 난메이龜井南冥[3]에 따라 다음과 같이 해석하였다.

> 인군人君으로서 정치를 행함에 도덕을 근본으로 삼으면 인민이 기쁜 마음으로 복종하여 만국이 귀향歸向한다.

---

2) 이 부분은『논어집주』원문을 저자가 현대어로 풀어쓴 대로 번역하였다.
3) 가메이 난메이(1743~1814)는 에도 시대 후기의 의사이자 유학자이다. 지쿠젠(筑前) 출신으로 다이초(大潮), 나가토미 도쿠쇼안(永富獨嘯庵) 등에게 배웠고 후쿠오카번의 번유(藩儒)로 등용되었다. 저서로『논어어유(論語語由)』등이 있다.

제6강 덕에 대하여

예를 들면 하늘의 북극성이 항상 일정한 장소에서 움직이지 않으며 온 하늘의 별들이 이를 중추로 하여 향하여 빙 둘러싸고 그 주위를 도는 것과 같다. 이 장은 생각건대 공자 시대의 위정자가 정치의 근본이라 할 도덕에 힘쓰지 않고 오로지 법령과 형률 같은 끄트머리를 좇음을 경계하는 것이다.

이렇게 해석한 다음 시부사와는 이 장의 의의를 완벽하게 근대국가 일본의 상황에서 부연하였다.

아무리 법치국이나 입헌정치국이 되어도 한 나라의 대신이 되어 천하의 정치를 요리하는 사람의 가슴에 도덕관념이 없어서야 되겠는가? 근본 도덕을 갖추어 공명정대하게 정치를 행하고 과실이 있으면 고치는 데 꺼리지 않는다면 어찌 다른 사람에게 살해되거나 비난받겠는가? 우리 황실은 항상 일시동인一視同仁의 덕택德澤을 드리워 도덕을 본위로 하셨다. 그러므로 만민이 황실을 존숭하는 것이 세계에 비할 데가 없으니 이는 마치 뭇별이 북극성을 향하는 것과 같다.

나아가 일국 국민의 입장에서 부연하여 이렇게 말하였다.

애당초 위정이란 단순히 국가의 일에만 한정되지 않는다. 한 회사의 경영도 한 학교의 관리도 한 집안의 유지도 모두 정사이다. 도덕에 기초를 두지 않고 행하면 반드시 세상의 신용을 잃어 금방 길이 막히게 된다. 도덕이로다. 도덕이로다. 위정자도 국민의 한 사람이다. 국민도덕이 향상되지 않으면 위정자 홀로 높아질 수 없다. 그러니 국민도덕의 배양은 교육을 담당하는 정부의 책무이기도 하다. 교육칙어는 엄연히 덕육德育을 취지로 하지만, 오늘날 교육의 실제를 보면 지육智育에만 치우쳐서 덕육을 등한시한다. 이것이 가장 유감이다.

여기까지 나는 덕을 정의하지 않고 위정편 첫 장의 해석에 보이는 언설을 좇아왔다. 진사이도 시부사와도 "정치를 행함에 덕으로 한다"라는 것을 정치의 근본에 도덕을 두는 것으로 해석하고 있다. 이 해석은 덕치주의를 위정자의 유덕성有德性이라 주장하기보다는 도덕을 기저로 한 정치를 주장하는 것이다. 그러나 공자가 도덕주의적인 정치론을 말했던 것일까? 공자는 덕을 무엇이라 생각했을까?

진사이는 이 장에서 말하는 '덕'을 주석하여 "인의예지를 총괄하는 이름이다"라고 하였다. 그에게 인의예지는 "천하의 달도達道"로서 인간세계에서 도덕의 표준을 의미한다. 정치가 이 도덕의 표준을 기저로 삼음으로써 정치는 사람들이 귀향하는 진북眞北=중추일 수 있는 것이다. 그러나 이것은 진사이의 도덕중심주의에 따른 해석이다. 진사이에게 도덕주의는 이미 법률주의에 대한 대항적 주장이 되었다. 확실히 법률이나 형벌로 인민을 지배하고 통제하려는 법률주의적 정치를 공자는 강하게 비판하였다. 그러나 그것은 정치를 도덕으로 치환하기 위해서가 아니다. 공자가 "정치를 행함에 덕으로 한다"라고 했을 때 그는 전혀 정치를 도덕으로 전환시키려 하지 않았다.

내가 여기에 구애되는 까닭은 덕치주의 혹은 도덕주의적

제6강 덕에 대하여

정치는 무위의 통치를 이상화하면서 정치적인 무책無策을 긍정할 가능성이 있기 때문이다. 더욱이 도덕주의적 정치는 정치의 지배체계를 도덕적 체계로 전환시키면서 이번에는 인민을 도덕적으로 지배하게 되기 때문이다. 유교를 국교로 삼은 국가란 인민을 도덕적으로 지배하는 국가이다. 이러한 결과는 "정치를 행함에 덕으로 한다"라는 것을 덕치주의 혹은 도덕주의적 정치의 가르침으로 해석하는 데서 비롯한다. 정치와 도덕의 결합을 필연적이라고 해석하기 때문이다. 그렇다면 이 위정 제1장은 어떻게 풀이해야 할까? 과연 '덕'이란 무엇인가? 덕을 곧바로 도덕이라고는 해석하지 말자.『논어』에는 '덕이란 무엇인가?'라는 물음은 없다. 그것은 '도란 무엇인가?'라는 물음이 없는 것과 마찬가지다. 그러나 '덕'도 '도'도 이미 공자와 제자들에게 공통적으로 납득된 것으로서 존재하였다. 다만 언어화되지 않고 공통적으로 이해된 그 무엇은 후대에는 알 수 없다.

당나라 한퇴지韓退之(768~824)는 "도와 덕은 허위虛"(「원도原道」)라고 했다. 허위란 실권이 없는 지위를 말한다. 그리고 실체가 없는 공허한 명사名辭[4] 역시 허위라고 한다. '성인의 도(덕)' '군자의 도(덕)'이라 할 때는 의미가 있지만 '도'나 '덕' 그 자체로는 적극적인 의미를 갖지 않는다는 뜻이다. 혹은 이역시 "정치를 행함에 덕으로 한다"라는 '덕'의 공통이해가 이미 상실된 후에 일컬어진 것일지도 모른다.

---

4) 명사(term)는 개념을 언어로 나타내는 것을 뜻하며, 논리학에서는 개념을 구성하는 본질적인 요소를 가리킨다.

'덕'에 관한 가장 오래된 주석은 『예기』에 나오는 "덕은 득得이다"(「악기樂記」), "덕은 내 몸에 얻은 것이다"(「향음주의鄕飮酒義」)라는 부분이다. 여기에 의거하여 주자는 앞서 본 바와 같이 "도를 행하여 마음에 얻게 되는 것"을 덕이라 설명한 것이다. 『예기』의 설명으로 보면 덕이란 내 몸에 획득되어 갖추어진 무엇이다. 그 무엇이란 역량이자 작용이며 그릇의 크기 같은 것이다. 마음으로 말하자면 너름과 두터움이며 사려의 깊이일 것이다. 이렇게 설명해도 덕은 여전히 허위일지도 모르겠다.

'군자의 덕'으로서 덕이 무엇인지 비로소 한정된다고 해도 군자의 덕이란 군자를 군자답게 하는 그 무엇이며, 그것은 역량·크기·마음가짐 등으로 바꾸어 말하지 않으면 안 되기 때문이다. 그러나 '군자의 덕'이라 할 때 소인과 구별되는 군자에게는 사회적 신분적 한정을 뛰어넘은 그 무엇인가를 일신에 갖출 것이 요구됨을 의미한다. 공자는 『논어』에서 되풀이하여 군자가 되라고 말하였다. 그것은 군자라면 마땅히 지녀야 할 그 무엇(덕)을 갖추라고 말하는 것이다. 그 무엇을 규정하는 것은 후대의 해석자이다. 공자는 '군자의 덕'을 일의적으로 규정하지 않는다. 덕을 갖춘 군자란 무엇인지 소인과의 대비를 통해서 다의적으로 서술된다. "공자께서 말씀하시길, 군자는 두루 통하고 당파를 만들지 않는다. 소인은 당파를 만들고 두루 통하지 못한다"(위정 제14장), "공자께서 말씀하시길, 군자는 의義에 깨닫고 소인은 이利에 깨닫는다"(이인 제16장), "공자께

제6강 덕에 대하여

서 말씀하시길, 군자는 남의 아름다운 일을 이루어 주고 남의 악한 일은 이루어지지 않게 한다. 소인은 그 반대이다"(안연 제16장) 등, 군자의 덕은 이렇게 다양하게 설명되며 군자가 군자일 수 있게 만드는 그 무엇이다. 그 무엇은 일의적으로는 말할 수 없다.

공자가 "정치를 행함에 덕으로 한다"라고 했을 때 공자는 위정자를 위정자로 만드는 그 무엇, 군주를 군주로 만드는 그 무엇을 가지고 정치에 임해야 함을 말한 것이다. 그 무엇이란 그것을 갖추지 않고는 위정자라고 할 수 없는 것이다. 그것을 '덕'이라 한다. 공자는 '군자의 덕'이 무엇인지를 말하지 않고 군자가 되라고 하였다. 그런 관점에서 보면 공자가 정치를 덕으로 하라고 말한 뜻은 '군주는 군주가 되어라', '위정자는 위정자가 되어라'라고 말하는 것이다. 그것은 정치를 도덕으로 하라는 말이 아니다. 위정자란 정치를 정치이게끔 만드는 그 무엇을 자각한 사람이다. 일국의 정치의 궁극적인 목표가 민생안정이라면 그것을 고민하는 깊이에 바로 위정자를 위정자로 만드는 그 무엇(덕)이 있다고 할 수 있다. "정치를 행함에 덕으로 한다"라는 것은 바로 그런 뜻이다.

6.2 위정 제3장

子曰, 道之以政, 齊之以刑, 民免而無恥. 道之以德, 齊之以禮, 有恥且格.

子曰く、これを道<ruby>く<rt>みちび</rt></ruby>に政を以てし、これを斉<ruby>う<rt>ととの</rt></ruby>るに刑を以てすれば、民免れて恥無なし。これを道くに徳を以てし、これを斉うるに礼をてすれば、恥有りて且つ格<ruby>る<rt>いた</rt></ruby>。

공자께서 말씀하시길, 이를 이끄는데 정으로 하고 이를 가지런히 하는데 형으로 하면, 백성이 면하려 함에 부끄러워함이 없다. 이를 이끄는데 덕으로 하고 이를 가지런히 하는데 예로 하면, 부끄러워함이 있고 또 이르게 된다.

* * *

정政이란 정령이나 법령적인 규제를 말한다. 정치의 원뜻은 강제하여 바로잡는다는 것이다. 제齊란 가지런하게 하고 정돈하는 것. 주자는 격格을 이른다至고 보아 선에 이른다고 풀이하였다. 진사이는 고주古注에 따라 바르게 된다正고 읽었다.

〖주자〗

> 정이란 정치를 하는 도구이고 형은 정치를 돕는 법이며 덕과 예는 정치를 내는 근본이고 덕은 또 예의 근본이다.

주자는 정형政刑이란 표면적인 통치방법이며 그 뿌리에 덕과 예가 없으면 안 된다고 하였다. 덕과 예를 근본으로 한 정치는

제6강 덕에 대하여

민이 스스로 선함으로 옮겨가게 만든다.

> 정과 형은 백성으로 하여금 죄를 멀리하도록 만들 뿐이다. 덕과 예의 효과는 백성으로 하여금 나날이 선함으로 옮아가면서 스스로 알지 못하게 할 수 있다. 그러므로 백성을 다스리는 자는 한낱 그 끝末을 믿어서는 안 되고 마땅히 그 뿌리本를 깊이 탐구해야 한다.

또 주자는 "이끄는데 덕으로 한다"를 "몸소 행하여 솔선수범한다"라고 풀이하였다.

〖진사이〗

> 정이란 법제와 금령을 말한다. 제는 백성을 통일하는 것이다. 백성을 이끄는 데 따르지 않는 자를 형벌로써 통일하면 백성은 그저 형벌을 피하려고만 생각할 뿐 스스로 부끄러워하는 마음이 없다. 이들을 이끄는데 덕으로 한다는 것은 맹자가 말하는 학교의 가르침을 중시하고 더욱이 효제의 의로써 백성을 이끄는 것이다.[5] 예로써 함은 제도와 예의를 정비하는 것을 말한다. 격이란 바르게 되는 것이다. 백성에게 부끄러워하는 마음이 생기면 백성은 스스로 고쳐서 올바르게 돌아간다는 뜻이다.

이 장은 바로 정치주의에 대해 도덕주의를 율법주의에 대해 덕치주의를 끌어낸다. 주자는 덕과 예, 법과 형을 본말 관계로 파악하여 도덕적 원리를 뿌리내리게 하였다. 진사이는 법제적 통치체계를 도덕적 교화체계로 전환하려고 하였다. 확실히 이

---

5) 『맹자』「양혜왕」 제3장에 "謹庠序之教, 申之而孝悌之義"라고 나온다.

장에는 후대에 이렇게 전개된 이유가 담겨있다. 그러나 역시 우리는 '정'에 대하여 '덕'을 말하고, '형'에 대하여 '예'를 말한 원초적 의미를 생각해야겠다. '덕'에 대해서는 이미 서술하였다. '예'란 인간집단이 전통적으로 지녀온 자생적인 사회적 관행과 법률이다. 나는 이렇게 해석하겠다.

> 공자께서 말씀하셨다. 백성을 이끄는데 정령으로 하고 나아가 통제하는데 법령과 금령으로 하면, 백성은 그저 규제를 피하려 할 뿐 자신의 행위를 부끄러워하지 않는다. 만약 위정자로서 자각하여 백성을 이끌고 공동체의 질서를 가지고 백성을 통솔하면, 백성은 스스로 자기 행동을 부끄러워하고 스스로 바로잡을 것이다.

제 6 강 덕에 대하여

6.3 술이 제22장

子曰, 天生德於予. 桓魋其如予何.

子曰く、天、徳を予(わ)れに生ぜり。桓魋(かんたい)それ予(わ)れを如何(いかん)。

공자께서 말씀하시길, 하늘이 덕을 나에게 생기게 하였다. 환퇴가 나를 어찌하겠는가?

* * *

〖시부사와〗이 장의 배경에 대한 설명은 시부사와의 말을 빌린다. 시부사와는 공자의 이 말에서 천명관보다는 종자를 안심시키는 공자의 자신에 찬 모습을 읽고 있다.

> 공자가 위나라에서 송나라로 향하는 도중 큰 나무 아래에서 제자들을 불러 모아 예에 대하여 강화하실 때, 송나라 사마환퇴(司馬桓魋)가 공자가 송나라에 오면 자기 마음대로 하는 데 방해가 될 것으로 생각하여 부하 병사에게 명하여 그 나무를 베어버리고 공자를 압살하려고 하였다. 이에 공자께서는 제자들의 마음을 안심시키려고 그렇게 말씀하신 것이다. 주나라 경왕(敬王) 24년, 노나라 정공(定公) 14년, 공자 56세 때였다.

〖주자〗

> 환퇴가 공자를 해하려고 하자, 공자께서 말씀하시기를 하늘이 이미 나에게 이와 같은 덕을 부여하셨으니 환퇴가 나를 어찌하겠는가? 이것은 절대로 하늘을 어기고 자신을 해칠 수 없음을 말씀하신 것이다.

6.3 술이 제22장

하늘이 공자에게 부여한 덕에 대하여 고주에는 이렇게 나온다.

> 하늘이 덕을 주셨다는 것은 하늘이 나에게 성인의 덕성을 주어, 덕이 천지의 덕에 부합하여 길하고 이롭지 않음이 없다는 말이다. 그래서 그가 나를 어찌하겠는가, 라고 말씀하셨다.(「포함包咸」)[6]

〖진사이〗 진사이는 공자의 이 말을 가지고 "하늘에는 필연의 도가 있고 사람에게는 스스로 선택하는 길이 있다"라는 천명관을 전개한다.

> 어떤 사람이 물었다. 환퇴는 난폭한 사람이다. 공자는 나그네이다. 환퇴가 공자를 죽이고자 했다면 무슨 거리낌이 있었겠는가? 이렇게 위험한 때에 사태를 그저 하늘에 맡겨둘 수는 없지 않은가? 내가 말하길, 그렇지 않다. 하늘에는 필연의 이치가 있고 사람에게는 스스로 선택하는 길이 있다. 『서경』에는 "선을 행하면 하늘이 온갖 복을 내리고 불선을 저지르면 온갖 화를 내린다"[7]라고 하였으며, 『역경』에는 "선을 쌓은 집에는 반드시 그 자손에게 경사가 있으며 불선을 쌓으면 반드시 그 자손에게 재앙이 있다"[8]라고 나온다. 이것은 하늘에는 필연의

---

6) 포함(B.C.6~65)은 후한 회계(會稽) 곡아(曲阿) 사람으로 광무제 초 태자에게 『논어』를 가르쳤다. 본문의 원문은 "天生德者, 謂授我以聖性, 德合天地, 吉無不利. 故曰其如予何"(『논어주소(論語注疏)』)이다.
7) 『서경』「이훈(伊訓)」편에 "作善降之百祥, 作不善降之百殃"이라 나온다.
8) 『역경』「곤괘」의 「문언(文言)」에 "積善之家, 必有餘慶. 積不善之家, 必有餘殃"이라 나온다.

이치가 있음을 말하는 것이다. 『시경』에 "오래도록 천명에 어긋남이 없게 하여 스스로 많은 복을 구한다"[9]라고 하였고, 『서경』에는 "하늘이 내리는 재앙은 피할 길이 있지만 스스로 짓는 재앙은 달아날 수 없다"[10]라고 하였다. 이런 말들은 사람에게는 스스로 선택하는 길이 있다는 뜻이다. 이 의미는 말로는 다 할 수 없다.

〖모로하시〗

공자가 말하였다. 하늘은 이미 나에게 덕을 부여하셨다. 즉 나는 세도世道의 인심을 유지하는 하늘의 사명을 띠고 있는 사람이다. 하늘이 이미 나에게 이러한 중대한 사명을 맡기신 한, 아무리 난폭한 환퇴라 해도 나를 어찌지 못할 것이다. 위급한 상황에서도 특히 사명이 중대함을 자각한 훌륭한 문장이다.

〖시부사와〗

공자가 아니더라도 항상 몸을 삼가고 안으로 돌이켜 살펴 꺼림칙한 일이 없는 생애를 보낸 사람은 누구라도 '하늘이 나에게 덕을 주셨다. 환퇴가 나를 어찌하겠는가?'라는 자신감을 얻을 수 있다. 나는 애당초 성인은 아니지만 오랜 경험으로 이런 자신을 얻었다고 생각한다. 메이지 15년 4월 6일 자유당 총리 이타가키 다이스케板垣退助 백작이 기후岐阜 연설회장에서 반대파인 장사壯士 아이하

---

[9] 『시경』「대아·문왕」에 "永言配命, 自求多福"이라 나온다. 앞서「팔일」제13장에서도 진사이는 같은 인용을 하였다. p.132 각주 참고.
[10] 『서경』「태갑(太甲) 중」편에 "天作孼猶可違, 自作孼不可逭"이라 나온다.

라 쇼스케^{相原尙褧}에게 찔렸을 때[11] 백작이 "이타가키는 죽어도 자유는 죽지 않는다"라고 외쳤듯이, 부지불식간 '한퇴가 나를 어찌하겠는가?'라고 할 수 있었던 것과 같은 기개가 담긴 말을 하신 것이라 할 것이다.

이 장은 하늘이 공자에게 무엇을 부여하였는지 천명의 다양한 해석을 낳았지만 나는 여기에는 덕의 원뜻에 가까운 것이 있다고 생각한다. 덕이란 원래 그 존재가 갖추고 있는 힘, 위력을 의미하였다고 본다. '신神의 덕'이란 신이 갖추고 있는 위력이다. 이 장 역시 하늘은 공자에게 환퇴 같은 자가 해칠 수 없는 힘을 부여하였다는 것이다. 그 힘을 시부사와처럼 자신감이라고 해도 좋고 하늘에게 부여받은 사명을 자각하는 데서 오는 강함이라고 해도 좋다. 덕이란 그 존재가 갖춘, 다른 것에 영향을 미치는 힘이다. 천지자연의 덕이란 만물을 낳고 기르는 생명력이다. 인간의 덕이란 타인이나 사물에 미쳐 그것을 기르는 힘 즉 사랑하는 것이다. 그것을 유교에서는 인의 덕이라 부른다.

---

11) 이타가키 다이스케(1837~1919)는 도사번(土佐藩) 출신의 정치가로 메이지 신정부에서 요직을 역임하였으나 정한론 정변으로 하야, 이후 민선의원 설립을 건의하고 자유민권운동의 지도자가 되었다. 1881년 자유당을 창설하였고 제국의회 개설 후 입헌자유당 총리가 되었다. 1882년 4월 6일 기후 연설 도중에 아이치현(愛知縣) 사족소학교교원이자 유교적 보수주의자였던 28세의 아이하라 쇼스케(나오후미라고도 함)는 자유민권운동에 힘을 쏟던 이타가키를 '황실의 적'이라 맹신하여 습격하였다. 시부사와의 『논어강의』 원문에는 사건발생일이 메이지 16년 8월 14일로 되어 있으나, 메이지 15년(1882) 4월 6일의 오류이다. 아울러 사건 당시 이타가키의 외침이 알려진 이후 세간에 '이타가키는 죽어도 자유는 죽지 않는다'라는 말이 회자되었다.

제 II 부

제7강

인을 묻다

공자에게 '인을 묻는다'라고 하면 우선 「안연문인^{顔淵問仁}」장을 들 수 있다. 공자가 그 물음에 "극기복례위인^{克己復禮爲仁}"이라 답한 이 장은 『논어』를 대표하는 가장 잘 알려진 장이다. 이 장이 『논어』를 대표한다는 것은 중심적 도덕개념인 인에 대하여 다른 곳에는 보이지 않는 형태로 공자가 분명하게 규범적인 대답을 하기 때문이다. 『논어』에서 공자의 가르침을 대표하는 규범적인 교계^{敎誡}의 언어가 이 장의 "극기복례위인" 해석에서 도출된다. 주자의 해석은 후세에 압도적인 영향력을 주었다. 『논어』의 가르침은 주자의 해석으로 가려졌다고 해도 과언이 아니다. 『논어』의 교계적 언어에 대한 반발과 혐오감을 준 것은 이 장과 주자의 해석이다. 내가 진사이의 『논어고의』를 읽어도 오래도록 『논어』 자체를 읽고 싶은 마음이 들지 않았던 이유이기도 하다. 덧붙이자면 현대 중국의 문화대혁명 당시 비림비공批林批孔은 린뱌오林彪 [1]가 애용하였다는 '극기복례' 구절에 대한 극심한 정치 이데올로기 비판의 모양새를 띠었다.[2] "극기복례위인"에 숨은 언령言靈은 현대중국까지도 흔들고 있다.

---

1) 린뱌오(1907~1971)는 중국의 군사지도자이다. 홍군(紅軍)의 야전사령관으로 공산당 정권탈취 투쟁에 기여했고 이후 중국공산당 정부의 요직을 맡았다. '비림비공'은 임표(린뱌오)와 공자를 비판한다는 뜻으로 1973년 말부터 당 부주석이었던 린뱌오가 공자를 즐겨 인용한 데서 나온 비판 운동이다.

2) [원주]「『극기복례』—자본주의 부활을 꾀한 린뱌오의 반동강령—를 비판한다」『인민일보』1974년 2월 20일

7.1 안연 제1장

顔淵問仁. 子曰, 克己復禮爲仁. 一日克己復禮, 天下歸仁焉. 爲仁由己. 而由人乎哉.

顔淵仁を問う。子曰く、己れに克ちて礼に復るを仁と為す。一日己に克ちて礼に復れば、天下仁に帰す。仁を為すは己れに由る。而して人に由らんや。

안연이 인을 물었다. 공자께서 말씀하시길, 자기를 이겨 예로 돌아가는 것을 인으로 삼는다. 하루라도 자기를 이기고 예로 돌아가면 천하가 인으로 돌아간다. 인을 행함은 자기에게 비롯하지 남에게 비롯하겠는가?

* * *

'극기복례'의 훈독은 해석에 따라 바뀐다. 여기서는 우선 주자에 따라 훈독하였다. "자기를 이겨 예로 돌아간다"라는 읽기는 지금까지도 가장 많이 쓰인다. 이것은 주자의 해석이 통용되고 있다는 뜻이기도 하다. 우선 주자의 해석부터 보자.

〖주자〗

> 인仁은 본심의 온전한 덕이다. 극克은 이기는 것이다. 기己는 자신의 사욕을 말한다. 복復은 돌아가는 것이다. 예는 천리天理의 절문節文이다. 인을 행하는 것은 그 마음의 덕을 온전히 하는 것이다. 생각건대, 마음의 온전한 덕은 천리 아님이 없으나 인욕에 의해 파괴된다. 그러므로 인을 행하는 자가 반드시 사욕을 이겨 예로 돌아가게 되면 행하는 일이 모두 천리여서 본심의 덕도 내 마음에

온전한 것이 된다.

〖구라이시〗 이런 주자의 입장에서 구라이시의 해석을 보자. 괄호의 보충설명은 주자 주석에 따라 구라이시가 붙인 것이다.

> 안연이 인을 여쭈었다. 선생께서 "자기(자신의 사욕)를 되받아쳐서 예(자연의 도리에도 보이는 매듭 혹은 규정)로 돌아가는 것이 인(원래 마음에 갖추어진 완전한 덕)입니다. (마음에 갖춰진 완전한 덕이라면 자연의 도리이지만 그 역시 인욕 탓에 깨지고 만다. 그래서 마음의 덕을 완전히 하고 인을 행하기 위해서는 사욕을 되받아쳐 예로 돌아가는 것밖에 없다.) 하루 자신을 되받아쳐 예로 돌아가면 천하(천하의 사람)는 (모두) 인을 향하게 (인이 사람의 마음에 다가오게) 됩니다.

본 강의에서 예가 무엇인지는 다시금 물어야 할 문제이지만 여기서는 아주 간단하게 서술하겠다. 예란 본디 고대 국가의 궁정이나 종묘의 의례부터 사회적·습속적 의례까지를 가리키는데 공자는 이를 고대 선왕의 규범으로서 이상화했다. 인간 사회가 마땅히 지켜야 할 아름답고 올바른 질서 즉 문화적이며 동시에 윤리적이기도 한 사회적 질서체계로서 이념화한 것이다. 이념화된 이 예를 주자는 "천리의 절문節文"이라 하였다. 즉 천리에 따른 올바른 도리적 사회질서이다. 그런데 주자학적 인간관에서 보자면 인간의 마음은 본래적으로 천리를 본성으로 갖추고 있다. 그래서 사람이 이 마음의 본래성을 망치거나 무너뜨리는 사욕을 이기고 본래의 마음 위에 완전히 설 수 있게 되면 동시에 세계의 도리적 질서에도 합치하는 것이 된다. 그것이 나를 이기고 예로 돌아가는 것이다. 이렇게 본래의 마음을 예적 세계질서에 완전히 합치하는 행위로서 실현하는 것, 그것이 바로 인이다. 주자는 공자의 '극기복례의 인'이란 이런 가르침이라고 해석하였다. 여기에서 마음을 둘러싼 교계적 언어가 도출되는 것이다.

주자는 마음을 바루는 것(극기)와 행동을 바루는 것(복례)는 동시적인 공부工夫로 간주하면서도 마음의 공부를 강조하는 심성적이고 교계적인 언어를 항상 우월한 것으로 말한다. 더욱이 내 마음을 천리와 인욕이 상극하는 것으로 여기는 데서 인간은 항상 금욕적 극기의 과제를 안게 된다.

〖데키사이〗 나카무라 데키사이中村惕齋(1629~1702)는 『논어시몽구해論語示蒙句解』에서 '극기'를 이렇게 설명하였다.

> 성인께서 극이란 글자를 내리신 것은 예를 들면 사람들이 서로 칼을 들고 살상할 때처럼, 나의 적을 죽이지 않으면 적이 나를 죽이는 법이니 반드시 이기라는 뜻이다.

이것은 주자의 '극기복례' 해석이 후세에 어떠한 말을 낳게 되었는지를 분명히 보여준다.

〖진사이〗 진사이는 극기복례를 "자기를 이기고 예를 반복한다"라고 훈독하였다.[3] '복復'은 예의 실행을 반복하는 것이다.

---

3) '읽기'의 차이를 분명하게 드러내기 위하여 훈독문을 덧붙인다. 진사이는 "己れに克かって礼を復ふくする"라고 읽었다. 이는 뒤에 나오는

제7강 인을 묻다

자기를 이긴다는 것은 자기를 버리고 남을 따른다는 말이다. 천하에 어떤 선함이 이와 같겠는가? 예를 반복하기를 게을리하지 않으면 즉 군신 상하 각각 그 바所를 얻게 된다.(고본稿本)

자기를 이기면 즉 두루 사람들을 사랑하게 되고 예를 반복하여 실천하면 절도와 문채가 생긴다. 그러므로 널리 사람들을 사랑하고 또한 절도와 문채를 갖추면 인이 바로 여기에서 행해지는 것이다.(간본刊本)

일일이란 처음 뜻을 세운 날을 말한다. 어느 날 뜻을 세워 자기를 이기고 예를 반복하여 행하게 되면 천하 모든 사람이 인으로 돌아가는 형세가 마치 물이 낮은 곳으로 흐르는 것이나 짐승이 광야를 달리는 것처럼 세차서 막을 수 없다.(고본)

진사이의 모든 저서는 사후에 상속자인 도가이東涯(1670~1736) 등의 교정을 거쳐 간행되었기 때문에,『논어고의』역시「간본」과「고본」이 구별된다. 여기서 말하는「고본」은 진사이 생전의 최종고본(문인 하야시 게이보林景茫가 필사한 이른바「하야시본林本」)이다.「고본」에서는「판본」으로 정리되기 전의 진사이의 말과 문장을 읽을 수 있다. 또 진사이는 공자의 답에 대해 "안자는 임금을 보좌할 재능을 가졌기에 천하에 인을 행하는 도리로 말씀하셨다"라고 설명을 덧붙였다. 안자가 군주를 보좌하는 위치에 오를 만한 인재였기 때문에 공자가 천하의 인을 가지고 답했다는 것이다. 원래 국가의 위정자에 속해 있는

소라이의 훈독과 매우 대조적이다.

● 7.1 안연 제1장

중국의 유가 주자학자들에게는 안자에 대해 진사이가 달았던 보주補注는 필요가 없다. 중국 주자학자들의 유가적 언설은 천하 사람들의 덕화나 교화를 목적으로 한다. 그러나 조닌 학자인 진사이의 경우는 그렇지 않기 때문에 안자에 대해 이렇게 부연설명을 한 것이다. 따라서 "천하가 인으로 돌아간다"라는 것을 진사이는 곧바로 위정자의 인정 혹은 덕치라고 하지 않았다. 진사이의 「고본」과 「간본」의 해석에 따라 공자의 말을 풀이하면 다음과 같다.

> [번역] 안연이 인에 대해 물었다. 선생께서는 이렇게 대답하셨다. "자신만의 입장을 버리고 다른 사람을 따르세요. 그리고 사람들과 함께 한다는 처지에서 세상의 의례와 습속에 따라 예를 반복하세요. 그것이 인일 따름입니다. 어느 날 뜻을 굳게 세우고 자신을 버리고 다른 사람과 함께 한다는 처지에서 예를 반복한다면 분명 세상은 자애의 덕으로 충만해져 천하가 인으로 돌아가게 되겠지요. 인이란 나 자신에게 비롯되는 것이지 다른 사람에게 비롯되는 것이 아닙니다.

〖소라이〗 소라이는 "나를 잘하여 예에 따라 밟는 것은 인을 행하는 것이다"라고 훈독하였다.[4]

"극기복례"란 자신을 잘 다스리고 제어하여 예에 들어가게 하는 것이다. "인을 행한다"라는 것은 백성을 편안하게 하는 도를 행하는 것이다. 공자는 "나를 잘하여 예에 따라 밟는 것

---

4) 소라이의 훈독은 "己れを克ょくして礼を復ふむは仁を為するなり"이다. 차이를 드러내기 위해 훈독문을 직역하였다.

제7강 인을 묻다

은 인을 행하는 것이다"라는 뜻이 아니었다. 백성을 편안하게 하는 도를 행하고자 한다면 반드시 먼저 자신을 예에 들어가게 한 후에 행할 수 있다.

소라이가 말하는 예는 선왕이 안민安民을 목적으로 정한 의례·습속이란 사회체계이다. 그에 따름으로써 저절로 안민(인)이 실현될 수 있는 의례적·습속적 체계가 바로 예이다. 소라이의 입장에서 해석하면 다음과 같다.

> [번역] 안연이 인을 물었다. 공자께서 대답하셨다. 인정仁政 즉 백성을 편안하게 하고자 하는 사람은 우선 자신을 수양하여 예에 따라 행하지 않으면 안 된다. 인정을 백성에게 행하는 것은 나에게서 비롯되는 것이지 다른 사람에게 비롯되는 것이 아니다. 나를 수양하지 않고 인정을 행할 수는 없다.

〖시부사와〗

> 나의 즐기고 좋아하는 마음嗜欲을 잘 이기고 매사 예를 따라 행한다. 이를 인이라 한다. 사람이 하루라도 자기의 즐기고 좋아하는 마음을 이기고 예를 따라 행동하면 뭇사람들이 모두 인에 귀의한다. 그 영향이 신속하게 미치는 것은 역참을 두어 명령을 전하는 것과 마찬가지일 것이다. 그래서 인은 원래 내 마음에 있는 것이지 다른 데서 빌려 오는 것이 아니다. 따라서 그대가 인을 행하고자 하면 곧바로 인에 이른다. 언제 어디서나 이를 이룰 수 있다.

7.2 안연 제1장 (계속)

顏淵曰, 請問其目. 子曰, 非禮勿視, 非禮勿聽, 非禮勿言, 非禮勿動. 顏淵曰, 回雖不敏, 請事斯語矣.

顏淵曰く、その目を請い問う。子曰く、礼に非ざれば視ること勿れ、礼に非ざれば聴くこと勿れ、礼に非ざれば言うこと勿れ、礼に非ざれば動くこと勿れ。顏淵曰く、回不敏なりと雖も、請う、この語を事とせん。

안연이 말하길, 그 조목을 청해 묻습니다. 공자께서 말씀하시길, 예가 아니면 보지 말라, 예가 아니면 듣지 말라, 예가 아니면 말하지 말라, 예가 아니면 행동하지 말라. 안연이 말하길, 회가 비록 불민하나, 청컨대, 이 말씀을 일로 삼겠습니다.

***

〚주자〛 주자의 입장에서는 "예가 아니면 보지 말라. 예가 아니면 듣지 말라. 예가 아니면 말하지 말라. 예가 아니면 행동하지 말라"라고 읽어야만 할 것이다. '비례非禮'는 '예'에 반대되는 것으로서 부정적인 자기에게 가로막힌 처지로 간주된다.

> 비례란 나 자신의 사욕이다. 물勿은 금지하는 말이다. 이것은 사람의 마음이 주가 되어 사욕을 이기고 예로 돌아가는 바의 기틀인 것이다. 사욕을 이기면 몸가짐과 행동 전체動容周旋가 예에 맞지 않음이 없어서 일상생활에서 천리의 유행流行이 아님이 없다.

제 7 강 인을 묻다

주자는 이것을 '사물四勿'이라는 일상생활에서 금해야 할 자기규제의 말로 풀이하였다.

〖데키사이〗 나카무라 데키사이는 『논어시몽구해』에서 주자의 해석을 한층 부연하여 이렇게 해석하였다.

> 비례는 예의 반대로 사욕이다. 즉 앞 문장의 자기己이다. 물勿은 스스로 경계하여 멈추는 것. 즉 이것은 사람의 마음이 주재主宰가 되어 자기를 이기고 예로 돌아가는 기괄機括[5]이다. 예가 아니면 보지 말고 예가 아니면 듣지 말라는 것은 보고 듣는 바의 비례를 금지하는 것이다. 비례의 음악과 여색聲色을 듣지 말라는 것이 아니다. 음탕한 음악과 아름다운 여색淫聲美色은 원래 내가 허락한 바가 아니다. 다만 내가 이를 바라는 마음이 싹트면 즉 비례가 되는 까닭에 이를 금지한다. 성색의 있고 없음은 상관이 없다. … 사람이 이 네 가지 금지四勿를 잘 지켜 사욕을 이길 때에는, 보고 듣고 말하고 행동하는 것이 모두 예절에 들어맞아 무릇 일상생활 속 때와 일에서 천리의 유행이 아닌 것이 없다.

〖진사이〗 진사이의 해석을 알기 쉽게 풀이하면 다음과 같다.

> 이것은 '극기복례'의 인을 행하는 구체적인 방법에 대한 안자의 물음에 공자가 답한 것이다. 공자는 일상에서 보고 듣고 말하고 행동하는 것이 예에 어긋나지 않도록 즉

---

5) 한국고전번역원의 한국고전종합DB 용례 해설에 따르면, '기괄'은 쇠뇌의 시위를 거는 곳과 화살의 시위를 메우는 부분으로 사물의 매우 중요한 부분을 뜻한다.

자기를 굽히고 상대의 입장(백성의 입장)에 서도록 하라, 그러면 인을 행함이 나의 것이 된다고 답한 것이다.

안자는 임금을 보좌할 재능을 가졌기 때문에 그의 물음에 공자께서 천하에 인을 행하는 도리를 가지고 답한 것이다. 이것은 나라를 다스리는 도를 묻는 안자에게 공자께서 4대의 예악의 손익으로 답한 것(위령공 제11장)[6]과 표리를 이룬다. 인의 덕은 자애의 마음이 가까운 데와 먼 데까지 미치지 않은 데 없이 이르는 것이다. 자기를 누르고 자애慈愛와 불쌍히 여겨 슬퍼하는 측달惻怛의 마음을 다른 사람에게 이르게 하면 좁게는 한 집안에서, 그다음에는 한 나라 안에서, 마지막에는 천하에서 인이 행해질 것이다.

〖리쩌허우〗

안회가 인이란 무엇인지 물었다. 공자는 이렇게 답하였다. 자기를 제약하여 예제禮制에 부합하게 하는 것이야말로 인이다. 하루라도 이렇게 하면 중국은 모두 인으로 돌아가게 될 것이다.

공자 시대에는 씨족사회의 전통을 계승하여 '인仁'적인 인간의 심성과 '예禮'적인 사회질서 혹은 정치체제가 뒤섞여 상호 관련하면서 사회심리를 구성하였다. 이 '인'과 '예'의 혼합적 일체화는 현대 사회에서는 그대로 통용되지 않는다. 분해되어 각각 재구성될 필요가 있다. 즉 외재적인 사회이념이자 정치체제를 만드는 방법과

---

[6] 「위령공」 제10장의 "顏淵問爲邦"을 가리킨다. 안연의 물음에 공자는 답한 4대의 손익으로 하대의 역법, 은대의 질박한 수레, 주대의 면류관, 정나라의 음악을 금지하고 아첨하는 사람을 멀리할 것 등을 들었다.

제7강 인을 묻다

관련되는 '예'와, 내재적인 심성의 수양적 이념이자 도덕성의 경계를 만드는 방법과 관련되는 '인'으로 분해할 필요이다. 전자의 '예'란 사회적인 규범적 강제력을 가진 사회적 도덕이며 후자의 '인'은 도덕적 경계를 형성하는 개인의 내적 요구와 관련되는 종교적 도덕이다. 중국의 전통은 집단적이고 규범적인 사회적 도덕과 자기수양적인 종교적 도덕 두 가지를 항상 일체화해 왔다. 그러나 어떻게 분해하여 각각 지위를 갖게 하고 충분히 발전시킬까, 이것이 오늘날의 문제이다.

리쩌허우는 '극기복례의 인'에서 정치와 도덕, 혹은 사회적 규범성과 내면적 도덕성의 분리문제를 끄집어 냈다. 양자의 분리를 말하는 한 리쩌허우의 입장은 지극히 근대주의적이다. 그러나 지금 이 근대주의적인 분해 자체를 다시금 물어야 하지 않을까? 사회적 존재로서의 인간의 도덕성 문제로서 말이다. '인'과 '예'의 분해뿐 아니라, '인仁'과 '지知'의 분해 역시 되물어야 할 것이다. 사물에 대한 자애(인)와 앎(지)의 미분리야말로 에콜로지ecology의 관점일 것이다.

『춘추좌씨전』에는 "중니仲尼께서 말씀하시길, 옛날에 '자기를 이기고 예로 돌아가는 것이 인이다'는 말이 있는데 참으로 좋구나!古也有志 克己復禮仁也 信善"(「소공昭公 12년」)"라고 나온다. 거기서 "극기복례는 인이다克己復禮仁也"가 고어古語라고 일컬어진다. 즉 공자는 안자의 물음에 고어로 대답했다는 것이다. 이것은 안연편 첫머리에 실린 이 장이 다른 장과 다른 성격, 즉 공자가 인을 규범적이고 자기규제가 강한 성격을 갖는 인을

7.2 안연 제1장 (계속)

말하는 이유를 밝히는 듯이 생각된다. 혹은 이 장은 "극기복례는 인이다"라는 고어를 공자의 말로 간주하고 공자 문하의 정식 적자인 아성亞聖 안자를 정통적인 수용자로 삼아 안연편 머릿장으로 구성된 것인지도 모르겠다.

『논어』에 실린 공자의 말 대부분은 예를 들어 인에 대한 질문에도 질문자의 사람됨과 그의 사정에 알맞게 답하는 성격을 가진다. 그래서 나는 공자의 말은 개별적인 수행적遂行的performatic 언어로 성립된다고 본다. 그것을 보편적인 규범적normative 언어라고 하는 것은 후대 계승자의 해석이다. 『논어』각 편을 구성하는 장들은 공자의 학문과 가르침을 제자들이 계승하는 과정에서 성립한 것이다. 따라서 공자의 말도 점점 규범적 성격을 띠며 성립하였다. 그러나 그러한 성립과정을 고려해도 안연편의 머릿장은 특히 더 규범적인 성격을 띠고 있다. 이 장에서 '사물四勿'이란 자기규제라는 금지의 명법命法이 강설되고 이 장 자체가 이미 사람들을 도덕적으로 구속하는 숙명을 가졌다고 할 수 있을 것이다. '극기복례' 이 네 글자는 『논어』에 대한 불호를 낳은 원인이 되기도 하였고 반혁명의 표어로도 간주되었다.

진사이는 이 장을 자기 규제적인 금지의 명법命法으로서 다시 읽었다. 진사이는 '극기복례'를 자기를 버리고 혹은 자기를 누르고 다른 사람(혹은 백성)과 함께 하는 처지에 서는 것이라고 풀이하였다. 진사이는 다른 사람에 대한 자애심으로 나와 타인 사이를 채우고 이윽고 세계가 이런 마음으로 충실한 것이

인이라고 하였다. 따라서 자기를 누르고 인(민)과 함께 하는 처지에 서는 것은 인을 행하는 것이다. 나는 이런 진사이의 읽기에 공감한다.

7.3 술이 제29장

子曰, 仁遠乎哉. 我欲仁, 斯仁至矣.

子曰く、仁遠からんや。我れ仁を欲すれば、斯に仁至る。

공자께서 말씀하시길, 인이 멀겠는가? 내가 인을 원하면 여기에 인이 이른다.

* * *

> [번역] 선생께서 말씀하셨다. 인은 멀리 도달하기 어려운 것이 아니다. 자신이 구하고자 하면 인은 그곳으로 찾아온다.

"인이 멀겠는가?"라는 말은 반어적으로 가까이 있음을 말한다. 다만 찾고자 하는 사람, 바라는 사람에게만 말이다. 인을 인간의 본성 혹은 내적 도덕성이라고 하는 주자학파의 해석과 이 장의 공자의 말은 잘 들어맞지 않는다. 또 인을 선왕 성인이 갖는 안민의 큰 덕이라고 하는 소라이의 입장에서 이 말을 해석하는 것도 쉽지 않다.

〖시부사와〗 시부사와 에이이치는 『논어강의』에서 이렇게 설명하였다.

인은 충서의 마음을 미루어 널리 다른 사람을 사랑하고 나와 타인 사이에 간극이 없음을 말한다. 즉 내 마음에 있지 결코 밖에 있는 것을 구하는 것이 아니다. 인을 멀리 있는 것이라 여겨 구하기 어렵다고 하는 사람은 진정으로 인을 구하는 마음이 없는 사람이다.

사람의 일상에서 충서의 실천이나 측은지심과 관련지어 인을 파악하는 사람에게 비로소 이 공자의 말이 의미를 갖게 된다.

〖진사이〗 진사이는 『논어고의』에서 이렇게 말했다.

이는 인이 아주 가깝다는 말이다. 학자들은 인이 심히 멀리 있어서 도달하기 어렵다고 하지만 전혀 모르는 것이다. 인을 바라면 여기에 바로 인이 도달한다. 어찌 멀리 있겠는가? 생각건대 인은 천하의 미덕美德으로 내 성性의 선함으로 추구한다면 마치 장작개비를 불 속으로 던지는 것처럼 매우 빠르게 이를 것이다. 어찌 꺼리어 이를 구하지 않겠는가?

진사이가 '성의 선함'이라 한 것은 사람에게 태생적인 사단지심(측은·수오·사양·시비지심)을 뜻한다. 인이란 타인을 사랑하고 불쌍히 여기는 동정하는 마음慈愛惻隱을 사람들 속에서 넓혀 가는 것이다.

7.4 안연 제3장

司馬牛問仁. 子曰, 仁者其言也訒. 曰, 其言也訒, 斯謂之仁矣乎. 子曰, 爲之難. 言之得無訒乎.

司馬牛仁を問う。子曰く、仁者は其の言や訒(かた)くす。曰く、其の言や訒くす、これを仁と謂うや。子曰く、これを為すこと難し。これを言うこと訒くすること無きを得んや。

사마우가 인을 물었다. 공자께서 말씀하시길, 인자란 그 말을 어렵게 한다. 묻기를, 말을 어렵게 하는 것을 인이라 합니까? 공자께서 말씀하시길, 이를 행하기가 어렵다. 이를 말하기를 어렵게 하지 않을 수 있겠는가?

* * *

인訒을 '어려워함이다'訒難也라고 하는 것은 고주古注이다. 주자는 "참는 것이다, 어려워하는 것이다"라고 하였다. 말하기를 주저하여 가볍게 말하지 않는다는 뜻이다. 사마우의 이름은 이犁 또는 경耕이고 자는 자우子牛이다. 우는 "말이 많고 조급하다"[7]라고 『사기史記』에 기록되어 있다. 그런 사마우가 인에 대해 질문하자 공자는 인자란 말을 가볍게 하지 않고 어렵게 한다고 답하였다. 이것이 질문자에게 들어맞는 공자의 답변

---

7) 『사기열전』 권67 「중니제자열전」에는 사마우를 설명하며 "牛多言而躁"라고 나온다.

방식이다.

[번역] 사마우가 인에 대해 물었다. 선생께서 말씀하셨다. 인자는 말을 가볍게 하지 않고 어렵게 하는 것이다. 사마우는 또 물었다. 말을 어렵게 하면 인이라 할 수 있습니까? 선생께서 이에 답하셨다. 인을 행하는 것 자체가 쉽지 않다. 인을 행하는 사람은 스스로 말을 삼간다.

〖시부사와〗

요즘 세상에는 사마우가 많다. 말을 잘하는 사람이 적지 않다. 소진蘇秦·장의張儀[8]같은 사람은 코끼리 똥만큼 많이 있다. 자기에게 유리하게 입에서 나오는 대로 아무렇게나 지껄이고 빤히 들여다보이는 거짓말을 아무렇지도 않게 말하는 경향도 크다. 말에 대한 책임은 털끝만큼도 생각하지 않는다고 해도 좋을 정도이다. 모두 거짓말에서 나온 거짓말로 거짓에서 나온 진실도 적다. 진실에서 나온 거짓은 끊이지 않는다.[9] 애초에 진실에서 나오지 않은 언설·언론은 아무 가치가 없다고 해도 좋다. 어떠한 명론탁설名論卓說도 실행이 동반되어야만 비로소 가치가 생기는 것이다.

---

8) 『사기열전』에 「소진열전」과 「장의열전」이 있다. 소진과 장의는 뛰어난 언변으로 전국시대 책사의 제1인자로 불렸다. 소진이 주도한 합종(合從)과 장의의 연횡(連橫)은 진나라의 중국 통일에 크게 기여하였다.

9) 거짓으로 말했는데 결과적으로 우연히 진실이 된 것을 뜻한다. 짝을 맞추는 카드놀이인 카르타에 사용된 문구로, 도쿄 지역에서 사용된 '에도 이로하 카르타(いろはカルタ)'에 쓰였다. '이로하 카르타'는 헤이안 시대의 놀이인 조개껍질을 맞추는 '가이아와세(貝合わせ)'와 16세기 전반 포르투갈에서 전래된 카드게임인 '카르타'가 융합한 놀이로 에도 시대에 널리 유행하였다.

제7강 인을 묻다

7.5 술이 제6장

子曰, 志於道, 據於德, 依於仁, 遊於藝.
子曰く、道に志し、德に拠り、仁に依り、芸に游ぶ。
공자께서 말씀하시길, 도에 뜻을 두고, 덕에 거하며, 인에 의하고, 예에 노닌다.

* * *

> [번역] 선생께서 말씀하셨다. 군자란 항상 도에 뜻을 두고 덕에 의거하며 인에서 떨어지지 않고 여유를 갖고 예에 노니는 것이다.

예란 육예, 선비가 갖추어야 할 6종의 교양과목 즉 예禮·악樂·사射·어御·서書·수數를 말한다.

〚진사이〛

> 이것은 공자 문하에서 학문하는 각 조목으로 당시 제자들이 항상 마음에 새겨 잊지 않아야 하는 바이다. 도는 사람이 이에 의하여 따라가는 것이므로 뜻을 둔다志고 하였다. 덕은 사람이 잡고서 지키는 것이므로 머무른다據고 하였다. 인은 가까이 있으면서 행동으로 드러나므로 의한다依고 하였다. 예는 익히지 않으면 안 되지만 얽매이면 안 되므로 노닌다遊고 하였다. 이 네 가지는 크고 작은 차이는 있을지라도 도의 본말本末과 시종始終이 하나로 일관된다. 그래서 공자께서 차례대로 말씀하셨으니 다른 문답과는 성격이 다르다. 생각건대 고대 학문은 반드시 조목이 있었다.

〖주자〗

> 이 장은 사람이 학문을 할 때 마땅히 이와 같아야 함을 말씀하신 것이다. 생각건대 학문은 뜻을 세우는 것보다 먼저 할 것이 없으니 도에 뜻을 두면 마음은 올바른 데 있어서 다른 곳으로 가지 않는다. 덕을 굳게 지키면 도가 마음에 얻어져 떠나지 않는다. 인에 의지하면 덕성이 항상 쓰여져 물욕物慾이 행해지지 않는다. 예에 노닐면 즉 작은 일도 빠뜨리지 않아 움직이거나 쉬거나 끊임없이 기를 수 있다. 학자가 여기에서 선후와 경중의 순서를 잃지 않도록 하면 본말이 함께 갖추어지고 내외가 서로 길러져서 일상생활에서 조금의 틈도 없이 이 속에 조용히 배어들어 어느덧 자신이 성현의 경지에 들어감을 스스로 알지 못할 것이다.

〖데키사이〗 주자가 "예에 노닌다"라고 한 해석에 대해 나카무라 데키사이는 이렇게 해설하였다.

> 노닌다는 것은 사물을 즐겨서 마음에 들어맞는 것을 말한다. 예란 예악의 문文과 사어서수射御書數의 법이니 모두 지극한 이치에서 나오는 바로 일용에서 빼놓을 수 없는 것이다. 행하여 여력이 있으면 쓸데없는 일을 하지 말고 여기에 노닐어 그 의리의 취미를 넓혀 가면 매사를 대응함에 여유가 있고 마음 또한 놓아 잃어버릴 때가 없다.

주자나 진사이에게는 "예에 노닌다"라는 말이 가진 마음의 여유가 느껴지지 않는다. 공자는 군자란 도를 구하고 인을 행하면서도 예에 몸을 두고 즐기는 여유를 가지라고 말하는 것이 아니었을까?

제7강 인을 묻다

〚시부사와〛

사람이 완전한 인물이 되려고 하면 제일 먼저 도에 뜻을 두지 않으면 안 된다. 도란 사람이라면 당연히 밟아야 하는 인도人道를 말한다. … 사람은 행위를 한 다음에야 비로소 그 사람의 가치가 알려지는 법이다. 덕과 인은 사람의 심정에 뿌리를 두는 것이지만 그것이 곧바로 행위로서 외면에 드러나는 법이다. 그래서 완전한 인물이 되기를 바란다면 도에 뜻을 두는 동시에 덕에 의거하고 인에 의지하지 않으면 안 된다. 그러나 이것만으로는 인간이 너무 융통성이 없이 꽉 막히게 되므로 예에 노닐어 다소 여유를 가질 필요가 있다. 그런데 세상에서 호걸이라 불리는 사람도 침착하여 여유로운 사람이 적어서 정치가는 정치에 갇히고 학자는 학문에 갇히고 분개하여 한탄하는 사람慷慨家은 의분義憤에 갇혀버리고 마는 것이 일반인이라면 갖게 되는 공통된 폐해이다. 공자께서 말씀하신 이른바 '예'란 육예이지만 요즘 말하는 취미를 뜻한다. '사람은 그 행위에 빠짐이 없고 그 뜻이 훌륭해도 더 나아가 취미가 없으면 완전한 인물은 아니다'라는 것이 공자의 의견이다.

제8강

정치를 묻다

나라의 정치는 어떠해야 하는가? 이 물음은 춘추시대 말기 위정자들이 공자에게 했던 가장 중요한 물음이었다. 이윽고 맹자의 시대가 되면 정치에 대한 제후의 물음에 독자적인 답을 가진 제자백가라 불리는 사상가들이 출현한다. 공자는 틀림없이 정치에 대한 위정자들의 물음에 답한 최초의 인물이었다. 그러나 공자는 위정자들의 여러 질문에 전문적인 답변자는 아니었으며 상근직 상담자도 아니었다. 공자는 위정자들에게도 다른 제자들을 대할 때와 마찬가지로 질문하는 여러 사항에 알맞게 그것도 그 사항들의 원칙으로 돌아가서 답을 했다. 예를 들어 "정政이란 정正이다"라고 한 것은 위정자가 자신을 바로 세우지 않으면 정치는 없다는 답이었다. 우리가 지금 『논어』에서 읽어내야 하는 것은 정치에 대한 물음에 답하는 공자의 이러한 원칙이다.

제8강 정치를 묻다

8.1 안연 제11장

齊景公問政於孔子. 孔子對曰, 君君, 臣臣, 父父, 子子. 公曰, 善哉. 信如君不君, 臣不臣, 父不父, 子不子, 雖有粟, 吾得而食諸.

斉の景公、政を孔子に問う。孔子対えて曰く、君、君たり、臣、臣たり、父、父たり、子、子たりと。公曰く、善いかな。信に如し君、君たらず、臣、臣たらず、父、父たらず、子、子たらずんば、粟有りと雖も、吾れ得てこれを食らわんや。

제의 경공이 공자에게 정치를 물었다. 공자께서 답하여 말씀하시길, 군주가 군주답고, 신하가 신하답고, 아비가 아비답고, 자식이 자식다운 것이라고. 공이 말하길, 좋도다! 진실로 만약에 군주가 군주답지 않고, 신하가 신하답지 않고, 아비가 아비답지 않고, 자식이 자식답지 않으면, 오곡이 있다 하더라도 내가 이것을 먹을 수 있겠는가?

* * *

〖주자〗 주자의 집주에 의하면 "이때 경공이 정치를 잘못하여 대부인 진씨陳氏가 나라에 사혜私惠라 할 만한 정치를 후하게 행하고 있었다.[1] 경공 역시 총애하는 여자嬖妾가 많아 태자도

---

[1] 『논어집주』의 원문은 "景公失政而大夫陳氏厚施於國"이다. 본문의 번역은 저자의 해설이다. 원문에서 대부인 진씨가 후하게 베풀었다는 것은 『춘추좌씨전』「소공 26년조」에 보이는데, 진씨가 백성들에게 은혜를 베풀어 공세(公稅)를 받아들일 때는 작은 양기(量器)로 되어 받고 줄

세우지 않았다. 조정의 군신부자 사이에 모두 그 도를 잃은 사태였다." 그러므로 공자는 "인륜의 큰 법칙大經이야말로 정사의 근본이라고 설명한 것이다"라고 하였다. 우선 현대어로 풀어보자.

> [번역] 제나라 경공이 공자에게 정치의 요체를 물었다. 공자는 "군주가 군주답고 신하가 신하다우며 아비가 아비답고 자식이 자식다운 것입니다"라고 답하였다. 공은 "정말로 그러하다. 만약 정말로 군주가 군주답지 않고 신하가 신하답지 않으며 아비가 아비답지 않고 자식이 자식답지 않으면, 나라는 어지러워져서 미곡이 창고에 있다 한들 나는 안심하고 먹을 수도 없도다"라고 하였다.

경공과 공자가 주고받은 이 문답의 배경에는 분명 주자가 설명한 것처럼 제나라의 혼란이 있었을 것이다. 나라의 혼란이 군신·부자라는 인륜의 혼란에서 발생한다고 보고 공자가 인륜을 바로잡는 것이야말로 정사의 근본이라고 비유하였다는 해석은 이치에 잘 맞는다. 그러나 이런 해석이 '인륜의 큰 법칙이야말로 정치의 근본'이라 말하는 유교라는 정치체제의 원리적 교설을 형성해가는 것이리라. 그리고 이 교설을 시작한 공자의 문답이 이 장에 있다고 간주되는 것이다.

『논어』의 문답으로 돌아가 생각하면 이 문답의 배경에 주자가 말한 제나라의 사태는 확실할 것이다. 그런 제나라의 경

때에는 큰 양기로 되어 주었기에 백성들의 마음이 진씨에게 돌아갔다고 나온다. (사)전통문화연구회 동양고전종합DB『춘추좌씨전』(6) 참고.

제8강 정치를 묻다

공이 정치를 물은 것이다. 공자는 그 물음에 "군주가 군주답고, 신하가 신하답고, 아비가 아비답고, 자식이 자식다운 것입니다"라고 답하였다. 일국의 군주인 경공에게 공자는 군주가 군주다워야 한다, 즉 군주라는 이름을 가진 사람은 실제로 군주가 아니면 안 된다고 말하는 것이다. 생각해 보면 이것은 대단한 답변 방식이다. 위정자에게 진정한 위정자가 되라고 하는 것은 정치의 궁극적 요구라 해도 좋다. 그러나 공자의 답변 방식은 유교의 체제화와 함께 명분론적 질서 유지의 가르침으로 여겨진 것이다. 진사이는 이러한 문제를 알고 있었다.

〖진사이〗 진사이는 공자의 문답이 위정자인 경공을 향한 것이었음을 강조하였다. 진사이의 정치론이 가진 급진성이 드러난다.

> 정치를 하는 근본은 군신·부자가 각각 제 자리에 있으면서 어지럽게 하지 않은 데 있다. 만약 그 근본을 찾지 않고 끄트머리만 도모한다면 시책이 성공하고 조문과 법령이 명백할지라도 어찌 나라를 잘 다스릴 수 있겠는가? 생각건대 공자께서 경공이 정치를 물었기에 이렇게 답하신 것이므로, 그 정치를 성취할 책임은 오로지 군주에게 있는 것이다. 애석하도다! 경공은 공자의 말이 좋은 줄은 알면서도 그 원인을 자신에게 돌이켜 찾을 줄 몰랐으니, 이것이 제나라가 결국 어지러워진 이유이다. 만약 후세의 인군이 이를 읽고도 자신에게 돌이켜 반성할 줄 모르면 그 역시 또 다른 제나라 경공일 뿐이다.

〖미야자키〗 미야자키 이치사다는 『논어의 신연구』에서 원문의

"군군신신, 부부자자"처럼 같은 글자를 중첩한 문구는 윗자를 동사로 아랫자를 명사로 읽는 것이 옳다면서 다음과 같이 읽어야 한다고 하였다.

> 공자가 대답하여 말하기를, 군주를 군주로 삼고 신하를 신하로 삼고 아비를 아비로 삼고 자식을 자식으로 삼는다. 공이 말하기를, 좋도다. 진실로 군주가 군주로 여겨지지 않고 신하가 신하로 여겨지지 않고 아비가 아비로 여겨지지 않고 자식이 자식으로 여겨지지 않으면, 오곡이 있다 한들 내가 능히 먹을 수 있겠는가?

미야자키는 원시유교에서 인간관계는 법칙적으로 고정된 것이 아니라 능동적으로 확립시켜야 하는 것으로, 이 장은 위와 같이 읽어야 한다고 주장한다. 경청할 만한 해석이다. 그러나 전통적인 읽기를 따른다 해도 인륜에 대한 공자의 가르침을 능동적으로 풀이할 수 있다. 군주가 군주다워야 한다는 것은 매우 강력한 실천적 요청이다. 경공은 이것을 자기를 향한 실천적 요청으로 듣지 않았던 것이다.

8.2 안연 제17장

季康者問政於孔子. 孔子對曰, 政者正也. 子帥以正, 孰敢不正.

季康子、政を孔子に問う。孔子対えて曰く、政は正なり。子、帥(ひき)いるに正を以てせば、孰(た)れか敢て正しからざらん。

계강자가 공자에게 정치를 물었다. 공자께서 답하여 말씀하시길, 정치는 올바른 것이다. 그대가 이끄는데 올바름을 가지고 하면 누가 감히 올바르지 않겠는가?

* * *

〖모로하시〗 우선 모로하시의 번역으로 의미를 파악해 보자.

> 노나라 대부 계강자가 공자에게 정치의 요도^{要道}를 질문하였다. 이에 대해 공자는, 정^政이라는 글자의 본뜻은 정^正이다. 그대가 정도로써 인민의 선두에 서서 행하면 인민은 누구 하나 올바르게 되지 않을 사람이 없을 것이라고 답하였다.

일본 한자사전인 『대자전^{大字典}』에는 '정^政'을 이렇게 풀이한다. "회의형성. 사람을 편달하여 정도로 이끄는 것. 그래서 정^正과 복^攴을 합하여 그 뜻을 나타낸다. 전하여 국가를 다스려 인민을 올바르게 한다는 뜻이 되었다." 정^政이란 글자의 성립에서 보자면 "정은 정이다"라는 말은 정치란 인민을 올바르게 이끈다는 뜻이 된다. 그 올바름이란 인민을 채찍질하여 부여하는 것이다. 그런데 인민을 채찍질해서 부여하는 것이 올바른 것일까? 그것은 결코 인민에게 올바른 것이 아니다. 그것은 인민에게는 부정의^{不正義}이며 불공정이다. 공자가 계강자를 향해 "정은 정이다"라고 했을 때 인민을 올바르게 만들라는 것이 아니었다. 오히려 '그대의 정치를 그 본래 뜻에 따라 올바르게 하라'라고 말한 것이다. 바루지 않으면 안 되는 것은 사당^{私黨}의 도구가 되어버린 정치의 일탈이다. 따라서 정^政이 정^正이라는 것은 정치란 사당의 올바름을 밀어붙이는 것이 아니라 인민이 요구하는 공정함의 실현이어야만 한다는 것이다. 그것이 공자가 말한 정^政의 본뜻이다.

글자의 본뜻에 따라 일을 바로잡는 것은 그 일의 본래로 돌아가 현행의 일탈을 고치는 것이다. 그것이 혁신의 정도^{正道}이다. 우리가 『논어』를 읽는 것은 인간사의 본래로 돌아가서 생각하기 위함이다. 이미 공자 자신이 일의 본래로 돌아가는 것을 원형적으로 보여주고 있다. 지금 우리는 "정은 정이다"라고 목소리를 높일 필요가 있다.

계강자는 노나라 대부로 계손씨^{季孫氏}의 7대손이며 공자의 제자 염유^{冉有}·자공·자로를 임용하였다. 그러나 여기서 "정은 정이다"라는 가장 원칙적인 말을 들었듯이 그의 무도한 정치가 끊임없이 공자의 질책을 받았다.

자로 제6장에 "공자께서 말씀하시길, 그 자신이 올바르면 명령하지 않고도 행해지며 자신이 올바르지 않으면 명령해도 따르지 않는다^{子曰, 其身正, 不令而行. 其身不正, 雖令不從}"라고 나

제8강 정치를 묻다

온다.

8.3 안연 제19장

季康子問政於孔子曰, 如殺無道, 以就有道, 何如. 孔子對曰, 子爲政, 焉用殺. 子欲善而民善矣. 君子之德風. 小人之德草. 草上之風必偃.

季康子、政を孔子に問いて曰く、如し無道を殺して、以て有道を就かば、如何。孔子対えて曰く、子、政を為すに、焉んぞ殺を用いんや。子善を欲すれば民善なり。君子の徳は風なり。小人の徳は草なり。草これに風を上うれば、必ず偃す。

계강자가 공자에게 정치를 물어 말하기를, 만약 무도함을 죽여서 유도로 나아간다면 어떠한가? 공자께서 답하여 말씀하시길, 그대가 정치를 행함에 어찌 죽임을 이용하는가? 그대가 선을 바라면 백성이 선하게 된다. 군자의 덕은 바람이다. 소인의 덕은 풀이다. 풀에 바람을 더하면 반드시 쓰러진다.

* * *

계강자가 여기서도 정치를 물어 무도한 악인을 형벌로 죽이고 유도有道한 선인을 만들어 가면 어떠한가라고 하였다. "정은 정이다"를 자기 자신에게 되돌려 찾지 않고 일방적으로 세상을 바로잡으려고 한 데서 나오는 단순한 이해이다.

〖모로하시〗 공자의 답을 모로하시의 번역에 따라 읽어 보자.

> 정치라는 것은 인민의 생활을 보증하고 이를 안정시키는 것이 목적이어야 합니다. 따라서 그대가 정치를 행함에

제8강 정치를 묻다

> 어찌 사람을 죽이는 것을 생각할 필요가 있겠습니까? 만약 그대가 자신이 마음속부터 선한 도^{善道}를 바란다면 인민도 저절로 선도로 나아가게 될 것입니다. 원래 위에 선 사람의 덕성은 비유하자면 바람과 같고 아래에서 지배받는 인민의 덕성은 풀과도 같습니다. 풀에 바람이 더해지면 풀은 반드시 쓰러지는 법입니다. 동풍이 불면 풀은 서쪽으로 흩날리고 서풍 불면 동쪽으로 흩날립니다. 이처럼 다스리는 사람의 덕풍은 하층민들의 만사에 영향을 미치는 것입니다.

모로하시의 번역은 공자의 답이 가진 내용을 충분히 파악하고 있다. 정치적 포지션으로서 군자와 소인의 관계에서 정치를 바람과 풀로 비유한 공자의 말은, 위정자와 시점을 동일화시키지 않은 우리 같은 독자에게는 신경이 쓰이는 부분이다. 그렇지만 공자의 정치에 대한 발언은 중용된 군자의 입장에서 위정자를 향한 것이다. 이것은 공자의 발언이 갖는 기본적 성격을 규정하고 있다. 그러나 공자의 정치 이념은 민생의 안정을 근저에 두었다는 사실을 간과해서는 안 된다. 그러므로 공자의 말은 인민 측에서 위정자의 책무를 추궁하는 것으로 읽을 수 있는 가능성을 갖는다. 진사이의 읽기도 그런 방식이다. 논어강의 제4강 「믿음에 대하여」에서 언급한 안연 제7장의 '민신지의^{民信之矣}'란 공자의 말을 지금 다시 한번 볼 필요가 있을 것이다.

8.4 안연 제7장

子貢問政. 子曰, 足食, 足兵, 民信之矣. 子貢曰, 必不得已而去, 於斯三者, 何先. 曰, 去兵. 子貢曰, 必不得已而去, 於斯二者, 何先. 曰, 去食. 自古皆有死. 民無信不立.

子貢、政を問う。子曰く、食を足し、兵を足し、民はこれを信にす。子貢曰く、必ず已むことを得ずして去らば、この三者に於いて何をか先にせん。曰く、兵を去らん。子貢曰く、必ず已むことを得ずして去らば、この二者に於いて何をか先にせん。曰く、食を去らん。古えより皆死有り。民信無くんば立たず。

자공이 정치를 물었다. 공자께서 말씀하시길, 먹을 것을 족히 하고, 병력을 족히 하고 백성들은 이를 믿음으로 한다. 자공이 말하길, 반드시 부득이해서 버린다면 이 세 가지 중에 무엇을 먼저 합니까? 말씀하시길, 병력을 버려야 한다. 자공이 말하길, 반드시 부득이해서 버린다면 이 두 가지 중에 무엇을 먼저 합니까? 말씀하시길, 먹을 것을 버려야 한다. 예로부터 누구나 다 죽음이 있다. 백성들은 믿음이 없으면 설 수 없다.

* * *

"백성들은 믿음이 없으면 설 수 없다"에 대하여 다시 한번 생각해 보자. 믿음信이란 신뢰, 신용, 신앙이라 할 때의 믿음이다. 나는 믿음이란 사람이 확실하게 의거할 수 있는 것이라고

제8강 정치를 묻다

생각한다. 사람이 하늘을 믿는다고 할 때 그 사람에게 하늘이 궁극적으로 의거할 수 있는 대상으로 존재함을 의미한다. 공자가 "나를 아는 이는 하늘일 것이다"(헌문 제37장)라고 했을 때 하늘이란 공자에게 그러한 대상으로서 존재한다는 뜻이다. 인민이 군주에게 안심하고 의거할 수 있지 않으면 인민의 믿음은 없다. 인민의 믿음이 없는 곳에서 정치는 성립하지 않으며 국가 역시 성립하지 않는다. 인민이 안심하고 의거할 수 있는 것, 그 인민의 신용·신뢰를 잃으면 정치는 이미 붕괴한 것이다. 일국의 정치가 성립하는 기저에 공자가 무엇을 두고 있었는지를 다시금 확인할 필요가 있다.

8.5 자로 제3장

子路曰, 衛君對子而爲政, 子將奚先. 子曰, 必也正名乎. 子路曰, 有是哉, 子之迂也. 奚其正. 子曰, 野哉由也. 君子於其所不知, 蓋闕如也. 名不正, 則言不順. 言不順, 則事不成. 事不成, 則禮樂不興. 禮樂不興, 則刑罰不中. 刑罰不中, 則民無所措手足. 故君子名之, 必可言也. 言之, 必可行也. 君子於其言, 無所苟而已矣.

子路曰く、衛君、子を待ちて政を為さば、子将に奚(なに)をか先にせんとす。子曰く、必ずや名を正さんか。子路曰く、これ有るかな、子の迂なるや。奚ぞそれ正さん。子曰く、野なるかな由や。君子はその知らざる所に於て、蓋し闕如(けつじょ)するなり。名正しからざれば、則ち言順ならず。言順ならざれば、則ち事成らず。事成らざれば、則ち礼楽興こらず。礼楽興こらざれば、則ち刑罰中(あた)らず。刑罰中らざれば、則ち民手足を措く所なし。故に君子これを名づくれば、必ず言うべきなり。これを言えば、必ず行うべきなり。君子はその言に於て、苟もする所無きのみ。

자로가 말하길, 위나라 군주가 선생님을 기다려 정치를 한다면 선생님은 장차 무엇을 먼저 하시겠습니까? 공자께서 말씀하시길, 반드시 이름을 바로잡지 않겠는가? 자로가 말하길, 이러하십니다. 선생님이 세상 물정을 모르시는 것이. 어떻게 그것을 바로잡으시

제8강 정치를 묻다

겠습니까? 공자께서 말씀하시길, 비속하구나, 유야. 군자는 그 알지 못하는 곳에서는, 생각건대 궐여하는 것이다. 이름이 바르지 못하면 말이 순하지 못하다. 말이 순하지 않으면 일이 이루어지지 못한다. 일이 이루어지지 못하면 예악이 일어나지 못한다. 예악이 일어나지 못하면 형벌이 알맞지 못하다. 형벌이 알맞지 못하면 백성들은 손발을 둘 곳이 없다. 그러므로 군자는 이것을 이름하면 반드시 말할 수 있다. 이것을 말하면 반드시 행할 수 있다. 군자는 그 말에 소홀히 하는 바가 없을 뿐이다.

* * *

[번역] 위나라 출공出公에게 출사한 자로가 "만약 위나라 군주가 선생님을 맞이하여 정치를 맡긴다면 선생님은 무엇을 우선적으로 하시겠습니까?"라고 물었다. 공자는 "반드시 이름을 바로잡을 것이다"라고 답하였다. 자로는 공자의 대답에 "선생님께서는 말씀대로 정말 세상 물정에 어두우시니 어째서 지금 이름을 바로잡으시겠다는 것입니까?"라고 말했다. 공자께서는 자로에게 "유야, 너는 여전히 거칠고 데퉁스럽구나. 군자란 모르는 것에는 입을 다물어야 하는 법이다. 군주의 명분이 올바르지 않으면 그 말은 도리에 알맞지 않다. 윗사람의 말이 도리에 맞지 않으면 정치가 성취되지 못한다. 정사가 성취되지 못하면 세상에 예악 질서도 화해和諧도 일어나지 않는다. 세상에 예악질서와 화해가 없으면 형벌이 적당하지 않게 된다. 형벌이 적당하지 않으면 인민이 안주할 곳이 없지 않은가? 그래서 군자란 스스로 군주라 하고 신하라 하면 그 이름에 따라 올바르게 말해야 한다. 말을 하면 그것을 반드시 실행해야 한다. 군자란 그 말을 엉성하게 하면

안 된다"라고 가르쳤다.

이것은 『논어』에서 정치를 묻는 대표적인 장면이다. 당시 위나라의 군주 권력 내부의 알력과 항쟁이 이어진 데다 외국세력이 뒤얽혀 있었다. 공자가 초나라를 떠나 위나라로 돌아온 노나라 애공哀公 6년, 예순세 살 때 일이다. 신명당판新明堂版 『논어』에 수록된 「지성공부부자전至聖孔父夫子傳」을 보자.

> 이때 공자의 제자 중에는 위나라에 출사한 이가 많았기 때문에 공자께서 수년간 위나라에서 지내셨다. 당시 위나라는 출공첩出公輒을 내세워 그의 아비 괴외蒯聵는 국외로 추방되었다. 군신·부자의 명분이 어지러웠고 제후들은 여러 차례 이를 범하였다. 위나라 군주가 공자를 모셔 정치를 하고자 했으나 끝내 출사하시지 못한 것은 그런 이유 때문일 것이다(술이 제14장). 그러자 자로가 위나라 군주가 공자를 모셔 정치를 하려고 한다면, 공자는 무엇을 우선하겠는지를 묻자 공자께서 답하시길 반드시 명분을 올바르게 할 것이라고 말씀하셨다.

정치에 대한 질문에 공자가 정명론(명분론)으로 답하는 장면은 거의 유사하다. 군주 권력의 내분이 국외 세력의 개입을 불러와서 나라를 한층 더 혼란스럽게 만드는 사태이다. 이런 사태에 대처하는 정치에 대한 물음에 공자는 정명론으로 답하는 것이다. 공자의 답에 자로는 선생님께서 여전히 현실과 동떨어진 정론正論을 말씀하신다고 평가한 것이다. 이 내분에 대해 군주권의 정통성 확립이 자로가 요구하는 답이었을 것이다. 그러나 공자가 정통성의 계승문제보다는 군주라는 이름을 가진 사람은 내실에서도 군주여야 한다는 정명론으로 답하였다는 점이 중요하다. 군주란 이름을 가진 사람은 말도 군주다워야 하며 군주로서 말한 것은 행하지 않으면 안 된다는 것은 당당한 정론(원칙론)이다. 공자의 주장은 원래 군주는 군주다워야 한다는 정명론이지, '군신은 각기 그 신분에 따르라'라는 명분론이 아니지 않았을까?

8.6 자로 제15장

定公問, 一言而可以興邦, 有諸. 孔子對曰, 言不可以若是其幾也. 人之言曰, 爲君難, 爲臣不易. 如知爲君之難也, 不幾乎一言而興邦乎. 曰, 一言而可以喪邦, 有諸. 孔子對曰, 言不可以若是其幾也. 人之言曰, 予無樂乎爲君. 唯其言而莫予違也. 如其善而莫之違也, 不亦善乎. 如不善而莫之違也, 不幾乎一言而喪邦乎.

定公問う、一言にして以て邦を興すべきこと、これ有るか。孔子対えて曰く、言は以てかくのごとくそれ幾(き)すべからず。人の言に曰く、君為ること難し、臣為ることも易(も)からずと。如し君為ることの難きを知らば、一言にして以て邦を興すに幾せざらんや。曰く、一言にして邦を喪(ほろ)ぼすべきことこれ有りや。孔子対えて曰く、言は以てかくのごとくそれ幾すべからず。人の言に曰く、予(わ)れ君為ることを楽しむこと無し。唯その言にして予れに違うこと莫きなりと。如しそれ善にしてこれに違うこと莫きや、また善からずや。如し不善にしてこれに違うこと莫きや、一言にして邦を喪ぼすに幾せざらんや。

정공이 묻기를, 한마디 말로 나라를 일으킬 수 있는 일, 이런 것이 있습니까? 공자께서 답하여 말씀하시길, 말로써 이처럼 기대하면 안 된다. 사람들의 말에 이르기를, 군주가 되기 어렵고 신하가

제8강 정치를 묻다

되기도 쉽지 않다, 라고. 만약 군주 되는 일의 어려움을 안다면 한마디 말로 나라를 일으키는 일에 가깝지 않겠는가? 말하길, 말 한마디로 나라를 망하게 하는 일 이런 것이 있습니까? 공자께서 답하여 말씀하시길, 말로써 이처럼 기대하면 안 된다. 사람들의 말에 이르기를, 내가 군주가 되는 것을 기꺼워하는 일이 없다. 오직 그 말로 하여 나에게 거스르는 일이 없다고 한다. 만약 선하여 이에 거스르는 일이 없다면 또한 좋지 않겠는가? 만약 선하지 않은데도 이에 거스르는 일이 없다면 말 한마디로 나라를 망하게 하는 일에 가깝지 않겠는가?

* * *

[번역] 노나라 정공이 공자에게 한마디로 나라의 흥륭을 가져올 수 있는 말이 있습니까, 하고 물었다. 공자께서 그에 답하여 말씀하셨다. 말이란 그런 효과를 기대할 수 있는 것이 아닙니다. 그러나 사람들이 하는 말에, 군주가 되는 것은 어려우며 신하가 되기도 쉽지 않다고 합니다. 만약 군주가 '군주됨의 어려움'을 스스로 안다면 그의 말에 국가의 흥륭을 기대할 수 있지 않겠습니까? 정공이 또 물었다. 한마디로 나라의 멸망을 예기할 수 있는 말이 있습니까? 공자께서 답하셨다. 말이란 그런 효과를 기대할 수 있는 것이 아닙니다. 그러나 사람들이 하는 말에, '나는 군주인 것이 즐겁지 않다. 다만 군주로서 하는 말에 거스르는 이가 없음을 즐긴다'라고 합니다. 만약 군주의 말이 선하여 누구도 거스르지 않는다고 하면 좋겠지요. 그러나 그의 말이 선하지 않은데도 아무도 거스르지 않는다고 한다면, 그의 한마디 말은 나라의 멸망을 내다보는 것이라고 하겠지요.

공자가 노나라 정공에게 출사한 것은 정공 9년에서 13년까지 공자 쉰한 살부터 쉰세 살까지의 일로 추정된다. 그 시기의 문답이다. 인군人君에게 한 말로서 지극히 엄격하다. 공자의 정명론이 지닌 준엄함이다.

제 9 강

효를 묻다

동양사학자 구와바라 지쓰조桑原隲藏(1871~1931)의 저작 중에 『중국의 효도』[1]가 있다. 분량은 적지만 '중국의 효도'라는 중요한 주제에 대한 일본어 저술로는 거의 유일하다. 저서 첫머리에서 구와바라는 중국의 효도에 대해 이렇게 말했다.

> 중국의 여러 가지 원동력의 중추가 효도이며 효도는 중국에서 국가의 존재, 사회의 안녕, 가족의 평화, 문화 유지의 기초를 이룬다는 사실은, 씨보[2]나 티에르상[3]이

---

1) [원주] 미야자키 이치사다 교정 『중국의 효도』 고단샤 학술문고, 1977. 구와바라의 『중국의 효도』는 1928년 『가리노(狩野) 교수 환갑 기념 지나학논총』에 게재된 「지나의 효도, 특히 법률상에서 본 지나의 효도」를 단행본으로 한 것이다. 논문은 『구와바라 지쓰조 전집』 제3권(이와나미서점, 1968)에 수록되어 있다.

2) [원주] 씨보(Pierre-Martial Cibot, 1727~1780)는 18세기 말 중국에서 포교 활동을 했던 프랑스인 선교사. 「효도에 관한 중국인의 교리」라는 논문을 발표하여 중국의 효도를 유럽에 소개하였다.

3) [원주] 티에르상(Dabry de Thiersant, 1826~1898)은 19세기 말 프랑스의

제9강 효를 묻다

설명한 대로이다. 따라서 효도를 이해하지 않고서는 중국의 국체도, 사회도, 가족도, 문화도, 적어도 과거의 중국을 올바르게 이해할 수 없다. 그렇다면 효도라는 교의가 어떻게 중국에서 이렇게 중요한 위치를 차지하게 되었는가? 그것은 필경 일찍부터 중국에서 발달한 가족제도를 유지할 필요가 있어서였을 것이다.

구와바라는 이 저술을 "효도는 중국의 국본國本이자 국수國粹"라는 말로 시작하였다. 물론 효도가 국체이기도 했던 것은 청대까지의 중국에서이다. 일본에서도 효는 군주에 대한 충과 결합하여 충효도덕은 국민도덕의 근간을 이룬다고 여겨졌다.

효도의 경전인 『효경』도 공자의 말을 전하는 것이라고 여겨졌다. 그러나 텍스트로서 『효경』의 성립은 다른 유가 경전과 마찬가지로 한대漢代였으며 정통 텍스트는 당 현종 황제에 의한 어주御注『효경』으로서 하부下付된 것이다. 따라서 『효경』에는 황제가 지배하는 중국 국가를 배경으로 한 효의 가르침이 드러난다. 효는 가족 도덕이지만 천자부터 서인庶人까지 보편적인 도덕원리라고 여겨진 것이다. 이렇게 효도는 황제를 정점으로 하는 중국의 국가적 도덕으로서 의미를 갖는다. 구와바라가 말하듯이 효도는 마침내 중국의 국체이자 국수라는 성격까지 도달하게 된 것이다. 그러나 이것은 황제적 국가가 전개한 효도 이데올로기이지 공자가 『논어』에서 말하는 효의 가르침과는

중국영사이기도 했던 중국학자로 『백효도설(百孝圖說)』에서 효자 25인의 사적을 번역하여 유럽에 소개하였다.

상관이 없다.

그럼에도 불구하고 공자의 말이 효도 이데올로기의 원천으로 간주된 탓에 우리는 『논어』 속 공자의 말을 따라가기 어려워졌다. 그 말 위에 항상 제국적 효도의 환영이 떠돌고 있다. 우리는 제국적 효도의 원천을 추구하는 형태로 공자의 말을 따라가서는 안 된다. 공자가 말하는 효가 효도 이데올로기가 되면서 끝내 잃어버린 것이 무엇인지를 찾아가면서 공자의 말을 읽어야 한다.

제9강 효를 묻다

9.1 위정 제5장

孟懿子問孝. 子曰, 無違. 樊遲御. 子告之曰, 孟孫問孝於我. 我對曰, 無違. 樊遲曰, 何謂也. 子曰, 生事之以禮, 死葬之以禮, 祭之以禮.

孟懿子、孝を問う。子曰く、違うこと無かれと。樊遲御たり。子これに告げて曰く、孟孫、孝を我に問う。我対えて曰く、違うこと無かれと。樊遲曰く、何の謂いぞや。子曰く、生けるには、これに事うるに礼を以てし、死するには、これを葬むるに礼を以てし、これを祭るに礼を以てす。

맹의자가 효를 물었다. 공자께서 말씀하시기를, 어긋남이 없어야 한다. 번지가 수레를 몰았다. 공자께서 이에 고하여 말씀하시기를, 맹손이 효를 나에게 물었다. 내가 대답하여 말하기를, 어긋남이 없어야 한다, 라고. 번지가 말하기를, 무슨 말씀입니까? 공자께서 말씀하시기를, 살아있을 때는 이를 섬기기를 예로써 하고 죽어서는 이를 장사지내기를 예로써 하고 이를 제사하기를 예로써 한다.

* * *

[번역] 맹의자가 공자에게 효를 물었다. 공자는 "효란 어긋나지 않는 것입니다"라고 답하였다. 마부로 일하던 번지에게 공자는 "맹손이 효에 대해 묻기에 내가 어긋나지 않는 것이라고 하였다"라고 말했다. 번지가 "그것은 무슨 의미입니까?"라고 물었다. 공자는 "부모가 살아계실 때는 예로써 섬기고 돌아가셨으면 예로써 장사지내고

예로써 제사하는 것이다"라고 답하였다.

맹의자는 노나라 대부로 중손씨^{仲孫氏}, 맹손이라고도 한다. 여기서 '효'에 대한 물음에 공자가 '예에 어긋남이 없어야 한다'라고 답한 배경에는 당시 노나라 권력자를 둘러싼 상황이 있었다. 모로하시에 따르면 중손씨는 숙손씨^{叔孫氏}, 계손씨^{季孫氏}와 함께 당시 노나라 국정을 농단한 권력가이다. 마찬가지로 노나라 환공^{桓公}에서 갈라져 나온 집안이었기 때문에 삼환^{三桓}이라 불렸으며 자주 권력에 기대서 예에 반하는 참월^{僭越} 행위가 많았다.

〖모로하시〗 모로하시는 공자의 답변에 대해 이렇게 설명하였다.

> 공자가 예에 어긋남이 없는 것을 효도라고 가르치려 한 것도 넌지시 참월 행위를 경계하기 위해서 였을 것이다.

〖주자〗

> 사람이 부모를 섬기는 데 처음부터 끝까지 한결같이 예로 하여 소홀히 하지 않으면 그 부모를 높임이 지극한 것이다. 이때 삼가^{三家}가 참람한 예를 행하였다. 그래서 부자^{夫子}께서 이로써 경계한 것이다.

주자는 부모가 살아계실 때 잘 섬기고 돌아가시면 장례와 제사를 지냄에^{生事葬祭} 예를 일관되게 하고 섬김에 소홀하지 않은 것이 효도라고 하였다. 그 위에 공자가 '어긋남이 없다'라고 한 말을 분수에 넘치는 예를 행해서는 안 된다는 의미라고 파악하였다. 군주의 권위를 참칭하는 맹손에 대한 훈계라고 간주하고 신분에 상응하는 예가 있음을 가르친 것이라고 보았다. 효도는 분명 보편적인 도덕원리이다. 그러나 효의 실행 예를 들면 장례와 제사는 사회적 신분에 맞게 행하여야 한다. 군주의 장제가 있고 사대부의 장제가 있으며 서민의 장제가 있다. 계층적 차이를 포함한 보편적인 효도, 이것이 제국의 효도이다.

〖진사이〗

> 효란 음식으로 잘 봉양함을 지극하다고 하지 않고 입신立身하여 도를 행하는 것을 중요하게 여긴다. 따라서 살아 계실 때는 잘 섬기고 돌아가시면 장례와 제사를 지냄에 예에 어긋남이 없다면 부모에게 효도를 다하는 것이다.

진사이는 공자의 가르침이 '예에 어긋남이 없음'을 도에서 벗어나지 않는 것이라 하고 부모를 잘 섬기고 돌아가신 뒤에 장례와 제사를 지낼 때 도에서 벗어나지 않은 것, 올바른 도를 행하는 것이 효라는 것으로 이해했다.

공자는 항상 상대에 따라 가르침을 달리하였다. 공자는 예를 들어 '효'에 대해 추상적이거나 일반적으로 설명하지 않는다. 『논어』의 문답적 언어는 행위 수행적(performative) 성격을 가진 발언이다. 공자는 특정 상대에게 구체적으로 알맞은 발언을 통해 해답을 준다. 여기서도 당시 권력자인 맹손의 효에 대한 물음에 '어긋남이 없는 것'이라고 답을 준 것이다.

이것은 맹손을 향한 해답이며 그로써 의미가 있다. '어긋남이 없는 것'의 '예'란 권력자의 자의적 행위에 테를 씌우듯 사회적으로 용인된 행위 규범을 의미하는 것이 된다. 이로써 공자는 권력을 과시하듯 제멋대로인 장례와 제사가 효의 실천이라고 생각했다면 큰 잘못이라고 비유한 것이다. 공자의 '어긋남이 없는 것'이라는 말은 효를 정의하는 것이 아니다. 효를 행하는 것이 무엇인지를 묻는 것이다. 그러나 후대의 해석은 이 말에서 효의 정의를 읽어낸다. 주자는 "사람이 부모를 섬기는 데 처음부터 끝까지 한결같이 예로 하여 소홀히 하지" 않는 것이야말로 효라고 하였다. 이것은 예교주의적인 국가의 효이다.

〖시부사와〗 시부사와 에이이치도 일국 결합의 강고한 기반으로서 효를 파악하였다. 이 장을 강의하며 시부사와는 이렇게 말했다.

> 효는 백행의 기초로 충신은 효자 가문에서 나온다. 메이지 대제大帝의 교육칙어敎育勅語도 '그대들 신민은 지극히 충성과 효도로써'[4]라고 하셨으며, 우리 국풍 민속의 순후하고 아름다움은 필경 충효 두 가지 도에서 싹트고 있었다. ⋯ 원래 한 나라의 공고한 결합은 한 마을의 화

---

4) '교육칙어'의 정식 명칭은 '교육에 관한 칙어'이다. 일본 천황제 이데올로기에 입각한 교육 방침으로 1890년 10월 31일에 제정, 공포되었으며, 1948년 6월 폐지될 때까지 약 55년간 일본의 교육을 주도하였다. 1911년의 「조선교육령」제2조에서는 "교육은 교육칙어에 입각하여 충량한 국민을 육성하는 것을 본의로 한다"라고 하여, 국민교육의 정신규범으로서 일본과 식민지 조선의 교육 방향에 지대한 영향을 끼쳤다. 시부사와가 인용한 문구의 원문은 "我カ臣民克ク忠ニ克ク孝ニ"이다. 시부사와는 맨 앞의 아(我)를 여(汝)로 썼다.

락和樂에 의한다. 한 마을의 화락은 한 가정의 단란함에 의한다. 한 가정의 단란함은 자식들의 효도에서 나온다. 문명사회에 빠질 수 없는 것이 효도이다. 특히 조금도 흠결이 없는 황금 항아리金甌無欠 같은 우리 국체를 영원토록 유지하는 데는 충효 이 두 가지 도를 더욱더 밝혀가야 한다.

이런 말을 들으면 효도 이데올로기를 수용한 것은 도쿠가와 일본이 아니라 오히려 메이지 일본이었다는 생각이 든다.

9.2 위정 제6장

孟武伯問孝. 子曰, 父母唯其疾之憂.

孟武伯、孝を問う。子曰く、父母は唯その疾をこれ憂う。

맹무백이 효를 물었다. 공자께서 말씀하시길, 부모는 오직 그의 병을 근심한다.

* * *

맹무백은 앞장에 나온 맹손의 아들이다. 그러나 이 장은 다양하게 읽혔다. 내가 여기에 든 것은 주자의 읽기이다. 진사이는 "(자식은) 부모가 오직 병들까를 걱정하라"라고 읽었다. 또 가나야金谷의 『논어』(이와나미 문고)는 고주古注에 따라 "부모에게는 오직 자식의 질병만을 근심하게 해야 한다"라고 읽었다. 훈독에 따라 각각 의미도 다르다.

〖주자〗

공자께서 말씀하시길, 부모는 오직 자식이 병들까 근심한다.

〖데키사이〗

부모가 자식을 사랑하는 마음이 지극하지 않음이 없는 가운데서도 행여 자식이 아플까를 간절히 근심한다. 자식이 그런 마음을 자기 마음으로 삼는다면 오직 몸을 잘 보전하고 혹 다치지 않을지 걱정하여 삼가는 마음이 깊을 것이다. 이것이 효가 아니겠는가?

〖모로하시〗 모로하시도 주자의 읽기를 따라 이렇게 풀이하였다.

부모는 다른 무엇보다 오로지 자식의 병을 근심한다. 따라서 그런 부모의 마음을 명심하여 지켜 건강에 유의하는 것이 효행이다.

〖진사이〗

공자께서 말씀하시길, 부모가 오직 병들까를 걱정하라.

자식이 부모를 섬기는 동안 그야말로 걱정해야 할 일이 많다. 그러나 무엇보다 질병만큼 가장 걱정스러운 일은 없다. 부모가 늙으면 곁에서 봉양할 날이 이미 많지 않다. 하물며 한번 병에 걸리게 되면 효도를 하고자 해도 할 수 없게 된다. 그래서

제9강 효를 묻다

부모가 병들까 걱정하게 되면 하루하루를 아끼는 정성을 스스로 멈출 수 없게 되고 애모하는 마음이 미치지 않는 데가 없다. 효도를 하지 않으려 해도 그럴 수 없다.

〖요시카와〗 요시카와는 고주를 따라 이렇게 설명하였다.

> [고주] 공자께서 말씀하시길, 부모에게는 오직 자식의 질병만을 근심하게 해야 한다.
>
> 병 이외의 일로는 부모에게 걱정을 끼치지 않도록 하세요. 질병은 불가항력이니 부득이한 일입니다. 그 밖에는 부모가 걱정하게 하지 않는다, 그렇게 하는 것이 효행입니다.

권세가였던 맹손의 아들 맹무백이 효를 물은 데 어떤 답이 적절할까? 자신의 몸을 삼가지 않는 자식이라면 주자의 해석이 타당할 것이며, 불의한 행동을 많이 하는 자식이면 고주가 맞다. 그러나 효가 무엇보다 부모 자식 사이의 애정에 기초하는 것임을 생각하면 나는 주자의 해석을 따르고 싶다.

9.3 위정 제7장

子游問孝. 子曰, 今之孝者, 是謂能養. 至於犬馬, 皆能有養. 不敬, 何以別乎.

子游、孝を問う。子曰く、今の孝は、これ能く養うを謂う。犬馬に至るまで皆能く養うこと有り。敬せずんば何を以て別(わか)たんや。

자유가 효를 물었다. 공자께서 말씀하시길, 지금의 효는 이를 잘 봉양하는 것을 말한다. 개와 말에 이르기까지도 모두 잘 기르는 것이 있다. 공경하지 않으면 무엇을 가지고 구별하겠는가?

* * *

〖주자〗 이 장의 의미는 어렵지 않다. 주자를 따라서 읽으면 다음과 같다.

> 사람이 개와 말을 기르는 데도 모두 음식으로 길러줌이 있으니 만약 부모를 봉양하기만 하고 공경함이 지극하지 않으면 개와 말을 기르는 것과 무엇이 다르겠는가, 라고 말씀하신 것이다. 이는 불경의 죄를 심히 말씀하신 것이니 깊이 경계하신 것이다.

경이란 공恭과 마찬가지로 상대에게 공손하고 정중하게 대하는 마음을 뜻한다. 진사이는 철저한 마음씀씀이를 말하였다. 공자가 말하는 효 역시 이러한 마음씀씀이가 아니었을까?

제9강 효를 묻다

〚진사이〛

> 경敬이란 옆에서 모시며 시키는 일을 하고 아침에 문안드리고 저녁에 잠자리를 펴 드리며 음식, 의복, 춥고 더운 계절 변화까지 공경하는 마음으로 대하여 게을리하지 않는 것을 말한다.

여기서 중요한 것은 공자는 부모봉양을 효라고 여겨 온 데에 한 가지를 덧붙였다는 점이다. 경이라는 마음씀씀이를 가지고 봉양함으로써 부모봉양일 뿐인 효 역시 진정한 사람의 효가 된다고 가르친 것이다. 공자의 가르침은 다름 아닌 덧붙인 이 한 마디에 있다. 그때까지 아무도 더하지 않은 말을 공자가 덧붙인 것이다. 이 한 마디에 의해 효는 인간의 중요한 도덕으로서 성립하는 것이다. 우리는 이 장에서 공자로부터 성립한 효를 생각할 필요가 있다. 효가 마침내 국가 도덕체계의 기저에 자리하게 되면서 혹은 가족제도를 지탱하는 이데올로기가 됨으로써 공자가 덧붙인 이 한 마디의 의미는 상실되었다.

9.4 학이 제2장

有子曰, 其爲人也, 孝弟而好犯上者鮮矣. 不好犯上而好作亂者, 未之有也. 君子務本. 本立而道生. 孝弟也者, 其爲仁之本與.

有子曰く、その人と為りや、孝弟にして上(かみ)を犯すことを好む者は鮮(すくな)し。上を犯すことを好まずして乱を作(な)すことを好む者は、未だこれ有らざるなり。君子は本を務む。本立ちて道生ず。孝弟は、それ仁の本為(た)るか。

유자가 말하길, 그 사람됨이 효제하면서 윗사람 범하기를 좋아하는 사람은 적다. 윗사람 범하는 것을 좋아하지 않으면서 난을 일으키기를 좋아하는 사람은 아직 있지 않았다. 군자는 근본을 힘쓴다. 근본이 서야 도가 생겨난다. 효제는 인의 근본이 아니겠는가?

***

[번역] 유자가 말하였다. 그 사람됨이 효성스럽고 공손하면서 윗사람을 거스르기를 좋아하는 사람은 없다. 윗사람을 거스르는 것을 좋아하지 않으면서 난을 일으키기를 좋아하는 사람은 아직 없었다. 군자는 근본에 힘을 쓴다. 근본이 확실하게 서기만 하면 도는 생겨나고 생겨나서 이루어진다. 효제는 인의 근본이 아니겠는가?

여기서는 "군자무본君子務本 본립이도생本立而道生 효제야자孝弟也者 기위인지본여其爲仁之本與"의 훈독을 진사이를 따랐다. 주자를 따르면 "군자는 근본을 힘쓴다. 근본이 서면 도가 생긴다.

제 9강 효를 묻다

효제란 인을 행하는 근본이 아니겠는가?"가 된다.

학이편 첫머리의 이 장에 대해서는 앞의 제2강 「인에 대하여」[p.55]에서 이미 상세히 설명하였다. 여기서 한 번 더 언급하는 이유는 효제의 자리매김과 관련한다.

〖구와바라〗 제9강 첫머리에서 구와바라 지쓰조의 『중국의 효도』를 소개했는데 그는 공자의 교의를 체계화하는 형태로 다음과 같이 말하였다.

> 효제는 인의 근본이며 인은 효제의 발전이다. 그러나 양자를 잇는 것은 사실 충서忠恕이다. 효제와 충서와 인, 삼자는 공자의 교의에서 솥발鼎足 형태를 이룬다.

구와바라의 이해는 이 장에 부응하고 진사이의 이해와도 일치한다. 그래서 제9강 「효를 묻다」를 마치며 다시 한번 학이 제2장을 들었다.

〖진사이〗 우선 앞의 번역과 진사이 『논어고의』의 대주大注를 읽어 보자.

> 이 장은 모두 효도와 공손함이 지극한 덕임을 통틀어서 상찬한 것이다. 생각건대 그 사람의 됨됨이가 효성스럽고 공손한 사람은 성품이 가장 아름답고 도에 가까운 사람이다. 즉 윗사람을 범하여 난을 일으키는 일이 결코 없다는 것을 알 수 있다. 이는 덕으로 나아가 성인이 되는 기본이며 인에 도달할 수 있는 것이다. 인이란 도이다. 효제란 그 근본이다. 진실로 이 근본에서부터 충실히 해 나가면 이른바 도가 생겨나고 생겨나서 그치지 않는다.

마치 근원이 있는 물을 잘 이끌어 사방의 바다로 흘러가게 하고, 뿌리가 있는 나무를 키워 하늘까지 닿게 할 수 있는 것과 같다. 그래서 "효제는 인의 근본일 것이다"라고 한 것이다. 도는 즉 인을 가리키며 효제는 그 근본이 됨을 알 수 있다. 편자는 이 장을 머릿장 다음에 두었다. 생각건대 효제가 학문의 근본임을 밝힌 것이다. 참으로 뜻이 있구나.[5]

이 장은 공자의 유력한 제자인 유자, 유약有若의 말로 전한다. 이것을 공자의 말이라고 하는 주장도 있지만 역시 유자의 말로 보아야 한다. 왜냐면 여기서는 인과 효제의 관계가 체계화되는 형식으로 설명되기 때문이다. "효제는 인의 근본이 아니겠는가?"라는 유자의 말 역시 "충서뿐"이라는 증자의 말과 함께 제자들이 공자의 가르침을 체계적으로 계승하는 과정을 보여준다. 위에 인용한 진사이의 해석도 유자가 체계화한 위에 서 있다. 이러한 체계적인 해석을 통해 가족적 질서를 기초로 하여 안정된 사회질서를 꾀하고자 하는 유가의 사회적 교설도 형성되는 것이다. 유자의 말은 이러한 유가적 교설 형성과정의 일례를 보여준다.

〖구와바라〗 마지막으로 구와바라가 『중국의 효도』에서 체계화한 설명을 인용한다.

사람이 자기가 아닌 다른 사람을 사랑하는 감정 즉 인의

---

5) 이 인용문은 앞에서[p.57]도 나오는데, 앞에서는 저자가 현대어로 해석하여 실었으나 여기서는 진사이의 훈독문을 싣고 있어서 부분적으로 다르다.

제 9 강 효를 묻다

맹아가 우선은 효제로 드러나는데, 효제만으로는 자기 혈육이라는 작은 범위 안의 사람들을 친밀하게 사랑하는 데 지나지 않는다. 부자·형제의 작은 범위에 한정된 애정을 일반 대중이라는 큰 범위까지 이르게 할 필요가 있다. 그러려면 충과 서에 의해 자타^{自他}와 피차^{彼此}의 차별을 타파해야만 한다. 충서의 힘으로 효제의 마음을 극단까지 이르게 하면 천하일가^{天下一家}, 사해형제^{四海兄弟}라는 박애의 인에 도달할 수 있다.

제10강

덕을 생각하다

근세 오사카大坂의 유력한 상인들이 학자를 초청하여 자신들도 공부할 학교를 설립하였다. 바로 회덕당懷德堂이다. 당명인 '회덕'이란 무엇인가? 사전에는 덕을 우러르는 것, 항상 덕을 염두에 두는 것이라고 풀이한다. 이 말은 『시경』 「대아大雅·판板」의 "회덕유녕懷德維寧 종자유성宗子維城"에도 나오고 이제 보겠지만 『논어』 「이인」편의 "군자회덕君子懷德, 소인회토小人懷土"에도 보인다. 오사카 상인들은 자신들이 공부하는 당사를 왜 '회덕당'이라고 이름하였을까? 그 이유를 생각하며 읽어 보자.

제 10 강 덕을 생각하다

10.1 이인 제11장

子曰, 君子懷德, 小人懷土. 君子懷刑, 小人懷惠.

子曰く、君子は徳を懐い、小人は土を懐う。君子は刑を懐い、小人は恵を懐う。

공자께서 말씀하시길, 군자는 덕을 생각하고 소인은 땅을 생각한다. 군자는 형벌을 생각하고 소인은 은혜를 생각한다.

* * *

회덕당의 당명이 유래하는 장구이다. 그러나 군자·소인의 대비를 '덕'과 '토', '형'과 '혜'라는 유사한 음으로 운을 맞춘[1] 이 말의 해석은 한 가지가 아니다. 군자·소인의 대비에 따라 이를 단순하게 번역하면 "군자는 도덕을 생각하지만 소인은 토지를 생각한다. 군자는 법규를 생각하지만 소인은 은혜를 생각한다"(가나야『논어』)가 된다. 과연 공자는 군자·소인을 이렇게 단순하게 대비했을까? 이런 현대어 번역을 접한 독자는 여기서 무엇을 생각하면 좋을까? 이 해석은 주자에게서 나왔지만, 시부사와는 주자의 풀이에 대해 "평생의 회덕을 보고 군자와 소인을 판단해야 한다는 풀이만으로는 의미가 너무 얕아져 버린다"라고 했다.

---

[1] 한국과 일본식 음독으로 덕^{doku}·토^{do}, 형^{kei}·혜^{kei} 이므로 유사하다고 보았다.

10.1 이인 제11장

〖주자〗 우선 주자의 해석을 보자.

> 회懷는 생각하는 것思念이다. 덕을 생각한다는 것懷德은 고유한 선善을 보존하는 것을 이르고 땅을 생각한다는 것은 처하는 곳의 편안함에 빠지는 것을 이른다. 형刑을 생각한다는 것은 법을 두려워함을 이르고, 혜惠를 생각하는 것은 이익을 탐하는 것을 이른다. 군자와 소인의 취향이 같지 않음은 다만 공과 사의 사이일 뿐이다.

주자의 풀이는 '군자는 평생 오직 공公을 생각하고 소인은 평생 오직 사私를 생각한다'로 귀결한다. 이것은 중국 사회에 성립한 '공사'의 유가적 규범의식으로 공자의 말을 읽었다는 것을 의미한다. 혹은 오히려 이러한 해석이 공사의 규범의식을 만들어냈다고도 할 수 있을 것이다.

〖진사이〗 진사이는 다음과 같이 읽고 말뜻을 풀이하였다.

> 군자는 덕을 따르고 소인은 땅을 따른다. 군자는 법규를 따르고 소인은 은혜를 따른다.
>
> 회懷란 따르는 것歸이다. 토土는 몸이 편안히 처하는 곳이다. 형刑은 법규이다. 혜惠는 은혜이다.
>
> 덕을 따르는 사람은 이익으로 움직이지 않고 오직 선善을 사랑한다. 땅을 따르는 사람은 항산恒産을 가져야만 항심恒心을 갖는다.[2] 법규刑를 따르는 사람은 마음이 의

---

[2] 항산은 변함없이 고정된 생업을 가리키고 항심은 변함없는 도덕심을 뜻한다. 『맹자』「등문공」편에 "有恒産者有恒心, 無恒産者無恒心", 「양혜왕상」편에 "無恒産因無恒心"이라고 나온다. 백성들은 물질적인 생활이 안정되지 않으면 올바른 마음을 지속하기가 어려우므로 백성의 생활을 안정시키는 것이 군주의 역할임을 강조하는 말이다.

제 10 강 덕을 생각하다

형儀式을 즐겨 따른다. 은혜를 따르는 사람은 이익만을 가까이한다.

사전에 '회懷'는 마음을 담아 생각하는 것, 그리워하는 것, 뒤쫓는 것, 가슴에 품는 것이라고 나온다. 또 '형刑'은 법규·규범을 의미하며, '의형'이란 모범·본보기·법식·규범이라고 나온다. 진사이는 이에 따라서 다음과 같이 풀이하였다.

> 군자란 덕을 따르고 그리워하고 또 성현의 법규를 뒤쫓아 기준으로 삼는 즐거움을 발견하는 사람이다. 군자가 덕을 따르는 것은 그것이 그저 선하기 때문이지 경제적인 여유나 동기에서 그러는 것이 아니다.

여기서는 마음을 도덕으로 향하여 그것을 따르고 통절히 생각하는 자립적인 군자상君子像이 떠오른다. 아마도 이런 군자상을 공유하는 사람들에 의해 회덕당이란 이름이 붙여졌을 것이다. 또 진사이에게 군자란 유덕한 사람을 의미하는 것이지 중요 관직에 등용된 사람을 의미하지 않는다. 군자·소인이란 사회적 계층적 구별을 뜻하지 않는다. 상인이라 하더라도 도덕에 대해 독실하게 생각한다면 바로 군자이다.

〖소라이〗 소라이는 늘 그랬듯이 군자·소인은 사회적·정치적인 지위로 말하는 것이라면서 위정자와 피치자의 통치적 관계 속에서 이 장을 읽었다.

> 군자가 덕을 생각하면 소인은 땅을 생각한다. 군자가 형벌을 생각하면 소인은 은혜를 생각한다.

소라이는 이 문장을 앞단과 뒷단의 대비로 읽었다. 위정자가 덕정德政을 펼치면 백성들은 그 토지를 편안하게 여겨 다른 영토로 도망가거나 하지 않는다. 군주가 학정을 하면 백성들은 오로지 은혜만 구걸한다고 하였다. 이것은 나름대로 조리에 맞는 이해이다.

회덕당이란 이름의 유래를 어디에서 찾을 것인가? 자립적으로 도덕을 생각하는 데서 군자(시민)인 근거를 발견한 진사이의 이해야말로 회덕당에 어울릴 것이다.

10.2 이인 제25장

子曰, 德不孤, 必有鄰.

子曰く、徳は孤(こ)ならず、必ず隣(となり)有り。

공자께서 말씀하시길, 덕은 고립되지 않는다. 반드시 이웃이 있다.

* * *

〖주자〗

> 인鄰은 친親과 같다. 덕은 고립되지 않아 반드시 동류同類가 있어 서로 응하는 것이다. 그러므로 덕이 있는 사람에게는 동지가 있어 그를 따르는 것이 마치 거주하는 곳에 이웃이 있는 것과 같다.

이 장의 해석은 대부분 주자를 따른다. 소라이는 이웃의 도움이 있는 것이라고 하였다.

〖모로하시〗 모로하시의 번역을 인용한다.

> 군자는 말한다. 덕이 있는 사람有德者은 결코 고립된 사람이 아니고 반드시 그에게 감응하여 공명하는 이웃 사람이 나오게 된다.

〖시부사와〗 시부사와는 공자를 비롯한 고금의 사례를 들면서 설명하였다.

자신에게 덕이 있는 사람은 결코 다른 사람에게 배척당해서 고립무원孤立無援하는 일이 없다. 뜻을 함께하고 도를 함께하는同志同道 사람이 저절로 추종하여 마치 내 집 옆에 이웃집이 있듯이 서로 돕고 서로 이루게 된다.

규슈九州의 분고豊後 히지日出[3] 성주인 기노시타木下의 유신儒臣 중에 호아시 반리帆足萬里(1778~1852)라는 덕이 큰 학자가 있었다. 나이 들어 관직에서 물러나 한적한 땅의 지상地相을 살펴 성에서 서쪽으로 3리 떨어진 미나미하타무라南畑村의 메카리目쎄라는 시골 산중에 은거하였다. 그러나 사방에서 학도들이 구름처럼 안개처럼 모여들어 제각기 마음대로 반리옹의 집 옆에 잇달아 집을 지었으니 마침내 커다란 글방塾을 이루었다. 그 글방을 서엄숙西崦塾이라 불렀고 문인들은 옹을 서엄선생이라고 존칭하였다.

---

[3] 분고는 옛 지명으로 지금의 규슈 오이타현(大分縣)의 대부분을 차지했던 지역이다. 히지는 오이타현 하야미군(速見郡)에 있던 번(藩)이다.

10.3 옹야 제29장

子曰, 中庸之爲德也, 其至矣乎. 民鮮久矣.

子曰く、中庸の徳たるや、其れ至れるかな。民鮮(すく)なきこと久し。

공자께서 말씀하시길, 중용의 덕, 그것이 지극하구나! 백성에게 적어진 지 오래되었다.

* * *

주자는 중^中이란 지나치거나 미치지 못함^{過不及}이 없는 것이고 용^庸이란 평상시를 뜻하며 지^至란 지극함이고 선^鮮은 적은 것이라고 설명하였다. 그리고 이 장의 의미를 "백성들에게 이 덕이 적어진 지 이미 오래되었다"[4]라고 풀이하였다. 가나야는 "중용의 도덕으로서 가치는 아무래도 가장 높구나! 그렇지만 인민들 사이에서 모자라게 된 지 오래되었다"라고 번역하였다. 그러나 왜 인민들에게 중용의 덕이 적다고 말하게 되었을까? 모로하시는 "그러나 이미 오랫동안 중용의 덕을 실행한 사람은 거의 없다"라고 '민'을 '사람'으로 일반화하고 있다. 그러나 왜 민에게 이 덕을 이야기하게 되었을까?

---

[4] 『논어집주』의 원문은 "民少此德, 今已久矣"이다. 성백효는 "사람들이 이 덕을 소유한 이가 적은 지 지금 이미 오래되었다"라고 해석하였다.(성백효 역주『현토완역 논어집주』개정증보판, 전통문화연구회, 2005, 184쪽) 보통 이 부분의 일본어 훈독은 "民の此の德少なきこと、今已に久し"인데 저자는 이를 "民にこの德の少ないこと、いまやすでに久しい"라고 풀었다. 여기서는 저자의 '읽기'에 따라 번역하였다.

10.3 옹야 제29장

〖진사이〗

중용의 덕이란 지나치거나 못 미치는 것이 없이 평상시에 실천해야 할 도를 말한다. 이른다至는 것은 지극함이다. 삼대의 성인이 말하는 중中이란 일을 처리하는데 합당함을 얻었다는 뜻에 지나지 않았다. 공자에 이르러서 거기에 용庸자를 더하여 사람들의 이목을 놀라게 하지 않고 당시의 풍속에 거스르지 않고 만세불변의 상도常道를 의미하게 되었다. 이렇게 해서 중은 분명하게 다른 의미가 되었다.

중용은 천하에 실천하기 지극히 어려운 덕이다. 세상에서 도를 논하는 자는 높은 것을 지극하다거나 혹은 어려운 것을 지극하다고 한다. 그러나 높은 것은 기氣를 통해 도달할 수 있고 어려운 것은 힘을 써서 가능하게 할 수 있다. 그것들은 모두 한쪽으로 치우쳤기 때문이다. 오직 중용의 덕은 평이하고 차분해서 기를 써도 도달할 수 없고 힘을 써도 할 수 없는 것이다. 이것이 백성들 중에 그 덕을 지닌 이가 적은 이유이다. 생각건대 당우삼대唐虞三代의 훌륭한 시절에 백성은 질박하고 풍속은 순후淳厚하여 외부에서 바로잡지 않아도 사람들은 저절로 도에 부합하였다. 아비는 아비다웠고 자식은 자식다웠으며 형은 형다웠고 동생은 동생다웠다. 지아비는 지아비다웠고 지어미는 지어미다워서 자연히 서로 기이한 행동이나 위험한 일이 뒤섞이는 일도 없었고 그런 일을 접하지도 않았다. 이야말로 중용의 덕이다. 그런데 후대에 이르러 고원한 데서 도를 구하고 처리하기 어려운 일 가운데서 도를 추구하게 되어, 추구하면 할수록 더더욱 멀어지고 보완하려 했으나 도리어 파괴되고 말았다. 그래서 "백성에게 적어진 지 오래되었다"라고 말한 것이다. 그러므

제10강 덕을 생각하다

로 공자는 특히 중용의 도를 세워 백성들의 지극한 도로 삼은 것이다.『논어』가 최상의 지극한 우주 제일最上至極宇宙第一의 책인 이유는 실로 여기에서 유래한다.

이 장의 취지는『논어』로부터 사람들이 평생 실천하는 일상 윤리의 도야말로 지극한 것임을 발견하는 진사이를 통해 비로소 올바르게 이해할 수 있다.

참고로 진사이가『동자문童子問』에서『논어』를 상찬한 장을 인용해 둔다.

> 생각건대 알기 어렵고 실천하기 어렵고 고원하여 이를 수 없는 설은 이단사설異端邪說로 여기고 알기 쉽고 실천하기 쉬운 평정平正·친절한 것을 요순의 도로 여기는 것, 이것이 공자께서 가르침을 세운立敎 본질이며『논어』의 근본 취지이다. 옛날에 공자가 두루 고금을 관찰하고 여러 성인을 가려 뽑아서 특히 요순을 조술祖述하고 문무를 본받아 밝히고, 알기 어렵고 행하기 어려운 드높고 광대하여 헤아릴 수 없는 말을 피하였다. 알기 쉽고 행하기 쉬운 만세불변의 도를 세워서 백성들의 지극한 도로 삼아 이를 문인에게 전하여 후세에 알렸다. 그래서『논어』라는 책이 실로 최상의 지극한 우주 제일의 책으로서, 공자의 성덕은 인민이 생긴 이래 일찍이 없었으니 요순보다 훨씬 뛰어나다고 하는 까닭이 바로 이 때문이다.(『동자문』상, 제5장)

10.4 헌문 제6장

南宮适問於孔子曰, 羿善射, 奡盪舟. 俱不得其死然. 禹稷躬稼而有天下. 夫子不答. 南宮适出. 子曰, 君子哉若人. 尙德哉若人.

南宮适、孔子に問いて曰く、羿は射を善くし、奡は舟を盪かす。俱にその死をえず。禹と稷とは躬ら稼して天下を有つと。夫子答えず。南宮适出ず。子曰く、君子なるかな若き人、德を尙べかるかな若き人。

남궁괄이 공자께 물어 여쭙기를, 예는 활쏘기를 잘 하였고 오는 배를 잘 끌었습니다. 모두 그 [자연스러운] 죽음을 얻지 못했습니다. 우와 직은 직접 농사지어 천하를 가졌습니다, 라고. 공자께서 답하지 않으셨다. 남궁괄이 나갔다. 공자께서 말씀하시길, 군자로구나, 이런 사람은. 덕을 숭상하는구나, 이런 사람은.

***

〚주자〛 주자의 설명을 보자.

> 남궁괄南宮适은 공자의 문인인 남용南容이다. 예羿는 유궁국有窮國의 군주로 활을 잘 쏘았는데 하후夏后의 상相을 죽이고 그 자리를 빼앗았다. 이번에는 그의 신하 한착寒浞이 예를 죽이고 그를 대신하였다. 오奡는 착의 아들이다. 힘이 세서 육지에서도 배를 끌고 다녔다. 나중에 하후의 소강少康에게 주살되었다. 하나라 시조 우禹는 수토水土를 다스리고 주나라 시조 직稷은 몸소 농사를 지었다. 이렇게 우는 순의 선양禪讓에 의해 천하를 가졌고

제10강 덕을 생각하다

직도 후대의 무武에 이르러 천하를 가졌다. 남궁괄은 예와 오를 당대의 권력자에 비유하고 우와 직을 공자에 비유했을 것이다. 그러므로 공자는 대답을 하지 않았다. 그러나 남궁괄의 말은 그야말로 군자다운 말이었고 그 마음은 덕을 숭상하는 것이었다. 그가 방을 나가자 곧바로 공자는 이를 찬미한 것이다.

마지막 말을 가나야는 "군자로구나, 이런 사람은. 덕을 귀히 여기는구나, 이런 사람은"이라고 번역하였다.

고주에는 남궁괄을 노나라 가로家老 남궁경숙南宮敬叔이라고 되어있다. 그러는 편이 이 장의 대화에 어울린다. 그러나 어쨌든 이 장은 그다지 깊게 고민할만한 문제를 제기하지는 않지만 공자가 덕을 어떤 사항과 관련시키면서 말하는지 생각하게 만든다. 여기서 공자는 덕을 오로지 권력에 의한 정치와 연관시켜 설명한다. 그러나 여기서 덕을 말하는 것이 권력에 의한 정치를 덕에 의한 정치로 치환하는 것을 의미할까?

〚진사이〛 진사이는 권력에 도덕을 분명하게 대치시켰다.

권력을 숭상하고 도덕을 가벼이 여기는 것은 세상 풍속에서 항상 보는 행태이다. 사람들이 모두 그 것이 잘못임을 모른다. 지금 남궁괄은 노나라가 참란僭亂한 책임이 있는 대신大臣의 집안에 태어났으면서도 이렇게 말한 것을 보면, 그가 공자 문하에서 배운 것이 얼마나 깊은지 알 수 있다. 권력이 믿을 만한 것이 아니며 도덕의 효과를 곧바로 구할 수 없더라도 그 영향은 저절로 멀리까지 미친다는 것을 깨달은 것이다.

나는 최근에 고서점에서 우연히 진사이의 『논어고의』를 평석한 책을 발견했다. 제2강에서도 인용한 송당松堂 하라 시게하루原重治의 노작 『논어고의전論語古儀傳』이다. 나는 이 책의 존재를 전혀 몰랐다. 서문에는 "논어고의전의 집필은 진사이 선생에 대한 보은의 일단으로 나의 의무이자 책임처럼 느껴졌는데 이제 68세 생일을 맞아 졸고가 완성되었으니 조금은 맘이 편해졌다"고 쓰여 있다. 그런데 하라는 이 장을 이렇게 논하였다.

> 현재는 민주주의 사상과 함께 인권존중과 민족자주 운동이 점차 활발해져서 권력·무력을 주체로 하는 제국주의와 식민정책은 의심의 여지없이 한 걸음씩 쇠퇴하고 있다. 실로 인류가 도덕에 눈을 뜨고 권력을 잃어버려야만 자유민주의 참뜻에 철저할 수 있을 것이다.

쇼와의 대전大戰을 반성하면서 하라는 전후 일본을 권력주의에서 도덕주의로 전환으로 파악하는 것이다. 나는 진사이를 경애하는 『논어고의전』의 저자에게서 이런 말이 나온 것을 감개무량하게 읽었다. 이 말은 공자에게 나온 것이 아니다. 권력주의에 도덕주의를 대치시키는 진사이로부터 나온 것이다.

확실히 공자는 권력정치와 관련해서 덕을 말하였다. 그러나 공자가 말하는 덕에 의한 정치란 무엇일까? 이 장에서도 스스로 농사를 지어 천하를 가진 우와 직을 성찰하면서 덕을 설명하였다. 정치의 목적은 인민의 생활을 안정시키는 것이다. 그러나 종종 정치의 목적이 위정자의 권력적 목적과 혼동되어

제 10 강 덕을 생각하다

정치가 그들의 권력 행사 과정이 되어버린다. 그런 정치에 본래의 목적을 회복恢復시키는 것, 위정자에게 위정이 본래 있어야 할 곳을 각성시키는 것, 공자는 그것을 덕으로써 이야기하는 것이 아닐까? 위정자의 덕이란 민생을 생각하는 것이다. 민생을 마음에 깊게 새겨 생각하는 위정자를 유덕한 군주라 하고 그런 정치를 인정仁政이라 하는 것이다. 인이란 타자를 깊이 생각하는 마음의 작용이자 능력이다. 위정자가 몸소 농사를 짓는다는 것은 정치를 하면서 정치 본래의 목적을 끊임없이 환기하는 것을 뜻할 것이다. 그러나 공자가 눈앞에서 보는 것은 인민의 희생 위에 행해지는 권력투쟁이었다.

공자는 말하는 것이다. "덕을 아는 자가 적구나"라고.

10.5 위령공 제4장

子曰, 由, 知德者鮮矣.

子曰く、由よ、德を知る者は鮮(すくな)し。

공자께서 말씀하시길, 유야, 덕을 아는 자가 적구나.

***

주자는 이 말을 "한때의 말씀一時之言"이라 하였다. 위령공 제1장부터 이 장에 이르기까지 "아마도 모두 한때의 말씀이며 이 장은 (자로가) 성난 듯이 보였기에 말씀하신 듯하다"(『논어집주』)라고 하였다. 위령공 제1장은 "위나라 영공靈公이 공자에게 진법陣法을 물었다. 공자께서 대답하여 말씀하시기를, 조두俎豆(공물을 담는 그릇, 제사의식의 예법)에 관한 일은 일찍이 들었으나 군대에 관한 일은 배우지 못했다고 하시고 다음날 드디어 떠나셨다"라고 하였고, 제2장은 "진陣나라에 있으면서 양식이 떨어졌다. 종자從者들이 병들어 잘 일어나지 못하였다. 자로가 성난 얼굴로 뵙고 말하기를, 군자도 곤궁할 때가 있습니까? 공자께서 말씀하시길, 군자는 원래 곤궁한 법이다. 소인은 궁하면 함부로 한다"라고 하였다. 주자는 제4장의 말이 공자를 둘러싼 이런 상황에서 나왔다고 하였다. 오로지 권력·무력에 의지하는 위정자를 향한 것인지, 공자를 곤궁에 빠뜨리는 사태에 화가 난 자로를 향한 것인지 여하튼 이런 상황에서 나온 한때의 말이라는 것이다. 확실히 이 말은 위령공편에 보이는 상황에서 나왔을 것이다. 그러나 "덕을 아는 자가 적구나"라는

제 10 강 덕을 생각하다

말에는 일시적이 아닌 공자의 깊은 탄식이 들어있다.

10.6 헌문 제5장

> 子曰, 有德者必有言. 有言者不必有德. 仁者必有勇, 勇者不必有仁.

> 子曰く、德有る者は必ず言有り。言有る者は必ずしも德有らず。仁者は必ず勇有り。勇者は必ずしも仁有らず。

공자께서 말씀하시길, 덕 있는 자는 반드시 말이 있다. 말이 있는 자가 반드시 덕이 있는 것은 아니다. 어진 자는 반드시 용감하다. 용감한 자가 반드시 어진 것은 아니다.

* * *

덕과 말, 인과 용기를 대응시켜 말하고 있다. 이 대응을 안에 갖춘 덕성이 밖으로 말과 행동에 발현한다는 내외의 관계에서 풀이하면 주자학적 이해가 된다.

〖주자〗

> 덕이 있는 자는 안으로 화순和順이 쌓여 밖으로 아름다움 英華이 나타난다. 말을 잘하는 자는 말주변만 좋은 사람, 달변가에 지나지 않는다. 어진 자는 사사로운 관련이 없어서 의를 보면 반드시 행한다. 그러나 용감한 자에게는 혈기의 허세만 있다.

주자는 덕과 말, 인과 용기의 대응 관계를, 안에 덕이 있으면 반드시 밖으로 좋은 말이 나오고 안에 인이 있으면 반드시 밖으로 용감하다고 하여 내부는 반드시 외부로 발현하는 내외 일치의 관계로 본다.

〖리쩌허우〗 리쩌허우도 주자를 따라 이렇게 말했다.

> 이것은 안(인과 덕)과 밖(용과 언)의 관계를 말하고 있다. 내부에 얻은 바가 인과 덕이면 아무런 기대를 하지 않아도 반드시 외부로 드러나는 용과 언이 있다.

주자처럼 강하게 내외일치를 말하지는 않더라도 해석자들은 대부분 덕이 있는 사람은 자연히 좋은 말을 하고 어진 사람은 반드시 용기가 있다고 풀이하였다. 대표적으로 가나야의 해석을 보자.

〖가나야〗

> 덕이 있는 사람은 분명 좋은 말을 하지만 좋은 말을 하는 사람이 꼭 덕이 있다고는 할 수 없다. 어진 사람은 분명 용기가 있지만 용감한 사람이 꼭 어질다고는 할 수 없다.

이 번역은 분명 맞을 것이다. 그러나 이것을 맞는 해석으로 보고 『논어』원문으로 다시 돌아가 생각해 보자. 도대체 이런 해석으로 공자는 무엇을 가르치려고 했을까? '유덕자는 반드시 좋은 말을 하고 어진 자는 반드시 용감하다'라는 일반법칙을 가르치는 것일까? 그것도 후반의 반어인지 도치어인지 "좋은 말을 하는 사람이 꼭 덕이 있다고는 할 수 없다"라고 해석해 버리면 '좋은 말을 하는 사람은 패덕자^{悖德者}일지도 모른다'가

되고 만다. '말이 번지르르한 인간은 조심해라'라는 격언이 성립하지 않은 것은 아니나 공자가 정말 그런 뜻으로 말한 것일까? 수사법적으로 후반에서 '반어·도치어'를 말한 것은 전반의 '정어正語·직어直語'를 강조하는 것으로 반어 자체가 의미를 갖지는 않는다.

따라서 공자의 말은 "덕 있는 자는 반드시 말이 있다", "어진 자는 반드시 용감하다"라고 생각해야 한다. 진사이는 공자의 말이 "오로지 '덕 있는 자는 반드시 말이 있고 어진 자는 반드시 용감하다'라는 것을 말한다"(『논어고의』)라고 풀이했다. 그렇다면 공자의 말이 전반의 '정어·직어'에 의미가 있다고 한다면 어떻게 해석해야 할까? "덕 있는 자는 반드시 말이 있다"라는 것은 '덕 있는 자는 반드시 해야 하는 말을 하는 사람이다. 해야 할 말을 하지 않는 사람을 덕이 있다고 할 수 없다'라는 의미로 풀이해야 하지 않을까? 덕 있는 사람이란 말을 해야 할 때 말을 해야 할 곳에서 말을 해야 할 상대를 향해 말하는 사람이다. 그래서 공자는 용기를 말한 것이다. "어진 자는 반드시 용감하다"라고. 『공자가어孔子家語』에 "덕이 있으면서 말이 없다면 군자는 이를 부끄러워한다. 말을 하고서도 행동하지 않으면 군자는 이를 부끄러워한다"라고 하였다.

사람의 말에 대하여 공자의 말을 하나 더 인용하겠다.

10.7 위령공 제8장

子曰, 可與言而不與之言, 失人. 不可與言而與之言, 失言. 知者不失人, 亦不失言.

子曰く、与(とも)に言うべくしてこれと言わざれば、人を失う。与に言うべからずしてこれと言えば、言を失う。知者は人を失わず、また言を失わず。

공자께서 말씀하시길, 더불어 말할 만한데도 그와 말을 하지 않으면, 사람을 잃는다. 더불어 말할 만하지 않은데도 그와 말을 하면, 말을 잃어버린다. 지혜로운 사람은 사람을 잃지 않고, 말을 잃지도 않는다.

* * *

주자를 비롯하여 진사이나 소라이도 이 장에 대해서는 거의 언급하지 않았다. 굳이 말하지 않아도 될 만큼 명확해서일까? 1940년에 출판된 하야시 하야미(林速水) 편집 『논어』는 장마다 상세한 평석을 덧붙이고 있는데 이 장에 대해서는 "이것은 가장 깊이 새겨야 할 성어(聖語)로 설명할 필요가 없다"라고만 되어있다. "가장 깊이 새겨야 할 성어"라면서 설명이 필요하지 않다는 것이 이해되지 않는다.

〖시부사와〗 이럴 때 시부사와 논어가 도움이 된다.

> 더불어 이야기할 만한 하다면 당연히 그 사람과는 잘 이야기해야 한다. 그런데도 그 사람과 이야기하지 않는다면 같이 이야기할 만한 사람을 잃게 된다. 또 더불어

제 10 강 덕을 생각하다

이야기할 만하지 않다면 당연히 그런 사람과는 이야기하지 말아야 한다. 그런데도 그 사람과 이야기한다면 해야 할 말을 잃어버리게 된다. 사람을 잃고 말을 잃는 것은 모두 자신이 지혜롭지 못하기 때문이다. 만약 지혜로우면 사람을 잘 보고 이야기할 만한 사람에게는 말하고 그렇지 않은 사람에게는 말하지 않는다. 그래서 사람을 잃을 일도 말을 잃을 일도 없다. 요컨대 다른 사람을 만날 때는 우선 그 사람을 알아야 한다. 이 장은 실로 사람의 처세에 필요한 교훈이다.

시부사와는 여느 때처럼 고금의 실례를 들어 설명하였다. 여기서는 사카모토 료마[5]를 예로 들었다.

> 도쿠가와씨德川氏의 말기에 양이론이 성행하자 사쓰마薩摩-조슈長州가 반목하고 조정은 조슈에 막부는 사쓰마에 기대려고 하였다. 도사번土佐藩의 사카모토 료마가 이를 염려하여 사쓰마 번의 사이고 다카모리西鄕隆盛·오쿠보 도시미치大久保利通를 설득해서 조슈번의 기도 다카요시木戶孝允와 만나게 하였다. 마침내 장벽을 무너뜨리고 서로 손을 잡자 이로부터 근왕도막勤王倒幕 세력이 강성해져 회천回天의 대업을 도왔다. … 즉 사카모토 씨의 말은 사람을 잃은 것도 아니고 말을 잃은 것도 아니지 않은가?

---

[5] 사카모토 료마(坂本龍馬, 1836~1867)는 막부 말기 도사번(土佐藩) 하급 무사 출신으로 탈번한 후 지사로 활약하였다. 무역회사와 정치조직을 겸한 해원대(海援隊)를 결성하였고 사쓰마-조슈 동맹 성립에 기여하는 등 막부타도와 메이지 유신에 관여하였다. 대정봉환(大政奉還) 후 교토 오미야(近江屋)에서 암살되었다. 참고로 '사쓰마-조슈동맹을 성사시킨 사카모토 료마'라는 영웅적 이미지는 일본에서 국민작가로 불리는 시바 료타로(司馬遼太郎, 1923~1996)의 소설 『료마가 간다』에서 창작된 바가 크다.

그러나 얼마 지나지 않아서 사카모토 씨는 교토京都의 객사에서 사살되었다. 안타깝도다.

'실언失言'을 일본어 사전에서 찾으면 "말해서는 안 되는 일을 무심코 말해 버리는 것. 또는 그 말"(『신명해新明解』)이라고 나온다. 일본 한자사전은 우선 『논어』의 이 장을 들며 "말할 만하지 않은 인물과 이야기하다. 말할 상대를 잘못 고르다"라고 풀이한 다음 "말을 잘못하다. 말할 만하지 않은 일을 말하다. 무심코 말해 버리다"(『신자원新字源』)라고 설명하고 있다. 우리는 보통 '실언'으로 '잘못 말하다' '말실수하다'라고 이해하지만, 위 사전의 설명을 포함하여 우리는 『논어』에서 말하는 "말을 잃어버린다"라는 의미를 놓치고 있는 듯하다. 함께 이야기를 나눌 만하지 않은 사람에게 말하는 것이 '실언'인 것은 함께 이야기를 나눌 만한 사람과 이야기하지 않으면 그러한 사람을 잃는 것과 같다. 이것이 공자의 뜻이다. 이야기를 나눌 수 있는 소중한 사람을 잃는 것은 해야 할 중요한 말과 이야기를 나눌 만한 사람을 같이 잃어버리는 것이다. 그래서 공자는 "지혜로운 이는 사람을 잃지 않고 말을 잃지도 않는다"라고 하는 것이다. 주자는 겨우 '역亦'자에 대해서만 말했다.

> 사람을 잃지 않는 것도 또한 말을 잃지 않는 것이다. 꼭 나누어지지는 않으니 모름지기 '역'이란 글자를 봐야 한다.[6]

---

[6] 저자는 인용문의 출처를 『논어집주』라고 밝히고 있으나 『논어집주』나 『주자어류』에서도 확인하지 못하였다. 저자의 착오로 보인다.

제11강

충신과 충서

'충신忠信'을 일본 한자사전에서 찾으면 "진심, 참"이라는 일본어 뜻을 들고나서 "충은 마음에 대해 말하는 것이고 신은 말에 대해 말하는 것이다"라고 풀이된다(『신자원』). 요컨대 본연의 진실한 마음이 충이고 본연의 진실한 말이 신이라는 것이다. 또 '충서忠恕'는 "진심과 배려의 마음"이라고 하였다. '충신'과 '충서' 역시 『논어』에서 공자가 특히 중시하는 덕성 개념이다. 그리고 '충'이나 '신'은 '진심' 혹은 '참'이라는 의미로 일본어로는 '마고코로眞心', '마코토眞, 實, 誠'로 읽는다. '진심'이나 '참'은 일본인도 중요하게 생각하는 덕성이다. 그러나 '충신'이나 '충서'를 '마고코로'나 '마코토'로 읽는 것은 일본인이 좋아하는 심성개념으로서 읽는다는 것을 의미한다. '충'이나 '신' 혹은 '서'란 원래 무엇이었을까? 『논어』속 공자의 발어發語로 거슬러 올라가 생각해 보자.

제11강 충신과 충서

 '마고코로'나 '마코토'라고 하면 내 마음가짐의 문제, 진실하고 성실하게 여겨지는 마음가짐의 문제로 간주된다. 그러나 '충신'과 '충서'는 모두 상대를 대하는 마음씀씀이나 행동방식과 연관되는 덕성 개념이다. 그 속에는 대타적對他的 관계에서 인간의 어떠한 모습이 진실하고 성실한 것으로 간주되는가, 라는 문제가 들어있다. 그것은 결코 한 개인의 마음가짐의 문제가 아니다. 『논어』에서 말하는 '충신'과 '충서'는 모두 타인과의 관계에서 나타나는 인간의 문제이다. 덧붙이 일본에서는 '마코토'라는 말에 성誠자를 붙이지만 이 글자나 개념은 『논어』에는 보이지 않는다. '성' 개념은 『중용』에서 성립하였다.

11.1 학이 제4장

曾子曰, 吾日三省吾身. 爲人謀而不忠乎. 與朋友交而不信乎. 傳不習乎.

曾子曰く、吾れ日に三(み)たび吾が身を省みる。人の為に謀(はか)りて忠ならざるか。朋友と交わりて信ならざるか。習わざるを伝うるか。

증자가 말하길, 나는 하루에 세 번 나 자신을 되돌아본다. 다른 사람을 위하여 도모함에 충실하지 않았는가? 벗과 사귐에 미덥지 않았는가? 익히지 않은 것을 전하였는가?

* * *

정자程子는 '충신'을 "자신을 다하는 것을 충이라 일컫고盡己之謂忠 실제에 의한 것을 신이라 일컫는다以實之謂信"라고 정의하였다. 이 정의는 널리 사용되고 있다. 진사이는 고주에 따라 "충은 마음을 다 쏟는 것이다. 신은 실함이다"[1]라고 정의하였다. 모두 사람을 대할 때 성실하게 하는 모습을 말한다. 다만 성실하게 하는 것이 무엇인지 다시 생각해 보자. 주자는 마지막 문구를 "전수받은 것을 익숙하게 하지 않았는가?"라고 읽어서 스승에게 전수받은 것을 복습하지 않은 뜻으로 풀이하고 있다. 진사이는 아직 충분히 복습하여 자득自得하지 않은 것을 함부로 다른 사람에게 전한다는 뜻으로 풀이하였다.

---

1) 공안국(孔安國)의 주로 원문은 "忠謂盡中心, 信實也"이다.

제 11강 충신과 충서

증자는 공자보다 46세 어린 제자로 이름은 삼參이며 가장 유력한 공자 학통의 계승자이다. 따라서 『논어』에서는 항상 증자라는 경칭으로 불린다. 그의 말이 『논어』 첫머리 학이편에 놓인 것은 『논어』의 형성과정을 말해주는 것이기도 하다.

> [번역] 증자께서 말씀하셨다. 나는 매일 나 자신을 세 번 되돌아본다. 다른 사람을 위해 생각함에 자기 자신을 다 했는가? 벗과 사귀는 데 언행이 진실했는가? 또 복습하여 스스로 깨닫지 못한 것을 다른 사람에게 전수하지는 않았는가?

〚진사이〛

> 이것은 증자가 이 세 가지를 항상 마음에 두고 잊는 일 없이 날마다 세 번 스스로 분발하여 자신을 돌이켜봄이 이러하였다는 것을 말한다. 생각건대 이 세 가지는 모두 다른 사람을 위해 소홀히 해서는 안 되는 일이다. 증자가 이 세 가지 일로 자신을 되돌아본 것은 옛날 사람에게 수양이란 오로지 다른 사람에 대한 사랑이 근본이었음을 밝히고 있다. 그러므로 스스로 돌이켜보는 것은 다른 사람을 위한 것이었다. 그런데 후세 학습자들은 외부의 유혹을 끊고 번민을 물리치는 것을 성신省身의 요체로 삼는데 그것은 잘못되었다.

진사이는 옛날 사람들이 자기 수양과 반성을 하는 일은 모두 다른 사람과의 사귐에 있어서라고 말하는 것이다. 나와 다른 사람의 대인관계에서 사랑과 믿음에 의한 충실함을 도덕적 세계가 성립하는 기초·근본이라고 생각하는 진사이의 생각이 가장 잘 전해진다.

충신에 대해서는 우선 진사이의 『어맹자의語孟字義』「충신」의 풀이를 보자.

> 정자가 말하길 "자신을 다하는 것을 충이라 일컫는다. 실제에 의한 것을 신이라 일컫는다"라고 하였다. 모두 다른 사람과 사귐에 대한 말이다. 다른 사람의 일을 하는데 내 일처럼 하고 다른 사람의 일을 도모하는데 내 일처럼 도모하여 털끝만큼도 다하지 않음이 없는 것, 그것이야말로 충이다. 무릇 다른 사람과 이야기할 때 있으면 있다고, 없으면 없다고, 많으면 많다고, 적으면 적다고 하는 것이 바로 신이다.

사실 진사이의 '충신' 해석은 기본적으로 주자학 용어사전 『북계자의北溪字義』[2]에 의한다. 양자의 겹치는 부분과 그렇지 않은 부분을 살펴보자. 또 일본어로 '마고코로'로 해석되는 '충신'이라는 심정적 개념을 주자학이 얼마나 철저하고 논리적으로 설명하는지도 살펴보자.

> 충신이라는 두 글자는 예부터 사람들이 분명하게 풀이하지 못했다. 제가諸家들이 충을 설명하여 모두 그저 군주를 섬기는 데 거짓이 없는 것이라 말하였다. 충이란 물론 기만하지 않는 것이지만 속이지 않는다는 것을 곧

---

[2] 주자의 제자인 북계 진순(陳淳, 1159~1223)이 저술한 주자학의 중요 개념 해설서로 『성리자의(性理字義)』라고도 한다. 조선과 일본에서 널리 읽혔다.

제11강 충신과 충서

충이라 이름하는 것은 옳지 않다. 그렇게 하면 충이란 글자는 그저 군주를 섬길 때만 이해할 수 있을 뿐이다. 신 역시 그저 의심하지 않은 것으로 말해져 왔다. 믿으면 물론 의심하지 않는 것이지만 의심하지 않은 것으로 신을 풀이하는 것은 옳지 않다. 그렇다고 하면 의심하지 않는다는 것은 무엇을 의심하지 않는다는 것인가?

오직 정자程子에 이르러 "자신을 다하는 것을 충이라 일컫는다. 실제에 의한 것을 신이라 일컫는다"라고 말한 데서 비로소 말이 확정되었다. 자신을 다한다는 것은 자기 마음의 이면裏面을 다하는 것으로 존주存主하는 바(스스로 유지하는 본심·양심)로써 말하는 것이다. 모름지기 털끝만큼도 다하지 않음이 없는 것이 바로 충이다. 만약 열 가지를 말할 때 일고여덟 정도만 말할 수 있고 두셋이 남는다면 다하지 않는 것이다. 이를 충이라 할 수 없다. 실제에 의한다는 것은 말함에 있어 이야기하는 것이다. 이야기할 때 실제 사물에 의거하여 말하는 것이다. 없으면 없다고 하고 있으면 있다고 한다. 만약 없는데 있다고 하고 있는데 없다고 하면 이것은 실제에 근거한 것이 아니다. 이것을 신이라고 할 수 없다. 충신이란 확실하게 구별되는 두 가지가 아니다. 내면에서 출발하여 하나도 남김없이 다하는 것이 충이다. 외면에서 출발했어도 모두 실實로써 하는 것이 신이다.

이 설명은 꽤 장황하다. 주자학적 언어는 이런 성격이 있다. 장황한 이유는 논리적으로 철저하게 설명하기 때문이다. 이것은 일본 유학자의 언어가 아니다. 진사이는 '충'과 '신'을 어디까지나 대인관계에서 자애로운, 거짓 없는 성실함으로 파악한다. 그에 비해 북계는 자기 양심의 철저한 내발적 발언으로서 '충'과 그 발언의 실증적인 확실함, 실물에 의한 철저한 증언으로서 '신'을 파악하는 것이다.

11.2 학이 제8장

子曰, 君子不重則不威. 學則不固. 主忠信, 無友不如己者. 過則勿憚改.

子曰く、君子重からざれば則ち威ならず。学も則ち固からず。忠信を主とし、己れに如かざる者を友とすること無かれ。過ちは則ち改むるに憚ること勿れ。

공자께서 말씀하시길, 군자가 진중하지 않으면 즉 위엄이 없다. 학문도 즉 공고하지 않다. 충신을 주로 하여, 자기만 못한 사람을 벗하지 말라. 잘못은 고치는 것을 꺼리지 말라.

***

〚주자〛 이것은 주자의 입장에서 읽은 것이다. 해석하면 다음과 같다.

> [번역] 공자께서 말씀하셨다. 군자라면 스스로 중후함을 유지하지 않으면 위엄을 지킬 수 없다. 그 학문 역시 견고할 수 없다. 성실함으로 벗과 사귀어 자신보다 못한 이를 도를 구하는 벗으로 삼으면 안 된다. 그것은 도에 무익하여 손실이다. 잘못하면 고치기를 주저해서는 안 된다.

주자에게 군자란 위정의 장에 서야 할 사대부이자 동시에

제11강 충신과 충서

도를 추구하고 배우는 사람이다. 이 공자의 말도 그런 군자를 향한 가르침으로 이해된다. 사대부가 유가의 입장을 구성하고 지탱하는 한 이 장을 주자처럼 읽고 풀이하는 데 의심하지 않았을 것이다. 그러나 위정자 계층에 속하지 않는 이들이 읽으면 어떻게 될까? 진사이의 읽기를 보자.

〔진사이〕

> 공자께서 말씀하시길, 군자가 진중하지 않으면 위엄이 없다. 배우면 고루해지지 않는다. 충신을 주로 한다. 나만 못한 자를 벗하지 말라. 잘못했으면 고치는 것을 꺼리지 말라.[3]

진사이는 이 장을 공자의 일시적인 발언으로 여기지 않는다. 다른 때에 다른 곳에서 행해진 공자의 가르침을, 혹은 공자가 항상 말씀하신 가르침을 나중에 한 장으로 편집하였다고 보았다. 진사이는 일반적으로 군자를 유덕한 사람이라 하였지만 여기서 말하는 군자는 관직에 등용된 사대부이다. 다만 군자를 향한 발언은 첫 구에만 한정하였다. 이를 현대어로 풀면 다음과 같다.

> [번역] 공자께서 이렇게 가르치셨다. 윗자리에 서는 사람은 중후하여 위엄이 있지 않으면 백성들은 존경하지 않는다. 또 이렇게 가르치셨다. 널리 배우면 지견^{知見}이

---

[3] 진사이는 이 장을 "子曰く、君子重からざれば則ち威あらず。学べば則ち固^こならず。忠信を主とす。己れに如かざるものを友とすること無かれ。過っては則ち改むるに憚ること勿れ。"로 훈독하였다.

열리고 세상사에 통하여 완고하지 않다. 또 도를 추구하여 행함에 충신 즉 남을 대할 때 성실을 근본으로 하라는 것은 선생께서 항상 말씀하신 것이다. 그리고 나보다 뛰어나 외경할 수 있는 사람을 벗으로 삼으라고도 하셨다. 또한 항상 자신을 돌이켜 보고 잘못이 있으면 용감하게 고치라고 늘 가르치셨다.

〖소라이〗

공자께서 말씀하시길, 군자가 중요한 일이 아니면 위엄을 부리지 않는다. 배움은 고집하지 않는다. 충신을 주로 하고 나만 못한 자를 벗으로 삼지 말고 잘못했으면 고치기를 꺼리지 말라.[4]

이것은 소라이 입장에서 읽은 것이다. 소라이에게 군자란 어디까지 관직에 있는 사람이며 선왕의 도를 추구하고 배우는 사람이다. 그런 전제 위에 소라이는 다음과 같이 흥미롭고 독자적인 해석을 하였다.

[번역] 공자께서 말씀하셨다. 군자는 국가의 중대사가 아니면 위엄을 부리면서 할 일이 없다. 널리 배워 스승한 사람의 설만을 고수해서는 안 된다. 충신한 사람과 친하고 자신에게 못 미치는 사람을 벗으로 삼아 배워서는 안 된다. 벗을 잘못 고르면 고치는 데 주저해서는 안 된다.

---

[4] 참고로 소라이의 훈독을 덧붙인다. "子曰く、君子重からざれば則ち威せず。学は則ち固にせず。忠信を主とし、己れに如かざる者を友とすること無く、過てば則ち改むるに憚ること勿れ。"

제11강 충신과 충서

〖미야자키〗 마지막으로 미야자키 이치사다의 번역을 보자. 공자의 말을 현대에도 통용되게 해석하고 있다.

> 공자께서 말씀하시길, 제군諸君은 태도가 경망스러워서는 안 된다. 남이 업신여기기 때문이다. 학문을 해서 외고집이 되지 않도록 몸에 익히는 것이 좋다. 친구는 성심성의로 사귀고 그러기에 어울리지 않은 사람과는 벗하지 않는 것이 좋다. 과오는 시원스레 사과해야 한다.

11.3 이인 제15장

子曰, 參乎, 吾道一以貫之. 曾子曰, 唯. 子出. 門人問曰, 何謂也. 曾子曰, 夫子之道, 忠恕而已矣.

子曰く、參や、吾が道一以てこれを貫く。曾子曰く、唯。子出ず。門人問うて曰く、何の謂いぞや。曾子曰く、夫子の道は、忠恕のみ。

공자께서 말씀하시길, 삼아, 나의 도는 하나로써 이를 꿰뚫는다. 증자가 말하기를, 예. 공자께서 나가셨다. 문인들이 묻기를, 무슨 말입니까. 증자가 말하기를, 부자의 도는 충서일 뿐이다.

* * *

이 장에 대해서는 이미 제3강 「도에 대하여」[p.82]에서 상세히 설명하였다.

〖진사이〗 여기서는 다시 한번 진사이의 '충서' 풀이를 중심으로 보도록 하자.

> 생각건대 충으로 자신을 다하면 남을 대할 때 반드시 진실하여 속이려는 생각이 없게 된다. 서로써 남을 헤아리면 다른 사람을 대할 때 너그러워져서 각박해지는 폐해가 없다. 이미 충하고 또 서하면 인에 이를 수 있다. 어찌 다른 샛길로 헤맬 수 있겠는가? 그래서 공자께서 말씀하시길, 나의 도는 하나로 꿰뚫는다고 하셨다. 그러므로 증자가 특히 충서로써 이를 분명히 하였다. 참으로 그 뜻이 있다고 하겠다.

제11강 충신과 충서

> 충서 두 가지는 곧 인을 추구하는 데 지극히 중요한 것
> 으로 성학의 시작이자 끝이 됨을 알 수 있다. 생각건대
> 충과 서는 도를 하나로 꿰는 근거이다.

진사이는 타인을 대할 때 나에게 있는 만큼 다하는 것을 충이라 하고 타인을 배려해서 상대의 처지에서 생각하는 것을 서라 하여 충서가 공자가 가르치는 인의 근간이라고 하였다. 그래서 증자는 공자의 도를 꿰뚫는 한 가지를 충서라고 하였다고 풀이하는 것이다. 여기에는 공자의 도를 가르치는 가장 중요한 근간을 어디에서 찾을 것인가, 라는 중요한 문제가 있다. 진사이는 그것을 일상에서 애정과 성실로써 대인관계를 맺는 일상의 기본도덕인 '충신·충서'로 파악한 것이다.

이토 진사이는 교토의 조닌 출신 유학자이다. 에도 시대는 조닌이나 농민이라도 물론 무사도 학문에 뜻을 두면 학자가 될 수 있었다. 이것은 일본의 에도 사회가 세계에 자랑할 수 있는 장점이다. 이런 에도 사회에서 조닌 출신의 모토오리 노리나가本居宣長(1730~1801)라는 학자도 태어났다. 조닌 출신의 학자가 『논어』를 읽음으로써 그 읽기가 바뀌었다. 진사이는 그가 "인륜일용지간人倫日用之間" 즉 사람들이 일상에서 사귀는 장에서 『논어』를 읽어 갔다. 바로 거기에서 공자의 도는 '충신·충서'를 근간으로 한 가르침이라는 읽기가 도출되는 것이다. 진사이가 훌륭한 점은 이런 입장에서 『논어』를 읽어낸 데 있다.

11.4 공야장 제28장

子曰, 十室之邑, 必有忠信如丘者焉. 不如丘之好學也.

子曰く、十室の邑、必ず忠信丘が如き者有らん。丘の学を好むに如かざるなり。

공자께서 말씀하시길, 십 호의 읍에는 반드시 충신이 구와 같은 자가 있을 것이다. 구가 배움을 좋아함만은 같지 않을 것이다.

* * *

> [번역] 공자가 말했다. 열 집 정도의 촌락에도 반드시 나 정도의 실직實直한 사람은 있겠지만 나 정도로 배움을 좋아하는 사람을 만나는 일은 거의 없다.

이 장은 여기 번역한 대로 공자가 스스로 배움을 좋아하는 사람이라 한 것이 있는 그대로 수용되지 않았다. 공자를 태어나면서부터 아는 생지生知의 성인으로 바라보는 사고가 이 말의 순수한 풀이를 방해하기 때문이다.

〖주자〗

> 공자께서는 태어나면서부터 아셨으나 일찍이 배움을 좋아하지 않은 적이 없었다. 그래서 이를 말씀하시어 사람들을 힘쓰게 한 것이다.
>
> 좋은 자질은 얻기 쉽지만 지극한 도는 듣기 어렵다. 배움이 지극하면 성인이 될 수 있다. 배우지 않으면 시골

제11강 충신과 충서

사람 처지를 면치 못할 뿐이다. 노력하지 않을 수 있겠는가?

〖진사이〗 진사이 역시 이 장을 다음과 같이 풀이하였다.

좋은 자질을 가진 사람은 얻기 쉬우나 배움을 좋아하는 사람은 얻기가 심히 어려움을 탄식한 것이다.

다만 진사이는 공자가 성인이면서도 여전히 학문을 좋아한다고 하는 점에서 다른 여러 성인을 훨씬 뛰어넘는 존재임을 알 수 있다고 하였다.

이 장에서 우선 공자는 자신은 어느 촌락에서나 볼 수 있는 실직한 사람 즉 성실을 중요하게 여기는 사람이라고 한다. 그런 다음에 자신이 다른 사람과 다른 점은 무엇보다 배움을 좋아한다는 것이라고 말한다. 나는 공자가 자기를 규정하고 있는 이 두 가지를 중요하게 생각한다. 타인을 대함에 성실한 것 즉 충신이란 사람들과의 일상도덕이다. 충신한 사람은 어느 마을에서나 찾을 수 있다. 공자는 그 충신을 도덕의 근본으로서 중요하게 여기는 것主忠信이다. 따라서 공자는 자기를 마을 사람들과 마찬가지로 충신한 사람이라고 하는 것이다. 그런 다음에 공자는 배움을 좋아하는 사람으로서 특질화하고 있다. 배움이 좋다고 말하는 것이다. 배운다는 것은 고대를 배우는 것이며 선인이 남긴 문장을 배우는 것이자 널리 선인들의 견문을 배우는 것이다. 공자를 그야말로 공자답게 하는 것은 바로 배움을 좋아한다는 점에 의한다. 그것을 성인인 이유라고 풀이해서는 안 된다. 공자 성인관聖人觀은 이 장이 전하는 대단히 중요한 메시지를 놓치게 만든다.

제 12 강

사생 · 귀신

안연의 죽음을 탄식하는 공자의 말이 『논어』에 남아있다. 그 말이 남아있는 『논어』는 그래서 나에게 귀중한 책이다. 그것은 어떠한 가르침을 말하는 것이 아니다. 그저 사랑하는 제자 안연의 죽음을 슬퍼하는 말이 있을 뿐이다. 그러나 그것은 왠지 가르침 이상으로 심금을 울린다. 우리는 바로 거기에서 공자의 슬픔을 단적으로 읽을 수 있다.

이번 강의에서는 '사생'과 함께 '귀신'을 둘러싼 공자의 발언을 묻고자 한다. '귀신'이란 '천신天神 · 지지地祇 · 인귀人鬼'를 뜻한다. 즉 제사 대상으로서의 신령적인 존재이다. '귀'란 사자死者 혹은 사자의 영靈으로 일본에서 말하는 '오니鬼'[1]가 아니다.

---

[1] '오니'의 귀(鬼)는 '오니(隱)'와 통하여 모습이 보이지 않는다는 뜻이 있으며 일반적으로 상상 속의 괴물, 도깨비, 요괴 등을 가리킨다.

제12강 사생·귀신

'귀'가 죽음 사람을 뜻하는 것은 '귀적鬼籍에 들어간다'[2]는 말에 남아있다. 그래서 중국의 조상을 제사하는 전통 속에서 '귀신'은 죽은 자의 영 특히 조령祖靈으로 여겨졌다. 중국에서 조령 제사는 고대부터 공동체 형성과 함께 존재한 전통이다. 오규 소라이는 인간의 공동체는 조령을 제사하는 제사적 공동체로서 형성되었다고 하였다.

공자는 지금 다시 귀신 제사를 묻는다. 『논어』「선진」제 12장에서 '귀신을 섬기는 것'이 공자와 제자 사이에 처음으로 다시 물어졌다. 그것은 공자가 '귀신(사령)'이나 '사후'에 대한 물음 자체를 다시 물었다는 뜻이다. 따라서 이 장을 해석하는 언설 자체가 '귀신'과 '사후'에 대한 사고방식 즉 귀신관鬼神觀을 드러내는 것이 된다.

---

[2] 일본어에서 죽음을 달리 표현하여 '귀적에 들어간다(鬼籍に入る)'라고 한다.

12.1 선진 제9장

顏淵死. 子曰, 噫天喪予. 天喪予.

顏淵死す。子曰く、噫、天予を喪ぼせり。天予を喪ぼせり。

안연이 죽었다. 공자께서 말씀하시길, 아, 하늘이 나를 망하게 하는구나! 하늘이 나를 망하게 하는구나!

* * *

이미 제5강 「하늘에 대하여」[p.122]에서 이 장을 인용하였다. '사생'을 둘러싼 이번 강의에서도 이 장을 인용하며 시작해야 한다.

〖진사이〗

> 이는 안연의 죽음을 애도하고 (그의 죽음으로) 학문이 장차 끊어지려는 것이 하늘이 자기를 버린 것과 같다고 탄식하는 것이다.
>
> 예로부터 왕이 나타날 때 하늘은 반드시 현명한 신하를 보내주었다. 또 성인과 현인聖賢이 나타날 때도 하늘은 반드시 그를 도울 사람을 태어나게 하였다. 그리고 이 둘이 나타나는 것은 반드시 기이한 인연이 있는 것이다. 성인 공자의 깊은 학문을 세상에 밝히고 만세토록 무궁하게 할 수 있는 이가 바로 안자였다. 그러니 지금 그의 이른 죽음에 공자의 탄식이 이렇게 깊은 것도 당연하다.

안자의 죽음에 공자가 "하늘이 나를 망하게 하는구나!"라고

제12강 사생·귀신

탄식하는 것을 당연하다고 하면서도 진사이는 공자가 이렇게 탄식한 이유를 찾았다. 촉망받았던 안자가 죽음으로써 학문이 단절된다는 탄식에서 나온 말이라는 것이다. 그러나 우리가 이 말에서 읽어야 할 것은 소중한 제자의 죽음에 통곡하는 공자의 슬픔이 아닐까? "나를 아는 이는 하늘일 것이다"라면서 궁극적인 믿음을 두었던 그 '하늘'을 향하여 공자는 "하늘이 나를 망하게 하는구나!"라고 한탄하는 것이다. '아아, 나는 하늘에게도 버려졌구나!'라고. 그것은 공자가 느끼는 궁극의 좌절을 말하는 것이기도 하다. 주자나 진사이의 주석은 슬픔의 이유를 설명함으로써 공자의 슬픔 그 자체를 놓쳤다고 생각한다.

주자도 '아아噫'를 "몹시 슬퍼하는痛傷 목소리"라고 하면서도 "도가 전해지지 못함을 슬퍼하여 하늘이 자신을 망하게 한 것처럼 여겨진다고 하셨다"라고 해석하였다. 이 해석에서 주자학자들은 더 나아가 설명하였다. 진신안陳新安[3]의 주석을 보자.

> 공자의 도는 안자에 의지하여 전해진 것이니 안자가 있었기에 도가 전해질 수 있었다. 공자께서 다른 날 돌아가셨다 해도 돌아가시지 않은 것이다. 그러나 안자가 죽었으니 공자께서 오늘 돌아가시지 않았다 하더라도 이미 돌아가신 셈이다. 그래서 "하늘이 회回(안자)를 망하게 하는구나!"라고 하지 않고 "하늘이 나를 망하게

---

[3] 진력(陳櫟, 1252~1334)은 송나라의 유학자이다. '신안진씨(新安陳氏)'라고도 일컫는다. 저서로『사서발명(四書發明)』,『예기집의(禮記集義)』등이 있다.

하는구나!"라고 하셨던 것이니, 정말로 슬프도다.

안자의 죽음 앞에서 공자가 이렇게 말한 이유가 이해는 되지만 이렇게 말하게 된 공자의 슬픔이 이해되는 것은 아니다. 공자가 통곡하는 모습을 하나 더 보자.

12.2 선진 제10장

顔淵死. 子哭之慟. 從者曰, 子慟矣. 曰, 有慟乎. 非夫人之爲慟, 而誰爲.

顔淵死す。子、これを哭して慟す。從者曰く、子慟せり。曰く、慟すること有るか。夫の人の爲に慟するに非ずして、誰が爲にせん。

안연이 죽었다. 공자께서 이를 곡하며 깊이 애통해하셨다. 종자가 말하기를, 선생님께서 지나치게 애통해하십니다. 말씀하시길, 지나치게 애통해하였는가? 저 사람을 위해 애통해하지 않으면 누구를 위해 하겠는가?

* * *

〖주자〗

> '저 사람'이란 안연을 말한다. 그의 죽음이 애석해할 만하여 곡함에 마땅히 애통해야 하니 다른 사람에 비할 바가 아님을 말씀하신 것이다.

12.3 선진 제11장

顔淵死. 門人欲厚葬之. 子曰, 不可. 門人厚葬之. 子曰, 回也視予猶父也. 予不得視猶子也. 非我也, 夫二三子也.

顔淵死す。門人厚くこれを葬らんと欲す。子曰く、不可なり。門人厚くこれを葬る。子曰く、回や予を視ること猶父のごとくす。予視ること猶子のごとくすることを得ず。我には非ざるなり、夫の二三子なり。

안연이 죽었다. 문인들이 이를 후하게 장사지내려고 하였다. 공자께서 말씀하시기를, 옳지 않다. 문인들이 후하게 이를 장사지냈다. 공자께서 말씀하시길, 회는 나 보기를 아버지처럼 하였다. 나는 보기를 오히려 자식처럼 하지 못하였다. [그리 한 것은] 내가 아니라, 저 두세 제자들이다.

* * *

[번역] 안연이 죽었다. 문인들은 후하게 장사지낼 것을 바랐다. 공자께서 그러는 것은 좋지 않다고 하셨다. 공자의 말씀에도 불구하고 문인들은 후하게 장사지냈다. 공자께서 말씀하셨다. 안회는 평소 나를 보기를 아버지처럼 하였다. 그러나 나는 회를 내 아들처럼 장사지내지 못하였다. 마땅히 내 아들처럼 그에 걸맞게 장사지냈어야 했는데 나는 그렇게 하지 않았다. 회의 동료인 문인들이 후하게 장사지낸 것이다.

〖주자〗

장사 지낼 때 쓰는 도구는 집안의 빈부에 맞춰야 한다. 가난하면서 후하게 장사지내는 것은 도리를 따르지 않는 것이다. 공자께서 아들 이鯉를 장사지냈을 때와 마찬가지로 안회를 장사지내지 못함을 탄식하여 문인들을 나무라는 것이다.

〖시부사와〗 공자의 말을 다음과 같이 의역하였다.

안회는 평생 나를 보기를 또한 아버지처럼 생각하였고 나 역시 안회를 아들처럼 생각하고 있었다. 그런데 내 아들 이鯉의 장례가 적절했던 것처럼 하지 못하고 적절한 도를 넘어 후하게 장례지낸 것은 역시 아들처럼 대하지 못한 것과 같은 일이다. 매우 유감이다. 그렇지만 내가 한 일이 아니다. 저 제자들이 정이 지나치게 두터워 한 일이다. 회도 지하에서 이것을 결코 좋다고 하지 않을 것이다.

이 장은 풍부한 함의에 비해 말이 간결하다. 특히 공자의 마지막 말은 다양하게 이해되었다. 그러나 이 문장에서는 공자의 안회에 대한 깊은 애정과 함께 장례 형식을 되묻는 공자의 모습을 읽어야 하지 않을까? 진사이는 그렇게 읽었다.

〖진사이〗

생각건대 장사 지낼 때 쓰는 여러 도구는 집안의 형편에 맞춰야 한다. 예는 사치스러운 것보다 차라리 검소

해라.[4] 군자는 덕으로 사람을 사랑하고 소인은 재물로 사람을 사랑한다. 문인들이 안자를 사랑할 줄만 알았지 안자를 사랑해야 하는 이유를 알지 못하는 것이다. 안타깝도다! 안자의 문인들조차 후하게 장사하는 잘못을 면하지 못하였다.

12.4 옹야 제10장

伯牛有疾. 子問之. 自牖執其手. 曰, 亡之, 命矣夫. 斯人也而有斯疾也, 斯人也而有斯疾也.

伯牛疾(やまい)有り。子、これを問う。牖(まど)より其の手を執る。曰く、これ亡(うしな)わん。命なるかな。斯の人にして斯の疾い有り。斯の人にして斯の疾い有り。

백우가 병이 있었다. 공자께서 이를 찾아갔다. 창문에서 그의 손을 잡았다. 말씀하시기를, 이 사람을 잃겠구나. 운명일까. 이 사람에게 이런 병이 있다니. 이 사람에게 이런 병이 있다니.

* * *

[번역] 백우가 중병에 걸렸다. 공자께서 그를 병문안하여 창문에서 그의 손을 잡고 말씀하셨다. "이 사람은 이제 가망이 없는 것인가. 천명이다. 이 사람이 이런 중병에 걸린 것은. 이 사람이 이런 중병에 걸린 것은."

〖주자〗

---

4) 「팔일」 제4장에 "禮與其奢也寧儉"라고 나온다.

백우는 공자의 제자로 성은 염冉이고 이름은 경耕이다. 병이 있었다는 것은 선유先儒들은 문둥병이라 하였다. 명이란 천명을 말한다. 이 사람이 이런 병에 걸릴 리가 없는데 지금 병을 앓고 있으니 이것은 곧 하늘이 명한 것이라고 말씀하신 것이다. 그렇다면 그가 몸을 삼가지 않아서 병에 걸린 것이 아님을 알 수 있다.

〖진사이〗 진사이도 거의 주자의 풀이에 따라서 이렇게 말했다.

이것은 공자께서 백우의 죽음을 안타까워하며 말한 것이다. 백우처럼 현명한 이가 이런 병에 걸릴 리가 없는데도 지금 병에 걸렸다. 이는 병을 조심하지 않아서 이런 결과를 가져온 것이 아니다. 실로 하늘이 명한 바이니 현명한 사람이라도 피할 수 없는 것이다. 그러니 알아야 한다. 도를 다하지 않고서 죽은 이는 모두 천명이라 말할 수 없다는 것을.

〖리쩌허우〗

'명'이란 우연성이다. '명'이란 숙명도 아니고 신의 뜻도 아니다. 즉 인력人力을 다해도 대항하거나 미루어 짐작할 수 없는 각종 우연이다. 인생이란 항상 그렇다. 그저 매우 깊은 감개가 있을 뿐이다.

〖시부사와〗

나 역시 지금까지 오랫동안 알고 지내 온 사람 중에 이 사람이야말로 장래 꼭 훌륭하게 되겠다고 생각했었지만 일찍 세상을 떠났다는 소식에 진정으로 애석하고 안타

제12강 사생·귀신

까웠던 경우가 종종 있었다. 일례를 들자면 미토^{水戶}의 후지타 도코^{藤田東湖}의 넷째 아들 고시로^{小四郞}가 스물넷에 다케다 고운사이^{武田耕雲齋}의 난에 가담하여 참수형을 당한 일을 들었을 때 이 사람이 이런 재액을 만난 것은 도대체 웬일인가, 하는 애석함을 금할 수 없었다.[5]

---

5) 후지타 도코(1806~1855)는 막말 미토번의 유학자로 과격한 존양론자로 알려졌다. 그의 아들 중 가장 재능이 있었다고 하는 4남 고시로(1842~1865)와 미토번의 가로(家老)에 오른 다케다 고운사이(1803~1865) 모두 덴구당(天狗党)의 지도자였다. 덴구당은 미토번의 존왕양이 급진파로 막부에 적극적인 양이책을 요구하며 변란을 일으켰는데, 1864년 5월 2일 쓰쿠바산에서 봉기하여 이듬해 1월 14일 막부 토벌군에 투항할 때까지 계속되었다. 고시로와 고운사이 모두 처형당하였다.

12.5 선진 제12장

季路問事鬼神. 子曰, 未能事人, 焉能事鬼. 敢問死. 曰, 未知生, 焉知死.

季路、鬼神に事(つか)えんことを問う。子曰く、未だ能く人に事うることあたわず、焉(いずく)んぞ能く鬼に事えん。敢て死を問う。曰く、未だ生を知らず、焉んぞ死を知らん。

계로가 귀신을 섬기는 일을 여쭈었다. 공자께서 말씀하시길, 아직 능히 사람을 섬기는 일도 못 하는데, 어찌 능히 귀신을 섬기겠는가? 감히 죽음을 여쭙니다. 말씀하시길, 아직 삶을 모르는데 어찌 죽음을 알겠는가?

* * *

> [번역] 자로(계로)가 귀신을 어떻게 섬기면 좋겠는지를 여쭈었다. 공자는 살아있는 사람을 섬기는 일도 아직 충분히 할 수 없는데 어떻게 죽은 자의 영靈을 섬길 수 있겠는가, 라고 답하셨다. 자로는 또 큰맘 먹고 죽음에 대하여 여쭙겠다고 하였다. 공자는 아직 삶조차 안다고 할 수 없는데 어떻게 죽음을 알겠는가, 라고 답하였다.

〖주자〗

> 귀신을 섬기는 일을 묻는 것은 제사를 지내서 귀신을 받드는 이유를 묻는 것이다. 나아가 자로가 묻는 죽음이란, 사람이 피할 수 없는 것이며 모르면 안 되는 것이기도 하다. 그것들은 모두 사람에게 절실한 문제이다. 그러나

제12강 사생·귀신

우선 정성을 다하여 공경하는 마음을 가지고 살아있는 사람을 충분히 섬기지 못한다면 죽은 조령祖靈을 섬길 수 없다. 우선 처음을 물어 사람이 태어나는 까닭을 알지 못하면 마지막에 오히려 사람의 죽는 까닭을 절대 알 수 없다. 생각건대 저승과 이승幽明, 시작과 끝始終은 원래 두 가지 도리가 아니다. 다만 이를 배우는 순서가 있는 것이다. 서열을 넘어서는 안 된다. 그러므로 부자는 자로에게 이렇게 논한 것이다.[6]

주자는 이 장을 이렇게 해석한 다음 정자程子의 말을 인용하였다.

낮과 밤은 사생의 도이다. 삶의 도를 알면 죽음의 도를 알 것이다. 사람을 섬기는 도리를 다하면 귀신을 섬기는 도를 다할 것이다. 삶과 죽음, 사람과 귀신은 하나이면서 둘이고 둘이면서 하나이다.

[참고] 주자학자들 송대 유가의 귀신관을 보여주는 것이 『중용』의 귀신장鬼神章이다. 거기에서 '귀신'에 대한 주자의 주석을 보도록 하자.

공자께서 말씀하시기를, 귀신의 덕이 성대하구나. 그것은 보려고 해도 볼 수 없고 들으려 해도 들을 수 없으나 사물의 본체가 되어 빠뜨릴 수 없다.[7]

---

[6] 이 번역은 저자의 현대어역에 의한다.
[7] 『중용』 제16장의 원문은 "子曰鬼神之爲德, 其盛矣乎, 視之而弗見, 聽之而弗聞, 體物而不可遺"이다.

> 정자가 말하길 "귀신은 천지의 공용功用이자 조화造化의 자취이다." 장자張子가 말하길 "귀신은 두 기氣의 양능良能이다." 생각건대 음양 두 개의 기로 말하자면 귀는 음陰의 영靈이며, 신은 양陽의 영靈이다. 하나의 기로 말하자면 펼치면 신神이며 돌아가면 귀鬼이다. 실제로는 한 물건일 뿐이다. (『중용장구』제16장·주주朱註)

주자학자들은 귀신을 음양의 두 기와 그것의 운동·현상으로서 이해하였다. 생사에 대해서도 마찬가지이다. 그들은 귀신·생사를 자연 철학적으로 해석한다. 즉 자연 철학적인 도리에서 이해하는 것이다. 사람도 귀신도 삶도 죽음도 모두 하나의 도리에서 이해하는 것을 "삶과 죽음, 사람과 귀신은 하나이면서 둘이고 둘이면서 하나이다"라고 하는 것이다. 이 장 마지막 부분의 해설을 참조하기 바란다.

〖진사이〗

> 이 장은 사람을 섬길 수 있으면 귀신을 섬길 수 있고, 삶을 알 수 있으면 죽음도 알 수 있음을 말하고 있다. 그러나 그 의미는 사람을 섬기는 일에 힘쓰고 귀신에게 아첨하여 모시려 해서는 안 되며 생존의 도를 다 하고 죽음의 이치를 찾으려 해서는 안 된다고 가르치는 것이다. 공자는 사람들이 망령되이 귀신에게 아첨하여 모시고 알기 어려운 죽음의 이치를 알려고 하는 것을 강하게 억제하셨다. 생각건대 인자仁者란 오로지 인도人道로서 마땅히 행할 바에 힘을 쏟는 사람을 말하며 지자智者란 알기 어려운 것을 억지로 알려고 하지 않는 사람을 말한다. 사람의 도리로서 마땅히 해야 할 일에 힘을 쏟고 또

제12강 사생·귀신

생존의 도리를 다할 수 있다면 인륜이 확립하고 집안의 도덕家道도 성취될 것이다. 학문의 도 역시 다했다고 할 것이다.

공자는 귀신의 이치에 대해 일찍이 명쾌하게 설명하신 적이 없다. 다만 번지樊遲[8]와 자로의 질문에 대답하면서 간단히 그 뜻을 드러내셨다. 그러나 삶과 죽음에 대해서는 끝내 말하지 않으셨다. 생각건대 이 문제를 말하지 않은 것이 아니라 이 이야기를 본래 가르침으로 삼지 않았기 때문이다. 그래서 말씀하지 않은 것이다. 이야말로 공자께서 여러 성인보다 훨씬 뛰어나고 만세토록 사람들의 최고의 스승宗師이 되는 이유이다. 『예기』의 「중용」같은 책에 종종 공자가 귀신을 논한 말씀이 실려 있고 『역경』의 「계사전繫辭傳」에도 "처음을 살펴서 마지막으로 되돌아간다. 그러므로 삶과 죽음에 대한 설명을 안다"[9]라고 하였다. 이는 모두 성인 공자의 말씀이 아님을 알 수 있다.[10]

〚소라이〛

귀신을 섬기는 도에 대하여 공자가 일찍이 말한 적이 없었을까? 일찍이 공자는 "살아있을 때는 섬기기를 예로써 하고 죽어서는 장사지내기를 예로써 하고 제사지내기를 예로써 한다"(위정 제5장)라고 하지 않았는가? 자로가 귀신을 섬기는 것을 질문했을 때 공자가 대답하

---

8) 번지와의 문답은 「옹야」 제22장[p.67]에 나온다.
9) 본 인용문의 「계사전」 원문은 "原始反終, 故知死生之說"이다.
10) 본문에서 진사이 인용은 대부분 『논어고의』의 '대의'에서 인용했지만 이 단락은 '대의'가 아닌 '논주(論注)'에서 가져온 것이다.

지 않았던 이유는 생각건대 자로의 관심이 귀신을 아는 데 있었기 때문이다. 그래서 공자는 "사람을 섬길 수 없다면 어찌 귀신을 섬길 수 있겠는가?"라고 대답하여 자로를 억제한 것이다. 자로는 드디어 죽음에 대해 묻자 공자는 "아직 삶을 모르는데 어찌 죽음을 알겠는가?"라고 답하였다. 생각건대 죽음이란 말로 설명할 수 없는 것이다. 그런데 사람의 지혜는 이를 수도 있고 이르지 않을 수도 있다. 공자는 아직 죽지 않았으니 공자가 죽음을 말했어도 자로를 믿게 할 수는 없다. 자로 역시 그 말을 믿지 못했을 것이다. 죽음에 대하여 말하는 것은 무익한 일이다. 그러므로 공자는 말하지 않은 것이다. 그러나 사람의 지혜는 이를 수 있는 것이 있고, 이를 수 없는 것이 있다. 다른 기회에 재아宰我[11]가 귀신에 대해 질문하자 공자는 대답하였다.[12],[13] 『역경』의 「계사전」

---

[11] 재아(B.C.522~B.C.458)는 노나라 출신으로 공문십철의 한 명이며 자는 자아(子我)이고 이름은 여(予)이다. 자공과 더불어 언변이 뛰어났다고 전한다. 『논어』「공야장」 제9장에는 낮잠을 자는 재아를 공자가 심히 꾸짖는 장면이 나오고, 「양화」 제21장에서도 재아의 삼년상에 대한 질문에 공자가 크게 질책하는 장면이 나온다.

[12] [원주] 재아가 여쭙기를, 제가 귀신이란 이름을 들어도 그 말하는 바를 알지 못하겠습니다. 공자께서 말씀하시길, 기(氣)란 신(神)이 왕성한 것이다. 백(魄)이란 귀(鬼)가 왕성한 것이다. 귀와 신을 합하여 제사지내는 것이 제사에 대한 가르침 가운데 가장 높은 경지이다. 모든 생명이 있는 것(衆生)은 반드시 죽는다. 죽으면 반드시 흙으로 돌아간다. 이를 귀라고 한다. 뼈와 살은 땅속에 묻혀 들판의 흙이 된다. 기는 위로 솟아올라 빛(昭明)이 되고 솟아오르는 향내음(焄蒿)이 되며 사람을 숙연하게(悽愴) 만드니 이는 온갖 사물의 정(精)이며 신이 나타나는 것이다. 사물의 정으로 말미암아 제어하여 극진히 하고, 분명하게 귀신을 명하여 백성들의 법칙으로 삼았다. 백성들이 이로써 두려워하고 만민이 이로써 복종한다. (『예기(禮記)』「제의(祭儀)」)

[13] 『예기(禮記)』「제의(祭儀)」의 원문은 다음과 같다. "宰我曰, 吾聞鬼神之名, 不知其所謂. 子曰, 氣也者神之盛也. 魄也者, 鬼之盛也. 合鬼與神, 教之至也. 衆生必死, 死必歸土, 此之謂鬼. 骨肉斃于下, 陰

제12강 사생·귀신

에도 "처음을 살펴서 마지막으로 되돌아간다. 그러므로 삶과 죽음에 대한 설명을 안다. 정기가 만물이 되고 유혼이 변함이 된다"[14]라고 하였다. 또한 성인이 귀신을 모르고 죽음을 몰랐다면 어떻게 제사의례의 도를 제작할 수 있었겠는가? 그래서 공자가 "아직 삶을 모르는데 어찌 죽음을 알겠는가?"라고 한 뜻은 삶을 안다면 지혜가 죽음을 아는데 이른다는 것이다. 송나라 유학자들은 분분하게 이치를 가지고 귀신·생사의 일을 밝히고자 하여 결국 무귀설無鬼說로 돌아가고 말았다. 구설口舌에 힘을 쏟아부은 잘못이다. 진사이 같은 학자 역시 「계사」를 의심하여 귀신을 제사하는 삼대三代의 성인을 비방하였으니 망언이라 하지 않을 수 없다. 게다가 진사이는 귀신은 가르침으로 삼을 바가 못 된다고 말하기도 하였다. 그러나 『역경』에 "성인은 신도로써 가르침을 베푸신다"[15]라고 하였으니 어째서 귀신을 제사하는 일이 가르칠 것이 아니겠는가? 생각건대 진사이라는 사람도 역시 구설을 가르침으로 삼은 것이다. 그래서 그렇게 말한 것이니 비루하다.

원原귀신론이라 할 만한 『논어』 속 공자의 언설을 둘러싼

爲野土. 其氣發揚于上爲, 昭明焄蒿悽愴, 此百物之精也, 神之著也. 因物之精, 制爲之極, 明命鬼神, 以爲黔首則. 百衆以畏, 萬民以服." 한편 본문에서 저자는 인용문을 훈독하였는데, "其氣發揚于上, 爲昭明. 焄蒿悽愴, 此百物之精也, 神之著也."로 끊어서 읽었다. '훈호처창'을 묶어서 보면 '제사의 향내음에 숙연해졌다'는 뜻이 된다. 여기서는 소명, 훈호, 처창을 병렬구조로 보고 번역하였다.

14) 본문의 「계사전」 인용문은 앞에서 진사이가 인용한 "原始反終, 故知死生之說"에 이어지는 부분이다. 원문은 "精氣爲物, 遊魂爲變. 是故知鬼神之情狀"이다.

15) 「관괘(觀卦)」「단전(彖傳)」에 나온다. 인용문의 원문은 "聖人以神道設敎"이며, 바로 뒤에 "而天下服矣"가 이어진다.

세 가지 귀신론이 전개된다. 우선 주자의 언설이 있고 그것을 비판하는 진사이의 언설이 있고 또 진사이의 언설을 비판하는 소라이의 언설이 있다. 이 세 가지 귀신론에 대해서 나는 이미 『귀신론』[16]에서 상세히 다루었다.

주자는 귀신을 자연 철학적인 관점에서 이해하려고 했다. 인간의 삶과 죽음, 생전과 사후의 양상은 낮과 밤에 비유되듯이 음양의 이기二氣로 이해된다. 나는 이것을 해석적 귀신론이라 부른다. 이것은 무귀론이라 불리지만 주자는 무귀를 말하는 것은 아니다. 그의 언설에서 귀신은 음양이기적 자연현상이지만 제사의 장에서 귀신은 분명히 존재한다. 주자는 제사의 장에서 귀신을 부정하지는 않는다. 다만 해석할 뿐이다.

진사이의 경우 인간의 처지가 생존하는 세계 속 인륜의 장에 한정됨으로써 귀신과 사후의 문제는 배후로 물러난다. 귀신은 공경하되 멀리하고 사후는 앎의 대상으로 삼아서는 안 된다고 하였다. 귀신 사생에 대한 근대적이고 합리적인 관점이 진사이에 의해 드러난다. 나는 이것을 무귀론이라 부른다. 특히 주목되는 것은 진사이는 공자가 귀신과 사후에 대해 말하지 않았기 때문에 여러 성인보다 훌륭하다고 한 점이다.

소라이는 진사이의 설에 귀신에 대해 말한 공자를 대치시켰다. 『역경』의 「계사전」이나 『예기』의 문장을 인용하면서 귀신의 정상情狀을 파악하는 공자를 말하면서 도달할 수 있는

---

[16] 『鬼神論―儒家知識人のディスクール』福武書店, 1992; 『鬼神論―神と祭祀のディスクール』白澤社, 2002

제12강 사생·귀신

지혜와 도달할 수 없는 지혜를 설명하였다. 전자는 '예악형정의 도'를 제작하는 성인의 지를 가리킨다. 귀신의 정상을 아는 성인에 의해 귀신 제사의 예가 제정되었다는 것이다. 제사를 통하여 사람들도 귀신을 알게 된다. 소라이의 귀신론은 귀신 제사론이다. 소라이는 귀신 제사가 사회교화에 갖는 중요성을 말한 것이다. 나는 이것을 유귀론이라 부른다.

'귀신'에 대한 진사이와 소라이의 서로 다른 이해는 『논어』와 공자를 선왕의 고대와의 관계에서 어떻게 자리매김할지, 여기에서 오는 차이와 깊이 관련된다. 진사이는 고대적인 하늘과 예를 도덕론적 문맥에서 되묻는 공자를 발견하고 오히려 거기서 공자의 위대함을 평가하였다. 소라이는 고대 선왕의 하늘과 예의 계승과 재편성의 의의에서 공자의 공적을 평가하였다. 거기서 『예기』등의 귀신설에 대해 진사이는 공자의 유언이 아니라며 부정하고 소라이는 선왕의 고설古說로 존중하는 차이가 발생하는 것이다.

제13강

군자

유럽의 기독교 세계의 인간관을 내면성의 중시에서 파악하고 그에 대비적으로 아시아의 인간관으로서 중국의 인간관을 외면성의 중시로 파악하는 동서 비교문명론적인 인간관은, 19세기 초 헤겔의 『역사철학 강좌』의 세계사적 서술 속에서 표명되었다. 내면적 인간과 외면적 인간이라는 동서 인간관의 대비는 그후 서구의 비교문명·비교문화적인 서술을 기본적으로 규정했다. 우리에게 잘 알려진 가장 가까운 예는 루스 베네딕트Ruth Fulton Benedict(1887~1948)의 『국화와 칼』인데 유럽의 내면적 '죄의 문화'와 일본의 외면적 '수치의 문화'가 마주 놓였다. 비교문화적인 대치에 따라 일본인의 심리를 분석한 이 책은 미국 대일점령정책의 중요한 자료가 되었다. 그뿐 아니라 『국화와 칼』은 전후 일본인의 반성적 자기 인식을 촉구하였다.

이 책의 원형을 만들기라도 하듯이, 20세기 초 종교사회

제13강 군자

학자 막스 베버^{Max Weber}(1864~1920)도 내면적으로 정서整序된 기독교적 인격과 외면적 정재整齋로서 유교적 군자상을 마주 놓았다. 예를 들면 "규범적인 청교도주의가 중심을 이루고 내면에서 발생하여 종교적으로 정서된, 저 합리적인 생활 방법론은 애당초 중국인에게는 존재하지 않았다", "유교의 엄격한 극기의 지향은 외면적인 행동과 작법의 위엄 즉 체면을 지키는 것이었다"(『유교와 도교』 제8장 「결론—유교와 청교도주의」)라고 말하였다. 그리고 『논어』에서 "군자는 그릇이 아니다"라는 명제로 설명하는 유교적 인격의 이상理想인 '고귀한 사람' 즉 군자를 다음과 같이 이해한다.

> [군자란] 도구가 아니었다. 즉 세속에 적응하여 자기완성을 이룬 고귀한 사람은 그 자체가 궁극적인 자기 목적일 뿐이지 어떤 종류든 간에 결코 눈앞의 기능적 목적을 위한 수단이 아니었다. 유교 윤리의 핵심적인 이러한 명제는 전문적 직업의 분화, 근대적 전문 관료제, 전문 교육, 특히 이윤 추구를 위한 경제적 훈련을 거부하는 것이었다. 청교도주의는 이런 인격 숭배적인 자기완성의 격률格律에 반대하여 완전히 거꾸로 세속과 직업 생활의 특수한 목적에서 자기 구원을 확증하는 사명을 조정措定하였다.

이렇게 청교도주의가 근대의 합목적적 사회에 적합한 전문인을 배출하는 것에 대비하여 유교는 비전문적인 교양인으로서의 자기완성의 도를 장려하였다고 말하면서, 그러한 이상적인 교양인은 "군사적이든 경제적이든 대체로 합리적 행위의 에너지와는 관계가 없었다"라고 하였다.

이렇게 막스 베버는 중국에서 근대적인 합리적 사회가 성립하지 않은 이유를 유교의 인격적 이상과 관련시켜 설명하였다. 나는 이러한 유럽의 반면 거울로서의 타자 만들기라 할 아시아 이해(오리엔탈리즘)에 찬성하지 않는다. 유럽의 비교문명론적인 아시아상은 유럽이 만든 자기상을 뒤집은 것이다. 유교의 군자상이 유럽에서는 이렇게 이해되었다는 사실을 염두에 두면서 공자가 군자와 소인의 대비를 통하여 어떻게 이상적인 인간을 말하였는지 생각해 보자.

군자란 재위의 사람 또는 유덕한 사람이라고 정의된다. 확실히 공자나 그의 제자들도 사대부라는 위정자 계층에 속하였고 그 발언도 군주와 제후를 비롯한 위정자 계층을 향한 것이었다. 그러나 공자는 사람들에게 군자가 되라고 가르쳤다. 군자라고 여겨지는 또 다른 인간이상人間理想이 있음을 가르쳤던 것이다. 학이편에서 공자는 "사람들이 알아주지 않더라도 성내지 않으면 또한 군자가 아니겠는가?"라고 하였다. 『논어』에 있는 이 말 덕분에 우리는 세상의 훼예포폄毁譽褒貶에 좌우되지 않고 사람이라면 갖추어야 할 품격이 있음을 알 수 있는 것이다.

제13강 군자

13.1 위정 제12장

子曰, 君子不器.
子曰く、君子は器ならず。
공자께서 말씀하시길, 군자는 그릇이 되지 않는다.[1]

* * *

〚진사이〛

> 그릇이란 쓰임새가 용도에 맞는 것을 말한다. 이 장이 말하고자 하는 바는 군자의 덕은 큰일에 사용될 수 있지만 작은 일에는 쓸 수 없다는 것이다. 군자의 도는 넓고 덕은 높아서 어떤 일도 안되는 것이 없지만 일에 따라서 잘하지 못 하는 일이 있다. 공자가 군사와 관계된 일을 배우지 않고 외교상 언변에 능하지 못한 것과 같은 일이다. 그러나 성인이 재주와 덕을 말하는 것은 그런 일에 있지 않다. 그래서 공자도 "군자는 작은 일에는 알 수 없으나 큰 일을 맡을 수 있다"(위령공 제34장)[2]라고 하셨다. 갖가지 기예를 두루 종합하고 작은 일에도 정통한 사람이 분명 세상에서 환영받겠지만 그런 사람이 저 멀리까지 내다보고 궁구窮究할 수는 없다. 그러므로 갖가지 기예를 종합하여 작은 일에 정통하고 재능이 있는 것으로 군자를 논해서는 안 된다.

진사이는 사려가 깊어 멀리 내다보고 원대한 일을 이룰 수

---

1) 그릇이 아니라는 말은 그릇 노릇을 하지 않는다는 뜻이다. 그릇에 대한 비유는 「공야장」 제3장에서 다시 한번 나온다.
2) 『논어』 「위령공」 제33장에 "君子不可小知之, 而可大受也"라고 나온다.

있는 재덕을 가진 사람을 군자라 하였다. 이것은 단지 교양인과 같은 자기완성을 이상으로 삼는 군자가 아니라 사회에 필요한 큰 지성의 소유자이다.

〖주자〗

> 그릇은 제각각 그 쓰임에 적합하여 서로 통용될 수 없는 것이다. 군자 즉 덕을 이룬 선비는 몸體이 미비한 점이 없으므로 쓰임用이 두루 하지 않음이 없다. 특별히 한 가지 뛰어난 재주나 기예―才―藝일 뿐만이 아니다.

주자는 군자를 범용적인 존재로 간주하였다. 다양한 장면에서 다양한 요청에 응할 수 있는 능력을 가진 존재이다.

〖소라이〗

> "큰 덕은 한 관직만 맡지 않고 큰 도는 한 가지 그릇(재능과 기예)에 국한되지 않으며 큰 믿음은 한 가지 약속이 아니고 큰 때는 똑같은 때가 아니다. 이 네 가지를 살피면 근본에 뜻을 둘 수 있다"[3]라고 하였다. '불기不器'라는 것은 여기 나온 대로다. 대개 배움으로써 사람은 하나의 그릇을 이루고 그릇은 그 사람의 성질에 따라 다른 까닭에 그릇을 이루는 것을 절차탁마하는 것에 비유하였다. 사람을 쓰는 도리는 그 그릇을 사용하는 데 있다. 군자란 백성의 우두머리가 되는 덕으로써 그릇을 사용하는 자이니, 그래서 그릇이 되지 않는다고 한다. 군자가 그릇을 사용하는 이유는 거기에 있다.

---

3) 『예기』 학기(學記)에 "大德不官, 大道不器, 大信不約, 大時不齊, 察於此四者, 可以有志於本矣"라고 나온다.

제13강 군자

　군자 즉 재위의 사람은 특수한 능력(그릇)을 가진 사람들을 사용하는 처지이다. 그래서 "군자는 그릇이 아니다"라고 한 것이다, 소라이는 이렇게 풀이하였다.

　아울러 자로 제25장에는 이러한 소라이의 이해를 받쳐주는 내용이 나온다.

> 공자께서 말씀하시기를, 군자는 섬기기는 쉬워도 기쁘게 하기는 어렵다. 기쁘게 하기를 도로써 하지 않으면 기뻐하지 않는다. 군자가 사람을 부릴 때에는 그 그릇에 맞게 쓴다. 소인은 섬기기는 어려워도 기쁘게 하기는 쉽다. 기쁘게 하기를 도에 맞게 하지 않더라도 기뻐한다. 소인이 사람을 부릴 때에는 다 갖추었기를 요구한다.[4]

〚시부사와〛

> 애초에 인간인 이상 그 기능에 따라 쓰이기만 하면 누구라도 쓸모가 있다. 젓가락은 젓가락대로 붓은 붓대로 제각각 그 그릇에 따른 용도가 있듯이 사람은 누구나 각자 잘하는 일기일능一技一能을 반드시 가지고 있다. 만약 비범하고 견식이 뛰어난 사람이 되면 일기일능에 뛰어난 그릇다움은 없어지고 만반에 걸쳐 그 깊이를 알 수 없을 만큼 도량이 큰大量大度 데가 있다.
>
> 시험 삼아 내가 유신 삼걸을 관찰한 부분을 말씀드리고자 한다. 오쿠보 도시미치大久保利通 후작은 내가 싫어하

---

[4] 원문은 다음과 같다. "子曰, 君子易事而難說也. 說之不以道, 不說也. 及其使人也, 器之. 小人難事而易說也. 說之雖不以道, 說也. 及其使人也, 求備焉."

는 사람이고 그도 나를 매우 싫어했지만, 그 일상을 볼 때마다 그릇이 아니라는 말은 후작 같은 사람을 말하는 것이라고 감탄하는 마음을 금할 수 없었다. … 사이고 다카모리 공 역시 상당히 견식이 뛰어난 훌륭한 분으로 틀림없이 그릇이 될 수 없는 사람이며 똑같이 그릇이 아니라 해도 오쿠보 후작과는 무척이나 다른 부분이 있었다. 한마디로 말하자면 자못 친절하고 동정심이 깊으며 한 번 봐도 정답게 느껴지는 분이었다. 평생 과묵하여 거의 담화를 하지 않으셨다. 겉모습으로만 보면 정말 대단한 사람인지 아니면 둔한 사람인지 잘 알 수 없었다. 현우賢愚를 초월한 그야말로 장군다운 군자의 자태였다.

강담적인 인물론은 전국戰國의 난세, 변혁의 시대에서 재료를 찾기 마련인데 시부사와 논어에 보이는 평석은 종종 유신 인물론이 중심이 되고 있다.

〔리쩌허우〕

이 문구를 철학적으로 이해하면 인간은 도구적인 존재가 아니라는 것, 인간은 도구 혹은 기계나 기계의 한 부품을 초월한다는 것을 말하고 있다. 사회적으로는 군자는 중국의 전통사회에서 '사회의 척량'인 사대부를 가리킨다. 그들 독서인讀書人[사대부]은 한 가지 일에만 종사하는 전업자와는 달리 관료가 되어 도덕적 지도자로서 '치국평천하'의 과제를 짊어지고 사회를 이끌어 정서整序하는 책임을 지고 있었다.

20세기가 되어 근대 중국의 지식분자는 내우외환의 특별한 상황에서 '사회의 척량'으로서의 역할을 다해갔다. 그러나 현대의 지식인은 각기 전문가로서 활동하면서 사회

제13강 군자

의 특수한 기관機官을 이룬다. 이로써 보자면 '군자는 반드시 그릇 노릇을 해야 한다君子必器'라고 하겠지만 실제 상황은 더 복잡하다. 첫째, 전문가 중에서 그 전문범위를 뛰어넘어 전체의 판국(세계·국가·인류·사회…)에서 발언하는 '의견의 인간'을 발견한다. 이것은 '그릇이 아닌 군자'이며 이른바 '공공적 지식분자public intellectuals'이다. 둘째, 비록 발언하지 않더라도 각자의 전업 외에 많은 문제에 흥미를 갖고 상관하게 되어도 무방한 인사도 있다. 그들 역시 '그릇이 아닌 군자'라고 할 수 있다. 전통사회를 주도하고 골격을 이루어 온 사대부=지식분자(군자)는 현대 사회의 중산계급의 지식분자가 되었다. 그러나 근대 사회의 근대화 과정은 그들에게 '사명감'의 상실과 전업화의 가속으로 나타났다. 이것은 '군자는 그릇이 아니다'에서 '군자는 반드시 그릇 노릇을 해야 한다'로 향했다고 할 수 있다.

13.2 위정 제14장

子曰, 君子周而不比, 小人比而不周.

子曰く、君子は周して比せず。小人は比して周せず。

공자께서 말씀하시길, 군자는 두루하되 편당을 만들지 않는다. 소인은 편당을 만들되 두루하지 않는다.

* * *

[번역] 군자는 다른 사람과 친밀하게 사귀면서 사적 당파를 만들거나 하지 않는다. 소인은 사사로운 당파를 넘어서 사귀려고 하지 않는다.

〚주자〛

주周는 보편이다. 비比는 편당이다. 주와 비 모두 타인과 친하게 사귄다는 뜻이다. 다만 주는 사귐이 공적이고 비는 사적이다. 군자와 소인의 행동이 같지 않으니 마치 음과 양, 낮과 밤처럼 매사에 상반된다. 그러나 상반되는 분기의 근원을 찾아보면 공과 사의 매우 작은 차이에서 비롯된다. 그러므로 공자는 주와 비·화和와 동同·태泰와 교驕를 타인과의 교제와 처신에 있어서 항상 상대적인 것을 들어 말씀하셨다. 배우려는 사람들은 둘 사이에서 살펴 자기의 태도와 취사 선택의 미묘한 나님을 분명하게 하기를 바란 것이다.

〚시부사와〛

오늘날 정당 창당 또한 추세라고 할 수 있다. 그러나 군자는 이를 조직할 때 두루 친하여 편당을 만들지 않음으로써 국가와 인민을 이롭게 한다. 이에 반하여 소인은 이를 조직할 때 편당을 만들어 두루 친하지 않음으로써 자가自家 일파, 일부의 사익을 도모하여 국가와 인민에게 독이 된다.

제13강 군자

13.3 자로 제23장

子曰, 君子和而不同. 小人同而不和.
子曰く、君子は和して同ぜず。小人は同じて和せず。
공자께서 말씀하시길, 군자는 화하되 동하지 않는다. 소인은 동하되 화하지 않는다.

***

〚모로하시〛모로하시에 따라 번역해 보자.

> 군자는 어떠한 경우에서도 사람들과 서로 화합하여 일을 하지만 사람들에게 뇌동하여 일하지 않는다. 소인의 경우는 이와 완전히 반대로, 사람들에게 뇌동하여 일을 하지만 사람들과 화합하여 일하지 않는다.

〚주자〛

> 화和란 거스르고 어기는 마음이 없는 것이다. 동同이란 아첨하고 빌붙는다는 뜻이다. 윤씨가 말하였다. "군자는 의를 숭상하므로 동하지 않음이 있다. 소인은 이로움을 숭상하니 어찌 화할 수 있겠는가?"

주자의 해석은 "군자란 의에 깨닫고 소인은 이에 깨닫는다"(이인 제16장)와 이 장을 절충한 이해이다. 일을 할 때 의로써 사람들과 화합하는 것이 군자이며 그에 반해 소인은 자신의 이익을 전제로 아첨하여 동조한다고 풀이하는 것이다. 『논어』를 하나의 체계적인 공자의 교설로 보고 내부의 상호

13.3 자로 제23장

인증引証에 의해 어떤 장을 해석하는 것은 『논어』 주석의 한 방법이다. 그러나 이런 해석 방식은 자칫하면 독립된 장구로서 갖는 의미를 잃어버리게 한다. 저것으로 이것을 해석하고 이것으로 저것을 해석하는 순환이 발생한다.

〚소라이〛 소라이는 군신 간 화동관계의 차이를 말하려고 했다. 『안자춘추晏子春秋』 및 『춘추좌씨전』에서 경공과 안자의 화동을 둘러싼 문답을 인용하여 설명하였다. 요점은 다음과 같다.

> 군신 간에 군주가 가可하다고 말하는 것 가운데 그렇지 않은 것이 있다면 신하는 그렇지 않은 것을 말씀드려 군주의 가함을 이루게 하고, 군주가 가하지 않다고 말하는 것 가운데 가한 것이 있으면 신하는 가함을 말씀드려 가하지 않은 점을 없애야 한다. 군신이 화和해야만 비로소 정치가 안정되어 성취된다. 반대로 군신이 동同하는 것은 군주가 가하다 하는 것을 신하도 가하다 하고 군주가 아니라고 하면 신하도 아니라고 하는 것이다. 물을 가지고 물의 간을 맞추면 대체 누가 그 요리를 먹겠는가? 금琴과 슬瑟이 조화를 이루지 않고 오직 한가지 소리만 낸다면 누가 듣겠는가? 동同이 불가不可하다는 것을 알아야 한다.[5]

군신 간 화동의 차이를 말하는 소라이의 주장은 분명 경청할 부분이 있다.

---

5) 소라이는 이 부분에 이어서 하안과 주자의 화에 대한 해석이 모두 마음에서 구하고 있기 때문에 본래의 뜻을 잃었다고 비판하였다. "何晏曰君子心和, 朱子曰無乖戾之心, 皆徒求諸心而失其義焉."

제13강 군자

13.4 학이 제14장

子曰, 君子食無求飽, 居無求安, 敏於事而慎於言, 就有道而正焉. 可謂好學也已.

子曰く、君子は食飽くことを求むること無く、居安きことを求むること無く、事に敏にして言に慎み、有道に就きて正す。学を好むと謂うべきのみ。

공자께서 말씀하시기를, 군자는 먹음에 배부르기를 구함이 없고, 거처함에 편안함을 구함이 없으며, 일에 민첩하고 말에 삼가며, 도가 있는 데로 나아가 바로잡는다. 배움을 좋아한다고 말할 만하다.

* * *

> [번역] 공자께서 말씀하셨다. 군자란 먹을 때 배부르기를 구하지 않고, 거처에 안일함을 구하지 않고, 일할 때는 부지런하며 말을 함부로 하지 않고, 유도한 지도자를 따라 스스로 바로 잡는 사람을 말한다. 군자란 무엇보다 배움을 좋아하는 사람이라고 할 것이다.

여기서는 군자의 인간적 품위를 구성하는 것은 무엇인지 말하고 있다. 이러한 공자의 말을 보면 군자란 인간적 이상보다는 인간적 품위로 파악하는 쪽이 좋은 것 같다. 공자는 현세적인 바람직한 가치의 서열과는 다른 인간적 품위를 구성하는 가치가 있음을 가르치고 있다. 군자란 무엇인지를 다시금 생각하게 하는 문구이다.

13.5 옹야 제13장

子謂子夏曰, 女爲君子儒, 無爲小人儒.

子、子夏に謂いて曰く、女(なんじ)、君子の儒と爲(な)れ、小人の儒と爲ること無かれ。

공자께서 자하에게 일러 말씀하시기를, 너는 군자의 유자가 되어라, 소인의 유자는 되지 말라.

***

〖주자〗

> 유儒란 학자를 일컫는다. 정자가 말하였다. "군자의 학자는 자신을 위하고 소인의 학자는 남을 위한다."

> [참고] 공자께서 말씀하시기를, 옛날에 배우는 자는 자신을 위하여 하였는데 지금에 배우는 자는 남을 위하여 한다子曰, 古之學者爲己, 今之學者爲人(「헌문」제25장)

〖시부사와〗

> 경세제민經世濟民을 자신의 천직으로 삼는 유자를 가리켜 군자유君子儒라고 일컫고 문예 강의만을 일삼는 유자를 가리켜 소인유小人儒라고 한다. … 우리 일본에서 우선 제일의 군자유라고 할 만한 이는 아라이 하쿠세키[6]이다. 아라이는 도쿠가와 제6대 쇼군 이에노부家宣를 섬긴

---

6) 아라이 하쿠세키(新井白石, 1657~1725)는 에도 시대 중기의 주자학자이자 정치가로 제6대 쇼군 이에노부와 제7대 쇼군 이에쓰구(家繼)를 보좌하며 쇼군의 정치고문으로서 막정을 주도하였다. 이를 당시 연호를

제13강 군자

사람으로 막부 정치에 헌체獻替하여 화폐제도 개혁에 공로가 있음은 사람들이 다 아는 바이다.

이 장의 이해는 유자라는 자각을 어떻게 파악할지에 따라 달라진다. 공자는 고대를 배우면서 인간이라는 존재를 예악적 문화와 함께 다시 물으며 말하고 있다. 공자는 유儒라는 존재에 대해 되묻고 있다. 군자유란 그런 되묻기를 하는 공자 자신이 존재하는 방식이다. 소인유란 이렇게 다시 묻기를 통해 버려진 기존의 유이다. 그것은 그저 옛날의 전적에 통달한 사람인지도 모른다. 혹은 단지 제사 전례典禮의 담당자인지도 모른다. 시라카와 시즈카白川靜7)는 소인유에서 무축巫祝을 읽어냈다. 어쨌거나 자하에게 해준 말 자체가 사람들이 반성적으로 다시 묻기를 재촉하는 것이었다. 군자유란 무엇이라는 답이 있는 것은 아니다. '자하야, 너는 군자유가 무엇인지 스스로 구하도록 해라. 그 답을 스스로 찾아내거라. 그렇지 않으면 너는 소인유에 그치고 만다.' 공자는 그렇게 말했을 것이다.

따서 '쇼토쿠(正德)의 치(治)'라고 한다. 조선통신사 응접 의례의 변경부터 화폐제도, 외국무역 개혁 등을 이루었다.
7) 시라카와 시즈카(1910~2006)는 한자 학자로 타이완에 보관된 갑골문과 금석문(金石文) 자료를 주술적인 관점에서 분석하여 한자의 어원에 대해 독자적인 문자학을 정립하였다. 공자를 무녀의 사생아라 주장하면서 유가 사상의 기원을 무축(무당과 박수)에서 찾았다. 다만 시라카와의 주장에는 시대의 변화를 살피지 않은 해석 등 상당한 문제가 있다. 시라카와 시즈카 지음, 장원철·정영실 옮김『공자전』펄북스, 2016, 참고.

제 III 부

제 *14* 강

문을 배우다

『논어』에 담긴 많은 개념은 우리가 이미 이해하기 어렵게 되었다. 본래의 의미를 잃거나 의미가 전화되어서 일부의 의미에만 치우치거나 새로운 의미가 덧붙여지고 말았다. '문文'이란 개념도 그렇다. 지금 문이라고 하면 우선 문자가 이어진 문장을 의미한다. 혹은 무武에 대對하는 문을 의미한다. 나아가 문이 구성하는 문화, 문명, 문학, 문예 등의 단어를 들 수 있다. 그러나 우리가 가진 문의 개념은 "공자께서 네 가지로 가르치셨다. 문·행·충·신"(술이 제24장)이라 할 때의 문일까? 우선 "문질빈빈文質彬彬하고 난 연후에야 군자이다"라는 공자의 말부터 생각해 보자.

제 14 강 문을 배우다

14.1 옹야 제**18**장

子曰, 質勝文, 則野. 文勝質, 則史. 文質彬彬, 然後君子.

子曰く、質、文に勝てば則ち野なり。文、質に勝てば則ち史なり。文質彬彬(ひんぴん)として、然る後に君子なり。

공자께서 말씀하시길, 질이 문보다 앞서면 촌스럽다. 문이 질보다 앞서면 화려하다. 문질빈빈한 후에야 군자이다.

* * *

야野는 야인野人이고 사史는 문서를 관장하는 관리를 뜻하는데 주자는 세상사에 두루 통하지만 성실성이 부족한 것이라고 주석을 붙였다. 모로하시의 번역을 보자.

〖모로하시〗

> 질박함이 문식文飾을 앞서면 사람 됨됨이가 야비하게 되고 반대로 문식이 질박함을 앞서면 성실성이 결여되어 이른바 문서담당자史처럼 된다. 이처럼 문과 질의 중용을 얻지 못한 사람은 각각 한쪽에 치우치는 폐해를 벗어나기 어렵다. 문과 질 두 가지를 왕성하게 갖추어야만 비로소 군자라 할 수 있다.

모로하시의 번역은 주자학자의 주석을 답습하면서 중용을 얻은 이해방식을 보여준다. 다만 '빈빈彬彬'을 왕성한 모양이라고 했는데 주자는 적절하게 섞여 있는 상태라고 하였다.[1] 여기서 질을 질박이라 하고 문을 문식이라 하여 전자에서 내면의 성실성을, 후자에서 그 결여를 발견하는 것은 주자와 마찬가지다. 가나야金谷는 질을 질박, 문을 장식이라 하여 "장식과 질박함이 잘 녹아 하나가 되어야만 비로소 군자이다"라고 번역하였다.

그러나 질을 질박으로 문을 문식(장식)으로 풀이하여 질박과 문식이 잘 융합되어야만 군자라고 했을 때 우리는 그런 군자상을 어떻게 그릴 수 있을까? 질에 대비되는 문이 문식이나 장식인 것일까? 요시카와吉川는 "질이란 소박함, 문이란 문명이다. 양자는 서로 가까이하고 서로 도와서 인간의 생활을 성립시키는 가장 중요한 요소이다"라고 하였다. 덧붙여 소박한 요소가 문명의 요소를 능가하면 '즉야則野', 촌스럽고 불충분한 생활이 된다. 거꾸로 문명의 요소가 소박한 요소보다 지나치면 '즉사則史', 과도하게 언어적이고 문화적인 생활이 된다고 하였다. 문명과 소박함이란 대對 개념으로 인간의 생활을 말한다면 이런 요시카와의 이해가 통할 것이다. 그러나 이런 개념 대비로 군자상을 구성할 수 있을까? 소박함과 문명은 인간사회의 진보에 관련되는 개념인데 이 두 가지 요소를 각각 적절히 갖추어야만 군자라고 하면, 의미가 불분명한 어리석은 표현이 되어버리지 않을까?

나는 질이란 인간이 갖춘 천부天賦의 자연성이라고 생각한

---

[1] 주자는 빈빈을 주석하여 "반반과 같으니 물건이 서로 섞여 적당한 모양(猶斑斑物相雜, 而適均之貌)"이라 하였다.

제14강 문을 배우다

다. 인간의 본래적인 자연으로서의 질박함이다. 진사이는 직面한 것을 예나 지금이나 변치 않는 인민의 성性이라 하였다.[2] 이것은 인간의 본래적인 자연성을 말하는 것이다. 인간의 본래적인 자연성 위에 소박하고 실질적인 인간상을 구성하는 것이다. 질이란 이런 의미에서 인간에게 중요한 요소이다. 그러나 그것만으로 사람이 군자가 될 수 있을까? 사람에게 중요한 또 다른 요소가 있지 않을까?

그것이 바로 문이다. 공자는 "행하여 남은 힘이 있으면 글을 배워야 한다行有餘力則以學文"(학이 제6장) 또 "널리 문을 배운다博學於"(안연 제15장)라고 하였다. 배운다는 것은 옛것을 배우는 것이며 선인을 배우는 것이다. 사람이 배우는 문文이란 따라서 선인이 남긴 문장이며 문물이자 문화적 형성물이다. 넓게 말하면 인간이 역사적으로 형성하고 남긴 문장·학문을 포함하는 문화이다. 소라이는 이를 성인이 제작한 예악이라고 하였다. 인간은 실질로서 자연스럽고 훌륭한 성질 위에 문文에 참여하고 문을 배움으로써 비로소 군자가 될 수 있는 것이다.[3] "문질빈빈한 후에야 군자이다"라는 말은 바로 그런 의미일 것이다. 문을 그저 문식이나 장식 혹은 문명이라고 번역해서는 군자가 되는 데 어째서 문이 필요한지를 알 수 없다.

---

2) 『논어고의』「위령공」제24장에 "今斯民卽三代之時, 所以直道而行之民也. 其性初無以異也"라고 나온다.
3) 이런 저자의 관점은 소라이와 통한다. 소라이는 군자가 군자인 까닭은 문에 있음을 강조하며 문질을 말단과 근본으로 보는 이분법적 사고를 비판하였다. 『논어징』「옹야」제15장에 "大氐君子之所以爲君子者以文, 苟無文何足以爲君子乎"라고 나온다.

14.2 학이 제6장

子曰, 弟子入則孝, 出則弟, 謹而信, 汎愛衆而親仁, 行有餘力, 則以學文.

子曰く、弟子入りては則ち孝、出でては則ち弟、謹みて信、汎く衆を愛して仁に親しみ、行いて余力有らば、則ち以て文を学ぶ。

공자께서 말씀하시길, 젊은이는 들어와서는 즉 효도하고, 나가면 즉 공손하며 삼가고 미덥게 하고, 널리 사람들을 사랑하며 인을 가까이하고, 행하여 남은 힘이 있으면 즉 글을 배운다.

***

〖진사이〗 진사이는 제자를 공자 문하의 초학자라고 하였다. 공자가 초학자에게 기본을 중시할 것을 가르친 말이라고 풀이한다. 다시 말하면 학문은 처음을 신중하게 해야 한다고 말하는 것이다. 효도와 공손함孝弟은 인륜의 근본이며 신중함과 미더움謹信은 역행力行의 요체이다. 널리 뭇사람을 사랑하고 어진 사람을 가까이하는 것은 덕을 이루는 기본이다. 여력이 있으면 글을 배운다는 것은 도 있는 사람에게 나아가 배워서 자신을 바로잡는 것이다. 진사이의 관점에서 번역하면 다음과 같다.

> 선생님께서 말씀하셨다. "제자들아, 우선 중요한 것은 집에서는 부모님을 잘 섬기고 밖에서는 연장자에게 공손한 것이다. 그리고 행동을 삼가고 신실하게 하며 다른

제14강 문을 배우다

사람들을 미워하지 말고 사랑하고, 덕이 있는 사람을 가까이해라. 그리고 난 다음 남은 힘이 있으면 선인들이 남긴 문장을 배우도록 하여라."

진사이는 배움에 있어 덕행과 실천우위의 관점에서 공자의 말을 풀이하였다. 이것은 주자의 『논어집주』가 전하는 바이기도 하다. 주자는 "덕행은 본本이고 문예는 말末이니 그 본말을 궁구하여 먼저 하고 뒤에 할 것을 알면 덕에 들어갈 수 있다"라고 한 윤씨尹氏[4]의 말을 인용하였다. 시부사와는 이 실행주의를 한층 더 철저하게 하여 공자의 말을 해석하였다.

〖시부사와〗

이 장은 공자가 젊은이들에게 실행을 우선하고 문예를 배우는 것은 나중에 하라고 하는 가르침이다. 공자의 교육주의는 모두 공리공론으로 흐르지 않고 실천궁행을 중시하면서도 동시에 그 실행의 동기가 되는 정신도 물론 중요시한다. 그다음에 이것들을 꾸미는 문사文事도 여가가 있으면 배우라고 말씀하셨다. 인생을 수식하는 예의작법, 문아文雅의 소양 역시 문文 속에 있다. 동서고금을 막론하고 이런 소양이 없는 사람은 야비하여 자리에 내놓기 어렵다. … 나는 청년 시절부터 실학을 지향하여 터무니없는 대언장어大言壯語를 싫어했다. 메이지 6년(1873) 실업계에 몸을 던진 이래 오늘날까지 이 방침을 묵묵히 지키며 바꾸지 않았다.

---

[4] 윤돈(尹焞(1071~1142)을 가리킨다. 북송 하남사람으로 정이(程頤)를 사사하였다. 내성(內省) 함양을 중시하였고 『논어맹자해(論語孟子解)』, 『화정집(和靖集)』, 『문인문답(門人問答)』 등을 저술하였다.

그러나 이 장에서 공자의 실천주의만을 읽는 것에 비판적인 사람도 있다. '문'을 '선왕의 시서예악'이라고 보는 소라이다. 〚소라이〛소라이는 우선 제자란 다른 사람의 자제라고 보았다.

> 효제란 자제들이 행해야 할 도리이다. 또 근신이란 몸가짐의 도리이다. 사람들을 사랑하고 어진 사람을 가까이한다는 것은 사람을 대하는 도리이다. 이 세 가지는 일상생활의 상도이다. 남은 힘이 있으면 문을 배운다는 것은 그런 다음에 덕으로 나아감을 추구하는 것이다. 문이란 시서예악 즉 선왕의 가르침이다. 이것을 배우지 않으면 촌스러운 시골 사람을 벗어나지 못한다. 문을 배우지 않고 어떻게 군자의 덕을 이룰 수 있겠는가? 이 장에서 그저 덕행주의만 읽는 주자와 진사이는 학문의 도를 모르는 것이다.

공자는 젊은 제자들에게 효제, 근신, 애중愛衆, 친인親仁이라는 일상의 상도가 중요함을 가르치는 것이다. 그런 다음에 여력이 있으면 문을 배워야 한다고 일깨운다. 문이란 문식이라는 우아한 겉치레가 아니다. 선인이 남긴 문장이자 가르침이다. 공자가 말하는 군자의 바람직한 존재 양식에 문을 배우는 것은 불가결하다. 문이란 선인의 유문遺文이며 그것은 배움과 나뉠 수 없다. 그래서 '문'은 '학문'이라고 번역되기도 한다. 그런 관점에서 보자면 공자는 젊은 제자들을 향해 일상 도덕의 중요성을 말하면서도 만약 자기 자신을 한층 더 끌어올려 군자가 되고자 한다면 '그대들은 문을 배우세요'라고 학문의 중요성을 말한 것이리라.

제14강 문을 배우다

14.3 술이 제24장

子以四敎. 文行忠信.
子、四つを以て教う。文、行、忠、信。
공자께서 네 가지를 가르치셨다. 문, 행, 충, 신.

* * *

우선 현대의 『논어』 해석자들이 '문행충신'을 어떻게 풀이했는지 보자.

〖요시카와〗

> 공자의 교육은 네 가지를 중점으로 삼았다. 학문, 실천, 성실, 신의.

〖미야자키〗

> 공자는 네 가지를 가르쳤다. 표현력의 문, 실천력의 행, 개인에 대한 덕의 충 및 사회의 룰인 신.

〖가나야〗

> 선생은 네 가지를 가르치셨다. 독서, 실천, 성실, 신의이다.

〖모로하시〗

> 학문에 의해 가르치고 실행에 의해 가르치는 것, 이것이 문행文行이다. 이에 대하여 충이란 마음에 성실함이

있는 것, 신이란 말에 거짓이 없는 것으로 이 두 가지는
마음가짐과 말을 하는 법에 대한 교육이다. … 이로써
공자의 교육에서 중점이 어디에 있는지를 알 수 있다.

〖첸무〗

선생은 네 가지 항목을 가지고 사람들을 가르쳤다. 첫째
전적유문典籍遺文, 둘째 도덕의 실행, 셋째와 넷째가 내
마음의 충과 신이다.

현대를 대표하는 해석자들은 모로하시를 제외하면 이 장에 대해서는 거의 언급하지 않는다. '문행충신'을 현대적인 어휘로 바꾸어 놓았을 뿐이다. 이로써 무엇을 알 수 있을까? 공자의 가르침은 왜 이 네 가지로 집약되어 나타나는가? 네 가지가 왜 '문행충신'일까? 해석자들은 이 점을 생각하지 않는다. 공자에게 가까운 시대까지는 '문행충신'이 무엇에 대한 가르침인지 구체적으로 알았을 것이다. 시대가 한참이나 떨어진 후세의 우리는 『논어』속 공자의 말 전체를 살펴서 왜 '문행충신'인지 이해해야 한다. 그저 현대어로 번역해서 알 수 있는 것이 아니다.

〖진사이〗 진사이는 자신의 『논어』수용 관점을 전제로 이를 풀이한다. 나아가 이 네 가지 가르침은 '충신'으로 결착하며 논주論注에서 충신주의적인 관점을 전개하였다. 그것은 공자의 가르침을 '충신'에서 수용하는 진사이의 『논어』이해를 드러내는 것이다.

제14강 문을 배우다

> 이것은 공자학파의 가법家法이다. 문을 배움으로써 앎에 이르게 하고 행동으로 선을 실천하고 충으로써 남에게나 자신을 다하고 미더움으로써 모든 것을 응대하는 것은 만세토록 변치 않는 학문하는 자의 방식이다.
>
> 네 가지 가르침은 충과 신을 귀착지로 삼는다. 즉 "충신을 주로 한다"(학이 제8장)[5]라는 뜻이다. 충신이 아니면 도는 밝혀지지 않으며 덕도 성취되지 않는다. 예란 충신의 추진이며 경敬이란 충신의 발현이다. 즉 충신이란 인도人道가 서고 만사가 이루어지는 바탕이다.

〖소라이〗 소라이는 이 네 가지를 공자가 설정한 제자교육의 교과라고 보았다. 즉 '문행충신'은 문학과 덕행과 정사政事와 언어이다. 정사는 남을 위하여 도모하는 것으로 충을 근간으로 하며 언어는 남에게 말할 때 믿음을 근간으로 한다고 하였다. 문학과 덕행도 소라이에게는 선왕의 도와 가르침을 전제로 한 배움이자 행동이다. 그것은 지위가 있는 자, 즉 군자를 위한 네 가지 교과이다.

공자의 네 가지 가르침을 현대의 우리는 어떻게 이해하면 좋을까? 진사이의 견해가 역시 중요한 시사를 준다. 공자는 사람이 군자로서 자기를 형성해 갈 때 네 가지의 중대사를 가르치는 것이다. 생각해 보면 그것들은 도로서, 예로서, 인으로서 『논어』에서 되풀이하여 언급되지 않았는가. 그것들이 여기서 제자를 위한 네 가지 교과로서 드러난 것이다. 진사이는 충신을

---

5) 「학이」 제8장[p.239]에 "主忠信"이라 나온다.

귀착지로 하였지만 나는 여기서 문을 배우는 것이 가장 먼저 언급된 점에 주목하고 싶다. 문이란 선인의 유문이다. 그리고 공자는 「공야장」 제28장에서 "내가 배움을 좋아함만은 못할 것이다"라고 했듯이 무엇보다 배우는 사람이며 '옛것을 좋아하는' 사람이었다. 문이란 배움에 대응하는 개념이다. 그래서 '문·행'이란 배우는 것, 행하는 것이다. 나는 이 장을 다음과 같이 번역하겠다.

> 공자가 제자에게 가르친 것은 네 가지의 기본이다. 우선 배우는 것. 그리고 행하는 것 나아가 다른 사람을 위하여 충실하고 미더운 것의 네 가지이다.

제14강 문을 배우다

14.4 옹야 제27장

子曰, 君子博學於文, 約之以禮, 亦可以弗畔矣夫.

子曰く、君子は博く文を学び、これを約するに礼を以てせば、また以て畔(そむ)かざるべきか。

공자께서 말씀하시길, 군자는 널리 문을 배우고, 이를 요약하는데 예로써 하면 또한 어긋나지 않을 것이다.

* * *

〖진사이〗

> 문文이란 시서육경詩書六經 즉 선왕이 남기신 문장이자 선왕의 도가 담겨있는 것이다. 따라서 문이란 사람들이 평소 보고 듣는 종류가 아니다. 평소 보고 듣는 종류란 내 식견에 한정되는 것이다. 선왕의 유문遺文은 내 식견을 뛰어넘은 보편성과 규범으로서의 크기를 갖는다. 따라서 널리 문을 배우면 지식이 고금에 통달하여 실제로 일에 있어서 사려 깊게 헤아릴 수 있다. 이렇게 널리 배운 것을 요약할 때 예로써 한다고 했듯이 올바른 규범에 따라 행동할 수 있다. 그러므로 박학博學·약례約禮는 도에 어긋나지 않는다고 하는 것이다.

과연 진사이답게 성실하고 사려 깊은 해석이다. 특히 널리 문을 배운다는 의미를 일상적인 식견을 넘어서 널리 도를 배우는 것으로 파악한 점은 주목할 만하다. 선인의 유문을 배우는 것이 갖는 본래의 성격이 바로 박학이다. 좁게 배우는 것은 배움의 본뜻에 반하는 것이다. 이른바 '바보 전문가^{專門馬鹿}' 즉 특정 분야 외에 사회적 상식이나 교양이 결여한 사람들의 발생은 근대에 나타난 현상이다.

〚모로하시〛

> 예는 밟는 것^履이며 실행하는 것이다. 옛날에는 인간 행위의 선악을 모두 예에 맞다거나 예가 아니라거나 하는 말로 표현했다. 약례^{約禮}란 배운 것을 실제 행동에 비추어 보면서 요약하는 것이다. 다만 약례에 우선하여 박학^{博學}이 꼭 필요하다. 그것은 마치 새가 걸린 그물눈은 하나여도 그물망에 그물눈이 많지 않으면 새를 잡기 어려운 것과 마찬가지다.

〚시부사와〛

> 도가 담겨있는 시서육예^{詩書六藝} 즉 육경^{六經}을 문이라 한다. 따라서 학자가 도를 배울 때는 우선 널리 육예의 문을 배워 온갖 것을 알아야 한다. 그런데 그저 널리 배우고 많이 아는 것만으로는 배움이라고 할 수 없다. 널리 배운 것을 하나로 정리하여 예에 따라 몸으로 행한다. 이렇게 하면 도에 어긋나지 않는 군자라 할 수 있을 것이다. 이 문구에서 마지막에 부^夫라는 의문사로 끝내고 불반^{弗畔}이라고 단정하지 않은 것은 겸손의 뜻으로 그랬을 것이다. 오쿠마^{大隈}[6] 후작은 이런 겸손의 미덕이 없이 무슨

---

6) 오쿠마 시게노부(大隈重信, 1838~1922)는 사가번(佐賀藩) 출신으로 유신정부의 요직을 역임하였다. 1881년 헌법제정과 의회개설을 둘러싼 대립으로 사직, 이듬해 영국 의회정치를 모델로 입헌개진당(立憲改進党)을 결성하였다. 1898년 사쓰마번이나 조슈번 이외 출신으로는

일이나 거리낌 없이 단언하였다. 아니, 조금은 의심이 들어도 거침없이 단언하는 버릇이 있었다. 이것이 항상 병폐가 되어 후작은 세상의 이런저런 비난을 받았다.

처음으로 총리대신이 되었으며 인재육성을 위해 와세다대학의 전신인 도쿄전문학교를 설립하였다.

제15강

온고지신

배움은 옛것을 배우는 것이었다. 진사이는 옛것이란 그것에 비추어 지금을 알 수 있는 규범이라고 하였다. 사람은 옛것을 배워서 지금을 아는 것이다. 앎이란 그저 지식의 습득을 의미할까? 옛것을 배워 지금을 아는 것은 옛것에 의해 지금을 상대화하면서 새롭게 지금의 방향을 정하고 의미를 부여하는 무언가를 배우는 것이다. 이것이 '지금을 안다'라는 뜻이다. 그렇다면 앎은 그저 지식이 아닌 통찰과 비판을 갖춘 지성을 갖는 것이다. '온고지신'의 지는 그러한 지성을 말한다.

이것을 단지 지식이라고 해버리기 때문에 새로운 서양의 지식을 얻는다는 '지신知新'이란 문명론적인 해석이 나오는 것이다. 그러나 『문명론의 개략』에서 후쿠자와도 신지식을 얻는 것은 간단하며 오히려 문명적 세계를 지탱하는 지성(정신)을 자기 것으로 만드는 일이 어렵다고 했다. 후쿠자와 역시 앎을

제15강 온고지신

그저 지식으로 파악하는 것을 경고한 것이다.

공자는 스스로 "옛것을 좋아한다"라고 하였다. 그것은 보수주의자를 자인한 것이 아니다. 우선 공자가 말하는 '옛것'부터 생각해보자.

15.1 술이 제1장

子曰, 述而不作. 信而好古. 竊比於我老彭.

子曰く、述べて作らず。信じて古えを好む。窃かに我が老彭に比す。

공자께서 말씀하시기를, 서술하여 짓지 않는다. 믿어 옛것을 좋아한다. 조용히 나의 노팽에 견준다.

* * *

〚진사이〛 진사이는 술述이란 옛것에 근거하여 이를 전하는 것이며 작作은 그 일을 처음으로 창작하는 것이라 풀이하였다. 아울러 노팽은 은나라의 현명했던 대부로 옛날 일을 즐겨 이야기하였다.

> '전하되 짓지 아니한다'라는 것은 자기 지혜를 마음대로 쓰지 않는 것이다. '옛것을 믿고 좋아한다'라는 것은 반드시 옛것을 따라야 할 법도로 생각하는 것이다. 공자의 덕은 요순보다 뛰어남에도 불구하고 항상 옛날의 요순을 본받아 서술하고 주나라 초기의 문왕 무왕을 모범으로 하여 밝히셨다. 이처럼 공자가 옛것을 좋아하고 전하여 서술하면서도 스스로 창작하지 않았던 이유는 무엇일까? 생각건대 성인이 성인인 까닭은 자신의 지혜를 쓰는 데 있지 않고 널리 여러 사람의 지혜를 받아들이는 데 있으며, 나의 지혜로 규범이 되는 시작을 만들어 내는 것作古을 좋아하지 않고 매사 옛것에 비추어 고찰하는 것稽古을 좋아하기 때문이다.

제15강 온고지신

진사이는 덧붙여 후세의 주자학자들 때문에 공자나 맹자가 말하지 않았던 '미발지설未發之說'·'지경주정持敬主靜'이라든지, '허령불매虛靈不昧'·'충막무짐冲漠無朕' 같은 말을 창출한 것은 잘못이라고 비판하였다.[1] 이런 것들은 옛것을 좋아하지 않고 스스로 만들어내는 오류라고 하는 것이다.

〔주자〕

> 공자는 시서詩書를 편찬하고 예악禮樂을 정하였으며 주역의 의미를 도와서 드러냈으며 춘추의 역사를 기록하였다. 이는 모두 선왕의 옛날을 전하는 것이며 공자가 창작한 바가 아니다. 그러므로 '전술하되 짓지 아니한다'라고 한 것이다. 그러므로 공자는 자신을 창작자 즉 성인이 아니라고 하였고 또 옛날의 현인에 자신을 붙이려고도 하지 않았다. 다만 노팽에 견주었을 뿐이니 그 덕이 성대할수록 마음은 더욱 겸손해져서 스스로 겸양하는 말인 줄 알지 못했다. 공자 시대에 이미 창작자인 성인은 거의 갖추어졌기 때문에 공자는 그야말로 여러 성인을 모아 절충한 것이다. 전술한다는 것은 바로 그런 뜻이다. 그것은 조술祖述이라고 해도 그 공적은 창작의 배가 된다. 그것을 몰라서는 안 된다.

---

[1] 이러한 진사이의 비판은 『어맹자의』 상 「인의예지」조와 「경(敬)」조에서 더욱 신랄하다. 송유(宋儒)의 수양론이 가진 방법론을 비판하며 인(仁)을 성(性)으로 여기게 되면 도에 해롭다고 주장하였다. 송유는 성=미발이 갖는 결함을 보완하기 위해 지경이나 주정 같은 설을 내세웠지만 그런 방법론 때문에 인의예지의 덕이 허기(虛器)가 되어버린다고 하였다. 또 「심(心)」조에서 '허령불매'나 '충막무짐'과 같은 말은 불교와 노장에서 유래한다고 비판하였다.

15.1 술이 제1장

〖소라이〗 소라이는 이 문구를 공자가 천명을 알고 한 말이라고 여겼다.

> 공자가 명을 알고 한 말로서 왕도정치를 펼치는 자가 일어나지 않았으나 공자는 창작자인 성인이 될 수 없었기 때문에 이렇게 말하였다.

공자에게 제작의 임무를 맡기려는 왕자王者는 끝끝내 나타나지 않았다. 공자는 그때 선왕의 도를 조술하는 것이 자신의 천명임을 깨달았다고 소라이는 말하는 것이다.

> '옛것을 좋아한다'라고 할 때 옛것이란 옛날의 도이니 즉 요·순·우·탕·문·무의 도이다. 공자는 이 옛날의 도를 믿기 때문에 좋아하는 것이고 좋아하기 때문에 널리 배워 세세하게 그것을 다하는 것이다. 그래서 잘 전할 수 있는 것이다.

공자는 자신이 선왕의 성대聖代 이후에 태어났음을 자각하고 있다. 그래서 선왕의 옛것을 믿고 좋아한다고 말하였으며 또 배운다고 한 것이다. 공자는 옛것을 배워 자신의 존재 방식을 "조술하되 창작하지 않고 옛것을 믿고 좋아한다"라고 하였다. 그러나 공자를 성인으로 간주하고 성인이란 창작자를 가리킨다는 시각을 전제로 하면 공자의 이 말은 겸손의 언사가 되거나 천명을 알고 하는 말이라고 여기게 된다. 다만 진사이는 공자가 성인인 까닭을, 자기의 지혜를 내세워 창작자가 되려고 하지 않고 선왕의 도를 배우고 서술하려고 하는 데서 발견하려

제15강 온고지신

했다. 이것은 공자의 도는 알기 쉽고 행하기 쉽기 때문에 공자의 도야말로 우주 제일이라는 진사이가 가진 일종의 역설적인 성인관과 공통되는 것이다.

〖모로하시〗 모로하시가 흥미로운 평을 하였다.

> 이것은 공자가 고도古道를 깊이 믿고 좋아하여 그것의 천명闡明과 부연敷衍에 힘쓰고 자신은 결코 새로운 설을 지어내지 않음을 서술한 것이다. 아마도 당시는 일가一家의 말을 이룬 사람들이 많았기 때문에 그것과는 다른 점을 설명하신 것이리라.

15.2 술이 제19장

子曰, 我非生而知之者. 好古敏以求之者也.

子曰く、我は生まれながらにしてこれを知る者に非ず。古えを好み、敏にしてこれを求むるものなり。

공자께서 말씀하시길, 나는 태어나면서 이것을 아는 사람이 아니다. 옛것을 좋아하고 민첩하게 이를 구한 사람이다.

* * *

공자의 이 말은 어렵지 않다. 옛것을 좋아하고 배움에 힘쓰는 공자의 모습을 있는 그대로 인정하면 된다. 이 문장의 이해를 복잡하게 하는 것은 공자를 태어나면서부터 아는 사람 즉 성인이라는 성인관을 전제로 하고 읽기 때문이다.

〖주자〗 주자는 생지生知란 기질이 청명하고氣質淸明 의리가 밝게 드러나義理昭著 배우기도 전에 아는 것이라 풀이하면서 윤화정尹和靖의 말을 인용하였다.

> 공자는 태어나면서부터 아는 성인이면서도 항상 배우기를 좋아한다고 말씀하신 것은 그저 사람들에게 이를 권하기 위해서가 아니다. 생각건대 태어나면서부터 알 수 있는 것은 의리뿐이다. 만약 예악·명물名物·고금의 사변事變으로 말하자면 반드시 배우고 나서야 그 실제를 징험할 수 있는 것이다.

그러나 이 말은 공자가 배우는 옛것을 '예악·명물·고금의 사변'으로만 한정시켜버리는 기묘한 해석이다.

제15강 온고지신

〖진사이〗 진사이는 공자가 태어나면서부터 아는 사람이면서도 옛것을 배우려는 데는 이유가 있다면서 이렇게 말했다.

> 무릇 옛것은 현재에서 증거를 찾을 수 있다. 옛것에 거치지 않고 현재가 되었던 것은 지금껏 없었다. 어떤 일을 옛것을 헤아려 고찰하는 것은 마치 그림을 가지고 거울에 비추어 찾아내는 것과 같다. 그 일의 성패와 득실의 자취가 확연하게 드러나 모두 현재의 본보기가 된다. 공자가 태어나면서부터 아는 성인이면서도 오히려 옛것을 구함에 급급했던 것은 그 이로움이 헤아리기 어려울 정도로 컸기 때문이다.

15.3 위정 제11장

子曰, 溫故而知新, 可以爲師矣.
子曰く、故(ふる)きを溫(あたた)めて、新しきを知らば、以て師たるべし。

공자께서 말씀하시길, 옛것을 익히고 새로운 것을 알면 스승이 될 수 있다.

* * *

'온고지신'은 『중용』에도 나오는데 정현鄭玄(127~200)은 주를 달아 "온은 심온燖溫의 온으로 읽어야 한다. 옛날부터 배운 것을 익숙하게 함을 말한다"[2]라고 하였다. '온'을 식은 음식을 데우듯이 다시 익히는 것, 전거가 되는 옛일故實을 반복하여 익혀서溫習 숙달한다는 뜻이라 하였다. 공자가 옛것을 배우는 모습에서 보자면 '온'을 반복하여 배운다고 풀이하는 것이 적절하다고 생각하여, 여기서는 '온'을 '익힌다あたためる'라고 읽었다.

〖주자〗 주자는 '온'을 심역尋繹의 뜻이라 하였다. 그에 따라 대부분 '온'을 '탐구하다たずねる'라고 읽었다.[3] '고'는 고실·

---

[2] 『예기정의』 「중용편」에 원문은 "溫, 讀如燖溫之溫, 謂故學之熟矣"라고 나온다.

[3] 읽기란 훈독을 뜻한다. 저자는 온을 훈독하여 '아타타메루(あたためる)'로 읽었다. 이렇게 훈독할 때 의미는 '따뜻하게 하다', '데우다', '덥히다'인데 번역은 '익히다'라고 하였다. 이와 달리 '다즈네루(たずねる)'로 읽기도 하는데 이때는 '배우다', '탐구하다'라는 의미이다. 『대한화사전』의 설명에도 '온'을 이렇게 훈독하며 '온고지신'을 용례로 들고 있으며,

제15강 온고지신

고사古事이다. 시서에 나오는 선왕 대의 정교·의례·습속은 모두 고실·고사이다. 그러나 '온'을 '탐구하다'라고 읽으면서도 주자는 이 장을 풀이하여 다음과 같이 설명하였다. 이로 보면 '익힌다あたためる'라는 뜻과 그다지 다르지 않다.

> 배움에 때때로 예전에 들은 것을 익혀서 매번 새롭게 터득한다면 배운 것이 나에게 있어서 그 응용이 끝이 없다. 그러므로 다른 사람의 스승이 될 수 있다.

여기서 공자가 말하는 것은 '온고'와 '지신'이 아니다. '온고이지신'이다. 배워서 얻은 것을 반복하여 익힘으로써 새로운 앎을 이끌어내는 것을 묻는 것이다. 배우는 사람이 다른 사람에게 무언가를 전하는 스승이 될 수 있는 조건이란 무엇인가? 공자는 바로 '온고이지신'이라고 말하는 것이다. 주석자는 '온고'에 의한 '지신'을 '새로운 뜻을 발명하는 것'이라고 하였다. 옛것을 학습하여 거기서 새로운 의미를 찾아내는 것. 요컨대 학습을 통하여 옛것이 현대의 자신들에게 의미가 있는 것으로서 새롭게 발견되는 것이다. 새로운 의미의 발견이란 새로운 말을 발견하는 것이다. 옛것을 배움으로써 새로운 의미를 찾아내고 새로운 말을 이끌어내는 것. 이것이야말로 '고학'이라는 배움에 의한 '혁신'이다. 진사이에게 『논어』의 옛 뜻을 구하는 것은 인간을 둘러싼 새로운 말을 이끌어내는 것이다. 나는 '온고이지신'을 이렇게 해석한다. 나의 『논어』강의 역시

시부사와 에이이치의 『논어강의』에서도 '다즈네루'로 훈독하고 있다.

'온고이지신'이어야만 할 것이다.

그러나 '온고지신'은 일반적으로 '온고'와 '지신'이 대치하는 것으로 해석하여 근대의 저급한 이해를 드러냈다. '온고'는 동양의 전통적인 배움으로 '지신'은 서양의 새로운 지식으로 환치되어 문명개화 시대의 언설이 구성되었다.

〖시부사와〗 시부사와 에이이치는 이렇게 말했다.

> 오늘날 오로지 서구의 새로운 학문에만 몰두하여 동양 이천 년의 도덕학을 망각하는 폐해가 지극히 심하다. 청년 제군은 이것의 해소에 깊게 유의하여 신학문을 좇더라도 고사古事를 잊지 않아야 하고 동시에 옛것의 탐구에도 진취의 기상을 잃지 말고 옛것으로 나아가서 새로운 것을 배우도록 해야만 한다.

이 장에서 또 하나 생각해야 하는 것은 '옛것을 익히는' 배움에 이끌려 '새로운 것을 안다'라고 하는 앎의 방식이다. 『논어』에서 말하는 '앎'을 다시금 생각해보자.

제 15강 온고지신

15.4 위정 제17장

子曰, 由, 誨女知之乎. 知之爲知之, 不知爲不知. 是知也.

子曰く、由、女(なんじ)にこれを知るを誨(おし)えんか。これを知るをこれを知るとなし、これを知らざるを知らずとなせ。是れ知るなり。

공자께서 말씀하시길, 유야, 너에게 안다는 것을 가르쳐줄까? 아는 것을 안다고 하고 모르는 것을 모른다고 하여라. 이것이 아는 것이다.

* * *

〚진사이〛

> 유는 자로의 이름이다. 자로는 세상의 일을 모조리 아는 것이 진정으로 아는 것이라고 생각했다. 그러자 공자께서는 자로가 안다고 하는 것은 진정으로 아는 것이 아니라고 하시면서, 자신이 아는 것을 안다고 하고 모르는 것을 모른다고 하는 것이 아는 것이라고 가르치셨다. 생각건대 지자知者란 마땅히 알아야 할 것을 아는 데 힘쓰고 알아도 쓸모없는 것은 반드시 알려고 하지 않는다.

진사이는 진정한 앎을 이렇게 말하였다. 지혜로운 사람이란 진정한 지성의 소유자이지 넓고 얕은 지식의 소유자가 아니다.

〖주자〗 주자의 해석을 보자.

> 자로는 용맹함을 좋아하였으니 아마도 모르는 것을 우겨서 안다고 하는 일이 있었을 것이다. 그래서 공자께서 그에게 일러 말씀하시길, "내가 너에게 아는 방법을 가르쳐주겠다. 다만 아는 것을 안다고 하고 모르는 것을 모른다고 해라"라고 하셨다.

주자는 고작 아는 체하는 것을 꾸짖어 '아는 방법'을 가르치는 말이라고 풀이하였다. 이에 대하여 진정한 지성을 파악하는 것이라는 진사이의 해석이 훨씬 깊이가 있다.

자로에게 아는 것을 안다고 하고 모르는 것을 모른다고 하라는 공자의 말은 지식의 유무를 분명하게 하라는 뜻이 아니라, 무엇을 알고 있고 무엇을 모르는지 자기의 지성이라 할 앎의 양태를 가르치는 것이리라. 소크라테스의 대화는 지식을 자랑하는 자에게 모르는 것을 알게 하는 것이었다고 여겨지는데 공자의 가르침과도 통하는 데가 있다.

제15강 온고지신

15.5 자한 제8장

子曰, 吾有知乎哉, 無知也. 有鄙夫, 問於我, 空空如也. 我叩其兩端而竭焉.

子曰く、吾れ知ること有らんや、知ること無し。鄙夫(ひふ)有り、我れに問う、空空如たり。我れその両端を叩きて竭(つ)くす。

공자께서 말씀하시길, 내가 아는 것이 있는가? 아는 것이 없다. 촌사람이 있어 내게 묻는데 공공여하다. 나는 그 양단을 두드려 다할 것이다.

* * *

이 장 역시 곧바로 뜻을 파악하기 어렵다. 궁극적으로는 "내가 아는 것이 있는가? 아는 것이 없다"라는 공자의 말을 어떻게 이해하는지에 관련된다.

〖가나야〗 우선 가나야의 번역을 보자.

> 선생께서 말씀하셨다. "내가 박식한 사람일까? 그렇지 않다. 시시한 사내라도 성실한 태도로 내게 질문한다면 나는 그 구석구석까지 다 물어봐서 충분히 대답해 줄 뿐이다."

〖소라이〗 소라이는 여기서 제자를 대하는 것과는 다른 공자의 가르치는 방식을 읽어냈다. 공자는 평소 제자들의 질문에 답할 때 "분발하지 않으면 열어주지 않고 말로 표현하지 못해 답답

해하지 않으면 말해주지 않으며 한 귀퉁이를 들어주는데 세 귀퉁이를 반증하지 않으면 다시 일러주지 않는다"[4]라고 했듯이 배움에 대하여 강한 자발성을 요구하였다. 그러나 촌사람이 물으면 자신이 아는 바를 아끼지 않고 가르쳐주었다고 풀이하였다.

> 대개 스스로 지혜롭다고 여기는 자들은 대부분 자신이 알고 있는 것을 사랑하고 아까워하여 다른 사람에게 쉬이 알려주려 하지 않는다. 공자는 스스로 이르기를 "내가 어찌 지혜롭다고 여기는 마음을 가지고 아는 것을 아까워하겠는가? 아무리 비루한 사람이라도 내게 질문을 하면 처음부터 끝까지 다 말해준다"라고 하였다. 제자들에게는 그렇게 하지 않았는데 가르치는 방법이었다.

이것은 기본적으로 하안何晏 등의 고주에 기초한 풀이이다. 아울러 '공공空空'은 '공공悾悾' 즉 성誠의 뜻으로 보았다.[5] 이 역시 고주이다.

〖주자〗 주자는 "아는 것이 없다"를 겸손한 말로 보았다.

> 공자께서 겸사로 말씀하시기를, 자신은 아는 것이 없고 그저 남에게 알려줄 때 지극히 어리석은 자라 해도 감히 다 말해주지 않을 수 없다고 하셨다. 고叩는 발동發動이

---

4) 『논어』「술이」제8장에 "子曰, 不憤不啓, 不悱不發, 擧一隅, 不以三隅反, 則不復也"이라고 나온다.
5) '공공'을 고주에서는 허심(虛心), 무식(無識)으로 보기도 하며 주자는 지우(至愚)로 풀이하였다. 소라이는 『박아(博雅)』의 "공공성야(控控誠也)"를 인용하여 설명하였다.

제15강 온고지신

> 다. 양단은 양두兩頭라는 말과 같으니 시종, 본말, 상하, 정조精粗가 다하지 않음이 없음을 말한다.
>
> 정자가 말씀하시길 … "성인의 도는 반드시 내려와서 스스로 낮춘다. 이렇게 하지 않으면 사람들이 가까이하지 않는다. 현인의 말씀은 끌어올려 스스로 높인다. 이렇게 하지 않으면 도가 존귀해지지 않는다."

그러나 이렇게 풀이하면 성인의 겸손한 말은 그 도를 하층민에게 수용시키기 위한 전략이 되어 버린다.

〚진사이〛 진사이도 신주에 따라 이 장을 이해하였다. '공공'을 '지식이 없다는 뜻'이라 하고 "아는 것이 없다"라는 말을 겸사로 여겨 이렇게 풀이하였다.

> 공자께서 겸손하게 자신이 지식이 없다고 하셨다. 그러나 남에게 알려줄 때는 지극히 어리석은 사람이라 해도 아는 대로 다 설명해주지 않을 수 없다는 것이다.

다만 진사이는 "아는 것이 없다"라는 말을 결코 성인의 전략적인 겸사로 보지 않는다. 오히려 공자의 앎의 본모습에서 본질적인 겸손함으로 파악하였다. 진사이는 먼저 촌사람을 인도하는 공자를 이렇게 말했다.

> 성인이 천하를 사랑하는 마음은 진실로 끝이 없다. 그 마음을 미루어 나가 생각건대 일개 필부라도 선善에 들어가지 못하면 자신이 그를 거부하여 가르치지 않은 것처럼 생각했다. 그래서 아무것도 모르는 촌사람이라도

자신이 아는 것을 남김없이 알려주어 숨기지 않았다. 인仁이 지극한 것이다.

여기서 말하는 것은 하층민에게도 자세를 낮춰 열심히 가르치고 이끈다는 겸손이 아니다. 일개 촌부라 하더라도 인의 도리로 나아가도록 하지 않으면 인을 지향하는 사람으로서 본연의 자세에 반함을 말한 것이다. 진사이가 말하는 바는 마치 보살도菩薩道와 같다. 보살도란 중생 누구라도 구하는 도이다. 진사이는 누구라도 하나 더 가르치려 했다. 이는 민중에 기반해서 『논어』와 공자의 도를 읽어내는 진사이가 끌어내는 풀이이다. 게다가 진사이는 공자의 "아는 것이 없다"는 말을 이렇게 해석하였다.

> 공자께서 태어나면서부터 아는 성인이면서도 "내가 아는 것이 있는가? 아는 것이 없다"라고 하신 것은 어째서일까? 생각건대 도는 사물의 바깥에 있지 않으며 도의 바깥에 사물이 있지 않다. 안과 밖이 없고 감춰진 것과 드러나는 것의 구분도 없다. 그러므로 진실로 도를 아는 사람은 스스로 안다고 생각하지 않는다. 가질 수 있다는 마음을 가지지 않기 때문이다. 진실로 도를 알지 못하는 사람은 스스로 안다고 생각한다. 여전히 가질 수 있다는 마음을 가지기 때문이다. 따라서 말씀하시길, "내가 아는 것이 있는가? 아는 것이 없다"라고 하신 것이다. 참으로 위대하도다!

여기서 진사이가 말하는 바는 다음과 같으리라. 도란 이 세상의 사물과 함께하여 거기서 벗어나서는 존재하지 않는다.

제15강 온고지신

 도란 세상과 함께하기에 무언가 눈에 보이지 않는 본체적인 것으로서 존재하지 않는다. 따라서 그러한 본체적인 도를 아는 것과 같은 앎이 있는 것이 아니다. 주자학자들은 그런 본체적인 도에 그것을 아는 성인의 예지叡智를 대응시키고 있다. 공자는 본체적인 도와 그런 도를 아는 예지를 부정하고 있다. "아는 것이 있는가? 아는 것이 없다"라는 문구는 그런 의미이다. 일개 촌부라 하더라도 성실하게 인의 길로 이끌고자 하는 공자는 결코 세상을 초월한 예지의 소유자가 아니다. 세상과 공존하는 뛰어난 지성의 소유자이다.

 덧붙이자면 진사이는 『주자집주』에 인용된 정자의 말을 "만일 그런 식으로 말한다면, 성현이 사람들을 대함에 모두 거짓되어 정성스레 대하지 않는다"라고 비판하였다.

15.6 계씨 제9장

孔子曰, 生而知之者上也. 學而知之者次也. 困而學之又其次也. 困而不學, 民斯爲下矣.

孔子曰く、生まれながらにしてこれを知る者は上なり。学びてこれを知る者は次ぎなり。困(くる)しみてこれを学ぶ者ははまたその次ぎなり。困しみて学ばざる、民これを下(げ)となす。

공자께서 말씀하시길, 태어나면서부터 아는 자는 상이다. 배워서 아는 자는 그 다음이다. 곤란하여 배우는 자는 또한 그 다음이다. 곤란하면서도 배우지 않는 민, 이것을 하로 삼는다.

* * *

앎이란 배워서 아는 것이다. 배운다는 것이 인간의 고유한 영위라면 배우지 않고 아는 것은 인간의 수준을 뛰어넘은 사람이 갖는 본연의 양태이다. 따라서 그런 앎의 소유자 즉 태어나면서부터 아는 사람을 성인이라 불러 왔다. 생지^{生知}로서의 성인은 지의 최상위 등급인 상지^{上知}로서 자리매김되지만 배움을 고유한 일이라 여기는 인간의 이상^{理想}은 아니다. 공자는 스스로 배워서 아는 사람이라고 했다. 배워서 아는 것^{學知}이란 기본적으로 인간으로서 본연의 자세이다. 그렇지만 개중에는 자질이나 능력이 부족하여 마음이 조급해져서 겨우 배우는 사람도 있다. 이렇게 곤궁에 처하여 배워서 아는 것도^{困學困知} 배워서 안다는 점에서는 마찬가지라서 학지 다음에 자리하는 인간의 앎이다.

제15강 온고지신

그런데 능력도 자질도 부족한데 곤궁에 처하여도 배우려 하지 않는 사람이 있다. 이것을 인간에게 고유한 일인 배움을 포기한 것으로서 최하층인 하우下愚라 한다. 이렇게 앎의 등급은 상지-학지-곤학곤지-하우가 된다. "공자께서 말씀하시길, 오직 상지와 하우는 바뀌지 않는다"(양화 제3장)[6]라거나, "어떤 이는 태어나면서부터 그것을 알고 어떤 이는 배워서 그것을 알고 어떤 이는 곤경에 처해서야 배워서 그것을 알게 되나, 그 앎에 이르러서는 모두 마찬가지이다"[7]라는 말을 참고하여 보통은 위와 같이 해석할 것이다. 그러나 '곤란하면서도 배우지 않는 백성은 하로 삼는다'는 말을 보면 공자의 말을 그저 앎의 등급으로만 풀이하는 것을 주저하게 된다. 앎의 등급에 사회적인 등급이 덧씌워진 것처럼 생각된다.

〚소라이〛 소라이는 이 말에 대해 이렇게 설명하였다.

> 백성이 가장 어리석은 사람이 되는 까닭을 말하는 것이다. 백성에게 네 등급이 있어서 이것이 가장 어리석은 사람下이 된다고 하는 말이 아니다. 후세의 유학자 대부분이 민民이란 글자를 모른다. 옛날에 배워서 관리士가 되어 민보다 나아졌다. 민이 배우지 않는 것은 일반적인 일이다. 그러므로 군자는 그가 배우지 않았다고 해서 이를 버리지 않는다. 그래서 "백성을 따르게 할 수는 있어도 알게 할 수는 없다"(태백 제9장)[8]라고 하였다.

---

6) 『논어』「양화」제3장에 "子曰, 唯上知與下愚不移"라고 나온다.
7) 『중용』제20장에 "或生而知之, 或學而知之, 或困而知之, 及其知之, 一也"라고 나온다.
8) 『논어』「태백」제9장에 "子曰, 民可使由之, 不可使知之"라고 나온다.

〖요시카와〗 또 요시카와 고지로도 '곤궁에 처하여 배우는 사람'을 "생활 속에서 곤란함을 느껴 비로소 학문으로 나아가는 사람"이라고 하면서 이렇게 풀이하였다.

> 생활 속에서 장애가 있다고 느끼면서도 학문을 하지 않는 사람은 범민凡民으로 그야말로 최하의 인간이라는 의미로 마지막 부분의 '민사위하의民斯爲下矣' 다섯 글자를 읽을 수 있다.

공자 시대의 사회계층에 대한 관점에서 보자면 소라이처럼 풀이하는 것이 맞을 것이다. 그러나 공자의 텍스트는 세계와 시대를 뛰어넘어 사람들에게 가르침으로서 읽혀왔다. 가르침을 읽는다는 것은 공자의 말이 발신하는 적극적인 의미를 읽어내는 일이다. 공자의 말은 당연히 사회계층에 대한 관점을 포함하여 시대적 제약을 띠고 있다. 그런 제약된 측면을 보는 것은 공자의 말을 소극적으로 혹은 부정적으로 읽는 것이다.

나는 그렇게는 읽지 않는다. 나는 공자를 인간의 배움, 앎, 믿음 그리고 이상을 품은 삶 또는 구도求道의 의미를 처음으로 물은 인간으로서 그의 말을 읽고자 한다. 나는 이 '민'을 민중 일반으로서가 아니라 스스로 배움을 포기한 사람으로 풀이한다. 배우기를 포기하는 것은 사람임을 포기하는 것이다. 그것은 상지上知의 대극으로서 하우下愚이다.

제15강 온고지신

15.7 양화 제2장·제3장

子曰, 性相近也. 習相遠也. 唯上知與下愚不移.
子曰く、性相近し。習い相遠し。唯だ上知と下愚とは
移らず。

공자께서 말씀하시길, 성은 서로 가깝다. 익힘은 서로 멀다. 다만 상지와 하우는 바뀌지 않는다.

* * *

진사이와 소라이 모두 제2장의 "성상근야性相近也 습상원야習相遠也"와 제3장 "유상지여하우불이唯上知與下愚不移"를 같은 장으로 파악하였다. 여기서도 그렇게 하였다. 성이란 사람이 태어나면서 갖춘 성질로 사람의 자연스러운 성질이다. 그러한 성에 후천적으로 습득하는 배움 즉 학습이나 습관이 대치된다.

> [번역] 사람이 지니고 태어난 성질로 보자면 거의 같다고 할 수 있다. 그러나 태생적인 것으로 보면 같은 사람이라도 후천적으로 익히는 것을 통하여 차이가 생겨난다. 사람은 익힘에 따라 선하게도 악하게도 바뀐다. 그렇지만 상지와 하우는 정해져 있어 바뀌는 일이 없다.

공자의 이 말을 '성상근야'로 중점을 두고 읽을지 '습상원야'에 중점을 두고 읽을지에 따라 의미가 다르게 파악된다. 진사이는 철저하게 '상근'에 초점을 두어 읽었다. 맹자의 '성선性善'이 '상근'의 본지를 밝힌 것이라고 보았다.

〖진사이〗

> 공자는 "성은 서로 가깝다"라 하였고 맹자는 오로지 "성은 선하다"라고 하였다. 그러나 맹자는 공자를 배운 사람이다. 어찌 그 의미에 차이가 있겠는가? 맹자가 말하는 '성선'이란 "성은 서로 가깝다"라는 말의 취지를 분명하게 한 것이다. 분명 요순 같은 성왕聖王부터 지나가는 행인에 이르기까지 그 사이의 거리가 천만 리 정도뿐이겠는가? 멀다고 해야 하는데 이를 서로 가깝다고 한 것은 사람의 타고난 기질이 강함과 부드러움, 어리석음과 총명함의 차이는 있을지라도 태생적으로 갖춘 사단四端의 마음은 사람인 이상 다르지 않다. 물에 비유하자면 물이 달거나 쓰고 맑거나 탁한 차이는 있어도 아래로 흐른다는 점에서는 동일하다.[9] 그러므로 공자는 "서로 가깝다"라 하였고 맹자도 오로지 "성이 선하다"라고 한 것이다.

진사이는 "성은 서로 가깝다"라는 공자의 말을 맹자의 '성선'의 뜻으로 읽은 것이다. 다만 그 '성선'도 인간의 본성이 선함을 말하는 것이 아니다. 진사이가 사람의 성을 사단지심四端之心이라 하였듯이 사람은 선을 향하는 성질을 타고났다生質는 뜻이다. 그 속에는 측은지심이 없는 듯한 예외적인 사람도 있을 수 있으나 맹자는 그런 자는 사람이 아니라고 하였다. 천만 명 중 한 명 있을 예외자下愚는 구태여 논할 필요가 없다. 선을 배우면 선하게 바뀐다. 그것이 인간의 성질이며 그에 따라 성

---

9) 『맹자』 「고자 상」 제2장에 "人性之善也, 猶水之就下也. 人無有不善, 水無有不下"라고 나온다.

제15강 온고지신

인은 가르침으로써 선함으로 인도하는 것이다. 성인의 가르침은 배워서 선하게 바뀌는 사람들을 위한 가르침이지 예외자를 따지는 것이 아니다. 진사이의 설명은 이런 뜻이다.

〖소라이〗 그러나 '하우'를 백성이라 여기는 소라이는 다음과 같이 말한다.

> 지극히 어리석은 사람下愚은 백성을 말하는 것이다. 지극히 어리석은 사람은 바뀌지 않으므로 백성으로 삼아 이들을 관리士로 올리지 않는 것이다. 공자는 "백성을 따르게 할 수는 있어도 알게 할 수는 없다"(태백 제9장)라고 하셨다. 학습으로 바뀔 수 없기 때문이다.

또 요시카와 고지로는 "상지와 하우는 바뀌지 않는다"를 가지고 "요컨대 인간 중에는 선천적으로 성질이 고정되어 절대 선인과 절대 악인이 존재한다는 결정론적인 여운을 띤다"라고 하였다. 이것은 진사이와는 대극적인 읽기이다. 진사이는 철저하게 성이 서로 가까움에 중점을 두고 읽었다. 인간의 타고난 성질의 동질성을 보고자 하면 천만 명 중 한 명 정도의 예외자를 굳이 들먹일 필요가 없다. 이것은 요시카와의 『논어』 독해가 가진 사상성의 결락을 드러내는 중대한 사례이다.

제16강

시에 대하여

공자는 시^{詩}와 악^{樂}을 존중하였다. 술이 제17장에 "공자께서 평소 말씀하시는 바는 시서^{子所雅言詩書}"라는 말이 있다. 주자는 아^{雅}를 상^{常}으로 보고 공자께서 항상 말씀하셨던 것은 시와 서라고 풀이하였다. 진사이도 그에 따랐다. 그러나 고주^{古注}는 "아언은 정언^{正}"(공안국)이라 하여 올바른 음으로 읽는 것을 뜻한다고 하였다. 현대의 해석은 대부분 고주에 따라 "공자는 시서에 대해서는 그 문자의 음을 바르게 고쳐서 읽었다"(모로하시)라고 해석하였다. 그러나 아언을 신주^{新注}처럼 상언이라고 보든 고주처럼 정언이라고 보든 공자가 시서를 존중했다는 뜻에서는 차이가 없다. 또 이 강의에서 언급하듯이 공자는 "시에서 일어나고 예에서 서며 악에서 이루어진다$^{興於詩, 立於禮, 成於樂}$"(태백 제8장)라는 말도 남겼다. 시가 예·악과 함께 중요한 의미를 가진 것으로 언급되는 것이다.

제16강 시에 대하여

그러나 예가 중요함은 후대 중국의 예교적 세계의 전개를 통해 이해할 수 있지만, 공자의 가르침에서 시와 악의 중요성은 우리가 쉽게 이해하기는 어렵다. 현대는 시와 악이 생활에 없어서는 안 되는 의미를 가진 세상이 더이상 아니기 때문이다. 시와 악은 우리 생활에서 여백과 같이 부수적이거나 장식하는 정도가 되고 말았다. 물론 지금도 문학이나 음악 없이는 살 수 없는 사람이 얼마든지 있지만 시와 악이 인간 각자의 거주 공간에서 공동共同의 삶을 엮었던 모습과는 다르다. 『논어』에 보이는 시와 악은 그것이 여전히 사람들의 공동세계와 연관성을 잃어버리지 않았던 시대의 흔적이다. 후대의 해석자들은 그 흔적을 따라가면서 잃어버린 의미=공동空洞을 그저 해석의 언어로 메워버리고 있다.

16.1 위정 제2장

子曰, 詩三百, 一言之蔽之, 曰, 思無邪.
子曰く、詩三百、一言以てこれを蔽う、曰く、思い邪無しと。

공자께서 말씀하시길, 시 삼백을 한마디로써 이를 덮어 말하기를, 생각에 간사함이 없다, 라고.

* * *

『시경』은 305편인데 대략 삼백이라 한다. '사무사思無邪'는 노송魯頌의 경駉에 나오는 시구이다.

> 살찌고 힘찬 수말이 멀리 들판에 있네. 건장한 말을 조금 이야기하자면, 오총이말駰·적부루마騢·정강이가 흰 말驒·눈자위가 흰 말魚이네. 이 말들로 수레를 끌게 하면 오직 똑바로 달리겠네. 여념이 없는 말, 이에 가는구나駉
> 駉牡馬 在坰之野 薄言駉者 有駰有騢 有驒有魚 以車祛祛 思無邪 思馬斯徂[1])

이 시구의 번역자 메카다 마코토目加田誠는 '사무사'를 여념이 없는 것, '오로지'라는 의미로 보아 『논어』에 나오는 '사무사'는 필요한 부분만 인용한 것斷章取義이라 하여 시의 본뜻과 상관이 없다고 하였다. 분명 시라는 측면에서 보자면 시의 한

---

1) 駉駉けいけいたる牡馬ぼうば、坰けいの野に在り。薄いささか駉けいたる者を謂えば、駰いんあり騢かあり、驒たんあり魚ぎょあり。車に以もちうれば祛祛きょきょたり。思うこと邪なく、馬の斯ここに徂ゆかんことを思う。메카다 마코토 역 『시경·초사』 중국고전문학대계 15, 평범사, 1960.

제16강 시에 대하여

구를 가지고 시편詩篇 전체를 총괄할 무언가를 찾으려고 한다면 그것은 단장취의라 하지 않을 수 없을 것이다. 그러나 『겐지모노가타리源氏物語』 전체를 예를 들어 '모노노아와레[2]'라는 말 하나로 파악한다면 이 역시 단장취의이다. 문제는 '경駉'의 시에서 '사무사' 한 구의 해석에 있는 것이 아니라 시편 전체를 이 한 구로써 파악한 것이며 그때 '사무사' 한 구에 어떠한 의미가 담겨있었는가이다. 그것은 단지 '사무사' 한 구의 해석의 문제가 아니라 공자가 『시』를 어떻게 파악하였는지, 제자와 후세에 어떻게 전하고 싶었는지가 문제란 뜻이다.

'사무사'가 '오로지'라는 뜻이라면 이것은 진사이가 '직直'이라고 했던 풀이와 통한다. 이것은 또 가모노 마부치賀茂眞淵[3]가

---

[2] '모노노아와레(物の哀れ)'란 에도 시대 중기의 국학자인 모토오리 노리나가(本居宣長, 1730~1801)가 『겐지모노가타리』를 통해 제창한 헤이안(平安) 시대 문학·문예의 미적 개념이다. 대상 객관의 외계(外界)인 '모노'와 감정 주관인 '아와레'의 일치에서 발생하는 조화로운 정취의 세계를 이념화한 것이다. 자연과 인생의 다양한 장면에서 나오는 우아함, 섬세함, 애수의 이념이다. 노리나가는 그의 가론집인 『이소노카미노사사메고토(石上私淑言)』에서 흔들리는 인간의 마음을 '모노노아와레'를 아는 것이라 하였다. 시나 이야기(모노가타리) 역시 그런 마음의 움직임에 기반하는 것이다. 문학의 가치는 그런 인간의 본성에 뿌리를 두는 데 있다고 강조하였다.

[3] 가모노 마부치(1697~1769)는 에도 시대 중기의 국학자이자 가인(歌人)으로, 복고 신도를 제창한 가다노 아즈마마로(荷田春滿, 1669~1736)에게 배웠다. 고전연구와 고대 일본의 도[古道]의 부흥, 고대 가조(歌調) 부활에 몰두하였다. 노리나가를 비롯하여 많은 제자를 두었으며 8대 쇼군 요시무네(吉宗)의 차남인 다야스 무네타케(田安宗武)를 가르치기도 하였다. 저술로는 『만엽집』 연구서인 『만엽집원강가고(萬葉集遠江歌考)』, 『만엽해(萬葉解)』, 『만엽고(萬葉考)』, 『가의고(歌意考)』, 『국의고(國意考)』, 『축사고(祝詞考)』 등이 있다.

『만엽집萬葉集』4)의 노래를 "외곬으로 전념하는 마음"이라 했던 심정의 직절성直截性으로 파악했던 것을 떠올리게 한다. 그러나 공자가 『시』를 '사무사'라는 한마디로 파악한 데서 후세의 유가는 공자의 가르침의 체계적인 의미를 읽어내려고 하였다. 공자의 체계적인 가르침을 배경으로 하여 어째서 '사무사'인지를 생각하는 것이다. '사무사'에 깊은 의미를 부여하는 것이다. '사무사'의 단장취의적인 해석은 공자가 아니라 오히려 후세 유가의 해석에서 발생한다.

〖진사이〗 진사이는 '사무사'는 삼백의 시편뿐 아니라 공자의 도 전체를 포괄한다고 하였다.

> '사무사'란 직直이다. 공자께서 시를 읽다가 여기에 이르러 자기의 뜻에 부합되는 것이 있었다. 그래서 이 시를 들어 보여주면서 '사무사' 한 구절이 『시경』 전체의 의미를 다 덮을 수 있다고 생각하신 것이다. 무릇 『시경』은 공자께서 항상 말씀하신 바였으니 어찌 고작 삼백 편을 포괄하는 정도일 뿐이겠는가? 공자의 도 전체를 포괄한다고 해도 될 것이다.

'사무사' 한 마디로써 『시경』 삼백 편의 뜻을 포괄한다고 한 것은 또한 "충과 신을 주로 한다"라는 뜻과 같은 것이기도 하다.

---

4) 『만엽집』은 '만세에 전해야 할 모음집' 또는 '많은 노래를 모은 책'의 뜻으로 일본에서 현존하는 가장 오래된 노래집이다. 20권. 5세기 전반부터 8세기 중반까지 약 350년 동안의 노래 약 4500수가 수록되어 있다. 일본어로는 '만요슈'라고 한다.

제16강 시에 대하여

　공자의 도덕에 대한 가르침을 '주충신主忠信'으로 일관한다고 파악하는 진사이는 '사무사'의 해석에서도 한결같이 그러한 이해를 보여주고 있다.

〖주자〗

> 무릇 시의 내용이 선한 것은 사람의 선한 마음을 감동시켜 분발하게 할 수 있으며 악한 것은 사람의 방탕한 생각逸志을 징계할 수 있으니, 그 효용이 사람들이 올바른 성정을 얻게 하는 데 귀결될 뿐이다. 그러나 그 말이 은미隱微하고 완곡하며 또 각각 한 가지 일에 따라 말한 것이어서, 그 전체를 똑바로 가리켜 드러내는 것을 찾는다면 즉 이처럼 분명하고 또 뜻을 다한 것이 없다. 그러므로 공자께서 시 삼백 편을 오직 이 한마디 말로 그 뜻을 모두 충분히 덮을 수 있다고 하셨다.

　주자는 "사람들이 올바른 성정을 얻게 하는데 귀결될 뿐"이라는 시가의 기능을 말한 것으로 후대의 시론이나 가론의 도덕적 효용론을 생산하였다. 덧붙여 『논어집주』는 "생각에 간사함이 없다는 것은 성誠이다"라는 정자의 말을 인용하고 있다. 어찌 되었든 주자는 한 가지 일로 전체를 똑바로 가리키는 것直指을 보는 듯한 일사현현一事顯現적인 본질을 통찰하고 있다. 이것은 "시 삼백을 한마디로 덮을 수 있으니 생각에 간사함이 없다는 말이다"라는 공자의 말을 둘러싸고 전개된 선禪적인 통찰의 언어이다.

〖소라이〗 소라이는 고대의 도는 한 가지 뜻으로 요약할 수 있는 것이 아니라고 하였다. 특히 시는 다의적이다. 그래서 공자도 "널리 문을 배운다博學於文"라고 한 것이다. 『논어』의 이 말을 소라이는 다음과 같이 풀었다.

> 시의 뜻은 단서가 많아서 일정한 해석의 법칙典要으로 삼을 수 없다. 옛날에 시에서 의미를 찾은 것은 그저 마음이 바라는 대로 한 것이다. 다만 그 생각에 간사함이 없는 것, 이것이 공자의 마음이다.

시는 원래 다의적이라 그 의의는 시를 받아들이는 사람의 마음에 따라 파악하면 되는 것이다. "생각에 간사함이 없는 것"이란 공자가 파악한 방식을 말하는 것이다. 공자는 시의 의의를 파악할 때 오직 마음이 바라는 대로 하면 되지만 간사하게 흘러서는 안 된다고 말한 것이다, 소라이는 이렇게 풀이하였다. 한 가지 뜻으로 전체를 이해할 수 있다는 주자학자들의 파악에 대항하여 소라이는 다의적 이해라는 극단을 향한 것이다.

〖시부사와〗

> 시는 그 작자의 느낌과 생각이 일어나 자연스레 나타나는 바, 성정의 천진함을 있는 그대로 말로 드러낸 것으로 조금의 간사한 생각邪思이 없는 것이다.

시부사와는 이렇게 시를 정의하면서 악의 없는 천진난만함無邪氣이야말로 일가의 화합에 가장 중요한 방법이라면서 말장

제16강 시에 대하여

난5) 같은 논지를 전개하였다. 이것은 『논어』를 실용적으로 해석할 때 한 발자국만 삐끗하면 수습이 어려운 통속으로 떨어져 버리는 사례이다.

> 따라서 사람은 집에서는 어린아이처럼 천진난만할 필요가 있다. 천진난만함의 비근한 일례를 들자면 남편이 '어젯밤은 메밀국수 오늘 밤은 경단을' 이렇게 노래하면 아내는 '그거 좋지요'라고 화답하여 경단을 만드는 것이다. 이것이 화기애애한 일가를 실현하는 것이다. … '사무사'의 뜻은 즉 일가 화합의 토대임을 알아야 한다.

---

5) '사무사'와 발음이 유사한 '무사기(無邪氣)'란 말을 사용한 언어유희를 뜻한다. 이런 말장난을 일본어로는 '다자레(だじゃれ)'라고 한다.

16.2 팔일 제8장

子夏問曰, 巧笑倩兮. 美目盼兮. 素以爲絢兮, 何謂也. 子曰, 繪事後素. 曰, 禮後乎. 子曰, 起予者. 商也始可與言詩已矣.

子夏問いて曰く、巧笑倩たり。美目盼たり。素以て絢を為すとは、何の謂いぞや。子曰く、絵事は素を後にす。曰く、礼は後なるか。子曰く、予を起こすものなり。商や始めて与に詩を言うべきのみ。

자하가 여쭈어 말하기를, '예쁜 웃음에 보조개가 있네. 아름다운 눈동자는 선명하네. 흰 것으로써 채색을 하는구나'라는 것은 무슨 말입니까? 공자께서 말씀하시길, 그림을 그리는 일은 흰 것을 나중에 한다. 여쭙기를, 예는 나중이 됩니까? 공자께서 말씀하시길, 나를 일으키는 이구나. 상아, 비로소 더불어 시를 이야기할 수 있겠구나.

* * *

자하가 언급한 '교소천혜巧笑倩兮 미목반혜美目盼兮 소이위현혜素以爲絢兮'는 『시경』「위풍衛風」의 「석인碩人」의 시이다. 다만 마지막 한 구절은 보이지 않는다. "살짝 미소 짓는 아리따운 입가, 맑고 시원스러운 동그란 눈동자"라고 풀이된다(메카다 마코토 역). 이 장은 특히 "흰 것으로 채색을 하는구나"라는 마지막 시구에서 무엇을 읽어낼지에 달려 있다.

〖미야자키〗 우선 미야자키의 매끈한 번역을 보자. 미야자키는

제 16 강 시에 대하여

이 마지막 구절을 천을 표백하고 나서 채색을 한다는 의미로 풀이하였다.

> 자하가 여쭈었다. 시에서 "미소 짓는 입가의 사랑스러움, 깜박이는 눈의 아름다움, 하얀 분칠하고 연지 바르니"라는 것은 무엇을 말하고자 한 것일까요? 공자께서 말씀하셨다. 비단에 그림을 그리려면 우선 천을 희게 표백하지 않으면 안 된다는 뜻이다. 자하가 여쭈었다. 그렇다면 예식이라는 것은 마지막 마무리가 되는 것이군요. 공자께서 말씀하셨다. 그렇지, 잘 얘기하였다. 자네가 이렇게 시를 잘 이해하다니, 이제까지 몰랐구나!

〖진사이〗 "흰 것으로 채색을 하는구나"를 진사이는 그림을 그릴 때 우선 여러 가지 색을 칠하고 마지막에 흰색으로 산뜻하게 마무리하는 것을 의미한다고 풀이했다. 자하의 질문은 오로지 시의 세 번째 구절에 있으며 이 구에 대한 이해가 뒤의 공자와 자하의 응답과 연관된다. 진사이는 그림을 그릴 때 흰색으로 마무리하는 것은 나중이라는 공자의 말을 듣고 자하는 곧바로 예가 나중인지를 묻게 되었다고 보았다. 진사이의 풀이에서 공자가 "예는 사치하기보다 차라리 검소해야 한다"(팔일 제4장)라고 한 데서 예의 진의를 파악하려는 의도가 엿보인다.

〖주자〗 주자는 '회사후소繪事後素'를 거꾸로 "그림을 그리는 일은 흰 것보다 나중에 한다"로 읽었다.

> 우선 분지粉地를 바탕으로 삼고 난 뒤에 다섯 가지 채색을 칠하는 것을 말한다. 사람이 아름다운 바탕이 있고 난

뒤에 꾸밈을 더하는 것과 같다.

도덕적인 본바탕을 갖춘 사람이라야만 비로소 예의가 허식이 아닌 인간적인 품위를 구성하는 문식이 된다는 말이다.

〖소라이〗

> 시에서 "흰 것으로 채색을 하는구나"라고 한 것은 분을 바르는 것을 말한다. 현絢이란 눈부시게 빛나는 것을 말한다. 미인은 분을 발라 더더욱 아름다움이 드러나고 수놓는 일에서 흰색을 베풀어 사이를 분명하게 하면 오색이 더욱 분명해지고 아름다운 바탕은 예를 배워야 더욱 아름다움이 성하게 된다. 미인이 아니라면 분을 바르면 다만 추해질 뿐이고 오색이 아니면 흰색을 베푼다 해도 어디에 베풀 것인가? 진정성이 있고 미더운忠信 사람이 아니라면 예는 배울 수 없다. 이것이 이 장의 뜻이다.

소라이는 충과 신의 아름다운 바탕 위에 예를 배워야만 군자가 될 수 있다고 말하는 것이다.

공자가 말하는 "나를 일으키는 이구나"를 주자는 "나의 뜻을 일깨워주는 것을 말한다"[6]라고 풀이하였다. 진사이나 소라이도 이 풀이에 동의하였다. 예가 나중인지를 묻는 자하(상은 자하의 이름)에게 공자는 내 뜻을 잘 이해하였다고 긍정하면서

---

6) 주자집주 원문은 "所謂起予則亦相長之義也"이다. 성백효는 '상장지의'는 『예기』「학기」의 "敎學相長"의 인용으로 스승과 제자가 서로 도움을 주는 것이라고 하였다. 성백효 역주 『현토완역 논어집주』 개정증보판, 전통문화연구회, 2005, 87쪽.

제16강 시에 대하여

자하야 말로 함께 시를 논할 만하다고 칭찬하였다. "더불어 시를 이야기할 수 있겠구나"라고 한 칭찬에 대해 진사이는 「논주」에서 이렇게 말하였다.

> 시는 정해진 형태가 없다. 사물에 따라 변화하여 둥글거나 네모지거나 보는 바에 따른다. 혹은 슬프기도 하고 기쁘기도 하니 마주하는 바에서 비롯된다. 한 가지 일로 천 리 밖 일에 통하고, 한마디 말이 천 가지 뜻에 미친다. 따라서 하나를 듣고 둘을 아는 사람이 아니라면 시의 정취를 다 알수 없다. 자하는 그림 그리는 일을 듣고 '예가 나중'이라는 말을 깨달았다. 창랑滄浪의 노래를 듣고 스스로 가야 할 길을 알게 된 사람에 버금간다고 할 것이다.

마지막의 '창랑의 노래'는 『맹자』이루 상편에 나온다. 어린 아이가 "창랑의 물이 맑으면 내 갓끈을 씻겠다. 창랑의 물이 탁하면 내 발을 씻겠다"라고 노래하는 것을 들은 공자가 "맑으면 갓끈을 씻고 탁하면 발을 씻는다. 이는 모두 스스로 취한 것이다"라고 제자들에게 말하였던 데서 유래한다.[7] 진사이의 이해는 시가풍유론詩歌諷諭論에 서 있다고 하겠다. 시가풍유론

---

7) 춘추시대 초나라 시인 굴원(屈原)의 「어부사(漁父辭)」에는 어부의 노래로 나오는데, 세상이 태평하면 벼슬을 하고 어지러우면 은둔해야 한다는 뜻이다. 『맹자』「이루 상」편에는 '스스로 취한 것[自取]'에 대해 물이 맑고 탁한 것은 모두 물이 스스로 취한 것이라고 부연하였으며, 이어 "무릇 사람은 반드시 스스로 업신여긴 뒤에 남이 그를 업신여기고, 집안은 반드시 스스로 망친 후에 남이 그 집안을 망치며, 나라는 반드시 스스로 공격한 뒤에 남이 공격한다[夫人必自侮然後人侮之, 家必自毁而後人毁之, 國必自伐而後人伐之]"라고 하였다.

이란 모노가타리 풍유론物語諷論[8])을 따서 내가 지은 말이다. 선인들의 유문인『시경』이라는 전적은 항상 후세에 전하는 가르침을 내포한 것으로 전해졌다.『겐지모노가타리』는 그저 호색한의 이야기가 아니다. 사람들은 거기에서 가르침을 읽어내려고 했다. 지금도 '사랑'의 가르침을 주는 책으로 읽히고 있다. 다음에서 볼 양화편의 시를 둘러싼 장구에서 공자는 '가이흥可以興'이라 하여 시의 풍유적 효용을 제일로 말하였다.

---

8) 풍유는 비유법의 하나로 비유를 제시하여 본뜻을 간접적으로 드러내는 방법을 말한다. '모노가타리 풍유론'은 중세 이후 다양하게 출간된『겐지모노가타리』평론서 가운데 이러한 풍유로서 파악한 데서 유래한다. 최초의 본격적인 평론서로 평가되는 안도 다메아키라(安藤爲章, 1659~1716)의『자가칠론(紫家七論)』(1704, 별칭『紫女七論』)은 음탕한 책으로서『겐지모노가타리』를 파악하는 기존의 평가는 저자인 무라사키 시키부(紫式部)의 의도를 오독한 것이며 권선징악의 풍유로 읽어야 한다고 강조하였다. 이러한 풍유론을 비판하여 노리나가는『겐지모노가타리타마노오구시(源氏物語玉の小櫛)』(1799)에서 '모노노아와레'론을 주장하였다.

제16강 시에 대하여

16.3 양화 제9장

子曰, 小子何莫學夫詩. 詩可以興, 可以觀, 可以群, 可以怨. 邇之事父, 遠之事君, 多識於鳥獸草木之名.

子曰く、小子、何ぞ夫の詩を学ぶこと莫きや。詩は以て興ずべく、以て観るべく、以て群すべく、以て怨むべし。これを邇くしては父に事え、これを遠くしては君に事う。多く鳥獸草木の名を識る。

공자께서 말씀하시길, 너희들은 어찌하여 저 시를 배우는 일이 없는가? 시로써 일으킬 수 있으며, 볼 수 있으며, 무리 지을 수 있으며, 원망을 할 수 있다. 이것으로 가까이는 아비를 섬기고, 멀리는 군주를 섬긴다. 많은 조수초목의 이름을 안다.

* * *

시의 효용을 '가이흥'·'가이관'·'가이군'·'가이원'이라 설명하고 있다. 리쩌허우는 이 네 가지를 중국의 전통적인 문예비평의 대원칙이라고 하였다. 공안국의 고주는 "흥이란 [사물을] 이끌어 비유하면서 같은 부류 [사물을] 이어 말하는 것^{興引譬連類}"이라 하였다. 주자의 신주는 "뜻을 감발시킨다^{感發志意}"라고 풀이한다. 진사이도 신주를 따랐다. 그러나 역시 고주에 따라 시가의 비유와 연상으로 인하여 큰 감흥을 불러일으키는 효용이라 풀이해야 할 것이다. 소라이는 "흥이란 스스로 취한 것을 따라 끊임없이 이리저리 구르는 것이 이것이다^{興者, 從其自取,}

展轉弗已, 是也"라고 하여 시가 끊임없이 사람들에게 여러 감흥을 일으키게 한다고 파악하였다.

'관觀'이란 고주는 "풍속의 성쇠를 관찰하다觀風俗之盛衰"(정현), 신주는 "득실을 상고해 보다考見得失"라고 하였다. 진사이를 비롯하여 대부분은 "인정풍속을 관찰하다"라고 풀이하고 있다.[9] 세상의 인정과 풍속의 관찰은 위정자에게 요청되는 시점이지만 종종 시의 효용으로 일컬어졌다.

〖소라이〗 소라이는 '관'의 공功을 강조하여 이렇게 말하였다.

> 무릇 모든 정치풍속과 오르내리는 세운世運[과] 인물의 정태情態[를 알 수 있다]. 조정에서도 이것으로 민간을 알 수 있고, 성대한 세상에서도 쇠망하는 세상을 알 수 있고, 군자가 소인을 알 수 있으며, 대장부가 아녀자를 알 수 있고, 평상시에도 변란을 알 수 있으니, 천하의 일이 모두 나에게 모여드는 것은 '관'의 공로이다.[10]

'군群'이란 고주는 "여럿이 어울려 지내며 서로 갈고 닦는다群居相切磋"(공안국), 신주는 "어울리되 휩쓸리지 않는다和而不流"라고 하였다. 진사이는 "사람들과 무리를 이루되 편당을 만들지 않으면 마음이 온화해진다群而不黨, 心之和也"라고 하였다.

---

9) 진사이는 『논어고의』「소주」에서 '가이관'을 풀어 "고금의 인정과 풍속의 유래를 자세히 살펴보아 정사에 종사하거나 가르침을 펼칠 수 있다[觀古今人情風俗之所由, 可以從政, 可以立敎]"라고 하였다.
10) 소라이는 이렇게 관의 뜻을 풀기에 앞서서 '관'은 정태가 눈앞에 있는 듯이 하는 것이라면서 주자가 '흥'에 대해 "뜻을 감발시킨다"라고 한 것도 사실 '흥'이 아니라 '관'의 작용이며 "득실을 상고해 보다"라는 풀이 역시 시비에 대한 견해일 뿐 '관'의 뜻을 다하지 못한다고 비판하였다.

제16강 시에 대하여

모로하시는 "뭇사람과 함께 있어도 마음이 온화해질 수 있다"라고 하였다.

'원怨'이란 고주는 "윗사람의 정치를 원망하여 풍자하다怨刺上政"(공안국), 신주는 "원망하면서도 성내지 않는다怨而不怒"라고 하였다. 진사이도 "원망하면서도 성내지 않는 것은 정이 두터운 것이다怨而不怒, 情之厚也"고 하였다. '가이원'은 고주에 따라야 할까?

〖소라이〗 소라이는 일이 없을 때는 '군郡', 일이 있을 때는 '원'이라 하면서 이렇게 말하였다.

> 일이 없으면 무리를 이루어 지내며 갈고 닦는다. 외우고 읊조리고 서로를 위하면 의리가 무궁하며 묵묵히 알면 깊이 도에 부합한다. … 일이 있으면 문장을 주로 하여 완곡하게 간언한다.[11]

더 나아가 시의 효용으로 가까이는 부모를 섬기는 도와 멀리는 군주를 섬기는 도를 알 수 있고 많은 조수초목의 이름을 알 수 있다고 하였다.

'흥'·'관'·'군'·'원'을 고주의 입장에서 풀이하면 시는 비유적인 표현으로 사람의 연상을 작동시키고 큰 감흥을 불러일

---

[11] 소라이는 이어서 주장하기를, 일이 있으면 문장으로 에둘러 간언하거나 시문을 지어 주고받는 것은 모두 말하지 않고 보여주는 것이니, 말하는 사람은 죄가 없고 듣는 사람도 성내지 않지만 이런 것이 원망이라고 하였다. 따라서 주자가 말하는 '화이불류(和而不流)'는 시와 상관이 없는 말이라고 비판하였다.

으킨다. 시는 또한 성정의 표출에 의해 세상의 인정과 풍속을 알게 한다. 그리고 시는 사람들이 서로 모여 시를 읊고 매사 이치를 깨닫게 해 준다. 마지막으로 시는 정치에 대한 원망을 풍자에 의탁하여 비판할 수 있는 것이다.

제16강 시에 대하여

16.4 태백 제8장

子曰, 興於詩, 立於禮, 成於樂.
子曰く、詩に興り、礼に立ち、楽に成る。
공자께서 말씀하시길, 시에 일어나고 예에 서며 악에서 이루어진다.

***

〖요시카와〗 공자는 여기서 시, 예, 악 세 가지로 하나를 성취하는 과정 또는 순서를 말하려고 하였다. 그것을 군자다운 소양이 성립하는 순서로 보면 요시카와가 다음과 같이 설명하는 대로이다.

> 도덕적인 흥분의 출발점이 되는 것은 『시경』이다. 어째서인가? 그것은 올바른 감정을 고양하기 때문이다. 다음으로 교양의 골격을 정립하는 것은 예를 배우는 것이다. 어째서인가? 그것은 인간의 질서의 법칙이기 때문이다. 마지막으로 교양의 완성은 음악을 배우는 것이다. 어째서인가? 그것은 감정을 법칙에 따라 정리하는, 인간성의 포괄적인 표현이기 때문이다.

미야자키도 교육에 의한 인격의 형성과정으로 풀이하여 "시의 교육으로 학문이 시작되고 예의 교육으로 제구실을 하는 어른이 되며 음악교육으로 인격이 완성된다"라고 하였다.

〖주자〗 교양적, 교육적인 인격의 형성과정으로 이해하는 것은 기본적으로는 주자를 따르는 것이다. 주자는 이것을 학문이

완성되는 순서라고 하였다. 시에 의해 학문에 대한 지기志氣를 흥기하게 하고 예에 의해 의연하게 자립하고 음악에 의해 성숙하는 것이다. 진사이 역시 학문의 성취 순서를 뜻한다고 하였다. '흥어시興於詩'의 주자 주석만 살펴보자.

> 흥은 일어나는 것이다. 시는 성정에 근본을 두니 삿된 것도 있고 바른 것도 있다. 그 말하는 바가 이미 알기 쉽고 읊조리는 사이에 억양하고 반복하여 사람을 감동시키고 또 들어가기 쉽다. 그러므로 배우는 자는 처음에 그 선함을 좋아하고 악함을 미워하는 마음을 흥기하여 스스로 그치지 않게 하는 것을 반드시 시에서 얻게 된다.

〖소라이〗 이렇게 공자의 말에서 학문의 완성 순서라든가 교양 형성의 순서를 읽어내는 것과 별개로 선왕의 가르침으로서의 시와 예·악의 차이를 읽어낸 소라이의 해석도 있다.

> 따라서 흥興이란 도에서 일어나는 것이고, 입立이란 도에 서는 것이고, 성成이란 도에서 완성된다는 것이다. 말하는 바는 사람이 도를 배우는데 시·예와 악으로 가르치는 방법의 차이가 이와 같다는 것이다.

〖모로하시〗 모로하시는 '향음주례鄕飮酒禮'나 '연례燕禮' 같은 연회석의 사례를 들어 설명하였다.

> 그 경우에는 『시경』의 시를 노래하고 그에 따라 음악을 연주하고 또 때로는 춤을 춘다. 그 사이에 석상에서 젊은이가 선배들을 모시고 좌작진퇴坐作進退의 작법을 배운

제16강 시에 대하여

다. 이렇게 세 가지를 함께 교육하는데 그 각각에 대해
주된 교육목적을 보여주는 것이 바로 이 장이다.

공동체 의례에서 시와 음악과 예법이 각각 특유의 의미가 포함되어 수행됨을 설명한 것이다. 시·악·예에서 비롯되는 의례의 수행과정을 통해 청년은 공동세계를 구성하는 일원으로 성장해갈 것이다. 공자가 "시에서 일어나고 예에 서고 악에서 이루어진다"라고 하였을 때 그의 뇌리에는 문화적 공동세계의 성원이 시·예·악에 의해 성립하는 모습이 생생하게 그려졌을 것이다. 그러나 후세의 학자는 공자의 이 말을 통해 학문이나 교양의 성립과정을 그저 추상적으로만 이해하였다. 『논어』의 말은 때로는 상실된 세계의 흔적일 뿐인 경우가 있다. 그것을 무리하게 해석하려고 하면 결국 당대적 요청을 억지로 갖다 붙인 풀이가 되고 만다. 주자가 그러했고 진사이도 요시카와도 그러했다.

제 *17*강

악에 대하여

공자나 그 이전의 고대 세계에서 시가 가졌던 의미를 이미 우리는 이해할 수 없게 되었다. 악(음악)도 마찬가지다.『논어』태백 제8장의 "시에서 일어나고 예에 서고 악에서 이루어진다"라는 공자의 말은 시나 음악이 중요했던 사실을 전하면서도 그것이 어떤 의미에서 중요했는지는 정확하게 가르쳐주지 않았다. 지금부터 살펴보려는 음악을 둘러싼 공자의 말도 공자가 음악을 지극히 존중하고 있었음을 전하는 것이긴 하지만 존중하는 이유를 알려주지는 않는다. 사실 이런 결락이라고 할지 부족함을 보완하는 것이『예기』의「악기樂記」이며『순자』의 악론편樂論篇이다. 이것들이 텍스트로서 성립한 것은 진말秦末부터 한초漢初로 추정된다. 순자의 생몰년은 B.C.329년 이후~B.C.235년 무렵이라 알려졌다. 참고로 공자의 생몰년은 B.C.552년~B.C.479년이며, 맹자는 B.C.370년 무렵~B.C.290

제17강 악에 대하여

년 무렵이라 한다.[1] 악론이란 체계로 음악의 의미를 논한 논설은 공자 사후 백 년도 넘게 지나서 성립하였다. 더 자세히 말하자면 사후 백 년이란 시대에는 악기·악론이라는 의미를 부여한 언설 없이는 음악의 의미를 이해하지 못하게 되었다는 뜻이다. 우리 역시 이런 것으로 고대의 음악이 가진 의미를 더듬어 보는 수밖에 없다. 소라이도 『순자』나 『예기』에 의해 선왕의 예악적 세계를 재구성한 것이다. 실은 후세에 의미를 부여한 텍스트에 기대지 않고서는 고대 세계를 알 수 없는 것은 예악적 세계만이 아니다. 인의도덕의 세계도 기본적으로는 마찬가지다. 그래서 진사이는 『맹자』의 인의설에 의해 공자의 도덕적 세계를 이해하였다.

---

[1] 순자, 공자, 맹자의 생몰년은 부정확하여 자료마다 조금씩 차이가 난다. 특히 순자의 경우 서울대 철학사상연구소 제공하는 온라인 지식백과에는 B.C. 298년~B.C. 238년으로 추정된다고 하여 본서와 차이가 크다. 참고로 『이와나미 철학·사상사전』(이와나미문고, 1999)에는 B.C. 339년 이후~B.C. 235년으로 나온다.

17.1 술이 제13장

子在齊聞韶, 三月不知肉味. 曰, 不圖爲樂之至於斯也.

子、斉に在して韶を聞く、三月肉の味を知らず。曰く、図らざりき、楽の為すのここに至らんとは。

공자께서 제나라에 계실 때 소를 들으며, 석 달 동안 고기 맛을 몰랐다. 말씀하시길, 생각지도 못하였었다. 음악이 이룬 것이 여기까지 이르리라고는.

* * *

이것은 주자에 따른 읽기이다.

〖소라이〗 소라이는 '삼월'을 위에 붙여서 "공자가 제나라에 있을 때 석 달 동안 소를 들으면서 고기 맛을 몰랐다"라고 읽었다. 소라이에 따라 번역하면 다음과 같다.

> 공자는 제나라에 체재하면서 석 달 동안 순舜의 덕을 칭송하는 소악韶樂을 배운 일이 있었다. 공자는 선미善美를 갖춘 소악에 감탄하여 배우는 동안 고기를 먹어도 그 맛을 모를 정도였다. 공자께서 말씀하셨다. "음악이 이러한 경지에 이르는 것이라고는 생각지도 못하였다."

이에 관련한 공자의 말이 팔일 제25장에 있다.

> 공자께서 소를 말씀하시길, 지극히 아름답도다. 또 지극히 선하도다. 무를 말씀하시길, 지극히 아름답도다.

제17강 악에 대하여

그러나 지극히 선하지는 않다[2]

소란 '순의 음악'이라 여겨지며 무는 '무왕의 음악'이라 생각된다. '순의 음악'이 순이 지은 음악인지 순의 덕을 칭송하는 순 시대의 음악인지 분명하지 않다. 후자의 의미에서 보면 공자의 말은 악樂을 메타포로 하여 성왕 순의 덕을 상찬한 것으로 해석된다. 그렇다고 해도 이런 말은 음악이 순의 덕을 같은 높이에서 보여주는 것으로서 존재했음을 말하고 있다. 그것이 "공자가 제나라에 있을 때 석 달 동안 소를 들으면서 고기 맛을 몰랐다"라는 말로 표현된 것이다. '아아! 생각지도 못하였다. 음악이 이처럼 고귀하다니!' 공자는 이렇게 소악의 고상함에 감탄하는 것이다. 우리는 공자가 이렇게까지 감탄하는 이유를 알 수 없다. 순과 무가 음악으로 대비되는 까닭 역시 우리는 이해할 수 없는 것이다. 순과 무는 왜 음악으로 대비되었을까?

---

[2] 子謂韶, 盡美矣, 又盡善也. 謂武, 盡美矣, 未盡善也.

17.2 팔일 제23장

子語魯大師樂曰, 樂其可知也. 始作, 翕如也. 從之, 純如也, 皦如也, 繹如也, 以成.

子、魯の大師に楽を語げて曰く、楽はそれ知るべきなり。始め作すに翕如たり。これを従てば純如たり、皦如たり、繹如たり。以て成る。

공자께서 노나라 대사에게 음악을 고하여 말씀하시기를, 음악은 알 수 있다. 처음 시작할 때 흡여한다. 이것을 풀어 놓으면 순여하며 교여하고 역여한다. 이로써 완성된다.

* * *

〖주자〗 주자는 이렇게 주석을 달았다.

> 대사는 악관樂官의 명칭이다. 그 당시 음악은 폐지되고 망가져 올바르게 전해지지 않았다. 그래서 공자께서 그에게 가르친 것이다. 흡은 합한다合는 뜻이다. 종은 풀어놓는다放는 뜻이다. 순은 조화를 이룬다和는 뜻이다. 교는 분명하다는 뜻이고 역은 서로 이어져 끊이지 않는 것이다. 성이란 음악이 한 번 끝나는 것이다.

〖시부사와〗 주자의 주석을 따른 시부사와의 번역을 인용해보자.

> 음악을 연주하는 법은 알기 어렵지 않다. 음악을 처음 연주하기 시작하면 여러 가지 음이 한꺼번에 일어나 흡여하여 모두 준비되면 박자를 맞추고, 그러는 동안에 각자

제17강 악에 대하여

왕성하게 제소리를 내며 맑고 탁하고 높고 낮은 소리가 서로 도와 화합하여 마치 한 가지 소리를 내는 것 같은 때를 순여라 한다. 순여 중에 쇳소리는 자연스레 쇳소리가, 돌 소리는 자연스레 돌 소리가 제각기 분명하여 또렷하게 들리고, 또 각 음이 서로 올라갔다 내려갔다 연속하여 끊임이 없다. 이렇게 하여 한 곡의 연주가 끝난다.

〖진사이〗 진사이는 『논어고의』 논주에서 이렇게 말하였다.

당시 음악은 이미 흩어져서 완전한 형태가 전해지지 않고 악관은 그저 오음五音과 육률六律만을 논할 줄 알았지, 음악의 가락이 자연스러운 순서가 있고 그 조화는 지극히 짧은 사이에 존재한다는 것을 모르는 상황이었다. 하물며 음악이 사람의 성정性情과 섬세한 마음에 통하는 것임을 이해하였겠는가? 천하 세상에서 음악이란 존재는 마치 배의 키와 같아 키의 방향에 따라 왼쪽을 향하거나 오른쪽을 향하며, 또 장군의 지휘에 따라 병사들이 진군하거나 후퇴하는 것과 같다. 세상의 치란과 성쇠는 항상 성음聲音과 서로 통하므로 공자께서는 대사에게 연주를 하나하나 지적하며 가르치신 것이다.

이미 진사이는 공자가 말을 하게 된 배경을 「악기樂記」적인 의미를 부여하여 보완하고 있다.

〖시부사와〗 시부사와는 앞에서 언급한 번역문에 이어 현대의 음악교육에 대해 언급하였다.

음악이 사람의 마음에 영향을 미친다는 것은 동서고금이 마찬가지로 음란하고 야비한 음악鄭聲을 멀리해야 함은 논할 필요가 없다. 요즈음 우리 일본에는 서양 음악도 전래하였다. 풍교에 해가 되는 것은 처음부터 채용하면 안 된다. 생각건대 음악의 옳고 그름에 의하여 사람의 성정을 고상하게 만들거나 음탕함이나 사치로 이끌거나 하는 구별이 생길 것이다. 음악전문학교 같은 곳에서는 음악의 선택에 힘을 쏟아야 할 것이다.

※「악기」제**19**장

凡音之起, 由人心生也. 人心之動, 物使之然也. 感於物而動, 故形於聲. 聲相應. 故生變. 變成方, 謂之音. 比音而樂之, 及干戚羽旄, 謂之樂.

凡そ音の起こるは、人心に由りて生ずるなり。人心の動くは、物、これをして然らしむるなり。物に感じて動く、故に声に形(あら)わる。声相應ず。故に変を生ず。変じて方を成す、これを音(韻)と謂う。音を比してこれを楽し、干戚羽旄(かんせきうぼう)に及ぶ、これを楽という。

* * *

[번역] 무릇 음이 일어남은 사람의 마음에 의해 생기는 것이다. 인심이 움직이는 것은 외물外物에 의해서이다. 마음이 외물에 느끼고 움직여서 그것이 소리聲音로 나타나는 것이다. 소리는 소리에 응하여 변화하는데 그 변

제17강 악에 대하여

> 화가 틀을 이루어 가는 것을 악음樂音이라 한다. 악음을 배열함으로써 악주樂奏를 이루고 그것이 방패나 창, 깃이나 털을 가지고 추는 춤에도 이르는 것을 음악音樂이라 한다.[3]

음악에 기초를 짓고 의미를 부여하는 예악론禮樂論은 인심을 근거로 하여 음악의 성립을 전개한다. 이것은 사람의 심성에 근거한 맹자의 도덕론과 평행적으로 전개되는 유가의 언설이다. 앞서 설명했듯이 전국시대 말기에 공자의 언설은 도덕론(자사·맹자)와 예악론(순자)으로 나뉘어 전개되었다. 양자 모두 공자의 언설을 이론적으로 의미부여하고 체계화하려고 했다. 양자의 이론화理論化는 우선 도덕과 예악의 성립을 사람의 심성에 근거를 두고 혹은 그것과의 관계에서 설명하는 데서 시작했다. 예악의 이론화는 예와 악이 그 자체로서 의미를 갖지 못하게 되었을 때 혹은 그 의미가 상실되었을 때 시작된다. 이런 의미부여는 우선 인심에 근거를 두거나 인심과의 관계에 의해 이루어진다. 따라서 「악기」 첫 부분의 문장은 음악·문예·시가의 성립을 둘러싼 논설의 원형이 된다고 생각한다.

"야마토의 노래和歌는 사람의 마음을 씨앗으로 삼아 백만 가지 말로 만들어졌네. 세상 사람들은 관여하는 일이 많으니

---

[3] 17.3의 본문에 인용된 『예기』의 문장은 중국철학자인 다케우치 데루오(竹內照夫, 1910~1982)의 『예기』「악기」(新釋漢文大系 28, 明治書院, 1977)를 참고한 훈독문인데, 역자가 원문을 추가하였다. 표점은 훈독문을 기준으로 하였으며, 훈독문 번역은 생략하고 저자의 현대어역만 번역하였다.

마음속 생각을 보고 들은 바에 기대어 말로 표현하네"라고 하는 『고금집』[4] 서문 첫머리의 문장도 「악기」에서 원형을 취하였다고 하겠다. 더욱이 『고금집』의 서문에 따라 노리나가는 "그런데 그 보고 들은 것에 기대어 가련하다거나 슬프다는 생각이 드는 것이 마음의 움직임이며 그 움직임이 즉 외물에 감응하는 정취 즉 모노노아와레를 아는 것이다"[5]라는 '모노노아와레'론을 전개하였는데, 이것이 아래 「악기」의 논의를 일본의 문맥으로 번역한 것이 아닐까하는 생각이 든다. 『고금집』의 서문이 최초의 와카和歌의 의미론이라 한다면 노리나가의 '모노노아와레' 가론은 와카 의미론의 완성체이다.

***

樂者音之所由生也. 其本在人心之感於物也. 是故其哀心感者, 其聲噍以殺. 其樂心感者, 其聲嘽以緩. 其喜心感者, 其聲發以散. 其怒心感者, 其聲粗以厲. 其敬心感者, 其聲直以廉. 其愛心感者, 其聲和以柔. 六者非性也. 感於物而后動. 是故先王愼所以感之者. 故禮以道其志. 樂以和其聲. 政以一其行. 刑以防其姦. 禮樂刑政, 其

---

4) 『고킨와카슈(古今和歌集)』 즉 『고금화가집』의 약칭이다. 헤이안 시대의 노래집으로 최초의 칙찬화가집이다. 칙명에 의해 『만엽집』에 수록되지 않은 고대의 노래부터 당대의 노래 약 1100수를 편찬하여 905년(또는 914년)에 완성되었다.
5) 『겐지모노가타리』의 주석서인 『자문요령(紫文要領)』(1763)에 나온다. 노리나가는 이 책에서 처음으로 '모노노아와레'론을 체계화하였다. 한국어판 정순희 역 『겐지 이야기를 읽는 요령』 지식을만드는지식, 2009.

제17강 악에 대하여

極一也. 所以同民心而出治道也.

楽は音の(由りて)生ずる所なり。その本は人心の物に感ずるに在り。この故にその哀心感ずれば、その声噍がれて以て殺す。その楽心感ずれば、その声嘽にして以て緩し。その喜心感ずれば、その声発りて以て散ず。その怒心感ずれば、その声粗くして以て厲し。その敬心感ずれば、その声直くして以て廉なり。その愛心感ずれば、その声和くして以て柔かなり。六つのものは性に非ず、物に感じて后に動くなり。この故に先王はこれを感ずる所以のものを慎む。故に礼を以てその志を導き、楽を以てその声を和げ、政を以てその行いを一にし、刑を以てその姦を防ぐ。礼楽刑政、その極一なり。民心を同じくして治道に出る所以なり。

* * *

[번역] 악은 음이 만들어 내는 것이다. 따라서 그 근본은 사람의 마음이 사물에 감동하여 발하는 소리聲音에 있다. 그러므로 비애를 느끼는 마음이 동하면 소리는 목이 쉰 듯 가라앉는다. 화락和樂을 느끼는 마음이 동하면 소리는 풍부하고 느긋하다. 기쁨을 느끼면 소리는 높게 올라가 널리 퍼진다. 분노하게 되면 소리는 거칠고 격해진다. 공경하고 삼가는 마음이 동하면 소리는 곧고 얌전해진다. 자애로움을 느끼는 마음이 동하면 소리는 온화하고

부드럽다. 이 여섯 가지 소리는 사람이 태어나면서부터 갖춘 성질이 아니라 마음이 사물에 감응하여 움직이는 바이다. 그러므로 선왕은 이렇게 마음을 느끼고 동하게 하는 것을 깊이 배려하였다. 그래서 선왕은 예로써 마음이 향하는 바^所를 올바르게 이끌고 악으로써 마음이 발하는 소리를 부드럽게 하고 정치로써 마음이 행하는 바를 하나로 만들었으며 형벌로써 마음이 어지러워지는 것을 막았던 것이다. 예악형정의 네 가지는 목적이 하나이다. 그것은 모두 민심이 화합하고 하나가 되는 것을 지향하는 치도^{治道}에서 나오는 것이다.

악론은 예악형정의 도로서 치도론의 한 부분을 구성해 갔다. 이렇게 해서 악론은 유가의 음악론이 되었다. 유가 음악론은 인심에 뿌리를 둔 음악을, 인심을 도야하는 치술^{治術}로서 포섭하는 유가의 치도론적 윤리에서 구성된 것이다. 이것은 근대의 국민교육에서 음악 과목의 의미를 기초하는 논리도 가능하게 하였다. 따라서 시부사와의 국민교육에서 음악에 대한 언급은 『논어』의 후대적 해석으로서 올바르다.

제17강 악에 대하여

※『순자』악론편 제20장

夫樂者樂也. 人情之所必不免也. 故人不能無樂. 樂則必發於聲音, 形於動靜. 而人之道, 聲音動靜性術之變, 盡是矣. 故人不能不樂, 樂則不能無形, 形而不爲道, 則不能無亂. 先王惡其亂也. 故制雅頌之聲以道之, 使其聲足以樂而不流, 使其文足以辨而不諰, 使其曲直繁省廉肉節奏, 足以感動人之善心, 使夫邪汙之氣無由得接焉. 是先王立樂之方也. 而墨子非之奈何.[6]

それ楽(がく)とは楽しむなり。人情の必ず免れざる所なり。もとより人は楽しみなきこと能わず。楽しめば則ち必ず声音に発して動静に形(あら)わる。而して人の道の声音動静と性術の変とはここに尽くるなり。故に人は楽しまざること能わず、楽しめば則ち形わるるなきこと能わず、形われて道を為めざれば則ち乱なきこと能わず。先王はその乱を悪(にく)めり。ゆえに雅頌(がしょう)の声を制して以てこれを道びき、その声をして楽しむに足りて流(淫)せざらしめ、その文をして弁ずるに足りて諰(息)(や)まざらしめ、その曲直・繁省・廉肉・節奏をして、人の善心を感動するに足らしめ、かの邪汙の気をして接するを得るに由なからしむ。これ先王

---

6) 본문에 인용된 「악론」은 가나야 오사무 역주『순자』「악론편 제20」(이와나미 문고, 1961)을 참고한 훈독문으로, 역자가 원문을 추가하였다.

の楽を立つる方(術)なり。而るに墨子のこれを非とするは奈何(いかん)。

* * *

[번역] 무릇 음악이란 즐기는 것이다. 사람의 감정에서 결코 벗어날 수 없는 것이다. 원래 사람은 즐거움이 없을 수 없다. 즐거우면 반드시 소리로 나오게 되고 동작으로 나타난다. 이처럼 사람의 음성과 동작, 성정性情의 변동은 음악에서 다하게 된다. 그러므로 사람은 즐거움이 없이는 살 수 없고 즐거우면 그것이 형태로 나타나지 않을 수 없다. 그렇게 드러나는 것을 바르게 이끌어 다스리지 않으면 세상이 혼란스러워지지 않을 수 없다. 선왕은 혼란을 싫어하였다. 그래서 선왕은 아송의 가락을 제정하여 음성과 동작이 올바르게 드러나도록 이끌었고, 음성으로 나오면 충분히 즐겨서 음란하게 흐르지 않도록 하였고, 그 흥취가 충분히 밝혀지면 거기서 그치게 하고, 악주樂奏가 휘어 돌거나 평이하고 번잡하거나 단조롭고 짧거나 길게 늘어지는 것들로 충분히 사람의 선한 마음을 감동시키고, 사악한 기운이 접근할 여지가 없도록 하였다. 이것이 선왕이 음악을 제정한 방술이다. 선왕이 이렇게 음악을 제정했음에도 불구하고 묵자가 음악을 부정하는 것은 어째서인가?

* * *

故樂在宗廟之中, 君臣上下同聽之, 則莫不和敬, 閨門之內, 父子兄弟同聽之, 則莫不和親, 鄕里

제17강 악에 대하여

族長之中, 長少同聽之, 則莫不和順. 故樂者, 審一以定和者也, 比物以飾節者也. 合奏以成文者也, 足以率一道, 足以治萬變. 是先王立樂之術也, 而墨子非之, 奈何.

故に楽は宗廟の中に在りて君臣上下同(とも)にこれを聴けば、則ち和敬せざることなく、閨門の内にて父子兄弟同にこれを聴けば、則ち和親せざることなく、鄕里族長の中にて長少同にこれを聴けば、則ち和順ならざることなし。故に楽は一を審(つまびら)かにして以て和を定むるものなり、物(楽器)を比(なら)べて以て節を飾るものなり。節奏合して以て文を成し、一道に率うに足り万変を治むるに足る。これ先王の楽を立つる術なり。而るに墨子のこれを非とするは奈何。

***

[번역] 그러므로 음악은 종묘에서 군주와 신하, 윗사람과 아랫사람이 함께 들으면 서로 화합하여 공경하게 되며, 가정에서 부자형제가 함께 들으면 서로 화합하여 친하게 되며, 향촌의 동족同族 사이에서 연장자와 연소자가 함께 들으면 서로 화합하여 순응하게 된다. 그러므로 음악은 하나의 악기를 표준으로 하여 전체의 조화를 이루는 것이며, 각종 악기와 맞추어 가락을 꾸미고 조정하는 것이다. 선율이 맞아 문채를 이루는 음악이야말로, 일관된 도에 따라서 동시에 다양한 변화에 응하는 통치의 수단이 될

수 있는 것이다. 이야말로 고대 선왕이 음악을 제작한 까닭이다. 그런데도 묵자가 음악을 부정하는 것은 어째서인가?

제 18 강

예에 대하여

공동체 제사에서 행위규범으로서의 제사의례가 '예'의 시작일 것이다. 하늘과 조고祖考의 제사가 선왕이 국가를 경영하는 축이라고 한 소라이의 선왕관에 따르면, 선왕의 제사의례란 정치적 의미까지 동시에 갖는 국가적 의례이다. 제사는 정치이다.[1] 이렇듯 제사의례에서 시작된 예는 이윽고 국가를 비롯한 공동체의 질서 유지에 연관되는 사회적 행위규범으로서 자각되었고 예의로서 체계화되어 갔다. 예의 의의를 언어적으로 분절화하고 체계화하는 작업은 한나라 때 시작되는데 '예의삼백禮儀三百 위의삼천威儀三千[2]'란 말에 보이듯이 예를 완비한 성인의 도의 성대한 표현으로 만들어 갔다.

---

[1] 참고로 제사와 정치는 일본어로 훈독하면 모두 '마쓰리고토'로 발음된다.
[2] 『중용』 제27장에 나오는 말이다. 예와 관련된 경전으로는 『주례』 『의례』 『예기』가 있는데 『주례』에는 360종류의 관직과 각각의 관직에 따른 예법이 있다. 『의례』에는 3300가지의 시행 세칙이 실려 있다.

제18강 예에 대하여

> 위대하구나! 성인의 도. 넓디넓게 충만하여 만물을 발육시키고 높디높아 하늘 끝까지 이르렀다. 풍부하게 가득 차니 위대하구나! 이 인간세계, 예의 대강大綱은 삼백이고 그 작법의 세목細目은 삼천으로 정비되어 있지만 모두 마땅한 인물-성인聖人-이 있어야만 비로소 도는 실현된다.[3]

위 문장은 『예기』의 한 편인 『중용』에 나오는 말이다. 이처럼 '예의삼백 위의삼천'이란 성인의 도가 성대함을 형용하는 말이 되었다. 이러한 한漢 대의 전개를 통하여 예는 중국적인 문화적 사회체계가 되었다. 예를 들면 동양윤리학회의 니시 신이치로西晉一郎[4]는 『예의 의의와 구조』(1941)에서 이렇게 말하였다.

> 예는 오늘날 말하는 문화에 관련되는 한 고대 중국인의 전반적인 생활 형상 그 자체이며, 예를 아는 것은 중국인을 아는 것이다. … 예는 중국인이 인간을 중심으로 천지 만물 모든 것을 각각 그 이치에 따라 연관통일連貫統一하여 인간 생활을 온전하게 하는 생활양식이다.

---

[3] 『중용』 제27장에 "大哉聖人之道, 洋洋乎發育萬物, 峻極于天. 優優大哉, 禮儀三百, 威儀三千, 待其人而後行"이라고 나온다. 저자는 인용문의 현대어역은 가나야 오사무(金谷治)를 따랐다고 밝히고 있다. 金谷治 역주 『대학·중용』 이와나미 문고, 1998.

[4] 니시 신이치로(1873~1943)는 돗토리 현(鳥取縣)출신의 윤리학자이다. 도쿄제국대학 철학과를 졸업하고 히로시마 고등사범학교 교수를 역임하였으며 1938년 만주국 수도 신징(新京)에 설립된 건국대학의 창립위원이기도 했다. 1943년 1월 쇼와(昭和)천황에게 『논어』를 진강하였으며, 교토제국대학의 니시다 기타로(西田幾多郎, 1870~1945)와 함께 '양서(両西)'라고 불렸다.

니시는 예가 고래 중국의 생활체계를 이루어 왔다고 했는데 그것은 후대 중국의 지배자에게 성립한 예교적 세계를 전제한 것이다. 그렇지만 이 예교적 세계는 황제가 지배하는 중국세계에서 성립하는 것이지 공자에 유래하는 것은 아니다.

분명 공자는 예를 중시하였다. 그러나 『논어』에서 예에 대한 공자의 거의 모든 언급은 예를 되묻는 것이다. 『논어』에서 배움에 대해, 인에 대해, 군자에 대해 물은 것은 그것들을 다시 묻는 것이었다. 혹은 공자야말로 이런 것들을 처음으로 되물었던 사람이다. 예에 대해서도 공자는 그 의미를 처음으로 되물었던 것이다. 공자가 다시 묻는 의미를 파악하지 않고서는 『논어』마지막 장의 "공자께서 말씀하시길, 명을 알지 못하면 군자가 될 수 없다. 예를 알지 못하면 설 수 없다. 말을 알지 못하면 사람을 알 수 없다"(요왈편 최종장)라는 말을 이해할 수 없을 것이다.

제 18 강 예에 대하여

18.1 팔일 제15장

子入大廟, 每事問. 或曰, 孰謂鄹人之子知禮乎.
入大廟, 每事問. 子聞之曰, 是禮也.

子、大廟に入りて、事毎(ことごと)に問う。或(あ)るひと曰く、孰(いず)れか鄹人(すうひと)の子を礼を知ると謂うや。大廟に入りて、事毎に問うと。子これを聞きて曰く、これ礼なりと。

공자께서 대묘에 들어가 매사 물으셨다. 어떤 사람이 말하길, 누가 추 사람의 아들이 예를 안다고 말하는가? 대묘에 들어가 매사 묻네라고. 공자께서 이를 듣고 말씀하시길, 이것이 예이다, 라고.

* * *

〖가나야〗 이 장에 대한 일반적인 이해를 가나야의 번역에 따라 보도록 하자.

> 선생님께서 대묘 안에서 의례를 하나하나 물으셨다. 어떤 사람이 "추의 관리 아들이 예를 안다고 누가 말했는가? 대묘 안에서 일일이 묻고 있다"라고 하였는데, 선생님은 이를 듣고 "그렇게 신중하게 하는 것이 예이다"라고 말씀하셨다.

〖진사이〗

> 대묘란 노나라 시조인 주공(周公)의 사당이다. 이때 공자는 처음으로 대묘에 들어가 제사를 도왔다. 추는 노나라의 읍인데 아버지 숙량흘(叔梁紇)은 추의 대부였다. 공자는 젊었을 때부터 예를 아는 사람으로 소문이 났는데, 어떤

사람이 대묘에서 공자가 일일이 묻는 것을 보고 비난한 것이다. 공자가 그것을 듣고 알지 못하면 묻는 것이 예라고 답하였다. 그 말뜻은 "아는 것을 안다고 하고 모르는 것은 모른다고 하는 것, 이것이 아는 것이다"[5]라는 의미이다.

어떤 사람이 '공자는 예를 안다고 하면서도 아무것도 아는 게 없지 않은가?'라고 비난하여 말하는 예와 공자가 그런 비난에 대하여 '매사에 묻는 것이 예'라고 말하는 예의 의미가 다르다. 진사이는 모르는 것은 모른다고 하는 진정한 앎으로써 후자의 예의 의미를 파악하였다. 그래서 진사이는 "이것이 예이다"라는 공자의 말은 "이것이 도이다"라는 말과 같은 뜻이라고 한 것이다. 이 공자의 말을 가나야의 번역처럼 "그렇게 신중하게 하는 것이 예이다"라고 해버리면 공자를 비난하던 사람이 말한 예에 대해서는 아무것도 묻지 않은 것이 된다. 공자는 기존의 예에 그저 신중함이나 정중한 태도를 더한 데 그치고 만다.

여기에는 매사 질문하는 공자가 있다. 매사 묻는다는 것은 배우는 것이다. 배움이란 옛것에서 배워 선인의 유문을 따라 생각하는 것이다. 공자에게 배움의 의미는 배우는 것이 무엇인지, 앎이 무엇인지를 다시 묻는 것이었다. 배운다는 것은 옛것을 탐구하면서 다시금 묻는 것이다. 이것이 중요하다. 예를 옛것에서 묻고 배우면서 예가 무엇인지를 되묻고 있는 것이다. 『논어』에서 예에 관한 공자의 언급은 예가 무엇인지에 관한

---

5) 위정 제17장[p.308]에서 인용한 것이다.

제18강 예에 대하여

물음과 관련된다.

18.2 팔일 제3장

子曰, 人而不仁, 如禮何. 人而不仁, 如樂何.

子曰く、人にして仁ならずんば、礼を如何(いかん)。人にして仁ならずんば、楽を如何。

공자께서 말씀하시길, 사람이면서 어질지 않으면 예를 어찌하겠는가? 사람이면서 어질지 않으면 악을 어찌하겠는가?

* * *

팔일 제3장은 제1장·제2장[6),7)]을 잇는 것으로 풀이되고 있다.

---

6) [원주] 팔일 제1장은 배신(陪臣)의 신분으로 천자의 무용인 팔일무를 가묘(家廟)에서 추게 한 참상을 꾸짖는 것이다. "공자께서 계씨를 평하여 말씀하시길, 계씨가 뜰에서 팔일무를 추게 하는데 이 일을 참을 수 있다면 무엇을 참지 못하겠는가?"
팔일 제2장은 "삼가(三家)가 옹(雍)을 노래하며 제기를 거두었다. 공자께서 말씀하시길, '벽공(辟公)이 제사를 도우니 천자는 아름답게 안쪽에서 기다리신다'라는 가사를 어찌 삼가의 사당에서 감히 취하여 쓰는가?"이다.

7) 원문은 "三家者以雍徹. 子曰, 相維辟公, 天子穆穆. 奚取於三家之堂"이다. 삼가는 노나라 대부인 맹손(孟孫)·숙손(叔孫)·계손(季孫)의 세 집안을 가리킨다. 옹시(雍詩)는 "相維辟公, 天子穆穆"로 『논어집주』에서 주자는 상(相)은 돕는 것이고 목목(穆穆)은 심원하다는 뜻으로 천자의 용모를 가리킨다고 하였다. 이에 반해 소라이는 상은 접대하는 것이라 하였다. 또 옹시의 뜻을 풀어 "천자가 예를 행함에 여러 나라의 군주와 공들이 손님을 접대하니 천자는 할 일이 없는 듯하여 오직 그 심원한 아름다움을 드러낼 뿐이었다[天子行禮, 有辟公, 爲之儐相, 則天子迺若無所爲者, 唯見其穆穆然美已]"라고 하였다. 한편, '천자목목'의 해석은 "천자는 엄숙하게 계시다."(성백효 역주 『현토완역 논어집주』, 78쪽), "천자의 위의가 성대하다."(유교문화연구소 『논어』 60쪽), "천자의 용모가 장엄하구나."(동양고전연구회 역주 『논어』, 61쪽)라고

〖주자〗 주자는 다음과 같은 이씨李氏의 해석을 인용하였다.

> 예악은 사람을 기다린 뒤에 행해지는 것이다. 그 사람이 아닌데 예악을 행해서 옥과 비단이 뒤섞이고, 종과 북이 울리더라도 어찌하겠는가? 그런데 『논어』를 기록한 이가 이 장을 팔일(제1장), 옹철(제2장) 다음에 두고 있는 것은 제3장이 왕이 아니면서 예악을 참하는 자 때문에 나온 것임을 보여준다.

이에 따르면 '인덕仁德을 갖춘 왕이 아니면서 예를 행하고 악을 연주해서 무엇하겠는가?'라는 이해가 성립하게 된다. 확실히 제3장의 성립에서 보자면 제1장·제2장을 전제하고 있을 것이다. 그러나 이 장이 『논어』의 중요한 장으로 존재하는 것은 예악과 그것을 행하는 사람의 관계를 본질적으로 묻고 있기 때문이다. 공자에게 예악은 인간을 벗어나서는 존재하지 않는다.

〖진사이〗

> 어떤 사람이 물었다. "인이란 측은지심이 충실한 것이다. 예악과는 어떤 상관이 있는가?" 내가 대답하였다. "자애롭고 가엾게 여기는 마음은 여러 덕이 생겨나는 근본이며 만사가 성립하는 토대이다. 따라서 어진 사람이 이루지 못할 것이 있겠는가? 하물며 예악에서는 어떻겠는가?"

하였다. 저자는 "천자는 아름답게 안쪽에서 기다리신다"라고 하였다.

제 18 강 예에 대하여

이것은 『논어』의 예악을 둘러싼 말을 철저하게 인의 측면에서, 측은지심이란 대타적^{對他的}인 자애로운 마음의 측면에서 분명하게 읽어낸 대표적인 예이다. 진사이는 사람에 대한 사랑만 가지고 있으면 예도 악도 틀림없이 성립한다고 말하는 것이다.

18.3 팔일 제**4**장

林放問禮之本. 子曰, 大哉問. 禮與其奢也寧儉. 喪與其易也寧戚.

林放、礼の本を問う。子曰く、大なるかな問いや。礼はその奢らんよりは寧ろ儉せよ。喪はその易めんよりは寧ろ戚めよ。

임방이 예의 근본을 여쭈었다. 공자께서 말씀하시길, 크도다, 물음이여. 예는 그 사치스럽기보다는 차라리 검소하게 하라. 상례는 그 매끄럽게 하기보다 차라리 슬퍼하라.

* * *

임방은 노나라 사람이다. 예의 근본을 공자에게 여쭈었다. 공자께서 커다란 질문이라고 하며 이렇게 답하였다. "예란 호화롭고 사치하기보다는 오히려 검소하게 하는 것을 근본으로 합니다. 죽은 이를 장사지낼 때도 만단의 식순을 갖추는 것보다 오히려 죽은 이를 깊이 애도하세요."

공자가 예를 다시 묻는 방식은 여기에서 분명하다.

18.4 안연 제1장

顏淵問仁. 子曰, 克己復禮爲仁. 一日克己復禮, 天下歸仁焉. 爲仁由己. 而由人乎哉. 顏淵曰, 請問其目. 子曰, 非禮勿視, 非禮勿聽, 非禮勿言, 非禮勿動. 顏淵曰, 回雖不敏, 請事斯語矣.

顏淵仁を問う。子曰く、己れに克って礼を復するを仁と為す。一日も己に克って礼を復するときは、天下仁に帰す。仁を為るは己れに由れり。而も人に由らんや。顏淵曰く、その目を請い問う。子曰く、礼に非ざれば視ること勿れ。礼に非ざれば聴くこと勿れ。礼に非ざれば言うこと勿れ。礼に非ざれば動くこと勿れ。顏淵曰く、回、不敏と雖も、請うこの語を事とせん。

안연이 인을 물었다. 공자께서 말씀하시길, 자기를 이겨서 예를 반복하는 것을 인이라 한다. 어느 날에 자기를 이기고 예를 반복하면 천하가 인으로 돌아간다. 인을 실천하는 것은 자기에게 말미암는 것이지 남에게 비롯하겠는가? 안연이 말하길, 그 조목을 청해 묻습니다. 공자께서 말씀하시길, 예가 아니면 보지 말라. 예가 아니면 듣지 말라. 예가 아니면 말하지 말라. 예가 아니면 행동하지 말라. 안연이 말하길, 회가 비록 불민하나, 아무쪼록 이 말씀을 잘 실천하고자 합니다.

***

제 18강 예에 대하여

이것은 진사이의 읽기에 따른 것이다.[8] 대부분은 주자가 이해한 '극기복례'에 따라 앞부분을 다음과 같이 읽는다.

> 자기를 이겨 예로 돌아가는 것을 인으로 삼는다. 하루라도 자기를 이기고 예로 돌아가면 천하가 인으로 돌아간다. 인을 행하는 것은 자기에게 비롯하지, 남에게 비롯하겠는가?

이 '극기복례'장에 대해서는 본서 제7강 「인을 묻다」에서 상세하게 설명하였다. 그러나 다시 한번 이 장에서 '예'를 둘러싸고 생각해 볼 의미가 있을 것이다.

이 장에 대한 세상의 해석을 거의 결정지은 주자의 이해를 살펴보자.

〖주자〗

> 인仁은 본심의 온전한 덕이다. 극克은 이기는 것이다. 기己는 자신의 사욕을 말한다. 복復은 돌아가는 것이다. 예는 천리天理의 절문節文이다. 인을 행하는 것은 그 마음의 덕을 온전히 하는 것이다. 생각건대, 마음의 온전한 덕은 천리 아님이 없으나 인욕에 의해 파괴된다. 그러므로 인을 행하는 자가 반드시 사욕을 이겨 예로 돌아가게 되면 행하는 일이 모두 천리여서 본심의 덕도 내 마음에 온전한 것이 된다.

---

8) 본서 제7강[p.157] 7.1과 7.2에도 같은 장이 실렸는데 훈독에 차이가 있다. 본문에서 주자의 읽기라고 한 부분의 훈독문은 7.1의 훈독문과 같으므로 번역문만 싣는다. 아울러 여기서는 훈독문의 직역보다는 진사이의 뜻을 살려 번역하였다.

'극기복례'의 해석을 통해 주자의 천리에 근거한 윤리학의 핵심이 남김없이 설명되고 있다. 인을 행하는 것은 마음공부로서는 사욕을 이겨내고 인을 온전한 덕으로 한 본심(천리)으로 돌아가는 것이다. 동시에 그것은 외부의 행위적 세계에서는 천리의 절문으로서 사회질서를 실현하는 것이기도 하다.

'예로 돌아간다'라는 것은 마음의 본래성으로 돌아가는 일이 동시에 사회 본래의 윤리질서로 되돌아가는 것이라는 듯 본래주의적 윤리학의 입장에서 읽은 것이자 해석이다. '본래주의'란 마음의 실제는 사욕으로 뒤덮여 사회 또한 비공공적 사성私性에 의해 어지러워졌으니 그런 것들을 제거하고 그 본래성(천리)으로 돌아감으로써 윤리를 실현시키자는 입장이다. 주자의 주석은 이런 본래주의적 윤리학의 입장에서 나온 완전한 해석이다. 그러나 이 해석을 관철하는 것은 '천리'라는 우주론적인 이법理法이다. 주자의 해석은 그런 논리로 세계지배도 가능한 듯한 성격을 띤다. 예 역시 '천리의 절문' 즉, 천리로 일관된 국가사회의 질서체계—우주적 질서에 상즉相即한—로서 파악된다. 한나라 대에 국교화된 유교는 송대에 이르러 천하 제국의 윤리학으로서 주자학을 탄생시켰다고 할 수 있다. 이렇게 해서 예는 천하적 윤리학의 핵심 개념이 되었다. 예란 천리로서의 천하적 질서이다.

그러나 '극기복례'란 주자가 이해하듯이 천리의 본연으로 돌아간다는 본래주의적인 의미를 지닌 말일까?

〖가나야〗 가나야金谷는 "극기란 약신約身이다"라고 한 고주에

따라 "자기를 단속하여 예로 돌아간다"라로 읽어서 "(안으로는) 내 몸을 삼가고 (밖으로는) 예(의 규범)로 되돌아간다"라는 뜻이라고 하였다. 이 역시 주자학적 해석을 상대화한 해석일 것이다. 다만 나는 '극기복례'를 역시 사私의 일기성一己性과 사회의 공동성 사이에서 말하는 것으로 풀이하고 싶다. 예를 인간의 공동성·사회성에 상관되는 행위규범으로 생각하면 공자는 안연에게 '사의 일기적 입장을 넘어 다른 사람과 함께하는 예로 돌아가는 것이 인이다'라고 한 말로 이해된다.

"하루라도 나를 이기고 예로 돌아가면 천하가 인으로 돌아간다"라는 말은 천하의 위정자·군주를 전제로 하지 않고는 이해하기 어렵다. 치세의 장에 뜻을 둔 안회에게 공자가 준 답으로 풀이되지만, 그 이하의 문장을 포함하여 국가유교적인 입장에서 후세에 윤색된 것으로 보인다.

〖진사이〗 마지막으로 진사이의 해석을 들어두자.

> 극克은 이기는 것이다. 기己는 남과 대응하여 말하는 것이다. 복復이란 반복하는 것이다. 나를 이긴다는 것은 자기를 버리고 남을 따른다는 의미이다. 자기를 내세우지 않는 것을 말한다. 나를 이기면 널리 사람들을 사랑하게 된다. 예를 반복해서 실천하면 행동이 반듯해진다. 그러므로 널리 사람을 사랑하고 행동이 충분히 반듯해질 때 인이 여기서 행해진다는 말이다.

18.5 선진 제1장

子曰, 先進於禮樂, 野人也. 後進於禮樂, 君子也. 如用之, 則吾從先進.

子曰く、先進の礼楽に於けるや、野人なり。後進の礼楽に於けるや、君子なり。如しこれを用いば、則ち吾れは先進に從わん。

공자께서 말씀하시길, 선진이 예악에서는 야인이다. 후진이 예악에서는 군자이다. 만약 이것을 쓴다면 즉 나는 선진을 따르겠다.

* * *

선진과 후진은 선배와 후배와 같은 말이다. 다만 여기서 선진은 주나라 초기의 선인들을 뜻하며 후진은 주나라 말기 공자와 동시대를 산 사람들을 뜻한다. 야인이란 시골풍의 질박한 사람이며 그에 대응하는 군자는 도시풍의 교양있는 사람을 가리킨다. 공자는 시대와 사람을 고금으로 대비하면서 예악을 말하고 있다.

> 주나라 초기 선인들의 예악은 야인의 예악과 같다. 지금 세상의 예악은 훌륭한 군자의 예악이다. 나에게 어느 쪽의 예악을 쓰겠냐고 하면 주나라 초기 선인들의 예악을 따를 것이다.

야인과 군자의 예악을 대부분 질박함質과 화려함文의 대비로 파악하고 나아가 내면의 성실함과 외형의 위식僞飾의 대비

제18강 예에 대하여

를 읽어낸다. 이것은 후세의 전형적인 내외·허실·문질과 같은 이항대립적인 개념으로 구성된 해석의 언설이다.

〖시부사와〗 시부사와 에이이치가 이런 입장을 총괄하듯이 설명하였다.

> 야인이나 군자 모두 예악의 중도中道에 있지 않다. 그러나 예악은 원래 옥백종고玉帛鐘鼓[9]의 말단에 있는 것이 아니며 그 근원은 인심의 충신에 있다. 문식은 부수적인 것에 지나지 않는다. 그런데도 공연히 형식으로 치달려서 근본을 잃어버렸기 때문에, 만약 자신이 예악을 사용하는 지위에 오르게 되면 오히려 질박함이 강한 야인을 닮은 선진의 예악을 사용하고, 문식이 지나친 후진의 예악 이른바 군자의 예악을 취하지 않을 것이라고 말씀하셨다. 질박함이 문식보다 나은 이유는 예의 근본을 간직하고 있다해도 문식이 지나치면 끄트머리로 치달려 그 근본을 잃어버리기 때문이다.

이것은 내면의 성실과 질실質實을 중시하는 후세적인 인간관에서 나오는 언설이다. 공자는 이런 인간관에서 말하는 것이 아니다. 공자는 예악에 대한 물음을 "나는 오히려 야인의 예악을 따르겠다"라고 반어적으로 말하는 것이리라. 소라이는 공자의 이 말이 "예는 그 사치스럽기보다는 차라리 검소하게 하라"와 마찬가지로 생각해야 한다고 하였는데, 나는 여기서는

---

9) 『논어』「양화」제11장에 "子曰, 禮云禮云, 玉帛云乎哉. 樂云樂云, 鐘鼓云乎哉"라고 나온다. 고주에 옥은 규장(圭璋), 백은 속백(束帛)이라 하였다. 왕과 제후 사이에 예물로 사용된다. 종고는 종과 북을 가리킨다.

소라이의 견해를 따르겠다.

18.6 요왈 최종장

子曰, 不知命, 無以爲君子也. 不知禮, 無以立也. 不知言, 無以知人也.

子曰く、命を知らざれば、以て君子と為ること無きなり。礼を知らざれば、以て立つこと無きなり。言を知らざれば、以て人を知ること無きなり。

공자께서 말씀하시길, 명을 알지 못하면 군자가 되는 일은 없다. 예를 알지 못하면 서는 일은 없다. 말을 알지 못하면 사람을 아는 일은 없다.

* * *

예에 대한 공자의 이해에서 보았을 때, 요왈편 마지막 장의 "예를 모르면 설 수 없다"라는 구절은 어떻게 풀이해야 할까? 요왈편 자체가 한나라 때 『논어』를 편찬하는 최종단계에서 더해진 것으로 간주되며 편의 구성도 겨우 3장(주자에 따름)으로 되어있다. 후세에 구성된 것으로 의심되는 편이지만 이 최종장은 『논어』를 매듭짓는 데 어울리는 것으로 여겨진다. 이것을 직역하듯이 현대어로 풀이하면 이렇게 될 것이다.

> 공자께서 말씀하셨다. 천명을 알지 못하면 군자가 될 수 없다. 예를 알지 못하면 세상에 설 수 없다. 그 말을 알지 못하면 그 사람이 어떠한지 알 수 없다.

제 18 강 예에 대하여

그러나 이렇게 현대어로 해석했다고 해서 이로써 공자가 한 말의 의미가 분명해진 것은 아니다. 천명을 아는 것, 예를 아는 것, 말을 아는 것이 각각 무슨 의미인지를 물어야만 공자가 한 말의 뜻이 분명해질 것이다. 공자의 말은 우리가 그런 질문을 던질 때 중요한 실마리를 제공한다. 지금 나의 존재가 하늘이 부여한 필연성임을 자각하는 것이 어째서 내가 군자의 품격을 갖추는 데 중요한 조건인지, 스스로 묻는 것이다. 사람이 세상에 나아가 출세하기 위해서는 예를 모르면 안 된다고 공자는 말한다. 사람이 성인成人으로서 자립한다는 것이 무엇인지를 사회규범과의 관계에서 묻는 것이다. 또 공자는 그 사람이 믿을 만한 사람인지 아닌지는 그 사람의 말을 알아야만 한다는 것이다. 말이란 원래 사람의 실질을 드러내는 것이었다. 믿음이란 그 말을 신용할 수 있는 것이다. 사람을 안다는 것은 그 말이 실한 것인가를 아는 것이다. 인간세계에서 가장 중요한 이야기를 공자는 마지막에 와서 우리에게 말해준 것이 아닐까?

제 IV 부

제자들의 『논어』

제 19강

증자 · 자하 · 자공

『논어』의 주요 장은 공자가 제자들과 주고받은 문답 기록으로 이루어졌다. 그러나 그뿐만은 아니다. 『논어』에는 제자가 주된 화자인 장도 상당하다. 학이 제2장은 유자有若의 말이며, 제4장은 증자曾參의 말이다. 더욱이 『논어』속 공자의 말과 가르침도 그것을 기억하고 후세에 전한 것은 공문의 제자들이다. 그렇다면 그 성립의 배후에는 공자로부터 제자들에게 또 그 제자들에게 전해진 시간적 경과가 존재한다. 그뿐 아니라 『논어』의 성립 주체가 제자들이라는 사실은 우리에게 『논어』를 읽는 새로운 시점을 생각하게 한다. 『논어』의 해석자는 보통 공자의 처지에 눈높이를 두고, 말하자면 공자의 편에서 읽는다. 공자가 무엇을 설파하고 어떻게 제자들을 가르쳤는가라는 시점에서 읽는 것이다. 그러나 『논어』의 성립 주체를 생각하면 『논어』를 제자들의 편에서 읽은 시점도 가능하다.

어쩌면 공자의 언설이 지닌 의미는 그렇게 읽어야 한층 분명해지지 않을까? 나는 처음에는 『논어』에서 공자의 제자들을 찾고자 하였다. 그러나 제자들의 시점에서 바라보아야 비로소 분명해지는 『논어』의 측면과 공자의 모습이 존재함을 곧 알게 되었다. 본서의 제4부 「제자들의 『논어』」는 결코 마지막에 와서 덧붙이는 장이 아니다. 『논어』의 새로운 읽기를 끌어내기 위한 첫 장이다.

19.1 태백 제5장

曾子曰, 以能問於不能, 以多問於寡, 有若無, 實若虛, 犯而不校. 昔者吾友, 嘗從事於斯矣.

曾子曰く、能を以て不能に問い、多きを以て寡^{すくな}きに問い、有れども無きがごとく、実^みつれども虚^{むな}しきがごとくし、犯されども校せず。昔は吾が友、嘗てここに従事せり。

증자가 말하기를, 능하면서 불능한 이에게 묻고, 많으면서 적은 이에게 물으며, 있어도 없는 것처럼, 꽉 차 있어도 텅 빈 것처럼, 당하여도 대갚음하지 않는다. 옛날에 나의 벗이 일찍이 이 일에 종사했었다.

* * *

증자曾子는 이름은 삼參이고 자는 자여子輿이며 노나라 사람으로 공자보다 46세 아래이다. 공문의 계보에서 중요한 의미를 담당한다. 증자에 대해서는 3강과 11강에서 학이 제4장[p.235]의 삼성장三省章과 이인 제15장[p.82]의 일이관지장一以貫之章에서 이미 설명하였다.

〖시부사와〗 시부사와의 번역을 보자.

> 자신이 이미 재능이 있으면서도 스스로 충분하다고 하지 않고, 질문하기를 좋아하여 재능이 없는 사람에게까지 물으며, 지식을 많이 갖추었으면서도 스스로 충분하다고 하지 않고, 견문이 좁은 사람에게까지 물으며, 자기에게

제19강 증자·자하·자공

> 지능이 있으면서도 없는 듯이 생각하고, 재예才藝가 충만하면서도 비어있는 듯이 생각하며, 나아가 보다 많이 얻고자 널리 쌓고자 하는 데 뜻을 두고, 또 도량을 크게 하여 남이 좀 잘못을 저질러 무례하게 구는 일이 있어도, 억지로 이에 대항하지 않으며, 점점 더 공부하여 자기 수양을 완전히 하려고 한다. 이런 사람이 옛날에 나의 벗 중에 있었는데 오로지 이 일에 종사하였다.

'나의 벗'은 고주에서는 안회顔回를 가리킨다고 하였다. 안자는 증자보다 16세 연상이라고 한다. 연장자인 안자를 '나의 벗'이라고 부를 수 있는가? 하여튼 증자는 회고적으로 공문의 학풍을 말하면서 후진들에게 가르치려 하고 있다. 공문의 학풍을 재차 이야기할 때는 교훈적 이상화의 형태를 취하게 된다. 이 이상화는 허구와 종이 한 장 차이다. '능하면서 능하지 않은 이에게 묻고 학식이 많으면서 그렇지 않은 이에게 물으며 꽉 차 있으면서도 빈 것처럼' 하는 것은 어떻게 보면 일부러 꾸민 듯하다. 많이 알면서 아는 것이 적은 이에게 묻는 것은 아무래도 이상하다. 단적으로 이것은 위선이다. 공자는 이런 위선을 가장 싫어했으리라 생각한다.

『논어』의 공자의 말을 가슴에 새겨 잊지 않고 지키는 것拳拳服膺[1])이 가짜 군자를 만들기도 함을 생각해야 한다. 증자가 위선적인 군자라는 말이 아니다. 그는 증자삼성曾子三省에서

---

1) 『예기정의』 권52 「중용」 제5장에 나온다. 고주에 따르면 '권권'은 정성스레 받들어 간직하는 모습[奉持之貌]을 뜻하고 '응'은 가슴을 이르는 말로[膺謂胸膺], 항상 마음에 새겨 잠시도 잊지 않는다는 뜻이다.

보듯이 성실하고 반성하는 힘이 강한 실천자였다. 그러나 그가 후진들에게 공자의 가르침을 전하려 할 때 그 말은 규범적인 슬로건처럼 추상적인 것이 되었다.

19.2 태백 제7장

曾子曰, 士不可以不弘毅. 任重而道遠. 仁以爲己任. 不亦重乎. 死而後已. 不亦遠乎.

曾子曰く、士は以て弘毅ならざるべからず。任重くして道遠し。仁以て己れが任と為す、また重からずや。死して後已む、また遠からずや。

증자가 말하기를, 선비는 홍의하지 않으면 안 된다. 임무는 무겁고 길은 멀다. 인으로써 자신의 임무로 삼으니 또한 무겁지 아니한가? 죽고 난 후에야 멈추니 또한 멀지 아니한가?

* * *

〖주자〗

> 홍은 너그럽고 넓은 것이다. 의는 강하고 참는 것이다. 넓은 마음이 아니면 무거운 임무를 감당하지 못한다. 굳센 의지가 아니면 먼 곳에 이를 수 없다. 인은 사람 마음의 온전한 덕으로 반드시 몸으로 체득하여 힘써 행하고자 하니 무겁다고 할 만하다. 숨이 남아있는 한 조금도 게으름피우는 것을 용납하지 않으니 멀다고 할 만하다.

〖소라이〗 소라이는 선비란 배워서 되는 것이므로 증자의 이

제 19 강 증자·자하·자공

말은 선비가 되고자 배우는 사람에게 하는 말이라고 하였다. 홍이란 규모가 크고 원대함規模宏遠을 말하고 의는 용맹스러운 것으로 강하고 힘이 있는 것이라 설명하였다.

> 인으로 천하를 편안하게 하니 막중한 임무라 할 수 있다. 그러므로 규모가 크고 원대한 사람이 아니면 능히 할 수 없다. 중대한 임무를 맡아 원대함을 이루어 죽고 난 뒤에야 그친다는 말은 또한 죽지 않고서는 막중한 임무를 버릴 수 없다는 뜻이다.

〖모로하시〗 모로하시의 번역을 보자.

> 증자가 말했다. 사대부로서 세상에 서고자 하는 선비는 도량이 넓고 의지가 강고하지 않으면 안 된다. 왜냐하면 대장부의 일생은 예를 들면 무거운 짐을 등에 지고 먼 길을 가는 것과 같기 때문이다. 선비는 최고의 도덕인 인의 실현을 자신의 임무로 삼는다. 그 임무가 정말로 무겁지 않겠는가? 또 죽을 때까지 숨이 붙어 있는 한, 임무 수행에 종사해야 한다. 그 걷는 길이 정말로 멀지 않겠는가?

공문의 젊은 후계자 증자는 일찍부터 공자의 인이라는 가르침을 평생토록 짊어지고 가야 할 과제로 자각했을 것이다. 죽어서야 끝난다는 결의로 그 무거운 과제를 지고 있다. 공자의 인의 가르침은 죽음과 함께 무겁디무거운 과제로서 그것을 지고 가는 자의 굳은 결의로써 계승되는 것이다. 이 장에서는 무거운 과제를 짊어지게 된 자의 고된 결의와 함께 비명에 가까운 목소리가 들린다. 증자가 '임무는 무겁고 길은 멀다', '죽고 난 후에야 멈추니'라고 말한 이래 2천 년에 걸친 역사 속에서 무거운 과제를 떠안고 증자와 같은 말을 되풀이한 인사는 얼마나 많았을까? 국사國士란 자기 마음대로 국가라는 무거운 과제를 '죽고 나서야 멈춘다'는 결의와 함께 짊어진 사람들을 말한다. 메이지 유신은 국사를 낳았고 그런 국사들이 쇼와의 유신[2]으로서 메이지 유신을 재생시킨 것이다.

도쿠가와의 가신이었던 시부사와는 증자의 말을 깊이 새기면서 도쿠가와 이에야스德川家康(1542~1616)를 상기하였다. "사람의 일생은 무거운 짐을 지고 먼길을 걷는 것과 같다"라는 동조공어유훈東照公御遺訓[3]을 인용하면서 수 항목에 걸쳐 이에야스가 이룩한 고난의 천하통일 과정을 회상하였다. 유가라면 증자가 짊어졌던 무거운 과제를 자신들도 져야 하듯이 도쿠가와의 가신이라면 이에야스가 짊어진 무거운 과제를 자신들도 계승해야 한다. 이에야스의 유훈은 메이지까지도 회자되면서 전해진 것이다.

---

2) '쇼와 유신'은 메이지 유신을 모범으로 삼아 '일군만민'적 천황중심의 정치체제 수립을 꿈꾸며 '혁신'을 부르짖은 우익세력이 사용한 용어이다. 쇼와 유신 발생의 사회적 배경과 과정에 대해서는 한상일『쇼와유신』까치, 2018, 참고.

3) 동조공은 도쿠가와 이에야스를 가리킨다.「동조공어유훈」은 이에야스가 쇼군 퇴임 시에 쓴 것으로 일컫지만 후세의 창작이라는 설도 있다. 한편 2021년도에 방영된 시부사와 에이이치의 생을 그린 NHK 대하드라마 '청천을 찔러라[青天を衝け]'에서는 에도 막부 마지막 쇼군인 도쿠가와 요시노부(德川慶喜, 1837~1913)와 시부사와가 이 유훈을 읊는 장면이 나온다.

19.3 선진 제16장

子貢問, 師與商也孰賢. 子曰, 師也過. 商也不及. 曰, 然則師愈與. 子曰, 過猶不及.

子貢問う、師と商とは孰れか賢れる。子曰く、師や過ぎたり。商や及ばず。曰く、然らば則ち師は愈れるか。子曰く、過ぎたるは猶及ばざるがごとし。

자공이 여쭈기를, 사와 상은 누가 더 낫습니까? 공자께서 말씀하시길, 사는 지나치다. 상은 미치지 못한다. 말하기를, 그렇다면 즉 사가 낫습니까? 공자께서 말씀하시길, 지나침은 미치지 못함과 같다.

* * *

자하子夏의 성은 복卜, 이름은 상商이고 자하는 자이다. 위衛나라 사람으로 공자보다 44세 아래다.

사는 자장子張의 이름이다. 공자보다 48세 아래다. 자하(상)와 거의 동년배이기도 해서 둘은 항상 비교되었을 것이다. 두 사람보다 13세 이상 나이가 많은 자공이 공자에게 둘에 대한 평가를 물은 것이다. 공자는 자장에 대해 지나치다고 하였고, 자하는 못 미친다고 평하였다. 그러나 지나치다고 평가받은 자장이 뛰어난 것은 아니다. 공자는 지나친 것이나 미치지 못한 것이나 마찬가지라고 하였다. 지나침과 미치지 못함이란 무엇인가?

〖주자〗 주자의 해석을 보자.

> 자장은 재주가 높고 뜻이 넓었으나 구차하게 어려운 일 하기를 좋아하였다. 그래서 항상 중도^{中道}에 지나쳤다. 자하는 독실하게 믿고 삼가 지켰으나 규모가 협소하여 항상 미치지 못했다.

주자는 이렇게 두 사람을 평가하였다. 자장은 천재적인 기질이 있어 좀 지나친 면이 있었을 것이다. 한편 자하는 독실하고 좀 소극적이었을 것이다. 두 사람을 대비한 다음에 공자가 "지나침은 미치지 못함과 같다"라고 한 것은 오히려 '지나친' 자장을 향한 경고로 봐야 할 것이다. 주자처럼 중용이 좋다 하여 양자에게 경고한 것이 아니다. 공자의 관용적인 눈길은 자하를 바라보고 있다. 공자가 자신을 일깨우는 이로 더불어 시를 이야기할 수 있겠다(팔일 제8장)고 상찬한 것은 자하였다.

19.4 자장 제6장

子夏曰, 博學而篤志, 切問而近思. 仁在其中矣.
子夏曰く、博く学びて篤く志し、切に問いて近く思う。仁その中に在り。

자하가 말하기를, 널리 배우고 독실하게 뜻을 두고, 절실하게 묻고 가깝게 생각한다. 인이 그 안에 있다.

* * *

『논어』에 실린 자하의 말을 보면 공문의 가르침이 정점에 달했다고 여겨진다. 학이 제7장 "자하가 말하기를, 여색을 쫓는 마음가짐으로 어진 이를 받들어 모시고 부모를 섬기되 그 힘을 다하며 군주를 섬기되 그 몸을 바치며 벗과 더불어 사귐에 말에 믿음이 있으면 비록 배우지 못하였다고 말하더라도 나는 반드시 그를 배웠다고 말하겠다"[4]라는 문장은 그런 자하의 말을 대표한다. 그러나 그중에서도 역시 기억해야 할 것은 제6장의 말이다.

널리 배우는博學 것. 배움이 자기 자신을 뛰어넘어 선인과

---

4) 「학이」 제7장에 "子夏曰, 賢賢易色, 事父母能竭其力, 事君能致其身, 與朋友交, 言而有信, 雖曰未學, 吾必謂之學矣"라고 나온다. 賢賢易色의 해석은 다양하게 나뉜다. 공안국의 주에서 청대까지 이어지는 고주(古注) 계열 해석이 주류를 이룬다. 보통은 易를 바꾼다는 뜻으로 읽지만, 청대 왕념손(王念孫)은 如로 보고 '~와 같이'로 해석하기도 하고, 당대 안사고(顔師古)는 '가벼이 여기다'로 보기도 하였다. 본문에서는 고주를 따라 바꾼다는 뜻의 '가에루'로 훈독하였다. 참고로, 미야자키 이치사다는 도마뱀이란 뜻의 '도카게'로 훈독하였다. 상황에 따라 색을 잘 바꾸기 때문이다(賢賢たるかな易とかげの色や).

타자의 경험(견문)에서 배우는 것이라고 한다면 배움이란 애당초 널리 배운다는 뜻이 있다. 좁게 배우는 것은 배움이 아니다. 그것은 천착하는 것, 집요하게 파고드는 것으로 배움에 반대되는 것이다. 널리 배움은 학문에 대한 독실한 뜻으로 일관해야 한다. 박학이 그저 박식만을 가져다줄지 아니면 배우는 자신의 삶과 사상을 충실하고 두텁게 할지는 이 뜻의 유무에 달려 있다. 뜻을 독실하게 하는 것은 절실하게 묻는 것이다. 배워서 무엇을 얻을 수 있을까? 그것은 배우는 이에게 절실한 물음이 있는지에 달려 있다. 물음이 없는 배움은 공소空疏하다.

물음은 어디에서 생기는가? 물음은 일에 대해 자기 자신과 가깝게 생각하는 데서 비롯한다. 예를 들어보자. 평온한 일요일 한낮에 보행자 천국인 아키하바라秋葉原를 뒤흔든 무차별 살상사건[5]을 자기와 가깝게 생각한다면 분명 절실한 물음이 떠오를 것이다. 그것은 재발 위험성을 생각하는 것이 아니다. 그것은 내가 여기서 『논어』를 강의하는 의미와도 연관된다. 이렇게 생각하다 보면 자하가 "인이 그 안에 있다"라고 한 의미도 저절로 수긍하게 될 것이다. 공자 문하에게 배움이란 단순히

---

[5] 2008년 6월 8일 도쿄의 서브컬쳐 중심지로 유명한 아키하바라 대로에서 발생한 살상사건으로, 범인은 2톤 트럭을 몰고 행인 5명을 친 후 내려서 경찰을 비롯한 행인 17명을 칼로 찔렀다. 이 사건으로 7인이 숨지고 10인이 중경상을 입었다. 범인은 2015년 사형이 확정되어 2022년 집행되었다. 일요일에는 차량통행이 금지된 보행자 구역이라 피해가 컸다. 유래 없는 대규모 살상사건에 일본 사회는 큰 충격에 빠졌다. 당시 26세였던 범인의 범죄 동기를 둘러싸고 갑론을박이 이어졌으며 본 사건을 소재로 한 영화들도 제작되었다. 본문의 사건 언급과 관련하여 저자는 이 사건이 일본 사회에 '왜?'라는 무거운 물음을 던졌다고 강조하였다.

제19강 증자·자하·자공

지식을 구하는 것이 아니라 삶 자체가 바로 배움이었기 때문에. 이러한 학문이 상실된 데서 어째서 인이 그 안에 있는 것인지 묻게 된다.

〖주자〗 주자는 이렇게 말했다.

> 이 네 가지는 모두 배우고 묻고 생각하고 분변하는 學問思辨의 일이니, 힘써 행하여 인을 하는 데는 미치지 못한다. 그러나 이에 종사하면 즉 마음이 밖으로 달리지 않아 보존하는 것이 저절로 익숙해진다. 그러므로 인이 그 안에 있다고 하였다.

박학博學·독지篤志·절문切問·근사近思 네 가지를 학문사변의 일로 삼아 종사하는 학자의 성숙한 심성에서 인을 보려는 것이다.

〖요시다〗 주자의 해석을 계승하여 현대의 전문학자 요시다 겐코吉田賢抗(1900~1995)는 이렇게 풀이하였다.

> 박학·독지·절문·근사 네 가지를 마음가짐으로 삼으면 그것이 곧바로 인이라고는 할 수 없지만, 그 가운데 저절로 인을 체득하는 요소가 갖추어져 있다.

학문과 그것을 전업으로 하는 학자의 성립은 배움과 인의 역행力行을 별개로 생각하는 것이다. 옛날의 학자란 도를 배우는 사람이었으며 도를 배우는 것과 도를 행하는 것이 구별되지 않았다. 전업 유학자의 성립은 이를 둘로 나누었다. 그러나 학문이 학자의 전업이 되는 것은 사실은 배움에 있어 독지도 절문도 근사도 잃어버리는 것을 뜻한다. 시대와 함께 그 상실이 한층 심해졌다. 학문은 혼은 상실해 간다. 그것이 현대의 학문이다. 거기에는 가공架空의 만들어진 물음밖에 없다.

19.5 자장 제5장

子夏曰, 日知其所亡, 月無忘其所能, 可謂好學也已矣.

子夏曰く、日にその亡き所を知り、月にその能くする所を忘るること無きは、学を好むと謂うべきのみ。

자하가 말하기를, 날마다 그 없는 바를 알고, 달마다 그 능한 바를 잊지 않으면, 배움을 좋아한다고 말할 수 있다

* * *

날과 달이라고 따로 말하는 것은 호문互文[6]의 형태로 "나날이 다달이 그 없는 바를 알고 나날이 다달이 능한 바를 잊지 않는다는 뜻"(모로하시)이다. 또 청나라 고염무顧炎武(1613~1682)의 명저인 『일지록日知錄』이란 제목의 출처이기도 하다.

〖진사이〗

> 천하의 아름다움은 배움을 아는 것보다 큰 것이 없으며
> 천하의 선함은 학문을 좋아하는 것보다 큰 것이 없다. 그

---

6) 호문은 고대 시가나 산문에서 많이 사용되는 수사법으로 같은 뜻을 가진 다른 글자를 대(對)하여 사용해서 같은 글자의 중복을 피하면서도 상호 보완하여 문장의 뜻을 완전히 하는 표현법이다.

렇지만 총명함과 재기 있는 변설^{聰明才辯}은 여기에 들지 않는다. 사람으로서 배움을 알지 못하면 군주가 될 수 없고 신하가 될 수 없으며 아비가 될 수 없고 자식이 될 수 없다. 부부·형제·붕우의 인륜까지 모두 그 제자리를 얻을 수 없다. 그러므로 성인은 배움을 좋아하는 것^{好學}으로써 그 사람됨의 칭찬으로 삼았다. 그래서 안자^{顏子}에 대하여 그 똑똑함^{穎悟}을 칭찬하지 않고 배움을 좋아한다고 칭찬한 데서, 배움을 좋아하는 선함^{好學之善}은 천하에 그 이상 더할 것이 없다는 것을 알 수 있다.

더이상 덧붙일 필요가 없는 최상의 언급이다. 아울러 앞에서 든 장과 함께 이 장도 『후한서』에서는 공자의 말이라고 하였다. 분명 두 장 모두 공자가 가르치는 배움의 정신을 잘 전하는 장이다.

19.6 학이 제10장

子禽問於子貢曰, 夫子至於是邦也, 必聞其政. 求之與, 抑與之與. 子貢曰, 夫子溫良恭儉讓以得之. 夫子之求之也, 其諸異乎人之求之與.

子禽、子貢に問いて曰く、夫子のこの邦に至るや、必ずその政を聞く。これを求めたるか、抑^{そもそ}もこれを与えたるか。子貢曰く、夫子は温良恭倹譲、以てこれを得たり。夫子のこれを求むるや、それこれ人のこれを求むるに異なるか。

자금이 자공에게 물어 말하기를, 부자께서는 이 나라에 이르면 반드시 그 정치를 들으셨다. 이것을 구한 것인가? 아니면 이것을 허락하신 것인가? 자공이 이르기를, 부자께서는 온·량·공·검·양하여 이로써 이것을 얻으셨다. 부자께서 이것을 구하는 것은 다른 사람이 이것을 구하는 것과 다르지 않겠는가?

***

자공子貢은 성은 단목端木이고 이름은 사賜로 위衛나라 사람이며 공자보다 31세 아래다. 총명하고 언변이 뛰어난 재자才子로 알려졌다. 노나라와 위나라에서 벼슬을 하였으며 외교에 성공하였고 이재理財의 이치에 밝았다.

  자금은 공자보다 40세 아래이며 자공의 사제師弟이자 제자이기도 했다. 공자는 정치에 참여하기 위하여 여러 나라를 찾아다녔다. 일찍부터 그런 공자를 따랐던 사형 자공에게 자금은

제19강 증자·자하·자공

공자의 정치참여 방식을 물었던 것이다. 정치에 대한 뜻을 품고 그 뜻을 이룰 수 있는 장을 찾아 여러 나라를 방문하면서 종종 좌절하고 절망하는 공자와 도를 구하고 인을 주장하며 군자가 되어야 한다고 제자들에게 말하는 공자 사이에 메워야 하는 간극이 있음을 이미 제자들은 알고 있었는지도 모른다. 자금의 질문은 공자의 정치관여에 대한 의구심이 담겨있다. 자공의 답변은 정치와 위정자에 대한 공자의 관여를 공자의 유덕성을 특징으로 파악하여 자금의 질문에 담긴 의심을 해소하려고 하는 것이다.

> [번역] 자금이 자공에게 물었다. "선생님은 그 나라에 가시면 반드시 그 나라의 정치에 관여하셨는데 그것은 스스로 벼슬을 구하신 것입니까? 아니면 저쪽에서 그런 기회를 준 것입니까?" 자공은 그에 답하였다. "선생님은 온화하시고 곧으시고 공손하시고 절제하시며 겸손하시기에 그 덕 때문에 정치에 관여할 수 있었던 것입니다. 선생님이 정치관여를 구하는 방식은 다른 사람들과는 역시 다르다고 할 것입니다."

〖주자〗

> 온溫은 온화하고 후함和厚이다. 양良은 평탄하고 곧음易直이다. 공恭은 장엄하고 공경함莊敬이다. 검儉은 절제節制이다. 양讓은 겸손謙遜이다. 이 다섯 가지는 부자의 크고 훌륭한 덕이 빛나서 다른 사람을 접할 때 항상 이 덕을 가지고 대하셨다는 것이다. 말하는 바는, 공자가 일찍이 스스로 구하지 않았으나 그 덕용德容이 이와 같

아서 당시의 군주가 부자를 공경하고 믿어 스스로 정사를 물었을 뿐, 부자가 스스로 먼저 이를 구하여 벼슬을 얻는 일은 일찍이 없었다는 것이다. 성인께서 지나가면 교화되고 마음에 간직하면 신묘해지는 過化存神[7] 묘함은 엿보아 측량하기 쉽지 않다. 그러나 이로써 관찰하면 그 덕이 성하고 예가 공손하여 외물을 원하지 않으셨음을 또한 볼 수 있다. 배우는 사람은 마땅히 마음에 두고 깊이 생각하여 힘써 배워야 할 것이다.

〖시부사와〗 공자가 정치관여를 구하는 방식이 다르다고 자공이 말은 했지만, 공자가 적어도 68세가 되기까지 정치에 관여하기 위해 계속 구하였던 사실은 부정할 수 없다. 이렇게 말하는 이는 시부사와이다.

> 자공이 공자를 존경하여 이렇게 말하였지만 공부자가 꼭 구하려는 뜻이 없었다고는 하기 어렵다. 내가 보기에는 공부자가 68세의 노년에 이르기까지 여러 나라를 찾아다니면서 조용하고 편안하게 쉴 겨를이 없었던 것은 어째서겠는가? 여러 나라의 정사에 참여하여 선왕의 문화정치를 행하고 싶어서가 아니겠는가? 그렇다면 끊임없이 구하려는 뜻이 없었다고 할 수 없을 것이다. 어쩌면 이를 구하려는 뜻이 있었는지도 모른다. 이를 구하였다고 해도 안 될 것이 무엇이겠는가? 나의 뜻을 펼쳐 고통과 근심에서 인민을 구하여 왕도를 다시 일으키고자 하였다면 이것을 구하는 뜻도 충忠인 것이다.

---

7) 『맹자』 「진심 상」 제13장의 "夫君子, 所過者化, 所存者神, 上下與天地同流"에서 온 말로 '과존(過存)'이라고도 한다.

젊은 자공은 분명 정치적 관여를 구하는 공자의 모습을 파악하고 있었다.

19.7 자한 제13장

子貢曰, 有美玉於斯. 韞匵而藏諸. 求善賈而沽諸. 子曰, 沽之哉, 沽之哉. 我待賈者也.

子貢曰く、ここに美玉有あり。匵に韞めてこれを蔵せんか。善賈を求めてこれを沽らんか。子曰く、これを沽らんかな、これを沽らんかな。我は賈を待つものなり。

자공이 말하기를, 여기에 아름다운 옥이 있습니다. 궤 속에 넣어 이것을 감춰두시겠습니까? 좋은 상인을 찾아 이것을 파시겠습니까? 공자께서 말씀하시길, 이것을 팔아야지, 이것을 팔아야지. 나는 상인을 기다리는 자이다.

* * *

〖가나야〗 우선 가나야의 번역에 따라 이 장의 대의를 알아보자.

> [번역] 자공이 말했다. "여기에 아름다운 옥이 있다면 상자에 넣어둘까요? 좋은 매수자를 찾아 팔까요?" 선생께서 말씀하셨다. "팔아야지, 팔아야지. 나는 매수자를 기다리고 있다."

가나야는 '선가善賈'를 소라이에 따라 좋은 매수자 즉 아름다운 옥의 질을 잘 판별할 수 있는 매수자로 보았다. 주자는

고賈를 가價로 보고 선가를 고가高價, 좋은 가격이라고 풀이하였다.[8] 양자 모두 공자라는 인물에 대해 충분히 평가할 매수자를 구한다고 한 점에서는 동일하다. 다만 '선가'라는 말은 소라이를 따르고 싶다. 그런데 지금 자공은 아름다운 옥을 그냥 잘 보관하여 간직할지 좋은 매수자를 찾아 팔아야 할지, 라는 질문에 가탁하여 높은 자질과 견식을 갖춘 공자에게 좋은 위정자를 찾아 벼슬을 하고 그 자질을 발휘해야 하지 않은가를 묻는 것이다. 공자는 자공의 질문에 "팔아야지, 팔아야지. 나는 좋은 매수자를 기다리고 있다"라고 대답하였다. 공자는 위정의 장에 서기를 바라는 것이다.

자공과 이런 문답을 주고받은 것은 공자가 노나라에서 벼슬을 한 52세보다 앞선 시기일 것이다. 공자가 50세라 하면 자공은 열아홉이다. 자공이 부자의 '온량공검양溫良恭儉讓'의 덕을 말했던 때보다 십수 년 전의 젊은 날의 모습이 보인다. 현실 세계와 통하고자 하는 강한 관심과 뜻을 공자에게 질문으로 드러내는 것이다. 그리고 거기에 답하는 50세의 공자 역시 "동방의 주나라로 만들 것이다"라는 강한 뜻을 버리지 않았다. 이런 공자의 뜻을 둘러싸고 간과할 수 없는 장이 바로 '공산불요이비반公山弗擾以費畔' 장이다.

공산불요가 비읍을 점거하고 계씨를 배반하였다. 공산불요는 공자를 초빙하였는데 공자는 응하고자 하였으나 자로는

---

[8] 소라이는 이에 대해 형병(邢昺, 932~1010) 이래로 '좋은 가격'이라고 풀이한 것은 잘못이라고 평하였다.

달갑게 여기지 않았다. 이것을 노나라의 정공定公 5년의 일이라고 하면(공안국), 공자 51세 때이다.

19.8 양화 제5장

公山弗擾以費畔. 召. 子欲往. 子路不說, 曰, 末之也已. 何必公山氏之之也. 子曰, 夫召我者, 而豈徒哉. 如有用我者, 吾其爲東周乎.

公山弗擾、費を以て畔く。召く。子往かんと欲す。子路説ばずして、曰く、之くこと末きのみ。何ぞ必ずしも公山氏にこれ之かん。子曰く、それ我を召く者にして、あに徒らならんや。もし我を用うる者あらば、吾はそれ東周を爲なさんか。

공산불요가 비를 가지고 배반하였다. 불렀다. 공자께서 가려고 하셨다. 자로가 기뻐하지 않으며 말하기를, 가는 일이 없어야 합니다. 하필 공산씨에게 가려 하십니까? 공자께서 말씀하시길, 무릇 나를 불러주는 사람이 어찌 공연히 그러겠는가? 만일 나를 써주는 사람이 있다면, 나는 그것을 동쪽의 주나라로 만들 것이다.

* * *

공산씨는 계씨의 가로家老로 계씨의 영지인 비費에서 장관을 지냈다. 공산불요(『춘추좌씨전』에는 불뉴不狃)는 비 땅을 거점으로 하여 계씨를 배반했다. 그 공산씨가 공자를 초빙하자 공자는 그에 응하려 했는데 자로는 "어째서 일개 반란자인 공산씨 같은 자의 부름에 응하십니까?"라며 못마땅하게 여겼다. 그러자 공자는 "나를 부르는 것은 그냥 부르는 것이 아닐 것이다. 만약 나를 특정하여 쓰고자 하는 사람이 있다면 나는 어디라도 그 부름에 응할 것이다. 나는 그곳에서 노나라에 주나라의 성대함을 재흥시키고 싶다"라고 대답하였다.

다만 공산씨의 반란은 정공定公 9년(『사기』) 혹은 11년(『춘추좌씨전』)이라고도 한다. 그렇다면 이미 노나라에서 벼슬을 하여 정공 10년에 취임한 대사구大司寇이기도 했던 공자가 공산씨의 부름에 응하는 것은 생각하기 어렵다. 그래서 이 장이 위작이라는 설도 있다. 모로하시는 『논어』편찬과정에서 전국책사戰國策士의 작위作爲라고 하였다(모로하시 데쓰지, 『논어의 강의』). 후세의 작위라는 의심이 있지만 이런 장이 성립한 것은 어디까지 공자의 "동방의 주나라로 만들 것이다"라는 뜻에 기반한다. 이 뜻이 공자에게는 정치에 관여하는 동기가 되었을 것이다. 이런 공자였기에 "팔아야지, 팔아야지"라고 했던 것이며 자신을 써주는 사람이 있다면 그 나라를 동방의 주나라로 만들겠다는 말이 나온 것이다.

19.9 공야장 제13장

子貢曰, 夫子之文章, 可得而聞也. 夫子之言性與天道, 不可得而聞也.

子貢曰く、夫子の文章は、得て聞くべし。夫子の性と天道とを言うは、得て聞くべからざるなり。

자공이 말하기를, 부자의 문장은 얻어 들을 수 있다. 부자께서 성과 천도를 말씀하시는 것은 얻어 들을 수 없다.

* * *

이것은 『논어』에서 잘 알려진 문구의 하나이자 동시에 해석을 둘러싼 논의가 많은 장이기도 하다. 공자 사상의 특질에 대해 이 장이 결정적이라고 말하기도 한다. 그러나 과연 그런지 의구심이 든다. 첫째로 유가의 교설에서 '인성'이 주제화하는 것은 『맹자』이며 하늘 혹은 천도를 전제로 한 인륜의 교설이 전개되는 것은 『중용』이다. 따라서 공자 이후로 주제화된 이런 문제가 공자에게 언급되는 일은 없다. "부자의 문장은 들을 수 있으나 부자께서 성과 천도를 말씀하시는 것은 들을 수 없다"라는 말은 공자의 입장을 더욱 한정함으로써 한층 선명하게 만들기 위해 후세에 삽입된 언사라고 생각한다. 그러나 제가諸家는 이것을 자공이 실제로 한 말이라 해석하였다.

〖주자〗 우선 주자를 보자. 주자는 '문장'을 "덕이 밖으로 나타나는 것, 위의威儀와 문사文辭"라고 하였다. '성'이란 "사람이 부여받은 천리"이며 '천도'란 "천리자연의 본체"이다. 따라서

'성'과 '천도'란 "그 실상은 한 이치一理"라고 하였다. 이렇게 주자의 성리학으로 '문장'·'성'·'천도'를 해석하고 이 장을 다음과 같이 이해하였다.

> 부자의 문장威儀文辭은 나날이 밖으로 드러나 제자들이 항상 듣는 바이다. 그러나 성과 천도에 이르러서는 부자는 거의 말씀하지 않으셔서 제자들이 들을 수 없었다. 자공은 이 때에야 비로소 얻어들을 수 있었다. 이 말은 그 훌륭함을 감탄한 것이다.

주자의 성리학적인 언어와 체용론적 논리에 의한 대표적인 해석이다. 동시에 여기에는 해석의 자의성이 나타난다. 나카이 리켄中井履軒은 『논어봉원論語逢原』에서 만약에 '문장'이 공자의 '덕용위의德容威儀'라면 그것은 "볼 수 있지만 들을 수는 없다"라고 주자 주석의 오류를 단적으로 지적하였다. 그러함에도 주자의 해석은 오히려 현대 학자들까지도 지배하고 있다. 지배하고 있는 것은 주자 철학의 본체론적 입장이다.

〖요시다〗 일례를 들어보자. 요시다 겐코吉田賢抗는 이 장에 대해 다음과 같이 언급하였다.

> 공자는 형이상학적인 추론을 피하여 직접 언행으로 드러나는 도덕의 중요성을 강조하였다. 그러나 보편적 진리를 무시하지는 않았다. 이 '문장'은 대부분 사람의 덕이 드러난 것이며 국가사회의 질서와 예제인데, 이것이 결국 사람의 본성에 뿌리내린 것임은 "인이 멀리 있는가?

제19강 증자·자하·자공

내가 인을 하고자 하면 곧 인이 이른다"[9]라는 위대한 문구를 읽으면 알 수 있다.

〖진사이〗 진사이는 '문장'이 '예악전적禮樂典籍'을 가리킨다고 보고 이렇게 해석하였다.

> 공자가 사람을 가르칠 때는 예악과 문장이 눈부시게 빛나고 분명히 드러나 누구라도 그 가르침을 듣고 이해할 수 있다. 다만 공자가 말하는 성과 천도는 들어서 이해할 수 없다. 생각건대 성인 공자의 마음은 선함을 좋아하여 독실하게 지향한다. 그러므로 사람의 성이 모두 선을 향해 나아가는 것이며 천도는 반드시 선한 사람을 돕는다는 것을 알기에, 성에 대해서는 "서로 가깝다"라고 하였고 천도에 대해서는 "하늘이 나에게 덕을 주셨다. 환퇴가 나를 어찌하겠는가?"라고 하신 것이다. 그러나 이를 인간사에 나아가 시험할 때는 사람의 본성이 모두 선을 향해 나아가지 못하고 천도가 반드시 선인을 돕는 것은 아니지 않은가 하는 의심이 생긴다. 생각건대 도를 믿고 덕을 좋아하는 것이 지극하지 않으면 이것을 믿을 수 없는 것이다. 이야말로 자공이 "들을 수 없다"라고 말한 까닭이다.

진사이는 주자의 본체론적 진리天理를 말하는 성리학을 부정한다. '성'과 '천도'는 쉽게 가까워질 수 없는 심원한 철리哲理가 아니다. 그러나 그런 진사이도 공자의 '성'과 '천도'에서 사람들이 쉽게는 이해할 수 없는 이념성을 보았다. '사람의

---

9) 『논어』 「술이」 제29장에 "仁遠乎哉. 我欲仁, 斯仁至矣"이라 나온다.

성은 선을 향해 나아간다.' '천도는 선한 사람을 돕는다'라는 이념이다. 이 이념은 도를 믿는 사람이어야만 비로소 이해할 수 있다는 것이다.

 이러한 제가의 해석을 살펴봄으로써 후세의 해석 저편에 있는 자공의 말이 새롭게 발견된다. 그 말은 공자에게 문장은 들을 수는 있어도 공자에게 성과 천도는 들을 수 없다는 상반된 두 개의 테제가 교착하는 가운데 존재하는 공자상을 전해준다. 두 테제의 간극을 메꾸어 가는 것이 후세의 해석일 것이다. '문장'이란 시서예악이라는 문화의 형태 혹은 형태를 가지고 드러난 문화이다. 자공이 말한 공자에게 들을 수 있는 것이란 바로 이 '문장'을 배우고 이야기하는 말이다. 후세의 해석은 이 공자를 머나먼 관념의 저편에 혹은 이념의 높은 곳으로 데려가 버리는 것이 아닐까? 진사이도 마찬가지이다.

제20강

번지 · 자유

20.1 옹야 제22장

樊遲問知. 子曰, 務民之義, 敬鬼神而遠之. 可謂知矣. 問仁. 曰, 仁者先難而後獲. 可謂仁矣.

樊遲、知を問う。子曰く、民の義を務め、鬼神を敬してこれを遠ざく。知と謂うべし。仁を問う。曰く、仁者は難きを先にし、獲るを後にす。仁と謂うべし。

번지가 지를 여쭈었다. 공자께서 말씀하시길, 백성의 의로움을 힘쓰고 귀신을 공경하되 이를 멀리한다. 지라고 말할 수 있다. 인을 여쭈었다. 공자께서 말씀하시길, 어진 이는 어려움을 먼저하고 얻음을 나중으로 한다. 인이라 말할 수 있다.

***

제20강 번지·자유

번지樊遲의 이름은 수須이고 자는 자지自遲이다. 노나라 사람으로 공자보다 36세 아래다.

번지를 질문자로 한 장은 많지 않다. 그러나 번지가 질문자인 몇 안 되는 장 대부분은 공자의 가르침의 근간이 되는 개념을 묻고 있다. 공자는 제자들에게 인에 대해 많은 이야기를 하였으나 제자들이 공자를 향해서 단적으로 인을 묻는 일이 많지는 않았다. 인에 대해 묻는 얼마 안 되는 장 중에서 세 번의 질문을 번지가 하였다. 번지라는 이름은 인이나 지에 대한 물음과 함께 후세에 기억된 것일까? 나 역시 번지의 이름을 옹야편의 이 장에서 알게 되었다.

그런데 이 같은 번지의 원리적인 질문에 공자는 어떻게 답하였을까? 공자는 질문자에 맞는 구체적인 답을 하였다. 근간을 이루는 개념을 둘러싼 원리적인 물음에도 공자는 결코 추상적인 개념어로 답하지 않았다. 지금 번지는 '지'를 묻고 있다. 이에 대해 "민의 의로움을 힘쓰고 귀신을 공경하되 멀리한다"라는 대답은 후세의 우리가 예상할 수 없는 것이다. 이제 우리에게는 이런 답변 방식이 더이상은 남아있지 않다. 생각해보면 『논어』속 공자의 대답은 대부분이 질문자에 맞춘 구체적인 답으로 구성되는데, 언어나 사유의 추상화는 이 구체적인 공자의 답변을 해석하는 데서 시작되었다. 즉 질문의 개념성과 답변의 구체성 사이를 해석의 언사로 메우려 한 것이다. '인'이나 '지'의 개념은 바로 해석의 언사에 의해 성립하였다.

이렇게 보면 『논어』라는 공자의 텍스트가 지닌 원초성에 대해 새롭게 생각하게 된다. 우리가 사상사적 독해를 통해서 『논어』텍스트를 덮어버린 해석을 후세의 것으로서 상대화시키는 것은 해석의 저편에서 『논어』텍스트의 원초성을 발견하는 것이다. 그것은 『논어』의 오리지널 텍스트를 찾는 작업이 아니다. 우리가 찾아내는 것은 한층 가능성이 열려있는 텍스트이다. 우리가 한결 더 의미를 물을 수 있는, 가능성을 가진 텍스트로서 『논어』를 발견하는 것이다. 내가 『논어』텍스트의 원초성이라 하는 것은 바로 그런 가능성을 지닌 『논어』텍스트이다.

〖진사이〗지금 이 번지의 물음과 공자의 대답에서 '지'의 근대적 개념이라 할 수 있는 것을 끄집어내는 것은 진사이이다.

> 경敬이란 업신여기지 않는다는 말이다. 멀리한다는 말은 더럽히지 않는다는 뜻이다. 사람의 도리에서 마땅히 해야 할 일에 오로지 힘쓰고 알 수 없는 귀신에게 아부하지 않는 것이야말로 지극한 지知라는 뜻이다.
>
> 귀신을 공경하되 멀리하는 것은 그 지를 잘 써서 미혹되지 않는 것이다. 만약 일상에서 마땅히 힘써야 할 일을 내버리고 끝없이 넓고 아득하여 알 수 없는 일에 힘을 쓰는 것을 어떻게 지라 할 수 있겠는가?

이 말은 선진 제12장의 '귀신을 섬기는 일'의 주석에서 진사이가 한 말과 대응한다.

> 생각건대 인자仁者란 오로지 인도人道로서 마땅히 행할 바에 힘을 쏟는 사람을 말하며 지자智者란 알기 어려운

제20강 번지·자유

것을 억지로 알려고 하지 않는 사람을 말한다. 사람의 도리로서 마땅히 해야 할 일에 힘을 쏟고 또 생존의 도리를 다할 수 있다면 인륜이 확립하고 집안의 도덕家道도 성취될 것이다. 학문의 도 역시 다했다고 할 것이다.

여기서는 불가지不可知·불가측不可測의 세계를 향하는 일은 하지 않고 자기한정自己限定적인 지의 개념이 성립하는 것을 볼 수 있다. 이것은 번지의 물음에 대한 공자의 답에 입각하여 진사이가 내놓은 대답이다.

이 장 후단의 '인'에 대한 번지의 물음에 공자가 "어진 이는 어려움을 먼저하고 얻음을 나중으로 한다. 인이라 할 수 있다"라고 한 것 대해 주자는 "일의 어려운 것을 먼저하고 효과를 얻는 것을 나중으로 함은 인자仁者의 마음이다"라고 풀이하였다. 〖데키사이〗 주자의 해석을 나카무라 데키사이는 이렇게 부연하였다.

> 인자는 일에서 당연하다고 생각하는 것은 아무리 하기 어려워도 이를 우선하여, 수고로움을 피하지 않고 용기 있게 행하고 행함에 대한 공을 얻는 바를 나중으로 하여 조금이라도 계산하는 뜻이 없다.

그러나 이렇게 부연해서 번지의 물음과 공자의 대답 사이에 있는 낙차를 메울 수 있을까? 정자程子는 이 낙차를 메우려는 듯 "어려운 일을 먼저 함은 나를 이기는 일이니, 어려운 것을 먼저 하고 얻음을 헤아리지 않음은 인이다"라고 하였다. 정자는

'극기복례'의 인까지 동원해서 해석하였다. 그렇게 하더라도 이 낙차는 메우기 어렵다.

왜 '인'을 묻는 번지에게 공자는 "어려움을 먼저하고 얻음을 나중으로 한다"라고 대답했을까? 질문자 번지의 특수성 때문일까? 주자는 "이는 필시 번지의 결함에 따라 말씀하신 것일 것이다"라고 번지의 결점을 나무라는 의미를 읽으려고 하였다. 『논어』에는 "소인이구나, 번수는"이라 했던 공자의 말이 있다. 언젠가 번지가 "곡식 가꾸는 일을 배우고 싶습니다"라고 공자에게 청했다. 공자는 "나는 농사에 익숙한 늙은 농부만 못하다"라고 답하였다. 나아가 번지는 "채소 가꾸는 법을 배우고 싶습니다"라고 했다. 공자는 또 "나는 채소 가꾸는 데 적합한 사람이 아니다"라고 답했다. 번지가 물러가자 공자는 군자로서 배워야 할 것이 무엇인지, 잘못 생각하고 있는 번지를 소인이라고 했다.[1] 이런 번지였기에 저런 질문을 한 것이고 이런 번지였기에 공자가 저런 답을 한 것인지도 모르겠다. 그러나 번지의 인물평은 이 문답에 대한 상황설명은 되지만 문답 간의 낙차를 메우지는 못한다. 공자는 번지의 질문에 왜 저렇게 답하였을까? 이 문제는 많든 적든 『논어』에서 공자와 제자의 모든 문답이 안고 있는 문제이다. 저 문답 간의 낙차를 낙차로 인식하는 것에서부터 『논어』속 공자의 말이 가진 새로운 의미를 향한 탐색이 시작되는 것이다.

---

[1] 『논어』「자로」제4장에 "樊遲請學稼. 子曰, 吾不如老農. 請學爲圃. 曰, 吾不如老圃. 樊遲出. 子曰, 小人哉樊須也"라고 나온다.

20.2 안연 제21장

樊遲從遊於舞雩之下. 曰, 敢問崇德修慝辨惑. 子曰, 善哉問. 先事後得, 非崇德與. 攻其惡, 無攻人之惡, 非修慝與. 一朝之忿, 忘其身, 以及其親, 非惑與.

樊遲(ぶ)従いて舞雩(う)の下に遊ぶ。曰く、敢て徳を崇(たか)くし、慝(とく)を修め、惑いを弁ぜんことを問う。子曰く、善いかな問いや。事を先にし得を後にするは、徳を崇くするに非ずや。その悪を攻めて、人の悪を攻むること無きは、慝を修むるに非ずや。一朝の忿(いか)りに、その身を忘れて、以てその親(しん)に及ぼすは、惑いに非ずや。

번지가 따라서 무우 아래서 놀았다. 말하기를, 감히 덕을 높이고 사특함을 닦아내고 미혹을 분별하는 것을 여쭙니다. 공자께서 말씀하시길, 좋구나, 질문이여. 일을 먼저하고 얻음을 나중으로 함은 덕을 높이는 것이 아니겠는가? 그 악함을 꾸짖고 남의 악함을 나무라는 일이 없음은 사특함을 다스리는 것이 아니겠는가? 한때의 분노로 그 자신을 잊어 그 부모에게 미치게 하는 것은 미혹됨이 아니겠는가?

* * *

무우는 기우제를 행하는 높은 대(臺)로 종종 공자가 제자와 함께 산책을 했던 장소이다. 특(慝)은 마음속에 숨어 있는 악함을 말한다. 닦아낸다는 말은 다스려 없애는 것이다.

[번역] 무우에서 산책을 하는 공자를 모시던 번지가 스승에게 물었다. "덕을 높이고 악한 마음을 닦고 미혹을 분명히 밝히려면 어떻게 해야 합니까? 감히 여쭙습니다." 공자가 답하길 "잘 질문하였다. 해야 할 일을 먼저하고 대가로서 이득은 나중으로 하는 것은 덕을 높이는 일이 아니겠는가? 자기가 가진 악함을 꾸짖고 다른 사람의 악함을 나무라거나 하지 않는 것이 악한 마음을 다스리는 것이 아니겠는가? 한때의 분노로 자기 자신을 잊고 육친에까지 폐를 끼치면 미혹됨이라 하지 않겠는가?

공자와 번지 간에 오간 질의응답의 낙차를 이야기했지만 낙차가 있는 문답의 내실을 전하는 듯한 장이다. 번지의 질문은 앞에서 나온 인과 지에 대한 질문과 마찬가지로 알면서도 모르는 체하는 듯한 원리성을 가진다. 그러나 공자는 그 질문을 기다렸다는 듯이 답한다. "선재문善哉問"이라는 공자의 표현은 대부분 "좋은 질문이구나"라고 해석하지만 이와 달리 "잘 질문하였다"라는 공자의 말은 번지의 질문을 기다렸던 표현이다. 공자는 번지의 질문에 곧바로 저 구체적인 품행에 따라 대답하는 방식을 취하였다. '덕을 높이는' 일을 묻는 번지에게 공자는 '해야할 일을 먼저하고 이득은 나중으로 하라'라고 가르친다. 이 대답은 앞에서 본 옹야 제22장의 어려운 일을 먼저하고 얻는 것을 나중으로 한다는 회답과 같은 것이다. 같은 문답이 다른 형태로 전해진 것인지도 모르겠다. 옹야편에서 번지는 '인'을 물었다. 안연편에서 번지는 '덕'을 묻고 있다. 기본적으로 두 개의 문답은 같은 종류로 볼 수 있다. 그렇다면 옹야편의 문

제20강 번지·자유

답에 대해 말한 낙차의 문제는 이 문답에도 들어맞는 것이다. 다만 이 장은 공자의 낙차가 있는 대답의 내실을 잘 드러내고 있다. 확실히 번지의 평소 품행이 공자의 회답을 끌어내는 것이지만 그렇게만 생각하면 번지의 평소 행동으로 저 낙차가 있는 회답을 설명하는 것이 되고 만다. 주자도 공자의 회답은 번지의 결점을 고쳐주려는 것이라고 하였다. 공자의 말을 번지의 병을 고치는 약이라고 해설하는 사람도 있다.

〖진사이〗 그러나 번지의 병에 특효약이라고 해버리면 이 약에 일반적인 효과가 있는지 묻게 된다. 번지에게 맞춰서 공자가 구체적으로 가르쳐 준 것이라면 어떻게 우리에게 가르침이 되겠는가? 진사이는 바로 그 점을 이야기하였다.

> 이것은 번지의 병 때문에 공자가 한 말이지만, 성인의 말씀은 실로 만세의 전칙典則이고 배우는 사람에게는 훌륭한 규범이며 사람들이 마땅히 마음에 담아두어야 하는 가르침이다.

번지의 병폐 때문에 공자가 알려준 특수하고 구체적인 가르침은 성인의 말씀이기 때문에 만세 만인의 가르침이 된다는 것이다. 이렇게 하여 공자가 번지에게 준 구체적인 가르침을 우리에게도 통하는 가르침으로서 읽어가는 것이다. 그러나 그렇게 읽을 때 공자의 가르침에 담긴 원초의 모습은 잃어버리게 된다.

공자는 항상 그 상대를 향하여 가르침을 주었다. 분명 공자는 인이라는 목표를 향해 자기 자신을 높여가야 한다고 주장하였다. 그러나 인에 대해 제자가 질문했을 때 공자는 제자가 살아온 인생의 눈높이에 맞춰서 답을 하였다. 가르침이란 바로 그런 것이다. 인의 일반을 설명하면 그것이 가르침일 수 있을까? 그것은 일반적인 인의 교설 체계를 이루는 것이긴 해도 결코 다른 사람을 가르쳐 이끌지는 못 한다. 사람을 가르치는 말이란 애초에 번지에게 공자가 해 준 말과 같은 것이리라. 『논어』는 가르침의 원초적인 모습을 가르쳐 주고 있다.

20.3 옹야 제14장

子游爲武城宰. 子曰, 女得人焉爾乎. 曰, 有澹臺
滅明者. 行不由徑. 非公事, 未嘗至於偃之室也.

子游、武城の宰たり。子曰く、女(なんじ)、人を得たるか。曰く、
澹台滅明(たんだいめつめい)なる者あり。行くに径(こみち)に由らず。公事に非ざ
れば、未だ嘗て偃(えん)の室に至らず。

자유가 무성의 재상이었다. 공자께서 말씀하시길, 너는 사람을 얻었는가? 말하기를, 담대멸명이라는 자가 있습니다. 길을 갈 때 지름길로 가지 않습니다. 공적인 일이 아니면 지금까지 한 번도 언의 방에 오지 않았습니다.

* * *

자유^{子游}는 성은 언言이고 이름은 언偃이며 자유는 자이다. 오吳나라 사람으로 공자보다 45세 아래다.

자유가 노나라 무성의 읍재^{邑宰2)}가 되었다. 공자와 자유의 나이 차로 보면 공자 만년(65세 무렵)의 일로 보인다. "너는 사람을 얻었는가?"라는 공자의 물음은 경험을 쌓은 연장자가 위정의 세계에 들어선 초심자에게 주는 핵심을 찌르는 조언을 상기시킨다. 자유는 대답하였다. "담대멸명이라는 사람이 있

---

2) 당나라 두우(杜佑)가 저술한 『통전(通典)』에 읍재는 현읍(縣邑)의 장으로 읍재·윤(尹)·공(公)·대부(大夫) 등으로 불렸다고 나온다. 노나라와 위(衛)나라에서 읍재라 하였고 진(晉)에서는 대부(大夫)라 하였다. 저자는 읍재를 '다이칸(代官)'·'부교(奉行)'라 설명하였는데 이는 일본사에 보이는 관직명이다.

습니다. 그는 길을 걸을 때 결코 지름길을 통하지 않고 항상 공도公道로 다닙니다. 또 공적인 일이 아니면 결코 제 집에 오는 일이 없습니다."

'지인知人'의 법언法言이라고 할 만한 자유의 말은 후세의 위정자와 경영자가 되풀이하는 바였다. 시부사와 에이이치는 몇 쪽에 걸쳐서 메이지 시대 실업의 세계를 창시한 이들이 사람 다루는 법에 대한 회상을 기록하였다. 그에 대하여 소라이의 『논어징』은 이 장에 대해 한 마디의 주석이나 언급을 남기지 않았다. 이 또한 소라이답다. 그 자체로 후세 위정자의 법언이 될 법한 이 말은 소라이가 주석을 달 의욕을 자극할 만한 것을 전혀 갖지 못했던 것이리라.[3]

---

[3] 소라이는 만년에 쇼군 요시무네의 정치자문에 응하여 저술한 『정담』에서 '지인'을 매우 강조하였다. 다만 소라이가 말하는 '지인'은 사람들의 기질과 능력을 잘 파악해서 적재적소에 앉히는 것이 군주의 역할이란 의미이다. 달리 말하면 관료선발이 가문의 격에 따라 세습에 의존하는 당시 정치 현실에 대한 불만 또는 비판으로 읽을 수 있다. 한국어판은 임태홍 역 『정담』 서해문집, 2020을 참고.

20.4 양화 제4장

子之武城, 聞弦歌之聲. 夫子莞爾而笑曰, 割鷄焉用牛刀. 子游對曰, 昔者偃也聞諸夫子, 曰, 君子學道, 則愛人, 小人學道, 則易使也. 子曰, 二三子, 偃之言是也. 前言戲之耳.

子の武城に之きて絃歌の声を聞く。夫子莞爾として笑いて曰く、鶏を割くに焉んぞ牛刀を用いん。子游対えて曰く、昔者偃や、これを夫子に聞けり。曰く、君子道を学べば則ち人を愛し、小人道を学べば則ち使い易すしと。子曰く、二三子よ、偃の言是なり。前言はこれに戯れしのみと。

공자께서 무성에 가시어 현가 소리를 들었다. 부자께서 빙그레 웃으시며 말씀하시길, 닭을 잡는 데 어째서 소 잡는 칼을 쓰는가? 자유가 대답하여 말하기를, 옛날에 언이 이것을 선생님께 들었습니다. 말씀하시기를, 군자가 도를 배우면 남을 사랑하고, 소인이 도를 배우면 부리기 쉽다, 라고. 공자께서 말씀하시길, 자네들아, 언의 말이 옳다. 방금 전의 말은 이를 놀린 것일 뿐이다, 라고.

***

자유가 무성의 읍재였을 때 즉 앞 장과 가까운 시기에 무성을 방문한 공자는 거문고를 뜯으며 노래하는 소리를 들었다. 스무 살의 젊은 자유가 무성에서 예악에 의한 통치를 실천하고 있던 것이다. 공자는 미소를 지었다. '완이이소莞爾而笑'는 젊은 자유의 분발하는 자세를 긍정하면서도 지나친 혈기를 본 연장자의 미소가 아닐까? 그래서 공자는 자유에게 "닭을 잡는 데 어째서 소 잡는 칼을 쓰는가?"라고 한 것이다. 자유에게는 그런 공자의 말이 의외였다. 스승은 항상 군자(사대부)와 함께 소인(서민)도 도를 배워야 한다고 가르치지 않으셨던가? 군자가 도를 배우면 백성을 사랑하여 기르고 소인이 도를 배우면 순종하여 난을 일으키지 않는다고 우리를 가르치지 않으셨는가? 자유가 이렇게 반론하였다. 공자는 그 말을 듣고 주위의 제자들에게 "자유의 말이 옳다. 아까는 놀리느라 그랬을 뿐이다"라고 하였다. 이 역시 내게는 늙은 공자와 젊은 제자의 연령차가 연출하는 삽화로 읽힌다.

〖소라이〗 앞의 옹야편에서 자유의 말에 한마디도 덧붙이지 않았던 소라이는 여기서는 상당히 복잡한 논평을 하였다. 소라이는 "닭을 잡는 데 어째서 소 잡는 칼을 쓰는가?"라는 공자의 말을 미언微言이라 하였다. 미언이란 직접적으로 말하지 않고 넌지시 일의 진상을 고하고자 의도하는 말이다.

> 자유가 무성의 재상이었을 때 반드시 시급한 임무가 있었을 텐데도 자유는 그것을 몰랐다. 예악으로 다스리는데 그저 일상적인 법常法만을 따르면 사정이 어두운데 가깝다. 그러나 그 일에는 꼭 드러내 말할 수 없는 것이 있다. 그러므로 공자는 그렇게 넌지시 말한 것이다. 그런데 자유가 깨닫지 못하니 공자는 곧바로 방금 한 말은 놀리는 것이었다며 다시 그 뜻을 말하지 않은 것일 뿐이다.

제20강 번지·자유

 당시 노나라의 정세를 토대로 소라이는 공자의 말을 미언으로 읽었다. 정치적 문맥에 깊이 파고든 소라이다운 읽기이다. 공자가 말한 시점에서는 어쩌면 미언이었는지도 모른다. 그러나 공자의 제자들은 이를 미언으로서 전하지는 않았다. 소라이라는 영재가 보여주는 공자의 발어 속 원의적^{原義的} 세계로 들어간 깊이 있는 읽기이다.

제21강

안회·자장

안회顏回의 자는 자연子淵이며 노나라 사람이다. 공자보다 30세 아래다.

안회가 공자보다 30세 어리다는 것은 『사기』「중니제자열전」에 나온다. 안회가 요절한 것은 노나라 애공哀公 14년, 공자 71세의 일이다. 만약 『사기』대로라면 안회의 죽음은 41세 때가 된다. 다만 『공자가어』는 안회를 "29세에 백발이 되었다. 31세로 일찍 죽었다"라고 하였다. 이에 따르면 30세보다 더 아래가 된다. 41세인지 31세인지 안회의 이른 죽음은 공자를 통곡하게 하였다. 공자는 "저 사람을 위해 애통해하지 않으면 누구를 위해 그렇게 하겠는가"(선진 제10장)라고 하였으며, "아아, 하늘이 나를 망하게 하는구나"(선진 제9장)라고 탄식하였다고 한다. 『논어』에서 공자가 감정을 그대로 드러내며 말한 것은 안연이 죽었을 때뿐이다. 자신의 학문을 이을 사람은

제21강 안회·자장

안연밖에 없다고 믿었기에 공자는 '하늘이 나를 버렸다!'라고 개탄하였다. 공자는 안연의 죽음으로 자신의 학문이 끝났음을 알게 되었는지도 모르겠다.

『논어』에는 안연이 다시없을 사람이라고 한 공자의 말이 여러 번 나온다. 다시없을 사람이라고 했지만 이전에도 앞으로도 안연과 같은 제자는 다시는 있을 수 없다고 공자는 그렇게 생각한 것이다. 마치 잃어버린 소중한 아이가 부모의 기억 속에서 더더욱 가장 사랑하는 아이의 모습으로 남게 되는 것과 같다.

21.1 옹야 제7장

子曰, 回也, 其心三月不違仁. 其餘則日月至焉而已矣.

子曰く、回やその心三月仁に違わず。その余は則ち日に月に至れるのみ。

공자께서 말씀하시길, 회는 그 마음이 석 달 동안 인에서 멀어지지 않았다. 그 나머지는 즉 하루나 한 달에 이를 뿐이다.

* * *

덕행을 실천하는 안회를 상찬하는 공자의 말이다. 공자가 이렇게 말한 것이 안회 생전이었는지 사후였는지는 알 수 없으나 생전의 일처럼 일컬어진다. 그러나 "회는 그 마음이 석 달 동안 인에서 멀어지지 않았다"라는 것은 역시 절후의 안회를 가리키는 말이 아닐까? 공자는 더 이상 존재할 수 없는 제자를 보고 있는 것이다. 안회에게 절후의 제자를 본 공자의 말로서 전해져 왔다. 그러나 주석가는 그렇게 보지 않는다. 주자는 이로써 심心의 교설을 지었고 진사이는 커다란 인덕仁德을 설파하였다.

〖데키사이〗 우선 주자의 관점에 따라 이해한 사례를 보자. 다음은 『논어시몽구해』의 저자인 나카무라 데키사이와 현대의 학자 요시다 겐코의 해석이다.

> 인은 인심의 온전한 덕全德이다. 인에서 멀어지지 않았다는 것은 그 마음이 인과 일체가 되어 서로 떨어지지 않은 것이다. 생각건대 안자의 덕이 순수하여 성인에

제 21 강 안회·자장

가깝다. 그래서 그 마음이 인에서 벗어나지 않았다. 석 달 정도의 기간에 한 번쯤 잘못하여 잠깐 멀어지더라도 즉시 인으로 돌아와 서로 떠나지 않는다. 석 달 동안 지속한 후에는 조금도 떠난다고 하지 않는다. 그 나머지란 안자 외 다른 제자들을 가리킨다. 하루나 한 달에 이른다는 것은 하루에 한 번 혹은 한 달에 한 번 인의 경계에 이르긴 해도 … 오래도록 머물지 못하는 것이다.

〖요시다〗 주자학적인 심술心術로서 인을 예사롭게 평석하는 것이 현대의 『논어』학자이다.

> 일념일념一念一念 인에서 떨어지지 않는다. 이른바 항상 인을 마음에 두고 생각하는 가운데 어느 순간 환해져一旦 豁然[1] 인으로 통하는 도가 열리는 것이 아닐까? 타다가 금방 꺼져버리는 불꽃놀이처럼 공부하거나 수행해서 학문이 성취된다던가 인이 이른다고 하는 것은 아무래도 너무 달콤한 말이 아닌가?

〖진사이〗 이 장은 안자의 마음이 충분히 인에 합치되는 것을 칭찬하는 것이다. 인을 행하는 것은 천하에 지극히 어려운 일이다. 오직 안자의 마음은 충분히 인에 부합하여 석 달이라는 긴 시간 동안 자연히 인에서 벗어나는 일이 없었다. 그 밖의

---

1) 『대학』 전5장에 격물치지를 해석하면서 "이렇게 힘쓰기를 오래 해서 하루아침에 [사물의 이치에] 환히 관통하게 되면, 모든 사물의 겉과 속, 정밀하고 조략함에 이르지 않음이 없게 되고, 내 마음의 온전한 본체와 위대한 작용이 밝아지지 않음이 없게 될 것이다(至於用力之久而一旦豁然貫通焉, 則衆物之表裏精粗無不到, 而吾心之全體大用無不明矣)"라고 하였다.

문학·정사政事 같은 종류에 대해서 안자는 그다지 힘을 쓰지 않고도 세월이 흐르는 동안에 이를 수 있었다.

진사이는 '그 나머지'를 도덕실천 이외의 문학·정사라고 보았다.

대부분의 해석이 성인에 버금가는 현자인 안자를 칭찬하는 말로 파악하고 있다. 그들은 이 말에서 자신을 뛰어넘는 절후의 안회를 보는 공자를 읽어내지 않는다. 성인 공자의 다음에 자리하는 안자를 읽는 것은 도학의 계보를 구성하는 읽기이다. 현대의 주석자도 모두 도학적 계보의 구성자가 되었다.

제21강 안회·자장

21.2 옹야 제11장

子曰, 賢哉回也. 一簞食, 一瓢飲, 在陋巷. 人不堪其憂. 回也不改其樂. 賢哉回也.

子曰く、賢なるかな回や。一簞の食、一瓢の飲、陋巷に在り。人はその憂いに堪えず。回やその楽しみを改めず。賢なるかな回や。

공자께서 말씀하시길, 훌륭하도다, 회여. 한 대그릇의 밥과 한 표주박의 물로 누추한 동네에 산다. 사람들은 그 근심을 견디지 못한다. 회는 그 즐거움을 바꾸지 않는다. 훌륭하도다, 회여.

* * *

이 문장도 나는 절후의 인물인 안회를 이야기하는 공자의 말로 파악한다. 분명 공자 역시 "거친 밥을 먹고 물을 마시며 팔베개를 하고 누워도 즐거움이 또한 그 안에 있으니, 의롭지 못하면서 부귀함은 나에게 뜬구름과 같다"[2]라고 하였다. 그러나 이 말은 진정 덕이 있는 사람이 살아가는 방식을 반어적으로 보여준 것이다. 그에 대하여 "훌륭하도다, 회여. 한 대그릇의 밥과 한 표주박의 물로 누추한 동네에 산다"라는 공자의 말은 반어가 아니다. 누추한 동네에 살면서도 한결같이 배우고 그 삶을 즐기는 듯한 안회에게서 공자는 사실상 다시는 없을 절후의 인물을 보는 것이다. 이 말이 안회 생전이었든 사후였든

---

2) 『논어』 「술이」 제15장에 "子曰, 飯疏食飲水, 曲肱而枕之, 樂亦在其中矣. 不義而富且貴, 於我如浮雲"이라고 나온다.

상관없다. 확실히 공자는 안회를 보며 '정말 대단한 사내구나'라고 느끼는 것이다. 그랬기에 공자는 그의 죽음을 두고 통곡했던 것이다. 안회의 죽음은 공자에게 자기의 마지막을 고하는 것과 마찬가지였다. 공자는 하늘을 우러러 탄식하였다. "아아, 하늘이 나를 망하게 하는구나!"라고.

나는 이렇게 안회를 발견해 낸 공자의 말에 감명을 받았다. 이 말이 우리를 가르치는 무엇인가가 있다면 "한 대그릇의 밥과 한 표주박의 물로 누추한 동네에" 살고 있는 안회의 삶에서 절후의 인물을 본 공자의 바로 그 시각이 아닐까? 타인의 인생에 대한 이런 시각이 혹은 삶의 의미에 대한 물음이 『논어』에 들어 있는 사실이야말로 『논어』가 경전인 연유이지 않을까?

〖주자〗 그러나 해석가들은 이 말을 그렇게 읽지 않는다. 주자는 정자를 인용하였다.

> 옛날에 주무숙周茂叔에게 가르침을 받을 때 매번 공자와 안자가 즐거워 한 바가 무엇인지 헤아리게 하셨다.

주돈이周敦頤는 항상 정자에게 "안자는 무엇을 즐거워 하셨는가"라고 물은 것이다. 공자의 말에 담긴 가르침이 거기에서 비롯된다고 본 것이다. 주자朱子는 이렇게 답하였다.

제21강 안회·자장

배우는 자들이 그저 널리 문을 배우고 이를 요약하는데 예로써 한다博文約禮는 가르침에 종사하여, 그만두고자 하여도 그만둘 수 없어서 자기의 재주를 다하는 경지에 이르게 되면 거의 터득하지 않겠는가?

주자는 학도수행學道修行의 결과로서 발견해낼 수 있는 경지로 보았다.

21.3 옹야 제3장

哀公問, 弟子孰爲好學. 孔子對曰, 有顏回者, 好學, 不遷怒, 不貳過. 不幸短命死矣. 今也則亡. 未聞好學者也.

哀公問う、弟子孰れか学を好むと為す。孔子対えて曰く、顏回という者あり、学を好み、怒りを遷さず、過ちを弐びせず。不幸短命にして死せり。今や則ち亡し。未だ学を好む者を聞かざるなり。

애공이 묻기를, 제자 중에 누가 배움을 좋아한다고 하겠습니까? 공자가 대답하여 말씀하시길, 안회라는 자가 있었는데 배움을 좋아하고, 노여움을 옮기지 않았으며, 잘못을 두 번 하지 않았습니다. 불행하게도 명이 짧아 죽었습니다. 지금은 즉 없습니다. 아직 배움을 좋아하는 자를 듣지 못했습니다.

* * *

이와 거의 같은 내용이 선진 제7장에 계강자^{季康子}의 물음으로 나온다.[3]

> [번역] 애공이 공자에게 "제자들 가운에 가장 배움을 좋아하는 이는 누구입니까?"라고 물었다. 공자는 이에 답하여 "안회라는 사람이 있었습니다. 배움을 좋아하고 노여움을 다른 이에게 돌리지 않았고 잘못을 두 번은 되풀이하는 일이 없었습니다. 그런데 불행하게도 명이 짧아 죽었습니다. 지금은 없습니다. 배움을 좋아하는 사람이 있다는 것은 듣지 못했습니다."

"노여움을 다른 이에게 돌리지 않았고 잘못을 두 번은 되풀이하는 일이 없었다"라는 대답은 배움을 좋아하는 사람이 누구인지 묻는 질문에는 어울리지 않는다. 시부사와는 이것을 애공에게 건넨 훈계라고 해석하였다. 나 역시 그렇게 풀이하고 싶다. 선진편에는 "공자께서 대답하시길, 안회라는 사람이 있는데 배움을 좋아하였습니다. 불행하게도 명이 짧아 죽었습니다. 지금은 없습니다"라고 나온다. "지금은 없습니다"라는 말을 대부분 '더 이상 이 세상에 없다'라고 해석하지만 그렇게 하면 "불행하게도 명이 짧아 죽었습니다"라고 한 말을 쓸데없이 반복하는 셈이 된다. 오히려 안자가 없는 지금 호학의 제자는 더 이상 없다고 풀이해야 할 것이다. 망^亡을 무^無와 같은 뜻으로 해석하게 되면 '지금은 없다'와 '아직 배움을

---

[3] 『논어』「선진」 제6장에 "季康子問, 弟子孰爲好學. 孔子對曰, 有顏回者, 好學. 不幸短命死矣. 今也則亡"이라고 나온다. 저자는 제7장이라 하였으나 이는 분장의 차이에 따른 것이므로 고치지 않고 그대로 둔다.

제21강 안회·자장

좋아하는 사람에 대해 듣지 못했다'가 중복된다. 첸무錢穆는 애당초 이곳은 '지금은 배움을 좋아하는 사람을 듣지 못했다'라고 되어있었다는 설을 들어, "안타까운 것은 회를 단명으로 일찍 잃어버린 것입니다. 지금은 배움을 좋아하는 사람이 있다는 것은 듣지 못했습니다"[4]라고 해석하였다. 나 역시 '금야즉망今也則亡'을 '배움을 좋아하는 선비는 안회 이후로는 더 이상 없다'라고 풀이하고자 한다. 칠십자七十子로 일컬어지는 제자 중에 공자는 안회에 필적하는 이를 보지 못했다. '배움을 좋아하는 사람은 이제 없다'라는 공자의 말은 안회의 죽음과 함께 자신의 학문도 이제 끝났다는 공자의 개탄을 고하는 듯하다. 나는 '아아, 하늘이 나를 망하게 하는구나!'라는 공자의 말을 하늘이 공자에게 마지막을 고하고 있음을 스스로 느낀 것으로 풀이하였다. 공자는 안회의 죽음으로 자기의 학문을 계승할 사람, 좀 더 정확하게 말하자면 자신의 학문을 향한 지향을 계승할 사람은 없다는 것을 알게 된 것이다. '금야즉망'이란 그런 공자의 생각을 고하는 말이다.

생각해 보면 공자의 학문도 사상도 공자 자신으로서 끝나는 것이 아닌가? 공자뿐 아니다. 맹자도 주자도 신란親鸞이나 도겐道元[5]도 더 나아가 헤겔이나 마르크스도 마찬가지가 아닐

---

4) 인용문의 출처인『논어신해』의 원문은 다음과 같다. "本當作 '今也則未聞好學者也', 誤多一亡字. '可惜短壽死了, 目下則沒有聽到好學者了'"

5) 신란(1173~1262)은 가마쿠라(鎌倉) 시대 초기의 승려로 호넨(法然)의 문하이며 정토진종(淨土眞宗)을 창시하였다. 악인이야말로 아미타불의 구제를 받을 수 있다는 악인정기설(惡人正機說)로 대표되는 타력본원

까? 문제는 학문과 사상의 계승이다. 학문과 사상의 계승이란 존재하는가? 계승이란 학파적인 교설의 형성을 의미하지 않는가? 주자를 계승한 이들에 의해 주자학이 형성되고 마르크스를 계승하는 이들에 의해 마르크스주의가 형성된다. 공자를 계승하는 이들에 의해 유학이 형성되는 것이다. 공자를 계승하는 이들의 손에 의해 이루어진 『논어』 속에 자신의 학문의 마지막을 고하는 듯한 공자의 말이 들어있다는 점은 중요하다. 그것은 학문의 형성과 종언과 계승을 둘러싼 문제를 원초적으로 보여주는 것이다.

(他力本願)을 주장한 것으로 알려졌으며, 제자 유이엔(唯圓)이 편찬한 신란의 어록인 『탄이초(歎異抄)』는 근대 이후 오히려 널리 읽혔다. 도겐(1200~1253) 역시 같은 시기의 승려로 에이사이(榮西)를 사사했으며 조동종(曹洞宗)을 창시하였다. 저술로는 좌선을 강조하며 불법의 진수를 서술한 『정법안장(正法眼藏)』이 있다.

21.4 위령공 제6장

子張問行. 子曰, 言忠信, 行篤敬, 雖蠻貊之邦行矣. 言不忠信, 行不篤敬, 雖州里行乎哉. 立則見其參於前也, 在輿則見其倚於衡也. 夫然後行. 子張書諸紳.

子張、行われんことを問う。子曰く、言忠信、行い篤敬ならば、蛮貊(ばんぱく)の邦と雖も行われん。言忠信ならず、行い篤敬ならずんば、州里と雖も行われんや。立てば則ちその前に参(まじ)わるを見、輿(くるま)に在りてはその衡(こう)に倚るを見るなり。それ然る後に行われん。子張、これを紳に書す。

자장이 행해지는 것을 여쭈었다. 공자께서 말씀하시길, 말이 충신하고 행동이 독경하면, 오랑캐의 나라일지라도 행해질 것이다. 말이 충신하지 않고 행동이 독경하지 않다면 주리라 할지라도 행해지겠는가? 일어서면 그 앞에 즉 아른거림을 보고, 수레를 타면 그 가로장에 기대어 있음을 보는 것이다. 그런 뒤에야 행해질 것이다. 자장이 이것을 띠에 적었다.

* * *

자장子張의 성은 전손顓孫이고 이름은 사師이며 자는 자장이다. 진陳나라 사람으로 공자보다 48세 아래다.

자장은 자하와 더불어 공자 제자 가운데 가장 젊은 연령층에 속한다. 나는 앞에서 자장의 사람됨을 자하와 대비해서 이야기한 공자의 말을 살펴보았다. 공자는 두 사람을 대비하면서 "지나침은 미치지 못함과 같다"(선진 제16장[p.382])라고 하였다. 자장은 지나친 사람으로 여겨졌다. 공자의 날카로운 시선은 어리석음보다도 재기의 과잉을 향하였다. 자장에 대해서는 증자가 자장을 평한 말도 있다. "증자가 말씀하시기를, 당당하구나, 자장이여. 더불어 인을 행하기는 어렵다"(자장 제16장6))라고 하였다. 자장은 당당한 풍격의 선비였지만 함께 도를 행할 동지는 아니라는 것이다. 자유도 거의 같은 말을 하였다. "자유가 말하기를, 나의 벗 자장은 어려운 일을 잘한다. 그러나 인하지는 못하다."(자장 제15장)7) 자장은 다른 사람들이 하기 어려운 일을 할 수 있는 선비로 당당한 풍모를 지녔지만 인자는 아니라는 말이다. 공자는 "사는 치우쳤다"(선진 제18장)라고 그의 결점을 단적으로 지적하였다. 주자는 "벽은 편벽이다. 용모에만 익숙하여 성실성이 부족하다"라고 설명하였다.8) 벽이란 다른 사람의 비위를 맞추듯이 행동거지를 꾸며 성실함이 결여한 태도라는 것이다.

> [번역] 자장이 일이 어떻게 행해지는지를 여쭈었다. 공자는 이에 답하길, 말에 진심이 있고 행동이 공손하면

---

6) 『논어』 「자장」 제16장에 "曾子曰, 堂堂乎張也. 難與並爲仁矣"라고 나온다.

7) 『논어』 「자장」 제15장에 "子游曰, 吾友張也, 爲難能也. 然而未仁"이라고 나온다.

8) 『논어』 「선진」 제17장에 "柴也愚, 參也魯, 師也辟, 由也喭"이라고 나온다. 분장에 차이가 있으나 본문에서는 저자에 따랐다. 아울러 이에 대해 주자는 "辟, 便辟也. 謂習於容止, 少誠實也"라고 하였다.

제21강 안회·자장

> 멀리 오랑캐의 나라에서도 행해질 것이다. 말에 진심이 없고 행동이 공손하지 않으면 가까운 향리에서도 행해지지 않는다. 일어서면 이 여섯 글자(언충신 행독경)를 눈앞에서 접하는 것 같고 수레에 타면 수레 멍에에 이 여섯 글자가 기대어 있는 것을 보듯이 한 다음에야 비로소 행해진다고 할 것이다. 자장은 공자의 말씀을 듣고 이 여섯 글자를 띠에 적어 항상 지녔다.

'행해지는 것'을 묻는다는 것은 일의 성취를 묻는 것이다. 예를 들면 정사가 어떻게 달성되는지 묻는 것이다. 그 물음에 공자는 '언충신 행독경'의 여섯 글자로 답하였다. 질문자가 자장이었기에 이런 답이 나온 것이다. 제자들의 입장에서 바라볼 때 공자의 말이 비로소 생생하게 들려온다. 그렇지 않으면 이것은 그저 추상적인 충신과 독경의 가르침이 되고 만다. 저 여섯 글자만 따로 떨어져 나와 공자의 교설을 만들어 간다.

이 문답은 "자장이 이 말씀을 띠에 적었다"는 결말까지 쓰고 있다. 자장은 마치 다른 사람에게 자신이 부자의 말씀을 공손하게 마음에 새기고 있음拳拳服膺을 보여주기라도 하듯이 늘어진 띠에 적은 것이다. 이것은 충신과 독경의 가르침을 완전하게 희화戱画하는 것이다. 『논어』를 공손하게 마음에 새기고자 하는 독자는 이 같은 희화에 다시 한 번 덮어쓰기를 하는 셈이다.

〖시부사와〗 그런 독자의 한 사람인 시부사와는 이렇게 말하였다.

자장이 이를 듣고 공손하게 마음에 새기고자 곧바로 띠에 적어두었다. 무릇 충신독경은 요즘 청년들에게 남자든 여자든 관계없이 매우 필요하다고 느낀다. 현실과 동떨어진 것 같아도 결코 그렇지 않다. 급할수록 돌아가라. 오히려 성공의 지름길일 것이다.

21.5 위정 제18장

子張學干祿. 子曰, 多聞闕疑, 愼言其餘, 則寡尤. 多見闕殆, 愼行其餘, 則寡悔. 言寡尤, 行寡悔, 祿在其中矣.

子張、禄を干むることを学ぶ。子曰く、多く聞きて疑わしきを闕き、愼しみてその余を言えば、則ち尤め寡なし。多く見て殆きを闕き、愼しみてその余を行えば、則ち悔い寡なし。言尤め寡なく、行い悔い寡なければ、禄その中に在り。

자장이 녹을 구하는 방법을 배우려 하였다. 공자께서 말씀하시길, 많이 듣고 의심스러운 것을 빼고, 삼가여 그 나머지를 말하면 즉 허물이 적다. 많이 보고 위태로운 것을 빼고, 삼가여 그 나머지를 행하면 즉 후회가 적다. 말에 허물이 적고 행동에 후회가 적으면 녹은 그 안에 있다.

* * *

[번역] 자장이 벼슬하여 녹을 얻는 방법을 배우고자 하였다. 공자께서 말씀하셨다. 선인들이 남긴 많은 견문

제21강 안회·자장

을 통해 배우면서 그 가운데 의심스러운 것, 위태로운 것을 제외하고 그 나머지 믿을 만한 것에 따라 신중하게 말하고 행하도록 하면, 남에게 책망을 받을 일이 적고 스스로 후회할 일도 적다. 녹을 얻는 방법 역시 저절로 그 안에서 열릴 것이다.

〖주자〗 주자는 다음과 같이 정자의 말을 인용하였다.

> 천작天爵을 닦으면 인작人爵에 이른다. 군자가 언행을 삼가는 것이 녹을 얻는 길이다. 자장이 녹을 구하는 방법을 배우고자 하였기에 이렇게 말씀하신 것이다. 그 마음을 안정시켜 이록利祿 때문에 동요되지 않게 하셨다.

자장에게 답해준 공자의 말에서 일반적인 교훈을 끌어내려고 한다면 정자의 말과 같을 것이다. 이것은 규범적인 해답이라 할 수 있다. 그러나 많이 보고 듣고 의심스럽거나 위태로운 것을 제외하고 언행을 삼가면 후회가 적다고 한 것처럼 지극히 소극적이고 신중한 거사居士 같은 태도가 과연 일반적인 교훈일까? 공자의 말은 자신 과잉보다는 신중한 편이 허물이 적을 것이라는 정도의 처세가 아닌가? 그러나 이 말은 공자가 자장에게 해준 대답이기에 비로소 의미가 있다. 세속적인 능력이 뛰어나고 행동거지가 당당한 자장, '지나친' 인물이라는 평을 받는 자장에 대한 답으로서 공자의 이런 소극적인 말이 의미가 있는 것이다. 공자는 녹을 얻는 방법으로는 가장 먼 방식으로 답하는 것이다. 말을 삼가고 행실을 삼간다는 답은 일을 성취하는 방법을 묻는 자장에게 공자가 '언충신 행독경'으로 답한 것과 마찬가지다.

요컨대 공자는 자장에게 다른 사람과 신뢰의 관계에 둔 군자가 되라고 답하는 것이다. 군자란 녹을 구하거나 일을 성공시키기 위한 수단이 아니다. 분명 군자가 되는 것이 벼슬길이 열리고 일이 성취되는 것일지도 모른다. 그러나 군자가 되는 것은 수단이 아니라 자기 목적이다. 공자는 굳이 자장에게 자기 목적적인 도덕적 언사로 대답한 것이다.

가메이 난메이龜井南冥는 이를 공자가 자장의 '지나친' 성격을 알고 있어서 일종의 대증요법對症療法 같은 말이라 하였다. 즉 커다란 것을 지향하는 자장을 억제하여 '세행細行을 삼가는' 것을 가르쳤다고 하였다.(『논어어유論語語由』)

제 22 강

자로

자로子路의 성은 중仲이고 이름은 유由이며 자는 자로 또는 계로季路이다. 변卞[1] 사람으로 공자보다 9세 아래다.

"자로는 성질이 거칠어 용력勇力을 좋아하였고 뜻이 강직하였다. 수탉의 깃으로 만든 관을 쓰고 수퇘지 가죽으로 만든 칼집을 차고[2] 공자를 업신여기며 난폭하게 굴었다. 그러나 공자가 예로 대하며 차차 이끌었기에 나중에는 유학자의 옷을 입고 진상물을 지참하여 문인의 소개로 공자의 제자가 되기를 원했다"라고 『사기』「중니제자열전」에 나온다. "정사는 염유

---

1) 노나라 읍으로 산둥성(山東省) 쓰수이현(泗水縣) 동쪽 50리에 있다고 한다. 사마천 지음, 김기주·황지원·이기훈 역주 『공자세가·중니제자열전』예문서원, 2006, 146쪽.
2) 원문은 "冠雄雞, 佩豭豚"인데 위의 책에는 "수탉의 꼬리로 모자를 장식하고 수퇘지의 이빨을 허리에 차고서"라고 번역되어 있다. 사마천 지음, 김기주·황지원·이기훈 역주 『공자세가·중니제자열전』예문서원, 2006, 142쪽.

제22강 자로

冉有·계로季路"(선진 제3장)³⁾라 하였듯이 정치에 힘을 발휘하였으며 통솔력이 있고 권력 세계에 강직하게 대처하는 능력을 가졌다. 그래서 용맹한 사람이기도 했다.

맹무백孟武伯이 공자에게 자로가 인仁한 사람인지 물었다. 처음에 공자는 모른다며 대답하지 않았다. 다시 묻자 공자는 "유는 천승千乘의 나라에서 군사를 다스릴 수 있겠으나 인한지는 모르겠다"(공야장 제8장)⁴⁾라고 답하였다. 주자는 "부賦는 병兵이다. 옛날에는 토지세田賦에 따라 군사를 내었다. 그러므로 병을 부라고 한다"라고 주석을 달았다. 공자는 "자로는 일국의 군대를 통솔할 수 있는 사내이지만 인자인지는 모르겠습니다"라고 답한 것이다. 자로는 공자의 제자 가운데 가장 오래도록 강직하게 공자를 섬기고 용맹함으로 공자를 지킨 인물이었다. 공자는 지나치게 용맹한 자로를 타이르면서도 자로를 아꼈다. 공자와 자로의 문답은 『논어』에서 가장 매력적인 부분이다. 나 역시 공자의 제자 중에 자로에게 가장 큰 매력을 느낀다.

---

3) 『논어』「선진」제2장에 "子曰, 從我於陳蔡者, 皆不及門也. 德行顏淵閔子騫冉伯牛仲弓. 言語宰我子貢. 政事冉有季路. 文學子游子夏"라고 나온다. 분장은 저자를 따라 그대로 둔다.
4) 『논어』「공야장」제7장에 "孟武伯問, 子路仁乎. 子曰, 不知也. 又問. 子曰, 由也, 千乘之國, 可使治其賦也. 不知其仁也"라고 나온다.

22.1 공야장 제7장

子曰, 道不行, 乘桴浮于海. 從我者, 其由與. 子路聞之喜. 子曰, 由也好勇過我, 無所取材.

子曰く、道行われず、桴(いかだ)に乗りて海に浮かばん。我に従わん者は、それ由か。子路これを聞きて喜ぶ。子曰く、由や勇を好むこと我に過ぎたり。材を取る所無し。

공자께서 말씀하시길, 도가 행해지지 않으니 뗏목을 타고 바다로 떠갈까나. 나를 따를 자는 유일까? 자로가 이것을 듣고 기뻐하였다. 공자께서 말씀하시길, 유는 용맹을 좋아하는 것이 나보다 낫다. 재목을 취할 곳이 없다.

* * *

세상에 도가 행해지지 않음을 개탄하면서 공자가 "뗏목을 타고 바다로 떠갈까나. 그러면 나를 따라 올 사람은 유이겠지"라고 하였다. 자로가 이를 듣고 기뻐하였다. 여기까지는 문제가 없다. 문제는 그런 자로를 보고 공자가 한 말이다. "유는 용맹을 좋아하는 것이 나보다 낫다. 재목을 취할 곳이 없다." 이 부분을 어떻게 풀이할지가 문제이다.

〖주자〗주자는 '재材'를 '재裁'와 같다고 보고 헤아린다는 뜻이라 하였다. '무소취재無所取材'를 '[사리를] 재량하는 바가 없다取り材(はか)る所無し'라고 읽었다. 요컨대 자로는 용맹함이 지나쳐서 자신의 행위를 의리에 따라 재량하지 않는다고 풀이하였다.

제22강 자로

공자가 "뗏목을 타고 바다로 떠갈까나"라고 한 말은 가정이다. 그것을 자로는 실제라고 여겨 공자가 자신의 용맹을 인정하였다고 기뻐한 것이다. 그래서 공자가 "그 용맹을 칭찬하면서 사리를 헤아려 의에 맞게 하지 못함을 나무랐다"라고 풀이하였다.

〖진사이〗진사이는 '소취재^{所取材}'를 뗏목을 만드는 목재를 얻는 것이라 하였다.[5] 바다를 건널 뗏목을 만들기 위해서는 거대한 목재가 필요하다. 그러므로 이를 얻기 위해서는 지혜와 재주가 없어서는 안 된다. 따라서 공자는 자로에게 용기는 지나치나 지혜가 모자람을 훈계하여 놀린 것이라 하였다.

〖소라이〗소라이는 공자가 "뗏목을 타고 바다로 떠갈까나"라고 한 것은 넌지시 하는 말^{微言}로 보고 "간난^{艱難}을 겪어내는" 일을 말한다고 하였다.

> 생각건대 공자께서 말씀하시는 바는 이러하다. 일이 지극히 어려워 혼자 힘으로 할 수 없고 함께 할 만한 사람을 얻기도 어려우나 다만 자로는 용맹을 좋아하니 가정

---

[5] 주자와 달리 정현(鄭玄)은 재(材)를 재목으로 보아 감탄을 나타낸다고 하였으며, '무소취재'를 "뗏목을 만들 재목을 구할 데가 없구나.[無所取材者, 無所取於桴材]"라고 풀이하였다. 진사이는 이 해석을 따랐다. 다산 정약용 역시 이 뜻을 따르면서 덧붙여 공자와 자로의 도타운 정에 대하여 서술하였다. "孔子之意, 若曰乘一片之桴, 涉萬里之海, 此是危險必死之地. 然苟以行道之故, 吾將獨行, 則由也必從之. 一則許子路心熱於行道, 一則知子路舍命而從師. 一聖一賢, 意氣相許, 千載之下, 尙令人感激, 子路安得不喜. 喜者喜其知己也."『정본 여유당전서 8』「논어고금주」권2, 공야장 제5장, 원문은 한국고전종합 DB 참조.

하여 그리 말씀하신 것이지 실제로 자로를 인정한 것이 아니다. 자로는 그런 뜻을 헤아리지 못하고 자신과 함께 간다고 한 것을 기뻐하였다. 그러므로 공자가 다시 말씀하셨다. … 다만 뗏목을 만들 목재를 얻을 데가 없으니 따르고자 하여도 끝내 따를 수 없는 것을 염려할 뿐이다. 생각건대 큰일을 일으켜 간난을 겪어내는 것은 용맹하기만 해서는 안 되며, 반드시 도구가 있어야만 비로소 가능함을 말하는 것이다. 세상을 경영하고 백성을 구제할 수 있는 經濟 재목이 없으면 할 수 없다.

공자가 "뗏목을 타고 바다로 떠갈까나"라고 한 것은 확실히 빗대어 한 말이다. 그는 실제 도가 행해지지 않는 이 나라를 떠나 바다로 나가자는 것이 아니다. 그러나 이것을 소라이가 말하듯이 간난을 겪어내는 것의 미언이라 해버려도 괜찮을까? 이 말 또한 공자의 태도에 담긴 리얼리티를 가진 말이 아닐까? 난세에 굳이 그 소용돌이로 들어가 도를 바로 세우자고 하는 것은 넘치는 용기 혹은 호협한 정의로서 공자가 취하는 바가 아닐 것이다. 그것은 자로의 용맹이다. 자로는 그런 강직함으로 일관하여 위나라 내란에서 목숨을 잃었다. 나는 다음과 같이 번역하겠다.

> [번역] 공자가 말하였다. "여기는 전혀 도가 행해지지 않는구나. 차라리 뗏목을 타고 바다로 떠가자꾸나. 나를 따를 사람은 유겠네." 이 말을 듣고 자로는 부자를 따를 사람이 자신이라는 것을 알고 매우 기뻐하였다. 공자가 말하였다. "유의 용기는 도가 지나치다. 제일 먼저 뗏목을 만들 재료를 어떻게 구하겠느냐?"

제22강 자로

　　여기서는 자로의 미더운 용기를 품으면서도 도가 지나친 용기에 난처한 공자, 그러면서도 강직하게 자기를 따르는 자로를 아끼는 공자가 있다. 나는 이 장에서 훈계하는 뜻을 읽고 싶지는 않다.

22.2　술이 제10장

子謂顏淵曰, 用之則行, 舍之則藏. 惟我與爾有是夫. 子路曰, 子行三軍, 則誰與. 子曰, 暴虎馮河, 死而無悔者, 吾不與也. 必也臨事而懼, 好謀而成者也.

子顏淵に謂いて曰く、これを用うれば則ち行い、これを舍つれば則ち藏る。惟我と爾とこれ有るかな。子路曰く、子三軍を行らば、則ち誰れと与にせん。子曰く、暴虎馮河し、死して悔ゆる無き者は、吾れ与にせざるなり。必ずや事に臨みて懼れ、謀を好みて成さん者なり。

공자께서 안연에게 일러 말씀하시길, 써주면 즉 행하고 버리면 즉 감춘다. 오직 나와 너만 할 수 있겠지. 자로가 말하기를, 선생님께서 삼군을 행하신다면 즉 누구와 함께 하시겠습니까? 공자께서 말씀하시길, 포호빙하하고 죽어도 후회함이 없는 자와 나는 함께하지 않을 것이다. 반드시 일에 임하여 두려워하고 꾀함을 좋아하여 이루는 사람일 것이다.

● 22.2 술이 제10장

* * *

[번역] 공자께서 안연을 향해 "써주는 사람이 있으면 나가서 도를 행하고 버린다면 도를 품에 숨기고 물러난다. 이런 태도를 취할 수 있는 이는 오직 나와 너뿐일 것이다"라고 말씀하셨다. 자로가 말하였다. "삼군을 통솔하여 싸운다면 선생님은 누구와 함께 하시겠습니까?" 공자께서 답하여 말씀하셨다. "범을 맨손으로 때려잡으려 하고 배가 없어도 강을 건너려고 하다 죽어도 후회가 없다고 할 사람과 나는 함께하지는 않을 것이다. 내가 함께하고자 하는 이는 큰일을 앞두고 신중하게 충분한 계획을 즐겨 하는 사람이다."

실로 짜임이 좋은 장이다. 공자는 자로가 옆에 있는데 안연을 연루시켜 말한 것이다. 공자 자신과 안연 모두 도가 행해지지 않는, 문란한 권력 항쟁의 장에 굳이 발을 들이밀어 넣어 도를 행하고자 하지는 않는 사람이라고. 자로는 그것이 자신을 향한 말이라고는 해석하지 못하고 투지를 내보이며 말하였다. "그렇지만 선생님, 삼국을 통솔하시는 경우에는 반드시 제가 필요하시겠지요?"라고. 이런 자로에게 공자는 부드럽게 타일렀다. "범을 맨손으로 때려잡으려 하고 배가 없어도 강을 건너려고 하다 죽어도 해도 후회가 없다고 할 사람과 나는 함께하지는 않을 것이다"라고. 그야말로 뛰어난 가르침이다.

〖진사이〗 진사이는 『논어고의전論語古義傳』에서 다음과 같이 교훈을 읽어내려 하였다.

일을 함에 삼가 경거망동하지 않고 사려를 다하여 온전

하게 이루는 것은 군자의 마음가짐으로 뭇사람들이 신뢰하는 바이다. 그러므로 공자는 그런 사람과 함께할 것이라고 말씀하셨다.

굳이 교훈을 읽어내려고 한다면 이 정도일 것이다. 그러나 이렇게 교훈을 읽어내려 하면 오히려 공자의 생생한 가르침의 본연의 모습을 죽이고 마는 것이 아닐까? "삼군을 행하신다면 누구와 함께 하시겠습니까?"라고 당당하게 묻는 자로에게 "유야, 범을 맨손으로 때려잡으려 하고 배가 없어도 강을 건너려고 하다가 죽어도 후회가 없다고 할 사람과 내가 함께 하리라고 생각했다면 큰 착각이다"라고 타이르는 공자의 말이야말로 생생한 가르침이다. 우리가 배워야 할 것은 이런 가르침의 본모습이지 흔해 빠진 교훈을 끌어내는 것이 아니다.

22.3 공야장 제26장

顔淵季路侍. 子曰, 盍各言爾志. 子路曰, 願車馬衣輕裘, 與朋友共, 敝之而無憾. 顔淵曰, 願無伐善, 無施勞. 子路曰, 願聞子之志. 子曰, 老者安之, 朋友信之, 少者懷之.

顔淵・季路侍る。子曰く、盍んぞ各々爾の志を言わざる。子路曰く、願わくば車馬衣軽裘、朋友と共にし、これを敝るも而も憾むこと無けんと。顔淵曰く、願わくば善に伐ること無く、労を施すこと無けんと。子路曰く、願わくば子の志を聞かん。子曰く、老者はこれを安んぜしめ、朋友はこれを信じ、少者はこれを懐けしめん。

안연과 계로가 모셨다. 공자께서 말씀하시길, 어째서 각자 너희의 뜻을 말하지 않는가? 자로가 말하기를, 바라건대 차와 수레, 의복과 가벼운 갖옷을 벗과 함께 하여 이것을 해지게 해도 유감스러워하는 일이 없기를 바랍니다, 라고. 안연이 말하기를, 선행을 자랑하지 않고 수고로움을 주는 일이 없기를 바랍니다, 라고. 자로가 말하기를, 바라건대 선생님의 뜻을 듣고 싶습니다. 공자께서 말씀하시길, 늙은이는 이를 편안하게 하고 벗은 이를 믿고 젊은이들은 이를 따르게 하고 싶다.

* * *

여기서 '뜻을 말한다^{言志}'라는 것은 평소에 이렇게 되고 싶다고 바라며 마음을 쓰고 있는 것을 말한다는 뜻이다. '의경구^{衣輕裘}'의 '경'은 덧붙여진 글자^{衍字6)}로 생각된다. 의복과 갖옷이다. '벌^伐'은 자랑하는 것. '이로^{施勞7)}'를 주자는 공로를 과장하는 뜻이라고 했지만, 고주에 따라 힘든 일을 남에게 미루지 않는다는 뜻으로 보았다. 공자가 생각하는 '노자안지^{老者安之} 붕우신지^{朋友信之} 소자회지^{少者懷之}'에 대해 주자는 "늙은이를 편안하게 봉양하고 벗은 믿음으로 대하고 젊은이들을 은혜로 품어준다"[8]라고 풀이하였다.

---

6) '연자'는 군더더기로 들어간 말이라는 뜻인데 유보남(劉宝楠)은 완원(阮元)의 『교감기(校勘記)』를 인용하면서 '의경구'의 '경'자는 나중에 더해진 것이라고 설명하였다. "是子路本用成語, 後人涉雍也篇衣輕裘, 而誤衍輕字… 今注疏與皇本正文有輕字, 則後人依通行本增入, 非其舊矣."(『論語正義』)

7) 施의 음은 '시'이지만 주자처럼 '과장한다'는 뜻이나 공안국처럼 '(남에게) 미룬다'는 뜻으로 사용할 때는 '이'로 읽는다. 동양고전연구회 역주 『논어』민음사, 2016, 112쪽.

8) 주자의 주는 다음과 같다. "老者養之以安, 朋友與之以信, 少者懷之以恩." 여기서 之의 해석에 두 가지 설이 있다. 즉 각각의 주어인 노자, 붕우, 소자를 받는 것으로 보거나, 또는 황간(皇侃)처럼 공자 자신을 받는 것으로 볼 수 있다. 황간의 해석에 따르면 다음과 같다. "바라건대 내가 노인들에게 반드시 어루만져 편안케 해준다는 것을 보여주고, 벗들에게 반드시 미더워 약속을 지킨다는 것을 보여주고, 어린 자들에게 반드시 신경 써준다는 것을 보여준다. 노인들이 나를 편안하게 여긴다면 그것은 내가 분명 공경했기 때문이다. 벗들이 나를 믿는다면, 그것은 내가 분명 사기를 치지 않았기 때문이다. 어린 자들이 나를 늘 염두에 둔다면, 그것은 내가 분명 자애롭게 대했기 때문이다.[願已爲, 老人必見撫安, 朋友必見期信, 少者必見思懷也. 若老人安己, 己必是孝敬故也. 朋友信己, 己必是無欺故也. 少者懷己, 己必有慈惠故也]"가 된다(『論語集解義疏』). 첸무는 주자처럼 사람들을 가리키는 설과 공자 자신을 가리키는 설이 있으나 반드시 후자로 귀결된다고 하였다. "此三之字, 一說指人 … 另一說, 三之字指己 … 是從第一說, 仍必進入第二說."(『論語新解』)

〖데키사이〗 주자학자인 나카무라 데키사이는 이 풀이에 따라서 성인 공자가 이렇게 말한 이유를 다음과 같이 설명하였다.

> 무릇 천하에 사람들은 늙은이, 젊은이, 동배同輩 세 가지로 나뉜다. 안지安之·신지信之·회지懷之란 각각 그 사람들에게 자연스레 마땅한 도리가 있으므로 그러한 이치로 응하여 모두 제자리를 얻게 하는 것이다. 천지의 조화가 만물에 두루 미쳐 달리 마음 쓰지 않아도 되는 것과 같다.

〖진사이〗 진사이는 이렇게 말하였다.

> 늙은이는 뜻이 약해졌으므로 마음을 편안하게 해주어 근심과 걱정이 없도록 한다. 벗은 헤어지기 쉬우므로 믿음을 굳게 지켜 서로 피하여 버리지 않는다. 젊은이는 윗사람을 두려워하므로 따르게 하여 의지하게 만든다.
>
> 공자에 이르러서는 자신을 접하는 모든 사람이 하나라도 그 자리를 찾지 못하는 일이 없도록 하고자 하였다.

진사이 역시 주자학자와 마찬가지로 공자의 성인다움을 높게 평가하였다. 해석자들은 자로·안연·공자 세 사람이 제각각 자기의 마음가짐을 말하는 이 장에서 오로지 공자의 말을 성인의 말로서 어떻게 차이를 둘 것인지에 힘을 쏟았다.

> [번역] 안연과 자로가 옆에서 가까이 모시고 있을 때 공자께서 "어떠한가? 각자 평소에 되고자 하는 바를 말해보지 않겠느냐?"라고 말씀하셨다. 자로는 "저는 수레나 말, 의복과 갖옷을 친구들과 함께 사용하고 그것이 망

제22강 자로

가지더라도 불평을 하지 않기를 바랍니다"라고 말했다. 안연은 "좋은 일을 하더라도 남에게 자랑하지 않고 수고로운 일을 남에게 미루거나 하지 않기를 바랍니다"라고 말했다. 자로가 "선생님의 생각을 듣고 싶습니다"라고 하였다. 공자는 "노인에게는 기분이 평안하도록 대하고 싶다. 벗에게는 더욱 굳게 맺어지도록 믿음으로 사귀고 싶다. 그리고 나이가 어린 사람들에게는 나이 차를 의식하지 않고 친하게 지내도록 하고 싶다"라고 말씀하셨다.

자로는 아무리 봐도 자로다운 마음가짐이다. 우등생 안연은 그야말로 안연답다. 그리고 공자는 과연 그렇구나라고 생각하게 만든다. 이것을 굳이 천지와 대등한 성인의 뜻이라고 해석해서는 안 된다. 그렇게 풀이하면 이 장은 살아있는 장이 되지 못한다. 공자는 자로·안연의 생각을 듣고 수긍했으리라고 생각한다. 그다음에 자로가 물어보자 자기의 마음가짐을 말한 것이다. 이것은 성인이 아닌 평범한 우리도 마음에 새겨도 좋겠다.

22.4 술이 제18장

葉公問孔子於子路. 子路不對. 子曰, 女奚不曰, 其爲人也, 發憤忘食, 樂以忘憂, 不知老之將至云爾.

葉公、孔子を子路に問う。子路対えず。子曰く、女奚んぞ曰わざる、その人と為りや、憤りを発して食を忘れ、楽しみて以て憂いを忘れ、老いの将に至らんとするを知らざるのみと。

섭공이 공자를 자로에게 물었다. 자로가 대답하지 않았다. 공자께서 말씀하시길, 너는 어째서 말하지 않았는가, 그 사람됨은 분발하여 먹는 것을 잊고, 즐거워하여 걱정을 잊고, 늙음이 장차 이르려 하는 것을 알지 못한다, 라고.

* * *

자로는 잊을 수 없는 공자의 말을 『논어』에 남기는 계기를 만든 인물이다. 이 역시 그 가운데 하나다.

> [번역] 섭공이 자로에게 공자의 사람됨을 물었다. 자로는 그에 대답하지 않았다. 이를 듣고 공자는 자로에게 말씀하셨다. "너는 어째서 이렇게 말하지 않았느냐? 공자라는 사람은 더욱 분발하여 힘써서 식사를 잊고 때로는 즐거워서 걱정을 잊고 늙음이 곧 닥쳐오는 것을 모르는 것 같다고."

해석자는 반드시 공자의 이 말을 도를 구하고자 발분하고

제 22강 자로

도를 얻어 즐긴다고 해석하거나, 배움에 분발하여 그 성취를 즐긴다고 풀이해야만 된다고 여기는 듯하다.

〚주자〛 예를 들면 주자는 이렇게 말했다.

> 아직 터득하지 못하였다면 분발하여 먹는 것을 잊고 이미 터득하였으면 즐거워하여 근심을 잊는다. 이 두 가지로써 부지런히 힘써 날마다 노력하여 햇수가 부족함을 알지 못하니, 다만 배움을 좋아함이 독실한 것을 스스로 말씀하신 것일 뿐이다.

〚진사이〛 진사이 역시 다음과 같이 풀이하였다.

> 도가 끝이 없어 터득하기 어려움을 알기 때문에 발분發憤하였다. 도만이 편안할 수 있고 달리 구할 것이 없음을 알기 때문에 즐거워했다. 발분하기 때문에 점점 더 노력하고 즐기기 때문에 싫증 나지 않았다. 이것이 공자가 먹는 것을 잊고 걱정을 잊고 늙어가는 것도 알지 못한 이유이다.

성인의 분발과 즐거움은 이래야만 한다고 말하는 것이다. 공자는 음악을 중요시하였다. 당연히 매우 음악을 즐겼을 것이다. 또 공자는 제자들과 같이 이야기하면서 무우舞雩 산책도 즐겼을 것이다. 그러면 안 되는가? 늙음이 바로 곁에 왔음을 아는 나이가 되어서도 무엇이든 분발하여 먹는 것도 잊고 즐거워 근심을 잊을 수 있는 것, 그것만으로도 멋진 일이 아닌가? 이런 말을 우리에게 남겨 준 것만으로도 공자는 위대하다는 생각이 든다.

22.5 술이 제34장

子疾病. 子路請禱. 子曰, 有諸. 子路對曰, 有之.
誄曰, 禱爾于上下神祇. 子曰, 丘之禱久矣.

子の疾、病なり。子路禱らんことを請う。子曰く、これ有りや。子路対えて曰く、これ有り。誄に曰く、爾を上下の神祇に禱ると。子曰く、丘の禱ることや久ひさし。

공자의 병이 깊어졌다. 자로가 기도할 것을 청했다. 공자께서 말씀하시기를, 그런 것이 있느냐? 자로가 대답하여 말하기를, 있습니다. 뇌문에 말하기를, 너를 상하의 신기에게 기도한다, 라고. 공자께서 말씀하시길, 구가 기도한 것이 오래되었다.

* * *

이 장은 해석자 각각이 달리 풀이하고 있다고 할 정도로 해석하기 어려운 장이다. 어려움이란 물론 마지막의 "내가 기도한 지 오래되었다"라는 공자의 말을 어떻게 풀이할지를 가리킨다. 공자가 그렇게 말하게 된 자로와의 대화를 구성하고 있는 사정을 우리가 더 이상 이해하지 못하게 되었기 때문이다. 자로가 공자에게 허락해 줄 것을 청한 기도란 무엇인가? 그에 대해 공자가 "그런 것이 있느냐?"라고 한 것은 무엇을 묻는 것일까? 나아가 자로가 "있습니다"라며 들어 보인 그 뇌문이란 무엇일까? 이런 것들이 현대의 우리에게만 이해되지 않는 것은 아니다. 『논어』의 주석이 시작된 한 대 당시부터 이미 이해하기

제 22 강 자로

어렵게 되었다. 그래서 주석이 필요하다고 여겨졌다. 이 장에 대해서도 공안국 등의 주석에 겨우 의지하면서 후세의 해석자들은 제각기 해석하였다.

〖요시카와〗 현대 학자에 의한 두 가지 사례를 들어 보자.

> 자로가 신들에게 병이 낫기를 빌고 싶다고 청하였다. … 공자는 자로가 신들에게 기도하고 싶다고 하지만 병의 구제를 신들에게 기도하였다는 선례가 있는지를 물은 것 같다. 자로는 대답하였다. … 그런 예가 있습니다. 그 증거로 뇌誄라는 문헌에 '너를 상하의 신기에게 기도한다'라는 문구가 있음을 언급하였다. 뇌란 어떤 문헌일까? 사실 불확실하다. 보통 뇌라고 하면 사람의 사후 그 공적을 열거한 문장인데 여기서는 그런 뜻이 아니라는 것이 학자 대부분의 설이다. 그러자 공자가 답하였다. 그런가, 그런 것이 기도 내용이라면 나는 오랫동안 기도하고 있다. 나는 신들에게 비난받지 않도록 행동해 왔다. 이제 와서 호들갑스럽게 기도할 필요는 없다. 이렇게 말하는 것 같다. 공자는 신의 존재를 의식하지 않은 것은 아니었다. 그러나 신이란 공자에게 신을 향하여 도움을 구할 만한 성질의 대상이 아니었다. 인간이 자주성을 가지고 올바르게 행동하면 신은 자연히 인간을 돕는다고 생각했던 듯이 보인다.

〖미야자키〗 미야자키는 "뇌誄에 말하기를 상하의 신기에 도이禱爾한다"라고 읽으면서 다음과 같이 번역하였다.

> 공자의 병이 위중하게 되었다. 자로가 기도를 하고 싶다고 청하였다. 공자께서 말씀하시길, 선례가 있는가?

자로가 답하여 말하기를, 있고말고요. 옛날 뇌편誄編에 상하의 신기에 기도한다고 나옵니다. 공자께서 말씀하시길, 그런 의미라면 나는 스스로 오래전부터 기도하고 있다.

이 장의 의미를 생각해 보면 맨 먼저 자로가 기도하고 싶다고 청한 것은 아마도 당시 세속신앙에 따라 미신적인 주술을 행하려고 했던 것 같다. 그런데 공자가 선례 즉 예禮의 유무를 묻자 급하게 생각을 바꾸어 올바르게 천신天神과 지기地祇에 기도한다는 고전의 문구를 인용하여 대답하였으므로, 공자는 그런 기도라면 이전부터 하고 있으니 새삼스럽게 너에게 부탁할 필요는 없다고 사양한 것이리라.

이것은 대표적인 두 가지 예이다. 이 장의 해석은 학자에 따라 다르다. 그 차이는 궁극적으로는 "내가 기도한 지 오래되었다"라는 말로 공자가 어떤 인물이었는지 파악하는 데 귀착한다. 물론 해석자가 제멋대로 공자상을 그려낸 것은 아니다. 어디까지나『논어』에 보이는 공자의 말·문장을 중요한 조건으로 하고 난 다음에 마지막에는 해석자의 세계관·인간관을 드러내면서 자신의 공자상을 읽어가는 수밖에 없다. 일반적으로는 이 최종적인 읽기를 주자나 선구적인 해석자에게 맡기면서 자기 스스로 읽으려고는 하지 않는다. 나는 공자에게서 하늘을 향한 궁극적인 믿음의 자세를 발견한다. 그것은 신앙이라는 말로 표현해도 좋을, 하늘에 궁극적으로 의거하는 자세이다. 그런 공자이기에 '나는 원래 천지의 신들에게 기도하는 사람이다'라는 말이 저절로 나오는 것이라고 생각한다.

제 *23* 강

증석 · 염유

제23강 증석·염유

23.1 선진 제26장

子路曾皙冉有公西華侍坐. 子曰, 以吾一日長乎爾, 毋吾以也. 居則曰, 不吾知也. 如或知爾, 則何以哉.

子路・曾皙・冉有・公西華侍坐す。子曰く、吾一日爾より長ずるを以て、吾を以てすること毋かれ。居れば則ち曰く、吾を知らざるなりと。如し或いは爾を知らば、則ち何を以てせんや。

자로, 증석, 염유, 공서화가 모시고 앉았다. 공자께서 말씀하시길, 내가 하루라도 나이가 많다는 것으로써 나를 [어려워]하는 일이 없도록 하라. 늘상 말하기를 자기를 알지 못한다, 라고. 만약 혹 너를 안다면 즉 무엇을 하겠느냐?

* * *

> [번역] 자로, 증석, 염유 그리고 공서화 네 사람이 공자 옆에 앉아 있었다. 공자께서 말씀하셨다. "내가 너희보다 나이가 좀 많다고 해서 사양할 것이 없다. 평소에 너희는 자기를 인정해주는 사람이 없다고 하는데, 만약 인정해주는 사람이 있어 쓰이게 된다면 무엇을 하겠는가? 각자 생각을 말해 보거라."

증석曾皙의 이름은 점點이다. "증삼曾參의 부친이다. 자는 자석子皙이다. 당시 예교가 행해지지 않음을 싫어하여 이것을 정비하려 하였다. 공자가 이를 좋다고 하였다. 기수에서 목욕하고 무우 아래서 바람을 쐬겠다고 말한 것이다"라고 『공자가

23.1 선진 제26장

어』에 소개되었다.[1] 그렇지만『사기』에는 증석을 "기수에서 목욕하고 무우 아래서 바람을 쐬겠다"라는『논어』속 일화에 의해서 그 이름만 적을 뿐 '증삼의 부친'이라고는 하지 않았다.[2] 증석의 이름은『논어』선진 제26장에만 남았다고 하겠다. 덧붙여『맹자』는 증자의 부친으로 증석을 이야기하였고(「이루」), 또 광자狂者의 한 사람으로 증석을 들고 있다(「진심」).[3]

염유의 이름은 구求이고 자는 자유子有이며 공자보다 29세 아래다. 공서화는 성이 공서, 이름은 적赤이고 자는 자화子華이며 공자보다 42세 아래다. 자로는 공자보다 9세 아래로 네 사람 가운데 가장 나이가 많다. 증석의 연령은 미상이나 자로 다음이었을 것이다. 자로는 공자 만년(73세, 애공15년)에 위나라 내란 때 횡사한다. 따라서 이 장의 이야기는 공자가 가장 만년이었을 때, 자로 역시 죽기 전의 일로 생각된다.

---

1)『공자가어』「칠십이제자해(七十二弟子解)」편의 해당 원문은 "曾點, 曾參父, 字子晳, 疾時禮敎不行, 欲修之, 孔子善焉. 論語所謂, 浴乎沂, 風乎舞雩之下"이다. 본문에는 '論語所謂'가 누락되었는데, 이 부분을 포함하여 해석하면 "『논어』에 이른바 기수에서 목욕하고 무우 아래서 바람을 쐰다고 한 것이 이것이다"라고 할 수 있다.

2)『사기』「중니제자열전」의 원문은 다음과 같다. "曾蒧字晳, 侍孔子, 孔子曰, 言爾志. 蒧曰, 春服旣成, 冠者五六人, 童子六七人, 浴乎沂, 風乎舞雩, 詠而歸. 孔子喟爾歎曰, 吾與蒧也."

3)『맹자』「진심 하」제37장에 증석에 관한 언급이 보인다. "孟子曰, 孔子不得中道而與之, 必也狂獧乎. 狂者進取, 獧者有所不爲也. 孔子豈不欲中道哉. 不可必得, 故思其次也. 敢問何如斯可謂狂矣. 曰, 如琴張, 曾晳, 牧皮者, 孔子之所謂狂矣." 광이란 진취적이고 기개가 높은 것을 뜻하는데, 주자는 "광은 뜻이 있는 자이고 … 뜻이 있는 자는 도로 나아갈 수 있다"라고 설명하였다.

제23강 증석·염유

子路率爾而對曰, 千乘之國, 攝乎大國之間, 加之以師旅, 因之以饑饉. 由也爲之, 比及三年, 可使有勇且知方也. 夫子哂之.

子路、率爾(そつじ)として対えて曰く、千乘の国、大国の間に摂し、これに加うるに師旅を以てし、これに因るに饑饉を以てす。由やこれを為(おさ)めば、三年に及ぶ比(ころ)には、勇有りて且つ方を知らしむ可しと。夫子、これを哂(わら)う。

자로가 경솔하게 대답하여 말하기를, 천승의 나라가 대국 사이에 끼어 있어 이에 더하길 전쟁이 있고, 이로 말미암기를 기근이 있습니다. 유가 이를 다스리면 삼 년에 이를 무렵에는 용맹스럽고 또 방향을 알게 할 수 있습니다, 라고. 부자께서 이를 웃으셨다.

* * *

[번역] 자로는 지체 없이 일어나서 "전차 천승의 나라로 대국 사이에 끼여 전쟁이 일어나고 게다가 기근이 덮치는 난국에 처해도, 제가 그 나라의 정치를 맡게 되어 삼 년 정도 되면 그 나라 사람들을 용기 있고 도의를 알게 할 수 있을 것입니다"라고 답하였다. 부자는 이를 듣고 웃으셨다.

求爾何如. 對曰, 方六七十, 如五六十, 求也爲之, 比及三年, 可使足民. 如其禮樂, 以俟君子.

求、爾は何如。対えて曰く、方六七十、如(もし)くは五六十、求やこれを為めば、三年に及ぶ比には、民を足らしむ可し。その礼楽の如きは以て君子を俟(ま)たんと。

구야, 너는 어떠한가? 대답하여 말하기를, 사방 육칠십 또는 오륙십, 구가 이를 다스린다면 삼 년에 이를 무렵에는 백성을 풍족하게 할 수 있습니다. 그 예악과 같은 것은 군자를 기다리겠습니다, 라고.

* * *

[번역] "염구야, 너는 어떠한가?"라고 공자는 염유에게 물었다. 염유는 대답하여 "만약 제가 사방 육칠십 리, 혹은 오륙십 리 정도의 나라를 맡게 되어 삼 년 정도 되면 백성의 먹고 입는 것을 충분하게 할 수 있을 것입니다. 다만 예악의 다스림에 대해서는 저보다 우수한 군자가 실현하기를 기다리겠습니다"라고 하였다.

제23강 증석·염유

赤爾何如. 對曰, 非曰能之, 願學焉. 宗廟之事, 如會同, 端章甫, 願爲小相焉.

赤、爾は何如。対えて曰く、これを能くすると曰うに非ず。願わくは学ばん。宗廟の事、如しくは会同には、端章甫(たんしょうほ)して、願わくは小相(しょうしょう)と為らんと。

적아, 너는 어떠한가? 대답하여 말하기를, 이것을 할 수 있다고 말하는 것은 아닙니다. 바라건대 배우고자 합니다. 종묘의 일 또는 회동에는 단장보하여 바라건대 소상이 되고자 합니다, 라고.

* * *

[번역] "적아, 너는 어떠한가?"라고 공자는 공서화에게 물었다. "제가 할 수 있는 것은 아니지만 배우고 싶습니다. 종묘의 제사나 제후들과 회합 때 예복을 입고 관을 쓰고 보좌역을 맡고 싶습니다."

'단'은 현단玄端으로 검은색의 예복이고, '장보'는 예관禮冠을 가리킨다.

23.1 선진 제26장

點爾何如. 鼓瑟希. 鏗爾舍瑟而作. 對曰 異乎三子者之撰. 子曰, 何傷乎, 亦各言其志也. 曰, 莫春者春服既成. 冠者五六人, 童子六七人, 浴乎沂, 風乎舞雩, 詠而歸. 夫子喟然嘆曰, 吾與點也.

點、爾は何如。瑟を鼓すること希なり。鏗爾として瑟を舍きて作つ。対えて曰く、三子者の撰に異なり。子曰く、何ぞ傷まん、また各その志を言うなり。曰く、莫春には、春服既に成る。冠者五六人、童子六七人、沂に浴し、舞雩に風し、詠じて帰らんと。夫子喟然として歎じて曰く、吾は點に与せん。

점아, 너는 어떠한가? 비파를 타는 것이 희미해졌다. 탁하고 비파를 두고 일어섰다. 대답하여 말하기를, 세 사람이 찬한 것과 다릅니다. 공자께서 말씀하시길, 무엇이 해롭겠는가? 또한 각자 그 뜻을 말한 것이다. 말하기를, 늦은 봄에는 봄옷이 이미 완성됩니다. 관을 쓴 이 대여섯, 아이 예닐곱, 기수에서 목욕하고 무우에서 바람을 쐬다가 읊으며 돌아오겠습니다, 라고. 부자께서 탄식하며 감탄해 말씀하시길, 나는 점과 함께 하겠다.

***

[번역] 공자는 증석을 향해 "점아, 너는 어떠한가?"라고 물었다. 증점은 쉬엄쉬엄 타고 있던 비파를 탁하고 옆에 두더니 일어나서 대답하였다. "저는 세 사람의 뜻과는 다릅니다." 부자는 "아무런 문제가 없다. 각자의 뜻을 말하는 것이니"라고 하면서 증점을 재촉하였다. "저는

늦봄에 이미 만들어진 봄옷을 입고, 이미 관을 쓴 청년 대여섯 그리고 아직 관을 쓰지 않은 소년 예닐곱과 함께 기수에서 목욕하고 무우 근처에서 바람을 쐬다가 노래를 읊조리며 돌아오고 싶습니다"라고 대답하였다. 부자는 깊이 탄식하며 말하였다. "나는 점과 뜻을 함께하고 싶다."

‘찬撰’이란 다양하게 풀이된다. 고주는 구具로 보았다. 그 뜻에 따라 마음에 갖추어진 생각志이라고 하였다(진사이). 또는 찬술이라 하거나(모로하시), 또 옛날에는 선僎으로 전詮과 동일하며 선善의 뜻이라고 하였다(가나야). ‘갱이鏗爾’는 물건을 내려놓을 때 나는 소리이다. ‘기沂’는 노성魯城 동남을 흐르는 강이다. ‘무우舞雩’는 "하늘에 제사하여 비가 내리기를 비는 곳으로 제사를 지내는 단壇과 수목이 있다"(주자).

三子者出, 曾晳後. 曾晳曰, 夫三子者之言何如. 子曰, 亦各言其志也已矣. 曰爲夫子何哂由也. 曰, 爲國以禮. 其言不讓. 是故哂之. 唯求則非邦也與. 安見方六七十如五六十而非邦也者. 唯赤則非邦也與. 宗廟會同, 非諸侯而何. 赤也爲之小, 孰能爲之大.

三子者出ず。曾晳後る。曾晳曰く、かの三子者の言は何如。子曰く、また各その志を言うのみ。曰く、夫子何ぞ由を哂うや。曰く、国を為むるには礼を以てす。その言讓らず。この故にこれを哂う。唯求は則ち邦に非ざるか。安んぞ方六七十、如しくは五六十にして邦に非ざるものを見ん。唯赤は則ち邦に非ざるか。宗廟会同は、諸侯に非ずして何ぞ。赤やこれが小たらば、孰か能くこれが大たらん。

세 사람이 나갔다. 증석이 남았다. 증석이 말하기를, 저 세 사람의 말은 어떻습니까? 공자께서 말씀하시길, 또한 각자 그 뜻을 말했을 뿐이다. 말하길, 부자께서는 어째서 유를 웃으셨습니까? 말씀하시길, 나라를 다스리는 데는 예로써 한다. 그 말이 겸양하지 않았다. 그러므로 이를 웃었다. 다만 구는 즉 나라가 아니었습니까? 어찌 사방 육칠십 혹은 오육십이라 해서 나라가 아닌 것을 보겠는가? 다만 적은 나라가 아니었습니까? 종묘회동은 제후가 아니고 무엇이겠는가? 적의 이것이 작은 것이라면 누가 이것이 큰 것이라 할 수 있겠느냐?

제23강 증석·염유

* * *

[번역] 자로 등 세 사람이 자리를 떴다. 뒤에 남은 증석이 공자에게 여쭈었다. "저 세 사람의 말을 어떻게 생각하시는지요?" 공자는 "세 사람 모두 각기 자기의 뜻을 말한 것뿐이다"라고 하였다. 증석은 "선생님은 어째서 유의 말에 웃으셨습니까?"라고 물었다. 공자는 "나라를 다스리는 데는 예로써 해야 하는데 유의 말이 아무래도 겸양과는 멀었다. 구는 겸양하여 예에 의해 다스릴 군자를 기다린다고 했지만 사방 6, 70리라 하여도 충분히 나라이지 않느냐? 나라를 다스리는 데는 예에 의해야 한다. 적은 종묘회동 때 소상이 되고자 하는 뜻을 말하였지만, 종묘와 회동을 하는 것은 바로 제후이며 그것은 제후국의 예이다. 그런 중요한 예의 장에서 적은 소상이 되고자 했지만, 그렇다면 누가 대상大相이 될 수 있겠는가?"라고 하였다.

이 장은 『논어』 가운데 가장 길다. 세 명의 제자 즉 자로·염유·공서화가 제각기 "만약에 그대들을 인정하는 이가 있어 위정의 장에 쓰이게 된다면 무엇을 하겠는가?"라는 공자의 질문에 각각 자기의 포부를 말하는 것으로 구성된다. 세 사람의 포부에 대한 공자의 비평이 이어지는 것을 보더라도 이 장이 기본적으로 세 사람의 발언과 그에 대한 공자의 비평으로 구성되었다고 할 수 있다. 그러나 여기서 공자를 모시고 앉은 이는 네 사람이다. 앞의 세 사람에 더하여 증석이 있었다. 증석은 그들의 한편에서 비파를 타고 있었다. 증석은 이 장의 장면에서는 방관자의 위치이다. 그래서 증석이 마지막으로 한 대답도

23.1 선진 제26장

앞의 세 사람과는 완전히 이질적인, 이른바 세 사람이 공유하는 일(위정)에 대해 온전히 제삼자였다. "기수에서 목욕하고 무우 근처에서 바람을 쐬다가 노래를 읊조리며 돌아오고 싶습니다"란 그야말로 다른 이들의 말에 전혀 아랑곳하지 않는 답이다.

그런데 이 제삼자 같은 증석의 대답에 공자가 동의함으로써 이 장의 사정이 일변한다. 증석은 단숨에 이 장의 또 다른 주제의 주역主役과 같은 성격을 끄집어냈다. 또 다른 주제란 깊은 탄식과 함께 "나는 점과 뜻을 함께 하고 싶다"라고 말한 만년의 공자이다. 세 사람이 공유하는 상황에 방관자 같은 말을 하는 증석에게 탄식과 함께 동조하는 공자는 난세의 현실과 스스로 거리를 둔 공자이다. 증석의 말은 이런 공자를 떠올리게 한다. 그러나 원래 이 장의 장면에서 증석은 한편에 물러나 앉아서, 말하자면 스토리 전개상 없어서는 안 될 조연의 역할을 하고 있었다. 증석은 공자에게서 후단의 결론과도 같은 세 개의 비평을 끌어냈다. 그런데 방관자 같은 증석의 발언으로 이 장의 또 다른 주제가 드러난 것이다. 아울러 치도治道를 둘러싼 세 사람의 뜻과 공자의 비평이라는 이 장 본래의 줄기가 오히려 뒷배경으로 물러나 버린 듯하다. 방관자 증석의 "늦봄에 이미 만들어진 봄옷을 입고, 이미 관을 쓴 청년 대여섯 그리고 아직 관을 쓰지 않은 소년 예닐곱과 함께 기수에서 목욕하고 무우 근처에서 바람을 쐬다가 노래를 읊조리며 돌아오고 싶습니다"라는 말과 함께, 그리고 "나는 점과 뜻을 함께 하고 싶다"라는 공자의 말과 함께 이 장은 기수 근처에 서 있는 공자 만년의

제23강 증석·염유

모습으로 뒤덮인 듯하다.

이 장은 아마도 자로 등 세 사람의 제자와 만년의 공자를 둘러싼 이야기에 증석과 "기수에서 목욕하고 무우 근처에서 바람을 쐬다가 노래를 읊조리며 돌아오겠다"라는 말을 둘러싼 이야기가 합성된 형태로 성립한 것이 아닐까? 사실 자로·염유·공서화를 둘러싼 장은 공야장 제8장에 있다.

> 맹무백이 공자에게 자로가 인仁한 사람인지 물었다. 처음에 공자는 모른다며 대답하지 않았다. 다시 묻자 공자는, 유는 천승千乘의 나라에서 군사를 다스릴 수 있으나 그가 인한지는 모르겠다고 대답하였다. 다음으로 염구는 인한 사람인지 물었다. 공자는 구가 천실千室의 읍이나 백승의 영주 가문의 총관리자는 할 수 있겠지만 인한지는 모르겠다고 답하였다. 마지막으로 공서화는 어떤지를 물었다. 공자는 적赤은 관복을 입고 조정에 서서 귀한 손님 접대는 할 수 있겠지만 인한지는 모르겠다고 답하였다.[4]

이것을 보면 선진편에서 세 사람의 뜻이라고 한 말이 공야장편에는 공자의 말로 된 것을 알 수 있다. 요시카와 고지로는 이 '맹무백이 물었다'라는 장에 보이는 공자의 연령을 69세로 추정하였다. 덧붙여 자로는 예순, 염구는 마흔다섯, 공서적은

---

4) 『논어』「공야장」제7장의 원문은 다음과 같다. "孟武伯問. 子路仁乎. 子曰, 不知也. 又問. 子曰, 由也, 千乘之國, 可使治其賦也. 不知其仁也. 求也何如. 子曰, 求也, 千室之邑, 百乘之家, 可使爲之宰也. 不知其仁也. 赤也何如. 子曰, 赤也, 束帶立於朝, 可使與賓客言也. 不知其仁也." 분장은 저자에 따라 그대로 두었다.

스물일곱이라 하였다(요시카와 논어). 그렇다면 이 역시 공자 만년의 이야기가 된다. 아마도 이 이야기가 증석의 "기수에서 목욕하고 무우 근처에서 바람을 쐬다가 노래를 읊조리며 돌아오고 싶습니다"라는 말을 포함시키는 형태로 공자 만년의 모습을 전하는 선진편의 풍부한 문학적인 문장을 구성해 간 것인지도 모르겠다.

선진편의 문장 구성을 문학비평처럼 분석하면 두 가지 이야기가 합성되어 공자 만년의 문학적 형상으로서 구성된 것으로 볼 수 있다. 그러나 사람들은 애초에 이것을 길지만 한 장으로 읽어 왔으며, 저 증석의 시적인 문장도 같은 장 안에서 이해해 왔다. 그렇지만 그때 "늦봄에 이미 만들어진 봄옷을 입고, 이미 관을 쓴 청년 대여섯 그리고 아직 관을 쓰지 않은 소년 예닐곱과 함께 기수에서 목욕하고 무우 근처에서 바람을 쐬다가 노래를 읊조리며 돌아오고 싶습니다"라는 시적인 방관자의 문장은 어떻게 해석될까?

〖주자〗

> 증점의 학문은 생각건대 인욕人欲이 다한 곳에 천리가 잠시도 멈추지 않고 행해져流行 곳곳을 따라 충만하여 조금도 결함이 없었다. 그러므로 움직이거나 가만히 있을 때나 차분하고 자연스러움從容이 이와 같았다. 그리고 그 뜻을 말함에 자기가 처한 위치에 나아가서 일상생활의 항상됨을 즐기는 데 지나지 않았다. 처음부터 자기를 버리고 남을 위하려는 뜻이 없었다. 그 가슴 속이 한가롭고 자연스러워悠然 곧바로 천지 만물과 더불어 위로부터

제23강 증석·염유

아래에 이르기까지 관통하였다. … 세 사람이 사위事爲
와 같은 말단적인 것에 얽매이는 것과 견주면 그 기상이
같지 않다. 그러므로 부자께서 탄식하여 깊이 허여하신
것이다.

주자는 증석의 말에 의해 천지와 일체화한 듯 유연悠然한 기
상을 읽어냈다. 그렇게 이야기하는 주자의 말은 현대어 번역을
어렵게 만든다. 이렇게 증석의 차분하고 여유로운 기상에서
나온 말은 선진편의 이 장을 벗어나 점차 많은 인사가 즐겨
입에 올리게 되었다. 저 말을 읊조릴 때 사람들은 증석과 함께
천지의 유연한 기상을 자기 안에서 느끼는 것인지도 모르겠다.

〖진사이〗

생각건대 증점은 주나라 말기의 혼란스러운 세상을 크게
싫어하여 옛 성왕聖王이 다스리던 때의 순박한 풍속淳風
을 그리워했다. 그러므로 그가 말에는 당우唐虞 삼대의
백성들이 배불리 먹고 배를 두드리며 각자 타고난 성질
대로 느긋하게 살았던 기상이 드러난다. 그러므로 부자
께서는 탄식하면서 "나는 점과 함께 하겠다"라고 하신
것이다. 생각건대 증점의 말은 당우 삼대의 태평성대를
보고 싶어 하는 부자의 마음에 부합한 것이다.

진사이 또한 증석에게 동조한 공자의 뜻을 미루어 살펴서
증석의 말에서 당우 삼대의 인민의 기상을 읽었다.

23.1 선진 제26장

〚소라이〛

생각건대 기수에서 목욕하겠다는 증점의 대답은 미언微
言이다. 후세에는 시학詩學이 명철하지 못했기에 유생들
이 미언을 알아차리지 못했고 그 뜻을 이해한 자도 드물
었다. 생각건대 증점이 예악을 통한 정치에 뜻이 있었던
것이 『공자가어孔子家語』에 보이는데[p.453] 이는 분명 공
자에게 전해 받은 바가 있을 것이다. 『맹자』에서는 증
점을 광자狂者라 칭하였다.[p.453] 그가 말하길 "옛사람이
여, 옛사람이여!"라고 했는데, 이는 증점의 뜻이 지극히
커서 예악을 제작하고 천하를 도야하는 데에 뜻이 있었
다는 말이다. … 그러나 예악을 제작하는 것은 천자의
일로서 혁명의 때이다. 그러므로 군자는 이것을 말하기
꺼렸다. … 그런즉 예악을 말할 수 없었던 것이다. 또
그의 뜻은 다른 세 제자가 제후의 정치에 뜻을 두는 것
을 작은 것으로 여겼기 때문에 그것을 말하기를 꺼렸다.
그러므로 자기의 뜻을 말하지 않고 당시의 시절을 말한
것이다. 이는 미언이다. 부자는 그의 뜻이 있는 곳을
알았기 때문에 깊이 탄식한 것이다.

소라이는 "늦봄에 이미 만들어진 옷을 입고"의 몇 마디는
"높고 맑으며 상쾌하고 뛰어나게 높은 시각이니 광자의 기상
이다高朗爽快, 超然高視, 狂者之象也"라고 하면서 증석을 광자라 하
였다. 기수에서 목욕한다는 말을 시적 미언으로 보는 것이다.
광자란 큰 뜻을 품어 행동거지가 예사롭지 않은 사람이다. 소라
이는 증석을 광자라 보고 기수에서 목욕한다는 말을 광자가 큰
뜻을 속으로 감춘 미언이라고 하였다. 공자는 그 미언에 담긴
뜻을 알아차렸다는 것이다. 소라이는 또한 세 사람과 치도의

제23강 증석·염유

뜻을 말하는 이 장의 문맥에서 증석과 그의 말을 파악하였다. 증석을 둘러싼 '광자'와 '미언'이라는 시점은 방관자적인 증석과 그의 말에 어째서 공자가 크게 감탄하면서 동조하였는지를 푸는 열쇠이기도 하다.

나는 여기서 소라이가 말하는 미언에 주목한다. 시詩라는 문학적 언어를 소라이는 미언이라 하였다. 미언이란 사전에 따르면 미묘하고 뜻이 깊은 말, 내밀한 이야기, 넌지시 에둘러 이야기하는 것이다. 소라이는 시를 미언이라 하였다. 증석이 말한 무우의 시적 언사란 『논어』에 보이는 대표적인 미언이다. 뜻志이라는 말이 어째서 미언이 되는 걸까? 그 말은 왜 시가 아니면 안 되는가? 소라이는 시를 말하였다. 혁명의 시기가 아니기 때문이다. 또 소라이는 지위를 말하였다. 제작자의 위치에서 멀리 떨어져 있기 때문이다. 그럴 때 뜻이라는 말은 시가 되고 미언이 된다. 그래서 『논어』의 공자의 말은 본질적으로 시이며 미언이라는 것이다. 선왕의 예악의 도를 지향하는 공자는 이때 자신의 이루지 못한 뜻을 시·미언으로서만 이야기할 수 있었다는 것이다. 증점의 '무우'란 공자의 미언을 그림으로 보여준 것이다.

증점의 무우의 말은 분명 시이다. 이것은 문학적 표현으로서 이해해야 한다. 공자가 탄식하면서 함께하겠다고 한 것을 보면 그것은 공자의 말이기도 하다. 그렇다면 어째서 이때 공자의 말은 욕기무우浴沂舞雩의 시로서 나올 수밖에 없었을까? 나는 공자의 말이 시가 될 수밖에 없었던 당시를 공자 만년의 때라고 본다. 이때 공자는 예순아홉을 지나고 있었다. 연보年譜에는 이 장의 공자를 일흔하나로 추정하였다(「공자연보」시부사와 『논어강의』 부재付載). 그 이듬해 치도의 큰 뜻을 이야기하던 자로는 위나라 내란에서 횡사하였다. 공자가 만년이던 때 그 말은 현실에 대한 깊은 탄식, 반어로서의 시가 아닐 수 없다. 나는 방관자를 가장하여 읊조리는 증점의 말에서 부정적 역설의 깊은 문학적 표현을 읽었다. 이것은 공자의 반어적인 탄성이다.

아울러 선진편의 이 장과 공야장편의 '맹무백이 물었다' 장과의 구성 관계를 지적한 이는 와쓰지 데쓰로和辻哲郎이다.[5] 와쓰지는 『논어』 각 편이 성립한 문제와 상관하여 말하였다. 그런 와쓰지는 이 '무우'의 구절에 대해서는, 옛날부터 많은 사람에게 사랑받은 문구지만 "아마도 공자학파의 운동과는 독립하여 발생한 민요류로 선진편의 편자가 공자의 전기 속에 포함시킨 것 같다"라고 하였다.

---

5) 와쓰지 데쓰로(1889~1960)는 윤리학자로 도요(東洋)대학과 교토대학 및 도쿄대학 교수를 역임하였다. 인간을 관계성에서 파악하는 도덕론을 전개하였고, 풍토론을 비롯하여 『고사순례(古寺巡禮)』, 『일본정신사 연구』 등 문화사에서도 많은 업적을 남겼다. 본문 내용과 관련해서는 『공자』 이와나미 문고, 2007, 116~120쪽 참고.

제23강 증석·염유

23.2 팔일 제6장

季氏旅於泰山. 子謂冉有曰, 女弗能救與. 對曰, 不能. 子曰, 嗚呼, 曾謂泰山不如林放乎.

季氏、泰山に旅す。子、冉有に謂いて曰く、女(なんじ)救うこと能わざるか。対えて曰く、能わず。子曰く、嗚呼、曾(すなわ)ち泰山は林放(りんぽう)に如かずと謂(おも)えるか。

계씨가 태산에서 여하였다. 공자께서 염유에게 일러 말씀하시기를, 너는 구할 수 있겠느냐? 대답하여 말하기를, 할 수 없습니다. 공자께서 말씀하시길, 아아, 태산은 임방만 같지 못하다고 생각하느냐?

* * *

[번역] 계씨가 태산에서 여제旅祭를 지내려고 했다. 공자는 계씨를 모시는 염유를 향해 "너는 이 비례를 바로잡을 수 없는가?"라고 하였다. 염유는 "할 수 없습니다"라고 대답하였다. 공자는 "아아!"라고 탄식하며 "태산이 저 예를 묻던 임방에도 못 미친다는 생각이라도 하는 것이냐? 태산은 이 비례를 결코 받아들이지 않을 것이다"라고 하였다.

염유冉有는 이름이 구求이고 자는 자유子有이다. 노나라 사람으로 공자보다 29세 아래다. 우리는 염유의 이름을 이미 알고 있다. 증석이 기수에서 목욕하고 무우 근처에서 바람을 쐬겠노라고 한 그 장면에서 자로에 이어 정사의 뜻을 말한 이가 염유였다. 그 장면의 원형이라 여겨지는 장, 즉 맹무백이 그들의 인함을 묻는 공야장 제8장에서 공자는 "구는 천실千室의 읍이나 백승의 영주 가문의 총관리자는 할 수 있겠지만, 인한지는 모르겠습니다"라고 답하였다. 염유는 자로와 더불어 정사에 적합한 재능을 가졌으며 오래도록 그 세계에 있었다. 염유는 오랜 기간 노나라의 대부 계씨季康子의 가신이었다. 공문의 사과(덕행·언어·정사·문학)가 일컬어지는 장에서 "정사는 염유와 자로"(선진 제3장)라 했듯이 확실히 염유는 정치 세계에서는 능력이 있었던 것 같다.

그런데 그 정치에서 염유에 대한 공자의 태도는 매우 엄격하였다. 맹무백에게 답하여 공자가 '그는 기껏해야 영주의 가로일 것이다'라고 한 말에는 강한 역설이 들어있다. 『논어』에는 염유를 둘러싼 장은 많다. 제자에 관련된 공자의 말 중에 염유에 대한 것은 자로·자공 다음으로 많다. 그렇지만 대부분이 부정적인 점이 흥미롭다. 위정의 장에 있는 저 재능 있는 제자에 대해 공자는 질책을 이어갔다. 『공자가어』는 염유에 대해 "노인을 공경하고 어린아이를 보살피며, 손님과 나그네를 잊지 않고, 배우기를 좋아하고 육예에 두루 통하며, 일을 잘 살피고 부지런한 것은 염구의 행실이다"[6]라고 칭찬하였다. 역사는 공자의 성인상과 함께 현재賢才로서 유덕한 제자 염유상도 만들어냈다.

여旅란 산에 지내는 제례의 이름이다. 제후는 자기 영내의

---

6) 『공자가어』「제자행」에 "恭老卹幼, 不忘賓旅, 好學博藝, 省物而勤也, 是冉求之行也"라고 나온다.

제23강 증석·염유

산천에 제사 지내는 것을 예로 삼는다. 지금 계씨는 노나라 가신의 신분으로 태산에 제사를 지내는 비례非禮를 저지르려고 한다. 때마침 공자는 계씨의 가신이던 염유에게 이런 비례를 바로잡을 수 없는지 물은 것이다. 또 임방은 바로 앞의 팔일 제4장에서 공자에게 예의 본질을 물은 인물이다. 공자는 그 물음에 "예는 사치하기보다 차라리 검소하게 하라"라고 답하였다.

〖진사이〗

> 계씨가 팔일무를 추게 하고 옹雍을 노래하며 제기를 거둔 참란僭亂 행위를 공자는 배척하였다.[7] 지금 다시 계씨가 태산에서 여제를 행하려 한다. 공자는 염유에게 이를 바로잡으라고 한 것이다. 예란 사람이 사는 세상의 제방堤防과 같다. 예가 있기에 인심이 안정되고 인륜이 분명해지며 사회질서가 성립한다. 계씨가 신하의 지위로 왕의 예를 참하는 것은 스스로 이 제방을 무너뜨리는 것이다. 신神은 예에 어긋나는 제사를 받아들이는 일이 없다. 계씨는 노나라 경卿으로서 이렇게 비례를 범한다면 어떻게 나라의 백성을 다스릴 수 있겠는가?

예를 주요 주제로 다루는 팔일편의 이 장은, 진사이처럼 이해하는 것이 맞을 것이다. 특히 예를 "사람이 사는 세상의 제방人之堤防"이라 보는 진사이의 이해는 훌륭하다. 예는 어느덧 강요받는 것으로서 허례가 되어가지만, 옛날에 예는 세상이 무너져 어지러워지는 것을 막아주는 자생적인 관행 의례였을

---

7) 『논어』 「팔일」 제1~3장[p.362].

것이다. 그러나 만약 염유를 주제로 이 장을 읽는다면 어떨까? 나는 지금 정치적 재능을 가졌다는 제자 염유의 처지에서 그를 주제로 『논어』를 읽고자 한다. 시점을 염유에 두면 이 장은 다르게 읽히지 않을까?

진사이는 예의 '본질'을 묻는 임방을 칭찬하여 주인을 올바르게 이끌기를 단념하는 염유를 격려하고 가르치는 것이라고 하였다. 성인 공자는 단순히 사람을 비난하여 내치거나 하지 않는다. 주자가 이렇게 말하며 공자가 계씨도 구하여 바로잡으려고 했다고 하였다. 그런 이해는 어디까지나 성인 공자의 말로서 읽는 데서 비롯한다. 그러나 시점을 염유에 두면 계씨를 모시는 능리能吏라 할 만한 모습이 보이지 않는가? "너는 주인의 잘못을 바로잡을 수는 없는가?"라는 공자의 말에 "못합니다"라고 대답하는 염유는 애초에 바로잡을 생각은 하지도 않았던 것이다. 공자의 깊은 탄식은 이중적이었으리라. 공자는 비례를 범하는 계씨를 탄식하면서 동시에 그 비례를 저지르는 주인에게 그저 정치적인 재능만을 가지고 벼슬하는 염유를 탄식하는 것이다. 『논어』를 해설하는 여러 책에서는 염유를 온화하고 순하며 겸손한 인물이라 하였다. 염유·자공은 공자를 곁에서 모실 때 "온화하고 즐거운 듯하다"(선진 제13장)[8])라고

---

8) 『논어』「선진」제12장에는 공자가 제자들의 각기 기질이 다른 바를 이야기하면서 즐거워하였다고 나온다. "閔子侍側, 誾誾如也. 子路行行如也. 冉有子貢侃侃如也. 子樂. 若由也, 不得其死然"라고 나온다. '侃侃'은 강직하다는 뜻도 되지만, 『논어주소』에는 "冉有子貢侃侃如也者, 侃侃, 和樂之貌"이라 하여 '화락'의 뜻으로 보고 있다. 여기서는 고주에 따랐다.

하였다. 염유의 온량함은 여기서 나온 것인지도 모르겠다. 또 "구는 물러난다"(선진 제22장)[9]라고 하여 염유는 겸손히 사양하고 물러나는 사람으로 여겨진다. 그런 성품으로 공자를 모시면서도 또 계씨의 가신으로서는 주인에게 굳이 자신의 의견을 제시하는 일이 없이 벼슬하는 염유에게 공자는 조바심이 난 듯하다. "태산이 저 예를 묻던 임방에도 못 미친다는 생각이라도 하는 것이냐?"라는 노여움이 실린 말은 계씨와 더불어 염유를 향한 것이기도 했으리라.

23.3 자로 제14장

冉有[10]退朝. 子曰, 何晏也. 對曰, 有政. 子曰, 其事也. 如有政, 雖不吾以, 吾其與聞之.

冉有、朝より退く。子曰く、何ぞ晏(おそ)きや。対えて曰く、政(まつりごと)あり。子曰く、其の事ならん。如し政あらば、吾を以(もち)いずと雖も、吾それこれを与(あずか)り聞かん。

염유가 조정에서 물러났다. 공자께서 말씀하시길, 어째서 늦었는가? 대답하여 말하기를, 정사가 있었습니다. 공자께서 말씀하시길, 그의 일일 것이다. 만약 정사가 있었다면 나를 쓰지 않았더라도 내 이를 참여하여 들었을 것이다.

---

9) 『논어』「선진」 제21장에는 자로와 염유의 실천에 대한 물음에 공자가 제자들의 서로 다른 기질에 맞춰 답하는 장면이 나온다. 다음의 23.4 참고.
10) 『논어』의 다른 판본에는 冉子로 나온다.

* * *

〖주자〗 주자는 여기서 조정이란 계씨의 사적인 조정^{私朝}이라고 했다. 정사란 국정이고 일이란 집안의 사사로운 일^{家事}이라 하여 다음과 같이 해석하였다.

> 이때 계씨가 노나라를 제 마음대로 휘두르고 있었다. 국정에 있어 계씨는 동렬^{同列}과 공적인 조정^{公朝}에서 도모하지 않고 홀로 가신들과 사적인 집에서 꾀하고 있었다. "정사가 있어서 늦었습니다"라는 염유의 대답에 그것은 공적인 정사가 아니라 계씨 집안의 사사로운 일^{家事}이었다고 하신 것이다. "만약 나라의 정사^{國政}였다면 나도 대부가 되었으니 비록 등용되지 않았더라도 국정에 참여하여 들을 수 있었을 것이다. 지금 내가 들은 바가 없다고 하면 그것은 정사가 아니다"라고 가차 없이 말한 것이다.

"네가 하고 있다는 정사란 고작 계씨의 집안일이 아니더냐?"라는 공자의 말은 냉엄하다. 정치에 능력이 있다고 하는 염유를 거의 부정하는 듯하다. 그러나 어째서 『논어』에 이런 공자의 말이 실렸을까? 계씨의 전횡에 대한 분노를 남기기 위해서였을까? 이런 공자의 발언에 염유가 연루되어 있는 것을 어떻게 이해해야 할까? 평생 정사에 참여했던 자로에게 공자는 오히려 애정을 가졌던 듯하다. 그러나 염유에게는 달랐다.

23.4 선진 제22장

子路問, 聞斯行諸. 子曰, 有父兄在, 如之何, 其聞斯行之. 冉有問, 聞斯行諸. 子曰, 聞斯行之. 公西華曰, 由也問, 聞斯行諸. 子曰, 有父兄在. 求也問, 聞斯行諸. 子曰, 聞斯行之. 赤也惑, 敢問. 子曰, 求也退. 故進之. 由也兼人, 故退之.

子路問う、聞くままに斯にこれを行わんか。子曰く、父兄在すあり。これを如何ぞ、それ聞くままに斯にこれを行わんや。冉有問う、聞くままに斯にこれを行わんか。子曰く、聞くままに斯にこれを行え。公西華曰く、由や問う、聞けば斯にこれを行わんかと。子曰く、父兄の在すことありと。求や問う、聞くままに斯にこれを行わんやと。子曰く、聞くままに斯にこれを行えと。赤や惑う、敢えて問う。子曰く、求や退く。故にこれを進む。由や人を兼ぬ、故にこれを退く。

자로가 묻기를, 들은 대로 곧바로 행해야 합니까? 공자께서 말씀하시길, 부형이 계신다. 어떻게 그 들은 대로 곧바로 이를 행하겠는가? 염유가 묻기를, 들은 대로 곧바로 행해야 합니까? 공자께서 말씀하시길, 들은 대로 곧바로 행하거라. 공서화가 말하기를, 유가 묻기를 들으면 곧바로 행해야 합니까, 라고. 선생님께서 말씀하시기를 부형이 계신다, 라고. 구가 묻기를 들은 대로 곧바로 행해야 합니까, 라고. 선생님께서 들은 대로 곧바로 행하라, 라고. 적이 의아합니다. 감히 묻습니다. 공자께서 말씀하시길, 구는 물러난다. 그러므로 이를 나아가게 하였다. 유는 다른 사람을 겸한다. 그러므로 이를 물러나게 하였다.

***

공야장 제14장에 "자로는 듣고 나서 미처 실행하지 못하면 오직 또 들을까 두려워했다"[11]라고 하였다. '문聞'을 공자의 가르침을 들은 것이라 하거나 좋은 말善言을 들은 것이라 하였다. 어느 쪽이든 자로에게 곧장 실천할 것을 재촉하는 말을 들은 것이리라. 그런 말이 공자에게서 나왔다면 그것은 자로로서는 공자의 가르침을 들은 것이라고 해도 틀리지는 않는다. 그러나 굳이 그렇게 특정할 필요는 없다. 이 장에 나오는 '들은 것' 역시 마찬가지로 곧바로 실천할 것을 재촉하는 말을 들은 것이라 생각한다. 말미의 '겸인兼人'은 고주에서는 "남을 이기는 것"[12]이라 하였다. 남을 능가하려고 하는 것이다.

> [번역] 자로가 공자에게 "들으면 곧바로 이를 실행해야 할까요?"라고 여쭈었다. 공자는 "너도 상의할 수 있는 부형이 계시지 않는가?"라고 답하였다. 염유도 마찬가지로 "들으면 곧바로 이를 실행해야 할까요?"라고 여쭈었다. 공자는 "들으면 바로 실행하거라"라고 답하였다. 공서화가 여쭈었다. "자로가 들으면 곧바로 실행해야 하냐고 여쭈었을 때 선생님은 부형이 계시지 않느냐고

---

11) 『논어』「공야장」제13장에 "子路有聞, 未之能行, 唯恐有聞"라고 나온다. 분장은 저자에 따라 그대로 두었다.
12) 정현의 주이다. 『논어주소』에 "鄭曰, 言冉有性謙退, 子路務在勝尙人, 各因其人之失而正之"라고 나온다. 주자는 "兼人謂勝人也"라 하여 보통 사람보다 나은 것이라 하였다.

제23강 증석·염유

답하셨습니다. 그런데 염유가 들으면 곧바로 실행해야 하냐고 여쭈었을 때 선생님은 곧장 실행하라고 답하였습니다. 저는 이 두 가지 대답에 곤혹스럽습니다. 그래서 감히 여쭙니다." 공자는 "염유는 물러나 지키는退守 기풍이 있으니 북돋아 용기를 준 것이다. 자로는 항상 남을 이기려고 하고 너무 앞서 나가려 하므로 물러나 지킬 것을 말한 것이다"라고 답하였다.

이 장은 아무리 봐도 작위적이다. 정사에 있어 자로와 염유라는 두 사람을 대치시키고 양자의 성격 차이와 거기에 맞춘 공자의 서로 다른 가르침을 대치시켜 보여주는 이 장은 아무래도 지어낸 것 같다. 게다가 자로·염유·공서화라는 세대가 다른 세 사람의 구색은 지금까지도 유사한 장면을 구성해 왔다. 요컨대 세대와 성격이 다른 제자들에게 공자가 논평하면서 각기 다른 가르침을 주는 장면이다. 저 무우의 장에서는 증석이 자로 이하 세 사람에 대한 공자의 평언評言을 끌어냈다. 여기서는 공서화가 자로와 염유에 대한 공자의 평언을 끌어내는 것이다. 공서화는 그것 때문에 남아있었다. 공서화가 끌어낸 공자의 말은 후세에 지어진 것인지도 모른다. 자로와 염유를 향한 공자의 서로 다른 대응에서 교훈적인 의미를 길어 올리기 위해서. 아마도 제자들 사이에 화제가 되었던 것은 춘추의 정치 세계에 확실하게 발을 내딛었던 자로와 염유라는 성격이 다른 두 사람의 제자에게 공자가 서로 다른 태도로 대한 것이리라. 그 차이가 이 장을 구성하게 된 것인지도 모르겠다.

그러나 제자에 따라 공자의 가르침이 달라지는 것은 제자와 얼굴을 맞댄 대면적인 학습과 지도의 장이었던 공자학원에서는 당연한 일이었다. 가르침의 차이에서 교훈을 읽어내는 것은 대면적인 학습과 가르침의 장을 상실해버린 데서 나오는 것이리라. 진사이도 두 사람의 능력 차에 따라 가르침을 달리한 데서 성인 공자의 위대함을 찾아내었다. 진사이는 이 장의 대주大注에서 "후세에 사람들의 스승이라는 이들은 대개 자기가 잘하는 것으로 천하의 인재를 가르치려고 한다. 이것은 부자의 도가 아니다"라고 하였다.

자로는 해야 할 일을 할 필요가 있다고 들으면 곧바로 실행하는 사람이었을 것이다. 염유는 해야 할 일이라고 들어도 곧바로 실행하지 않는 사람이었을 것이다. 전자는 위태로운 사람이다. 후자는 안전한 사람이다. 공자는 후자에게 엄격하였다.

23.5 술이 제14장

冉有曰, 夫子爲衛君乎. 子貢曰, 諾, 吾將問之. 入曰, 伯夷叔齊何人也. 曰, 古之賢人也. 曰怨乎. 曰, 求仁而得仁. 又何怨乎.[13] 出曰, 夫子不爲也.

冉有曰く、夫子衛の君を為(たす)けんか。子貢曰く、諾、吾将にこれを問わんとす。入りて曰く、伯夷・叔斉(はくいしゅくせい)は何人(なんぴと)ぞや。曰く、古の賢人なり。曰く、怨みたりや。曰く、仁を求めて仁を得たり。また何ぞ怨みん。出でて曰く、夫子は為けず。

염유가 말하기를, 부자께서 위나라 군주를 도우시겠는가? 자공이 말하기를, 좋다, 내가 장차 이것을 물어보겠다고 하였다. 들어가서 말하기를, 백이와 숙제는 어떤 사람입니까? 말씀하시기를, 옛날의 현인이다. 말하기를, 원망을 했습니까? 말씀하시기를, 인을 구하여 인을 얻었다. 또 어찌 원망했겠는가? 나와서 말하기를, 부자께서는 돕지 않으실 것이다.

* * *

염유는 위나라 군주 출공첩(出公輒)를 섬기고 있었다. 출공첩은 국외에 있는 부친과 항쟁에 들어갔다. 염유는 이때 위나라에 온 공자가 위나라 군주를 도울지 자공에게 상의하였다. 자공은 염유를 대신하여 공자에게 여쭈겠다고 하였다. 그는 "백이와

---

[13] 『논어』의 다른 판본에는 乎가 없다.

숙제는 어떤 사람입니까?"라고 물음으로써 상황에 대한 공자의 자세를 미루어 살폈다. 백이와 숙제는 은나라의 처사로 은의 주왕을 정벌하러 가는 무왕에게 간언하다 듣지 않자 주나라의 곡식을 먹는 것을 부끄러워하여 수양산에 숨어 지내다 굶어 죽었다고 전한다.

> [번역] 염유가 자공에게 "선생님께서 위나라 군주를 도우실까요?"라고 물었다. 자공은 "알겠습니다. 내가 가서 여쭙겠습니다"라고 답하였다. 자공은 공자가 계신 방에 들어가 "백이와 숙제는 어떤 사람이었습니까?"라고 질문을 하였다. 공자는 "옛날의 현인이다"라고 대답하였다. 자공은 "결국 두 사람은 원망하는 마음이 있었을까요?"라고 물었다. 공자는 "두 사람은 인을 구하여 인을 얻었다. 어째서 원망이 있었겠느냐?"라고 답하였다. 자공은 방을 나와 염유에게 말하였다. "선생님은 위나라 군주를 돕거나 하지는 않으실 겁니다."

여기에서 부친과 항쟁하는 위나라 군주를 섬기며 그런 군주를 도울지를 공자에게 물어보려는 제자, 염유의 모습이 그려진다. 공자를 따르며 배우면서도 그는 공자를 전혀 알지 못했던 것이다.

제 23강 증석·염유

23.6 옹야 제12장

冉求曰, 非不說子之道, 力不足也. 子曰, 力不足者, 中道而廢. 今女畫.

冉求曰く、子の道を説ばざるに非ず。力足らざればなりと。子曰く、力足らざる者は、中道にして廃す。今女は画れり。

염구가 말하기를, 선생님의 도를 좋아하지 않는 것은 아닙니다. 힘이 충분하지 않습니다, 라고. 공자께서 말씀하시길, 힘이 부족한 자는 도중에 그만둔다. 지금 너는 긋고 있다.

* * *

[번역] 염구가 말하였다. "저는 선생님께서 말씀하시는 도를 좋아하지 않는 것은 아닙니다. 그렇지만 힘이 부족합니다." 공자가 말하였다. "힘이 부족하면 해도 힘없이 도중에 낙후하게 된다. 너는 처음부터 자신에게 가망이 없다고 단념해서 하려고도 하지 않는 것이다."

〖주자〗

힘이 부족하다는 것은 나아가려고 하여도 하지 못하는 것이다. 긋는 것畫은 나아갈 수 있지만 나아가려고 하지 않는 것이다. 긋는다는 것은 땅에 선을 긋듯이 자신을 한정하는 것이다.

위나라 군주와 계씨를 섬기는 염유의 방식은 스스로 체념한 자의 삶의 태도인지도 모른다. 공자와의 사제관계에서 보자면 염유의 방식은 지극히 부정적이었다고 할 수 있을 것이다. 공자의 사제관계란 이렇게 제자와의 관계까지도 포함하는 것이며, 그런 제자와의 관계를 오히려 기록하고 있기에『논어』는 읽는 보람이 있다. 공문십철의 한사람으로서 염유의 초상을 완성하는 형태로『논어』를 읽어서는 안 된다.

후기와 논어 색인

에필로그

"논어를 읽으면서 논어를 모른다"[1]는 말은 책 속의 지식에만 머무를 뿐 실행하지 않는 사람을 가리킨다고 사전에 나온다. 그러나 『논어』를 읽는 학자인 독자를 향한 역설이라고 보면 상당히 날카로운 말이다. 확실히 『논어』 읽기는 전문적인 독해자의 손에 맡겨져 왔다. 저 말은 그런 『논어』 전문적 읽기가 과연 『논어』를 제대로 아는 것일까라고 말하는 것이다. 전문적 독해자에 의해 읽는 방식이 일반에게 개시開示되는 것을 고전이라고 한다면 저 말은 고전의 읽기를 본질적으로 묻는 것이다.

---

1) 책을 읽어도 표면적으로 이해할 뿐 깊은 뜻을 알지 못하거나 실천하지 않는다는 뜻으로 일컬어지는 속담이다. 짝을 맞추는 카드놀이인 카르타에 사용된 문구로, 교토를 중심으로 한 '가미카타 이로하 카르타(上方いろはかるた)'와 오와리 지역을 중심으로 사용된 '오와리 이로하 카르타(尾張いろはかるた)'에 쓰였다. 171쪽 각주 참고.

후기와 논어 색인

　아마도 내가 여기서 그런 독해의 발자취를 찾은 주자든 이토 진사이든 또는 오규 소라이든 그들은 각기 선행하는 『논어』의 독해자를 향하여, 그것이 진실로 『논어』를 안다고 할 수 있는지를 물었으리라. 그런 후에 그들은 새로운 읽기를 일반에게 개시하려 했다. 주자는 『논어』의 읽기를 중국 이외의 동아시아의 우리에게까지 널리 개시한 거인이었다. 그러나 그 읽기를 주자학자가 전유할 때 그것은 닫힌 읽기가 되고 만다. 『논어』를 주자학이라는 울타리 안에 가두는 것이 된다. 이토 진사이는 고학이라는 방법으로 그렇게 갇혀버린 『논어』의 의미를 펼쳐내고자 했다.

　나는 사상사가로서 오래도록 가까이해 온 진사이의 고학에 따라 『논어』의 세계를 나름대로 읽어내려 했다. 나는 『논어』의 전문적인 독해자는 아니다. 따라서 이 책에서 나의 독자적인 독해를 제시하는 것이 아니라 주자와 진사이와 같은 선인들의 『논어』 읽기의 발자취를 더듬은 것이다. 그렇게 해서 『논어』는 비로소 우리의 읽기도 가능하게 만드는 텍스트가 될 것이다. 나는 선인들의 읽기를 좇는 과정에서 공자의 말이 신선한 울림으로 들리는 경험을 여러 차례 했다.

　이 책에 집대성된 『논어』의 다시 읽기를 나는 시민과 함께 했다. 첫 시도는 쓰치우라土浦의 신이쿠분칸新郁文館 강좌에서, 본격적으로는 오사카의 회덕당연구회 강좌에서, 마지막 작업은 신주쿠新宿의 아사히朝日 컬처센터 강좌에서 하였다. 전체적으로 6년에 걸친 기간이었다. 그동안 나는 시종 시민이라는 청중

앞에서 『논어』를 다시 읽었다. 『논어』가 다시 한번 신선한 모습으로 나타나는 체험을 시민과 함께 했다. 이 체험을 함께 해준 많은 분께 감사와 함께 이 책을 올린다.

『사상사가가 읽은 논어―「배움」의 복권』은 편집부의 사이토 씨와 상의하여 붙인 제목이다. '배움'이란 서문에서 밝혔듯이, 우리가 『논어』에서 읽어내야 할 가장 중요한 공자의 메시지라고 생각한다. 다만 "「배움」의 복권"이란 교육사의 쓰지모토 마사시辻本雅史 씨의 저서의 제목이기도 하다.[2] 이 책의 부제는 쓰지모토 씨에게 받은 책을 기억하며 붙였다.

유서類書가 없는 성격의 이 책을 편집, 제작하는 일은 지극히 번거로운 것임을 저자인 내가 가장 잘 알고 있다. 이런 번거로운 책의 편집을 수락해 준 이와나미 서점의 사이토 기미타카齋藤公孝 씨에게 진심으로 감사한다.

2010년 3월 20일
고야스 노부쿠니

---

[2] 『「学び」の復権―模倣と習熟』角川書店, 1999. 우리나라에는 『일본인은 어떻게 공부했을까? 배우는 자의 권리를 찾아서』(이기원 옮김, 지와사랑, 2009)라는 제목으로 번역되었다.

후기와 논어 색인

역자 후기

고야스 노부쿠니 선생님은 에도 시대를 통해 근대 일본을 냉철하게 통찰하는 사상사가이다. 오래 전에 선생님께서 한국학중앙연구원에 석학 강연으로 방문하셨을 당시 역자는 연구원에 재직 중이었다. 강연을 듣고 뒤풀이에 참석했는데, 고령임에도 연구에 대한 뜨거운 열정에 놀랐던 기억이 있다. 또한 민중의 삶을 위협하는 민주주의의 위기를 인문학이 막을 수 있어야 한다는 신념과 실천, 젊은 세대에 대한 애정이 느껴졌다. 선생님의 저서는 우리나라에도 몇 권이 번역되었는데, 목적의식적으로 서술된 도식적 사상사를 해체하고 탈구축해 온 선생님의 연구는 강렬한 지적 자극을 주면서도 어려워서 여전히 큰 과제로 남아있다. 그러던 중에 만난 책이 바로 『일본 사상사가가 읽은 논어―배움의 권리 회복』(원제)이다.

2019년도에 잠시 도쿄에 머물게 되면서 자택으로 초대를 받아 선생님을 다시 뵙게 되었다. 선생님은 괴팍한 성격에 제자들에게는 엄격하다고 소문이 자자했고, 선생님의 제자이자 역자의 지도 교수인 나카무라 선생님도 어려웠던 분이라고 하셨지만 손제자에게는 자상하셨다. 책으로 가득 차 발 디딜 틈조차 없었던 자택에서 여러 시간 동안 많은 얘기를 나누던 가운데 본서의 번역을 제안받았다. 많은 저서 가운데 본서였던 이유가 그날의 대화속에 있었다는 것은 번역을 하면서 알게 되었다. 또 이미 중국에서도 번역되어 큰 화제가 되었기 때문에 한국 독자들을 만나고 싶다는 바람과 함께 '유교'의 나라 한국에서 『논어』가 어떻게 읽혔는지 궁금하다고도 하셨다(역자의 부족함 탓에 조선 유학자들의 『논어』 주석까지 같이 비교해보자는 약속은 결국 지키지 못했다). 평소 번역보다는 자기 글을 쓰라고 조언하셨던 나카무라 선생님도 이 책의 번역에 대해서는 반기셨다. 이 역시 여전히 맘이 놓이지 않는 제자를 위한 것이 아니었을까, 번역을 하다보니 그런 생각이 들었다. 지난한 번역 과정은 『논어』를 다시 정독하면서 공부를 하게 된 귀중한 시간이었다. 그것도 바로 지금, 나에게 꼭 필요한 공부였다.

굳이 통계를 찾지 않아도 『논어』는 단언컨대 우리나라나 일본에서 가장 많이 읽힌 고전일 것이다. 서점에서 '동양 철학' 분야 서가의 한 면은 『논어』가 차지하고 있는 것만 봐도 오랫동안 사랑받은 책임을 알 수 있다. 본서는 고야스 선생님이 시민 강좌에서 함께 한 『논어』 강의를 엮은 것인데, 각 장구에 대해 주자의 주석과 에도 시대 걸출한 유학자인 이토 진사이伊藤仁齋와 오규 소라이荻生徂徠의 해석을 나란히 싣고 있다. 이에 더해 시부사와 에이이치澁澤榮一를 비롯한 근대 일본의 내로라하는 인물들이 어떻게 시대 상황에 맞게 논어를 읽고 재구성하였는지까지 보여주고 있다. 그야말로 일본의 『논어』 읽기의 역사를 망라하고 있는데, 그런 실용적인 측면보다 그토록 진사이에게 관심을 기울인 이유와 논어를 통해 전하고자 했던 바에 역자는 더 공감하였다.

후기와 논어 색인

본서의 구성은 주제에 따라 나눈 논어의 각 장에 대한 여러 학자들의 해석에 선생님의 논평을 더하는 형식이다. 사실 학부 때 처음 사서를 배우면서 주자의 후계자임을 자랑스럽게 내세우던 교수님들 덕에 『논어』는 곧 『논어집주』로 여겨왔었다. 그런데 일본에서 사상사를 공부하면서 주자학을 비판적으로 바라보는 진사이나 소라이를 접하게 되었고, 당혹스러운 한편 신선한 충격을 받았었다. 박사 학위 논문의 주제를 조일 지식인의 자타인식으로 잡은 것도 그런 맥락에서였다. 선대 유학자들의 읽기에 대한 해석과 논평에서 '고야스 노부쿠니'란 한 사상사가의 있는 그대로의 모습이 그려지는 듯했다.

선생님은 『논어』에 담긴 공자의 가르침을 통해서 무엇을 말하고 싶었을까? 역자에게는 일본 사회가 처한 현실에 대한 비판으로 읽혔다. 가령 "정치를 행함에 덕으로 한다爲政以德"(위정 제1장)를 풀이하며 정사와 덕치를 연결시켜서는 안 된다고 주자의 해석에 의문을 제기한다. 그것은 "무위의 통치를 이상화하면서 정치적인 무책을 긍정할 가능성"이 있으며, 정치와 도덕의 결합을 필연적으로 해석할 때 "도덕주의적 정치는 정치의 지배 체계를 도덕적 체계로 전환시키면서 이번에는 인민을 도덕적으로 지배하게 되기 때문이다."[p.142] 덕에 의한 정치란, "인민에 대한 도덕적 지배가 아니라 정치에 본래의 목적을 회복시키고, 위정자에게 위정이 본래 있어야 할 곳을 각성시키는 것"[p.224]이다. 군국주의 일본이 일으킨 전쟁을 목도한 하라 시게하루의 고백에 저자가 감격하는 이유 역시 정치의 목적이 무엇인가를 강렬하게 의식하는 데서 나오는 것이다.

"군주의 말이 선하여 누구도 거스르지 않는다고 하면 좋겠지요. 그러나 그의 말이 선하지 않은데도 아무도 거스르지 않는다고 한다면, 그의 한마디 말은 나라의 멸망을 내다보는 것이라고 하겠지요"(자로 제15장)라는 말에서 선생님은 공자가 강조하는 정치의 책임이 항상 군주를 향하고 있음을 강조하며 공자의 준엄한 정명론을 읽어낸다.[p.193] 동시에 덕이 있는 군자란 "말을 해야 할 때 말을 해야 할 곳에서 말을 해야 할 상대를 향해 말하는 사람"[p.228]이라고 강조하는데, 이 역시 일본의 정치에서 민주주의의 후퇴를 우려하며 쓴소리를 아끼지 않았던 지식인으로서의 책임 의식을 읽을 수 있다.

그러나 번역 과정에서 선생님과 대화하듯 생생함을 느끼며 가장 공감했던 부분은 바로 우리가 잃어버린 '배움'의 본 모습이었다. "내가 아는 것이 있는가? 아는 것이 없다"(자한 제8장)라는 말을 그저 태어나면서부터 아는生而知之 성인이 스스로 자신을 낮춘 겸사로 해석하여 성인으로서의 공자라고 상찬하는 것을 경계한다. 무지한 "일개 촌부라도 성실하게 이끌고자 하는 공자는 결코 세상을 초월한 예지의 소유자가 아니다. 세상과 공존하는 뛰어난 지성의 소유자"[p.314]인 공자가 지향한 도의 본질이 세상과 공존하는 데 있다는 사실을 놓쳐버리기 때문이다. 그런 만큼 배움의 본모습을 상기시키는 박학·독지·절문·근사가 더욱 강조되는 것이다. 널리 배운다는 것은 그저 지식의 확대가 아니라 바로 나의 삶과 사유를 충실하게 하는 것이다. 배우는 자의 절실한 물음이 없는 배움은 공허한 것이라는 선생님의 일갈은 무도하여 점점 피폐해지고 있는 현실에서 나온 것이기에 더욱 절절하게, 동시에 나를 내리치는 죽비처럼 무겁게 다가왔다. 도를 배우는 것과 도를 행하는 것이 다르지 않은 '배움', 혼을 상실하지 않은 학문. 나는 얼마나 그에 가까운가? 그러면서도 제자들과 함께 이야기하고 산책도 하며 음악을 즐기며 "늙음이 바로 곁에 왔음을 아는 나이가 되어서도 무엇이든 분발하여 먹는 것도 잊고 즐거워 근심을 잊을 수 있는 것, 그것만으로도 멋진 일"[p.446] 이라 말하는 데서 구순을 훌쩍 넘기셨음에도 시민강좌를 통해서 '배움'에 뜻이 있는 사람들과 함께하고 여전히 집필에 매진하는 선생님의 순수한 열정이 그대로 전해진다. 그러한 배움은 스승과 제자의 관계를 새롭게 파악하게 만드는데, 본서 제4부 《제자들의 『논어』》는 그래서 더욱 흥미롭다.

선생님이 읽어내는 공자는 인간적으로 마주하는 학습과 가르침의 장에서 사랑의 실천자이다. 제자의 성격과 기질에 따라 가르침이 다르고, 때로 엄격하게 야단치기도 하지만, 안회의 죽음 앞에서는 하늘이 무너져 내린 듯 통곡하는 스승의 모습을 발견할 수 있다. 누추한 동네에서 가난하게 살면서도 "한결같이 배우고 그 삶을 즐기는 듯한 안회에게서 공자는 사실상 다시는 없을 절후의 인물을 보는 것이다."[p.420] 그런가 하면 "자로의 미더운 용기를 품으면서도 도가 지나친 용기에 난처한 공자, 그러면서도 강직하게 자기를 따르는 자로를 아끼는 공자"[p.438]

를 발견하면서, 행동이 앞서는 제자를 훈계하는 뜻으로 읽고 싶지 않다고 피력한다. 『논어』를 읽는 보람을 사제 관계에서도 찾는 선생님의 마음에 깊게 수긍하게 된다. 연구와 교육에 종사하는 한 사람으로서 가르침을 포함하는 배움의 본질이 곧 인의 실천이며, 제자에 대한 사랑에 있다는 지적에 뜨끔하지 않을 수 없다. 대학에서 강의를 시작한 지 20년이지만 여전히 부족함을 느끼기 때문이다. 지금 내가 절실하게 물어야 하는 것은 무엇인가? 번역하는 내내 큰 화두가 되었다. 선생님 역시 『논어』를 읽으시면서 당신께서 어떤 제자였을지, 또 어떤 스승인지 진지하게 되돌아보지 않으셨을까?

한편, 본서를 읽는 독자들은 일본의 훈독문을 굳이 넣은 편집에 의아함을 느낄 수 있다. 일반적으로 우리나라에서 고전 번역은 원문과 우리말 해석을 싣는데, 일본에서는 중간 과정이 하나 더 있다. 바로 훈독문이다. 본서 역시 표점이 들어간 『논어』 원문과 훈독문이 들어가고 그 아래 번역과 주석, 논평이 이어진다. 문제는 번역서에 훈독문을 넣을지 말지였다. 독자에게 굳이 필요없다는 의견도 있었고, 일일이 한자와 일본의 가나 문자를 입력해야 하는 번거로움에도 불구하고 훈독문을 넣기로 하였다. 우선, 일본에서 한문을 읽는 방식을 시각적으로 드러낼 수 있고, 일본어를 좀 더 깊이 공부하려는 독자에게는 일본식 한문 읽기가 도움이 되리라는 생각에서였다. 아울러 사상사에서 훈독이 갖는 문제도 생각해보고 싶었다. 번역을 '문화'의 번역이라 한다면, 저 언어를 이 언어로 바꾸는 과정에서 필연적으로 여러 차례 사고의 전환이 발생한다. 훈독 역시 그런 문화의 치열한 번역 과정을 보여주는 증거이다. 일본의 외래문화 수용 과정에서 벌어지는 다양한 양상을 생생하게 드러내기 때문이다. 유학이 동아시아 세계에 끼친 영향과 역할은 새삼스레 말할 필요도 없지만, 한국과 일본에서 유학에 대해 체감하는 온도차는 '읽기'의 차이에서 비롯한다고 생각한다. 일본에서 훈독이란 어쩔 수 없이 한문을 외래의 것으로서 의식하게 만드는 장치였고, 동시에 외래문화를 내면의 타자로서 자기화하는 과정이라고 할 수 있다.

에도 시대 유학의 특징으로 다양한 학파의 형성을 일컫는 것이 일반적이지만, 에도 시대를 통틀어 하야시 라잔林羅山에서 사토 잇사이佐藤一齋까지 훈독법에 대한 논쟁이 끊임없이 이어지며 '읽기'의 방식이 자리잡게 되었다는 점도 간과할 수 없다. 그리고 이것은 메이지 시대 한문을 자국의 문화 속에 어떻게 자리매김할 것인지, '국어'의 창출과 관련하여 중요한 과제로 인식되었다. 오규 소라이는 『역문전제譯文筌蹄』에서 한문을 회환전도廻環顚倒하여 읽는 훈독이 '번역'이라는 자각을 하지 못하게 만들며, 결국 글의 원뜻을 알지 못하는 견강부회에 지나지 않는다고 비판하면서 직독을 주장했다. 이러한 읽기의 방법론으로부터 고대 이상적인 야마토를 창출한 모토오리 노리나가本居宣長의 국학이 성립하였다는 사실 역시 기억해야 할 것이다. 훈독이 갖는 일본 사상사에서의 의미는 절대 가볍지 않다.

번역서에 독자에게 군더더기처럼 느껴질 수 있는 훈독문과 그 훈독문을 직역하여 다소 어색할 수 있는 우리말 번역을 넣은 것은 역자의 과욕인지도 모르겠다. 그러나 일본 지식인들에게 유학의 경전을 읽는 작업이 갖는 의미를 한 번 더 생각해보고 싶었다. 중학교 한문 시간에 '학이시습지면 불역열호아'고 소리내어 읽었던 기억이 또렷한데, 유학 시절 한 일본 선생님은 그런 직독직해에 가까운 '읽기'의 신체적 감각을 꼭 한번 느껴보고 싶다고 하셨다. 훈독을 통해, 읽는 방식의 차이가 가져오는 타자인식과 자기인식에 대해 생각해보는 계기가 되면 좋겠다.

본서는 플라톤 아카데미의 지원을 받아 《도쿠가와 시대사》 시리즈로 작년에 출간된 『에도 시대를 생각한다―도쿠가와 3백년의 유산』에 이어 나오게 되었다. 연구책임자 서울대 박훈 선생님, 그리고 프로젝트를 함께 진행한 이은경·이새봄·조국 선생님께 우선 고마움을 전한다. 덕분에 좋은 일을 함께하는 즐거움을 누렸다. 보기 드물게 깐깐한 편집자인 빈서재 정철 대표는 전체 내용을 정말이지 꼼꼼하게 읽어주셨다. 의견이 다를 때도 있었지만 서로 논의하며 편집자와 역자로서 기분 좋은 신뢰를 쌓을 수 있었다. 여러 권의 번역서를 냈지만 이런 상호 관계는 매우 드문 경험이라 기쁘게 생각한다.

예상보다 오랜 시간이 걸린 번역 과정에서 건국대 아시아콘텐츠연구소 이영섭 선생님은 마치 사형처럼 흔쾌히 함께 고민해 주고 여러 수고로움을 마다하지 않으면서 어려운 번역에 큰 도움을 주셨다. 그리고 항상 부족한 역자에게 배움의 즐거움과 배우는 사람으로서의 도리를 말없이 일깨워 주시고 응원해 주시는 이봉규 선생님께는 말로 다 할 수 없는 감사함뿐이다. 선생님과 같이 책을 읽고 공부를 하면 하루해가 너무 짧았다. 오롯이 행복한 시간이었다.

2024년 초여름
김선희

논어색인

* 편과 장은 가나야 오사무 편역『논어』(이와나미문고)에 따랐다.
* 굵은 숫자(ex **123**)는 해당 장을 주로 다룬 강의이며 보통 숫자는 해당 장의 내용을 일부 언급한 강의이다.

* 학이 제1
제1장 **38**, 16, 269
제2장 **55, 207**, 54
제3장 **62**
제4장 **235**
제6장 **287**
제7장 384
제8장 **239**, 292
제10장 **389**
제14장 **278**

* 위정 제2
제1장 **138**
제2장 **323**
제3장 **145**
제4장 **46, 116**, 10, 16, 71
제5장 **198**, 262
제6장 **202**
제7장 **205**
제11장 **305**, 42
제12장 **270**
제14장 **274**, 143
제15장 **43**
제17장 **308**, 361
제18장 **429**
제22장 **94**

* 팔일 제3
제1장 362
제2장 362
제3장 **362**, 470
제4장 **364**, 256, 330, 470
제6장 **468**
제8장 **329**

제13장 **130**
제15장 **360**
제23장 **345**
제25장 343

* 이인 제4
제8장 **76**
제11장 **212**
제15장 **82, 243**
제16장 143, 276
제25장 **216**

* 공야장 제5
제7장 **435**, 90
제8장 434, 462, 469
제13장 **396**
제14장 475
제21장 **88**
제26장 **441**
제28장 **245**, 15

* 옹야 제6
제3장 **422**
제7장 **417**

제10장 **256**
제11장 **420**
제12장 **480**
제13장 **279**
제14장 **410**
제17장 **87**
제18장 **284**
제22장 **67, 401**, 407
제27장 **294**
제29장 **218**

* 술이 제7
제1장 **299**, 40
제5장 9
제6장 **172**
제8장 311
제10장 **438**, 90
제13장 **343**
제14장 **478**, 189
제15장 420
제17장 321
제18장 **445**

제19장 **303**
제22장 **148**
제24장 **290**, 283
제29장 **168**
제34장 **447**

* 태백 제8
제5장 **377**
제7장 **379**, 64
제8장 **338**, 341, 321
제9장 316, 320
제16장 **104**

* 자한 제9
제1장 **70**
제5장 116
제8장 **310**
제13장 **392**

* 선진 제11
제1장 **369**
제3장 434, 469
제7장 423
제8장 10

제9장 **122**, **251**, 415, 421, 424
제10장 **124**, **253**, 415
제11장 **254**
제12장 **259**, 250, 403
제13장 471
제16장 **382**, 427
제18장 427
제22장 **474**, 472
제26장 **452**

* 안연 제12
제1장 **157**, **163**, **365**, 69, 366
제3장 **170**
제5장 **112**
제7장 **98**, **185**, 184
제11장 **176**
제15장 286
제16장 144
제17장 **180**
제19장 **183**
제21장 **406**

* 자로 제13
제3장   **187**
제4장   405
제6장   181
제14장 **472**
제15장 **191**
제23장 **276**
제25장 272
제27장 **65**, 63
제30장 22

* 헌문 제14
제5장   **226**
제6장   **221**
제25장 279
제37장 **126**, 118, 121, 123, 186
제40장 90

* 위령공 제15
제1장   225
제2장   225
제4장   **225**
제6장   **426**

제7장   90
제8장   **229**
제11장 165
제34장 270
제39장 16

* 계씨 제16
제9장   **315**

* 양화 제17
제2장   **318**, 16
제3장   **318**, 316
제4장   **412**
제5장   **394**
제8장   **106**
제9장   **334**

* 자장 제19
제5장   **387**
제6장   **384**, 11
제15장 427
제16장 427

* 요왈 제20
최종장 **371**, 359